공산주의의 종언

성화출판사

머리말

본서는 이미 1984년 2월에 일본어판(共産主義の終焉)으로 출판되었고, 이어서 1985년 6월에 영어판(*The End of Communism*)으로 발간된 바 있다.

본서가 범세계적인 승공사상 운동의 지도자인 문선명 선생의 통일사상을 원용한 것이기 때문에 당시의 일본과 구미의 이념적인 혼란 상황의 긴박성에 비추어 본서의 조속한 출판이 요구되었음으로 외국어판이 한국어판보다 먼저 발행되었음을 독자 여러분은 양해해 주시기 바란다.

본서가 처음 출판된 이후 자유세계에 있어서나 공산세계에 있어서, 또는 국내적 국제적으로 정세가 계속 변해 왔다. 두 세계 모두에 있어서 사회적 모순과 병폐가 더욱더 증대해 왔다. 특히 주목할 일은 오랫동안 공산주의 지도자들이 그들의 이상사회인 공산주의사회의 실현을 보장하는 것으로 믿었던 마르크스·레닌주의에 대해서 명백하게 회의를 표명함과 함께 경제정책의 변경을 단행하고 있다는 사실이다.

예컨대 중국 공산당은 1984년 12월 당의 기관지인 인민일보를 통해서 공적으로 마르크스·레닌주의의 한계를 인정, 사회주의적 원칙을 포기하고 실용주의 정책을 채택하기 시작했음을 밝힌 바 있다. 또 소련의 당서기장인 고르바초프는 제27차 공산당대회(1986년 2월)의 기조연설에서 1961년의 흐루시초프 강령을 「근거 없는 환상」이라고 규정하였다. 동시에 소련의 경제체제가 타성과 관료체제의 경직, 생산활동의 저하, 관료주의의 팽배 등으로 적지 않은 손실을 받았음을 솔직히 인정하고 브레즈네프를 비판한 사실상의 「탈브레즈네프」 선언을 하였으며 1987년부터 「자본주의의 실험」을 적극적으로 실시할 것을 밝혔다.

　이러한 사실은 이상사회 실현을 약속한 마르크스·레닌주의가 실제로는 그 이상의 실현에 완전히 실패했다는 것을 실토하는 자기고백인 것이다. 이것은 본서의 결론에 적은 바와 같이 공산체제의 조종(弔鍾)이 울리고 있음을 알리는 것이며, 동시에 마르크스·레닌주의가 실질적으로 끝났음(공산주의의 종언)을 뜻하는 것이다.

　그렇다면 오늘날의 공산주의는 과연 어떠한 것인가? 그것은 첫째로 현 공산사회에 있어서는 이상사회 실현을 위한 이데올로기가 아니라 독재 권력을 유지하면서 대중을 탄압하려는 단순한 수단에 불과하며, 둘째로 자유세계와 제3세계에 대해서는 이상사회 실현이라는 환상을 가지고 불만층을 기만하면서 내부 붕괴를 꾀하는 제국주의적 침략수단이 되어 버린 것이다.

　이와 같이 이상실현의 이데올로기로서의 공산주의는 실질적으로는 끝났음에도 불구하고 기만과 침략의 수단으로 화한 오늘의 공산주의(특히 소련의 공산주의)는 날이 갈수록 인류에 대한 위협을 더욱 증대시키고 있다. 여기서 공산주의 이론 체계에 대한 철저한 비판과 이에 대한 대안을 제시한 본서의 필요성이 인정되어도 좋으리라 생각한다.

　본서가 침략 수단화된 거짓 이데올로기의 위협으로부터 자유를 수

호함은 물론, 더 나아가서 감옥과 같은 공산 치하에서 고생하는 수많은 인민을 해방하고, 드디어 참된 이상사회를 실현하는 데 기여될 수 있기를 바라는 바이다.

1986년 5월
저 자

⊙ 편집자가 전하는 말
　이 책은 1986년 5월 초판이 출판되었습니다. 지금으로부터 30여년 전에 출판되었기 때문에 공산주의 사상과 이론을 제외한 연대나 공산 국가의 현실, 국제정세 등에 관한 기술은 그 당시의 시대상황을 그대로 서술한 것이었음을 말씀드립니다. 그리고 저자명은 기관명으로 나왔던 기존 판본과는 달리 이번 판부터는 원저자인 이상헌 선생으로 표기하여 발행합니다.

목 차

머리말 ·· 3

서 언 ··· 17

제1장 마르크스의 인간소외론

1. 마르크스의 「소외론」 연구의 의의 ·································· 22
2. 사상 성립의 조건과 마르크스 ·· 23
3. 헤겔철학의 마르크스에의 영향 ·· 27
4. 라인 신문의 주필시대 ·· 30
5. 마르크스의 헤겔 비판 ·· 32
6. 경제학 연구와 인간소외론 ··· 41
7. 마르크스의 혁명이론의 형성 ··· 45
8. 초기사회주의·초기공산주의 ··· 51
   (1) 상 시몽 ··· 52
   (2) 푸리에 ··· 53

⑶ 로버트 오웬 ··· 53
⑷ 프랑스의 초기공산주의 ································· 55
9. 인간소외론의 연장으로서의 마르크스주의 ············· 56

제2장 공산주의 유물론의 비판과 그 대안

1. 이론과 실천 및 철학의 당파성 ····························· 60
   ⑴ 공산주의 유물론의 주장 ································ 60
      1) 이론과 실천 ··· 60
      2) 철학의 당파성 ·· 61
   ⑵ 공산주의 유물론의 견해에 대한 비판과 대안 ······ 63
      1) 이론과 실천의 통일에 대해서 ······················ 63
      2) 철학의 당파성에 대해서 ····························· 64
2. 기계적 유물론과 포이엘바하 유물론 ······················ 67
   ⑴ 기계적 유물론과 공산주의에 의한 그 비판 ········· 67
   ⑵ 포이엘바하의 유물론과 공산주의에 의한 그 비판 ·· 69
   ⑶ 공산주의의 기계적 유물론 비판에 대한 원리적 비판 ···· 70
   ⑷ 공산주의의 포이엘바하 비판에 대한 원리적 비판 ······· 72
3. 물질관 ·· 74
   ⑴ 종래의 철학자에 의한 물질관 ·························· 75
      1) 데모크리토스 ·· 75
      2) 아리스토텔레스 ··· 75
      3) 토마스 아퀴나스 ·· 76
      4) 조르나도 브루노 ·· 76
      5) 데카르트 ·· 76
      6) 로크 ··· 76
      7) 흄 ··· 77

8) 라이프니쯔 …………………………………………………… 77
              9) 라메트리 ……………………………………………………… 77
              10) 콘디야크 …………………………………………………… 78
              11) 디드로 ……………………………………………………… 78
              12) 엘베시우스 ………………………………………………… 78
              13) 돌바크 ……………………………………………………… 78
              14) 카바니스 …………………………………………………… 79
              15) 뷔흐너 ……………………………………………………… 79
         ⑵ 근대 및 현대의 자연과학자에 의한 물질관 ………………… 80
              1) 17~18세기의 물질관 ……………………………………… 80
              2) 19세기의 물질관 …………………………………………… 80
              3) 20세기의 물질관 …………………………………………… 81
         ⑶ 공산주의의 물질관 …………………………………………… 82
         ⑷ 공산주의의 물질관에의 비판과 그 대안 …………………… 86
    4. 관념론과 유물론 ……………………………………………………… 91
    5. 정신과 물질로서의 상부구조와 하부구조 ………………………… 95
         ⑴ 공산주의의 견해 ……………………………………………… 95
         ⑵ 비판과 대안 …………………………………………………… 96
    6. 물질의 운동성 ………………………………………………………… 97
    7. 공산주의 유물론의 인간관 ………………………………………… 99
         ⑴ 노동과 인간 …………………………………………………… 99
         ⑵ 감각적 활동의 주체 ………………………………………… 103

          제3장 유물변증법의 비판과 그 대안

    1. 변증법의 역사의 개요 ……………………………………………… 105
    2. 헤겔의 관념변증법과 마르크스의 유물변증법 ………………… 107

8 공산주의의 종언

⑴ 헤겔 변증법의 기본적 특징 ················· 108
　　⑵ 마르크스주의 변증법의 기본적 특징 ············· 109
　　　1) 마르크스의 주장 ···················· 109
　　　2) 엥겔스의 해석 ···················· 110
　　　3) 스탈린의 해석 ···················· 111
　　⑶ 헤겔 변증법과 마르크스주의 변증법의 중요한 차이점 ······ 113
3. 유물변증법의 비판과 그 대안 ················· 114
　　⑴ 「상호관련성과 변화」에의 비판과 대안 ············ 114
　　　1) 상호관련성에 대한 비판과 대안 ············· 115
　　　2) 변화에 대한 비판과 대안 ··············· 118
　　⑵ 「대립물의 통일과 투쟁의 법칙」(모순의 법칙)에의 비판과 대안 ··· 120
　　　1) 비판 ························ 120
　　　2) 대안 ························ 131
　　⑶ 「양적변화의 질적변화에의 전화의 법칙」에의 비판과 대안 ····· 135
　　　1) 비판 ························ 135
　　　2) 대안 ························ 140
　　⑷ 「부정의 부정의 법칙」에의 비판과 대안 ··········· 142
　　　1) 비판 ························ 142
　　　2) 대안 ························ 148
4. 유물변증법의 오류 ······················ 151

제4장　유물사관의 비판과 그 대안

1. 유물사관의 형성 ······················· 156
2. 유물사관 및 그 비판과 대안 ················· 159
　　⑴ 사회발전의 합법칙성 ··················· 159
　　　1) 유물사관의 주장 ···················· 159

        2) 비판과 대안 ·· 161
    ⑵ 생산력의 발전 ·· 162
        1) 유물사관의 주장 ·· 162
        2) 비판 ·· 163
        3) 대안 ·· 164
        4) 생산력의 발전의 원인에 관한 공산주의의 본심 ······ 170
    ⑶ 생산관계 ·· 171
        1) 유물사관의 주장 ·· 171
        2) 비판과 대안 ·· 172
    ⑷ 생산력·생산관계의 인간 의지로부터의 독립성 ············ 174
        1) 유물사관의 주장 ·· 174
        2) 비판과 대안 ·· 175
    ⑸ 생산력의 발전에 대한 생산관계의 조응 ···················· 178
        1) 유물사관의 주장 ·· 178
        2) 비판과 대안 ·· 178
    ⑹ 생산력의 발전에 대한 생산관계의 질곡화 ·················· 181
        1) 유물사관의 주장 ·· 181
        2) 비판과 대안 ·· 182
    ⑺ 토대와 상부구조 ·· 185
        1) 유물사관의 주장 ·· 185
        2) 비판과 대안 ·· 188
    ⑻ 국가와 혁명 ·· 193
        1) 유물사관의 주장 ·· 193
        2) 비판과 대안 ·· 196
    ⑼ 사회의 제 형태 ·· 200
        1) 유물사관에 의한 설명 ···································· 200
        2) 비판과 대안 ·· 204

3. 유물사관 성립의 허구성 ·················· 208
  ⑴ 헤겔 변증법의 영향 ·················· 208
  ⑵ 유물사관 정립의 사상적 과정 ·················· 211
  ⑶ 역사법칙의 확대적용 ·················· 214
4. 통일사관의 개요 ·················· 216
  1) 통일사관의 기본적 입장 ·················· 216
  2) 창조의 법칙 ·················· 218
  3) 복귀의 법칙 ·················· 225
  4) 역사의 변천 ·················· 236

제5장 마르크스주의 인식론의 비판과 그 대안

1. 종래의 인식론 ·················· 242
  ⑴ 인식의 기원 ·················· 242
    1) 경험론 ·················· 243
    2) 합리론 ·················· 245
  ⑵ 인식 대상의 본질 ·················· 247
    1) 실재론 ·················· 247
    2) 주관적 관념론 ·················· 248
  ⑶ 칸트의 선험적 방법 ·················· 248
2. 마르크스주의 인식론 ·················· 250
  ⑴ 반영론(모사설) ·················· 250
  ⑵ 감성적 인식, 이성적 인식, 실천 ·················· 251
  ⑶ 절대적 진리와 상대적 진리 ·················· 253
  ⑷ 필연성과 인간의 자유 ·················· 255
3. 통일인식론 ·················· 255
  ⑴ 인식의 기원 ·················· 255

(2) 인식의 대상의 본질 ·· 256
(3) 인식의 요건 ·· 257
    1) 내용과 형시 ·· 257
    2) 원리의 자율성과 원의식 ··································· 258
    3) 형식과 범주 ·· 260
(4) 인식의 방법 ·· 261
    1) 수수작용에 의한 사위기대 형성 ························ 261
    2) 인식의 과정 및 인식의 발전 ··························· 263
    3) 원형의 선재성과 그 발달 ································ 264
(5) 인식작용과 신체적 조건 ··· 265
    1) 마음과 뇌수 ·· 265
    2) 사이버네틱스와 원의식 ··································· 267
    3) 원형과 생리학 ··· 269
    4) 관념의 기호화와 기호의 관념화 ······················ 270
4. 마르크스주의 인식론의 비판 ·· 272
  (1) 반영론의 비판 ·· 272
  (2) 감성적 인식, 이성적 인식 및 실천에의 비판 ········· 273
  (3) 절대적 진리와 상대적 진리에 대한 비판 ··············· 274
  (4) 필연성과 인간의 자유에 대한 비판 ························ 276

제6장 마르크스 경제학의 비판과 그 대안

1. 노동가치설과 그 비판과 대안 ······································ 280
  (1) 노동가치설 ·· 280
    1) 사용가치와 「가치」 및 노동의 이중성 ············· 280
    2) 사회적 필요노동시간 ······································· 282
    3) 복잡노동의 단순화 ·· 283

4) 가격과 가치 ··· 284
　(2) 노동가치설의 비판 ··· 285
　　　1) 과연 상품의 가치는 노동량에 의해서 형성되는가 ············ 285
　　　2) 사회적 필요노동시간 및 복잡노동의 단순화의 비판 ········· 290
　　　3) 가격과 가치의 비판 ··· 293
　(3) 노동가치설의 대안―효과가치설 ··· 295
　　　1) 본연의 사회에 있어서의 매매의 방식 ······························· 295
　　　2) 상품의 가치 ·· 296
　　　3) 이성성상에서 본 상품과 노동의 이중성 ··························· 297
　　　4) 교환가치의 본질 ·· 299
　　　5) 교환가치의 결정 ·· 301
　　　6) 효과가치설의 원리적 근거 ·· 305
2. 경제학에 있어서의 종래의 가치론과 통일사상 ·························· 307
　(1) 가치론의 역사 ·· 307
　　　1) 아담 스미스 ··· 307
　　　2) 리카도 ··· 307
　　　3) 마르크스 ··· 308
　　　4) 제본즈 ··· 308
　　　5) 멩거 ·· 309
　　　6) 왈라스 ··· 309
　　　7) 뵘 바베르크 ··· 310
　　　8) 마샬 ·· 311
　　　9) 힉스 ·· 311
　(2) 통일사상으로 본 종래의 가치관 ·· 311
3. 잉여가치설과 그 비판과 대안 ··· 314
　(1) 잉여가치설 ·· 314
　　　1) 잉여가치와 이윤 ·· 314

목 차　13

2) 불변자본과 가변자본 ·· 316
　　3) 노동력의 가치와 임금 ·· 319
　　4) 필요노동과 잉여노동 ·· 321
　　5) 절대적 잉여가치와 상대적 잉여가치 ······························ 322
　(2) 잉여가치설의 비판 ·· 325
　　1) 기계는 불변자본이 아니다 ··· 325
　　2) 노동력은 상품이 아니다 ·· 329
　　3) 임금은 노동력의 생산비가 아니다 ······························· 330
　　4) 개념의 날조 ·· 333
　(3) 잉여가치설에의 대안 ··· 334
　　1) 이윤의 생산과 그 적정분배 ·· 334
　　2) 이윤의 본질 ·· 340
4. 자본주의사회의 경제운동법칙의 비판 ····································· 345
　(1) 이윤율 경향적 저하의 법칙과 그 비판 ····························· 345
　(2) 빈곤증대의 법칙과 그 비판 ·· 349
　(3) 자본집중의 법칙과 그 비판 ·· 354

제7장 사회주의 경제의 파탄과 그 원인

1. 사회주의·공산주의 건설론 ·· 357
　(1) 과도기론 ··· 357
　　1) 생산수단의 사회화·국유화 ··· 358
　　2) 농업의 집단화 ··· 359
　　3) 사회주의적 공업화 ·· 359
　(2) 사회주의단계론 ··· 360
　　1) 공산주의의 제일단계로서의 사회주의 ························· 360
　　2) 사회주의적 생산의 목적 ·· 361

         3) 사회주의의 경제발전 ·· 361
      (3) 공산주의 단계론 ··· 362
   2. 실태로부터 본 사회주의·공산주의 건설론 비판 ························· 363
      (1) 과도기론의 비판 ··· 364
         1) 「생산수단의 사회화·국유화」의 비판 ····························· 364
         2) 「농업의 집단화」의 비판 ·· 365
         3) 「사회주의적 공업화」의 비판 ······································ 370
      (2) 사회주의단계론의 비판 ·· 371
         1) 「공산주의의 제일단계로서의 사회주의」의 비판 ············· 371
         2) 「사회주의적 생산의 목적」의 비판 ······························· 375
         3) 「사회주의의 경제발전」의 비판 ··································· 376
         4) 사회주의 경제의 파탄 ··· 382
      (3) 공산주의 단계론의 비판 ·· 385
   3. 소련 경제정체의 원인 ·· 388
      (1) 자유시장의 폐지 ·· 389
      (2) 기업활동 자유의 봉쇄와 계획경제의 강행 ························· 391
      (3) 팽창주의정책의 추구 ·· 394
      (4) 소련 경제정체의 근본원인 ··· 395

제8장 마르크스의 인간소외론의 비판과 대안

1. 마르크스의 인간소외론과 공산주의 ·· 400
2. 마르크스의 인간소외론의 오류 ··· 405
   (1) 인간소외의 본질 파악의 오류 ·· 405
      1) 인격적 측면의 무시 ··· 405
      2) 잘못된 자본관 ··· 407
      3) 프롤레타리아트의 우상화 ··· 409

⑵ 자본주의사회의 성격 파악의 오류 ················· 411
　⑶ 소외문제 해결의 방법의 오류 ··················· 412
　　1) 유물변증법의 수립 ······················· 412
　　2) 프롤레타리아트 독재론의 수립 ················ 415
3. 마르크스의 출발점으로의 회귀 ····················· 419
4. 통일사상의 인간소외론 ························· 421
　⑴ 인간의 본성 ···························· 421
　⑵ 인간성의 상실 ··························· 426
　⑶ 인간성의 참다운 회복 ······················· 431
　⑷ 통일사상에 의한 새로운 가치관운동 ················ 434

결 론 ································ 439

　주(註) ································ 443
　참고문헌 ······························· 518

서 언

마르크스의 「공산당선언」이 발표된 지가 130여 년이 지나고, 러시아에 공산당정권이 수립되어서 60여 년이 지났다. 공산주의자들은 그동안 공산주의야말로 자본주의사회의 모든 모순과 병폐를 일소하여, 오랜 동안의 인류의 숙원이었던 이상세계를 실현해 줄 것이라고 믿어 왔다. 그리고 그들의 집요한, 그리고 불굴의 투쟁에 의해서 러시아뿐만 아니라 동유럽, 중국, 북한, 베트남, 쿠바 등 광범한 지역에 공산주의사회가 세워지게 되었다.

그러나 그 어느 공산주의국가에 있어서도 마르크스를 비롯한 모든 공산주의자들이 기대하고 있었던 이상사회는 실현되지 않았을 뿐만 아니라, 자유나 인권에 관해서는 자본주의사회에 비해서 더욱 악화된 상태를 나타내고 있다. 인류의 오랜 꿈인 이상사회를 반드시 실현한다고 자부하고 있었던 공산주의의 기도는 완전히 실패하고 만 것이다.

오늘날 공산주의국가 내에서 음으로 양으로 대두하고 있는 자유주의운동, 종교운동이 그것을 잘 말해 주고 있는 것이다. 공산주의의 위정자들조차도 이 실패의 사실을 시인할 수밖에 없게 되었다. 그러나 공산주의 독재자들은 지금도 세계적화의 야망을 버리지 않고 있으며,

부단히 군사력을 강화하면서 세계의 도처에서 침투공작을 전개하면서 긴장을 고조시키고 있는 것이다.

　일찍부터 공산주의자들이 내세운 「프롤레타리아 계급의 해방」, 「피억압 민족의 해방」 등의 표어는 오늘날에 이르러서는 완전한 거짓말이었다는 것이 증명되고 있으며, 프롤레타리아나 피억압 민족의 해방은커녕 오히려 「노예화」를 강요하는 속임수가 되어 버렸다. 오늘날에 있어서 공산주의의 이론은 완전히 공산독재정권의 유지 강화를 위한 어용이론으로 전락하고 약소국가를 침략하기 위한 기만 수단으로 변질하였으며, 자유주의국가의 지성인들의 감상주의 심리를 유혹하여서 자유주의국가 내부를 혼란시키는 교란수단으로 바뀌어져 버렸다. 우매한 추종자들만이 공산주의자의 교묘한 전술에 속아서 지금도 공산주의에 이상실현의 소망을 걸고 있는 것이다.

　이와 같은 사실은 바로 공산주의의 멸망의 날이 가까워져 온 것을 의미한다. 역사상으로 나타난 모든 전제군주나 독재자들의 권력은 그 전제나 독재의 명분을 잃었을 때에는 조만간에 예외없이 무너져버렸던 것이다. 오늘날의 공산주의도 그와 같은 운명의 길을 걷고 있는 것이다. 공산국가에서 일어나고 있는 정치적·경제적·사회적인 모든 사태가 이 사실을 증명하고 있다.

　그러나 자유주의국가에 있어서는 위험이 보다 증대하고 있다는 것을 잊어서는 안 된다. 멸망이 가까워진 공산주의 독재자들이 자유 진영에 대해서 음으로 양으로 최후의 총공세를 행함에 틀림없기 때문이다. 만일 자유주의 제 국가가 공산주의자들의 이와 같은 최후의 발버둥질이라고도 할 수 있는 공세에 대해서 유효적절한 대비책을 세우지 않는다면 실로 돌이킬 수 없는 화난(禍難)을 면할 수 없을 것이다.

　그렇다면 유효적절한 대비책이란 어떠한 것일까. 그것은 자유주의 제 국가가 군사적·정치적 및 경제적으로 우위를 확보하면서 굳게 단결하는 것은 물론이지만, 보다 중요한 것은 공산주의의 전략무기가 되어 버린 공산주의 이론을 철저하게 분쇄하는 것이며, 또 그것에 의해서 공산주의에 미련을 가지고 있는 동조자들에 대해서 그 미련을 완전히 끊도록 하게 하는 것이다. 그러기 위해서는 공산주의를 참으로 극복할 수 있는 사상을 수립하는 것이 무엇보다 중요한 과제가 되는 것이다.

여기서 부언할 것은 자유주의국가에는 반공주의자이면서 무신론자인 사람들, 즉 자유주의 무신론자들이 적지 않은데 자유주의적 무신론으로는 전투적 무신론을 자칭하는 공산주의 이론을 비판할 수는 있어도 그것을 근본적으로 극복하기는 어렵다는 것이다. 그것은 오늘날까지의 반공운동의 역사가 증명하고 있는 대로이다. 그 이유는 무엇일까. 그것은 공산주의가 철저한 반종교사상이며 무신론사상이면서 러시아의 종교사상가 니콜라스 베르자에프(Nicholas Berdyaev)가 「공산주의라는 이름의 종교」라고 부른 바와 같이 일종의 종교적 성격을 가지고 있기 때문이다. 따라서 참된 종교사상(유신론사상)에 의해서만 공산주의를 근본적으로 극복할 수 있는 것이다. 빛만이 어둠을 몰아낼 수 있다고 하는 이치와 마찬가지이다.

따라서 공산주의를 근본적으로 극복하는 사상은 종교지도자에 의해서만 수립할 수 있는 것이며, 또한 이러한 지도자가 직접 하나님으로부터 진리를 이어받음으로써만 가능한 것이다. 이와 같은 사상으로서 나타난 것이 문선명 선생이 창도하신 통일사상인 것이며, 그것을 문 선생의 지도하에 공산주의의 비판과 극복에 구체적으로 응용한 것이 이 책에 기술된 승공이론인 것이다.

이 책에서 승공이론을 구체적으로 전개함에 있어서 우선 공산주의의 성립의 동기가 된 마르크스의 인간소외론에 대해서 논하기로 한다.

베를린대학에서 헤겔철학의 세례를 받은 마르크스는 자유의 실현이라는 관념을 가지게 되었으나 머지않아 프로이센 정부를 옹호하는 헤겔의 관념론철학에 반기를 들고 유물론의 입장에서 인간해방(자유의 실현)을 추구하였다. 즉 포이엘바하의 인간주의를 받아들인 후 마르크스는 경제적인 사회변혁이라는 입장에서 인간해방을 지향하게 된 것이다. 「사유재산의 적극적 지양에 의한 인간적 본질의 획득으로서의 공산주의」가 마르크스의 인간소외론의 결론이었다. 이리하여 인간해방의 방안으로서 마르크스는 공산주의를 선택한 것인데 망명지인 파리와 그 후의 새로운 망명지인 브뤼셀에 프로이센 정부의 추적의 손이 미치기에 이르러, 그는 프로이센정부와 자본주의 체제에 대한 증오에 찬 앙심을 품고 폭력적인 사회혁명을 주장하는 공산주의를 세우기에 이르렀던 것이다.

　다음에 마르크스가 착수한 것은 사회주의 혁명을 어떻게 철학적으로, 역사론적으로, 경제학적으로 뒷받침하는가 하는 것이었다. 그 일을 위해서 마르크스는 그의 협력자 엥겔스와 더불어 유물론, 유물변증법, 유물사관을 구축하고 또 생애를 걸고 「자본론」을 저술하여서 그의 특유한 경제학을 수립한 것이었다. 그리고 이들의 이론은 과학적인 법칙이어서 그것에 의해서 자본주의사회의 멸망과 사회주의 혁명의 필연성이 증명되었다고 마르크스는 공언한 것이다.

　그러나 마르크스의 이론을 잘 검토하여 보면, 그것들은 자연과 사회를 객관적으로 연구하여서 얻어진 법칙(이론)이 아니고 사회주의 혁명이라는 이미 정해진 목표를 합리화하기 위하여 교묘하게 짜놓은 이론이었다는 것을 알 수 있는 것이다. 그것을 제2장부터 제6장에 걸쳐서 상세하게 설명하기로 한다. 동시에 공산주의 이론의 비판뿐만 아니라 통일사상에 의한 대안까지도 제시한다. 또 엥겔스 레닌 등에 의해서 전개된 인식론도 공산주의 철학의 중요한 한 분야이므로 함께 취급하기로 한다. 그다음 제7장에 있어서 마르크스의 이론에 따라서 혁명을 수행하여서 러시아에 세워진 이상사회로서 상망(想望)되었던 소위 사회주의사회가 실제로는 어떠한 사회였던가를 소개한다. 그것은 마르크스가 약속한 바와 같은 자유의 사회, 풍요한 사회가 아니고 억압 사회이며, 경제가 정체한 사회였던 것이다.

그리고 최후에 이와 같이 현상과는 전혀 정반대의 결과를 일으키게 한 근본 원인은 마르크스의 인간소외론의 잘못에 있었다는 것을 논하려고 한다. 마르크스가 포착한 인간소외의 본질과 그 해결의 방안이 근본적으로 잘못되어 있었기 때문에, 마르크스주의는 인간의 해방을 지향하여 출발했으면서 결국은 오히려 한층 더 인간성을 소외시키는 인간 구속의 사상으로 되어 버린 것이다. 그러면 인간성 회복의 참된 길은 무엇일까. 그것은 하나님의 사랑과 진리를 기반으로 한 인간의 본성을 회복하는 것이라고 본서는 결론짓고 있다.

제1장
마르크스의 인간소외론

1. 마르크스의 「소외론」 연구의 의의

　오늘날까지 기독교의 입장이나 실존주의(實存主義)의 입장에서 또는 문명론적(文明論的)으로 —자본주의사회든 사회주의사회든— 인간이 사회생활에 있어서 어떻게 소외되어 있는가 하는 것에 관해서 논하여져 왔다. 마르크스도 또한 인간을 해방하고자 그 자신의 소외론을 전개한 것이다. 그런데 공인 마르크스주의자라고 불리우는 사람들은 초기 마르크스의 사상인 소외론에는 헤겔이나 포이엘바하의 관념적인 영향이 있다고 해서, 또 「자본론」 안에서 그것은 이미 극복된 것이라고 하면서 계속 무시하여 왔다. 그러나 사회주의 제국(諸國)에 있어서의 노동자의 자유와 인격에 대한 억압이 누구의 눈에도 뚜렷해지자, 동구제국(東歐諸國) 내부에 있어서는 마르크스의 소외론의 발견을 계기로 하여서 사회주의 휴머니즘으로서의 반체제운동이 일어나기 시작했다.
　그리하여 공인 마르크스주의자들도 그와 같은 움직임을 무시할 수 없게 되어 자기들에게 유리하도록 마르크스의 소외론을 해명하기에 이르렀다. 예컨대 소외론이 쓰여져 있는 「경제학·철학초고」(1843~45)에 있어서, 마르크스는 자본가와 노동자의 관계를 수탈자와 피수탈자로만 이해하고 있을 뿐이며, 가치법칙(價値法則, 노동가치설)으로서 파악하지 않고 있어서 그것은 아직 과학적 사회주의에 이르기 전의 단계의 이론이라고 단정하는 것 등이다.[1] 그리고 공인 마르크스주의자들은 다른 소외론 연구를 반공주의라고 비판하며, 자기들의 입장이야말로 마르크스의 인간해방 사상이 결실된 과학적 사회주의라고 주장하고 있는 것이다.

또 한편으로는 기존의 사회주의국가는 참된 사회주의 모델이 되지 않는 것으로 간주하면서, 초기 마르크스 사상을 연구하고 그 연구를 근거로 하여 다시 현실과 대결하면서 산 사회주의 운동을 전개하여 가고자 하는 신마르크스주의나 신좌익의 움직임 등도 있다. 그들은 현실과 대결하는 방법이라든가, 역사나 계급을 파악하는 방법, 사회를 분석하는 방법 등을 완성된 마르크스 사상에 이르는 과정 속에서 찾아내려고 하고 있다.

따라서 이 책에 있어서도 초기 마르크스의 사상(소외론)을 들어서 그 내용을 검토하기로 한다. 초기 마르크스의 사상이 그 후 마르크스의 전 사상체계를 결정하는 동기가 되고 출발점이 되고 있다고 볼 수 있기 때문이다.

2. 사상 성립의 조건과 마르크스

대개 하나의 체계적인 사상이 출현할 때는 다음과 같은 두 개의 주요한 요인이 복합적으로 작용한다. 그 하나는 주체적 요인이며 다른 하나는 대상적 요인이다. 주체적 요인이란 사상가의 심리, 성격, 개성 및 그가 그때까지 지녀온 인생관, 세계관, 역사관 등의 정신적 조건을 말한다. 대상적 요인이란 정치적, 경제적, 사회적, 종교적인 모든 상황이나 사태, 즉 사회적 환경적 조건을 의미한다. 사상가의 이상이나 목적을 중심으로 하여서 이와 같은 두 개의 요인이 상호 작용할 때 여기에 일정한 사상이 형성되게 된다. 마르크스주의의 형성도 그 예외가 아니다.

우선 대상적 요인에 대해서 말하기로 한다. 주지하는 바와 같이 마르크스가 성장한 19세기의 전반기는 18세기의 프랑스 대혁명을 계기로 하여서 대두한 자유주의 사상의 바람이 서유럽 사회를 휩쓸던 때였으며, 구체제인 봉건주의·절대주의가 잔존하고 있는 곳에서는 어디서나 보수 세력과 자유주의 세력 간의 충돌이 벌어지고 있었던 때였다. 특히 독일에 있어서는 정부의 자유주의운동에 대한 탄압이 심했다.

한편 영국·프랑스 등 선진국가에서는 일찍부터 산업혁명에 의해서 자본주의가 발달의 도중에 있었지만, 자본가의 노농자에 대한 착취와 혹사가 심하여서 실업·기근·질병 및 사회적 범죄 등의 참상이 자주 빚어지고 있었다. 이와 같은 때에 기독교로서는 당연히 정신운동을 강력하게 전개하여 예수님의 말씀과 사랑을 실천하여서, 자본가들에 의한 착취를 필사적으로 저지하도록 힘쓰지 않으면 안 되었음에도 불구하고 오히려 자본가들에게 이용되는 결과가 되고 있었다.

한 국가나 한 사회에 있어서 위정자나 재계인이 부정부패에 흘러 권력의 인민에 대한 억압, 대중의 빈곤·고통·불안 등이 극에 달하게 되면 거기에 필연적으로 새로운 사상가나 종교가가 출현하여 사회적 혼란과 위기로부터 대중을 구출하고자 한다. 마르크스도 바로 그와 같은 때에 그와 같은 목적을 가지고 출현한 인물이었던 것이다.

　한 사상가가 사상을 정립함에 있어서는 물론 이와 같은 사회적 환경적 조건의 영향도 크지만, 그것보다 더 결정적인 요인은 그 인물의 심리·성격·개성 등과 그것들을 기반으로 한 인생관·세계관·역사관이다. 마르크스는 바로 이와 같은 주체적인 요인을 적절하게 갖춘 인물이었다. 여기서 마르크스의 사상 형성의 주체적 요인이 된 그의 심리나 성격에 대해서 고찰하여 보자.

　칼 마르크스(Karl Marx, 1818~1883)는 1818년 5월 5일, 독일의 라인 지방의 트리에르시에서 전통적인 유대교의 랍비 가계의 가정에서 차남으로 태어났다. 마르크스의 아버지 하인리히 마르크스(Heinrich Marx, 1782~1838)는 변호사였는데 프로이센 정부에 의한 유대교도를 공직으로부터 배제하는 조례 때문에 그는 유대교도의 긍지를 버리고 1816년에 기독교로 개종하였다. 그는 구명(舊名)은 헤셸(Heschel)이라고 했는데 세례를 받고서 이름을 하인리히로 바꿨다. 그 후 칼(Karl) 등 7명의 자녀들도 1824년에 개종하였지만, 칼의 어머니 헨리에테 마르크스(Henriette Marx, 1787~1863)는 엄격한 유대교도여서 개종에 반대하고 있었다. 다음 해인 1825년에야 부득이 그녀도 개종하였는데 남편이 죽은 후 그녀는 유대교로 되돌아갔던 것이다.

　이와 같이 마르크스는 갈등 많은 유대인 가정에서 출생해서 성장한 것이다. 개종 후 그는 한편으로는 기독교의 프로이센 사회로부터 유대인이라는 이유로 심한 차별을 받았고, 한편 유대교도로부터는 배교자(背敎者)로서 멸시를 받았던 것이다.[2] 이와 같은 가정적·사회적 환경 때문에 유소년기의 마르크스는 고독감·소외감·열등감·굴욕감 등을 끊임없이 체험하면서 실망 속에서 성장하였을 것이다. 그와 같은 마르크스의 심리가 머지않아 변질되어서 반항심·복수심 등 원념(怨念)으로 전환하여 갔으리라는 것은 상상하기 어렵지 않다. 유소년기로부터 청년기로 이어지는 마르크스의 이와 같은 심리 상태는 잠재의식화하여서 마르크스의 반항적 성격, 투쟁적 성격을 형성해 갔다고 보는 것이다. 더욱이 유대교로부터 개종하였다고는 하나 마르크스에게는 잠재적으로 유대인 고유의 소명의식(선민의식)이 있으며, 그것이 반항적 투쟁적 성격과 더불어서 혁명가로서의 성격을 형성하였던 것이다.

그는 또 기독교 및 유대교도로부터 받은 차별 대우의 근거인 종교에 대하여 증오와 반항심에 의한 원한을 품게 되었다. 그리고 그는 유소년기에는 유신론의 입장이었지만 청년기에는 무신론자가 되어 하나님에게 반기를 들게 되었던 것이다.[3]

이와 같은 원념에 찬 심리와 성격을 기반으로 하여 당시의 사회적 환경, 사상적 환경하에서 마르크스는 독자적인 사상을 형성해 간 것이다. 사회적 환경이란 프랑스 혁명의 영향에 의한 자유주의 운동과 그것에 대한 프로이센 정부의 탄압, 영국의 산업혁명의 영향에 의한 라인 지방의 공업도시화 등이며, 사상적 환경이란 헤겔이나 포이엘바하 등의 철학적 영향을 말한다. 특히 사상적으로는 헤겔이 마르크스에게 결정적인 영향을 주었던 것이다. 따라서 마르크스는 헤겔의 관념론과는 반대인 유물론의 입장에 서 있다고는 하나, 그의 사상의 방법은 헤겔의 방법을 거의 그대로 모방하였던 것이다.

그리하여 마르크스 사상의 혈관 속에는 항상 헤겔적 요소가 흐르고 있었다. 그중에서 주요한 것은 「모순에 의한 발전」, 「자유의 실현」, 「이상사회의 필연적인 도래」 등이었다. 따라서 마르크스주의의 시발점이 되고 있는 인간소외론도 헤겔 사상과의 관련하에서만 올바르게 이해할 수 있는 것이다. 그리고 마르크스가 헤겔의 영향을 받은 것 중에서 가장 초기에 그리고 가장 강하게 영향을 받은 것은 「자유의 실현」이었다.

3. 헤겔철학의 마르크스에의 영향

헤겔은 「법철학」의 서문에서 『이성적인 것은 현실적이며 현실적인 것은 이성적이다.』[4]라고 하였는데, 이 명제의 해석에 있어서 헤겔학파는 두 파로 나누어져 있었다. 한 파는 이 명제의 뒷부분에 중점을 두고 현실적인 것은 이성적인 것이라고 해석하여 현실의 프러시아 정부를 지지한 우파이다. 다른 한 파는 앞의 부분에 중점을 두고 이성적인 것이 현실적인 것으로 되지 않으면 안 된다고 해석하면서 현 프러시아 정부는 당연히 변혁되지 않으면 안 된다고 주장하는 좌파였다.

헤겔 좌파에 속한 인물들은 슈트라우스(D.F. Strauss), 포이엘바하(L.A. Feuerbach), 바우어(B. Bauer), 루게(A. Ruge), 슈티르너(M. Stirner) 그리고 마르크스와 엥겔스였다. 헤겔 좌파에 속해 있었던 마르크스는 자유주의정신과 비판정신을 가지고 있으면서 「자유」가 인간의 본질이라고 보고 있었다. 그것은 그가 헤겔철학으로부터 자유의 정신을 배웠기 때문이다. 헤겔은 「역사철학」 및 「법철학」에서 인간은 이성적 존재이며, 이성의 본질은 자유이며, 자유는 실현되지 않으면 안 된다는 것을 밝히고 있으며, 자유는 국가를 통해서 실현된다고 주장하였다.[5] 마르크스가 헤겔로부터 배운 이와 같은 자유의 사상이 마르크스의 인간해방 사상의 출발점이 된 것이다. 이 자유의 사상, 해방의 정신은 마르크스의 전 생애를 통해서 그의 이론체계의 기반을 이루고 있다. 그리고 마르크스는 이와 같은 인간의 자유는 공산주의사회가 세워짐으로써 비로소 참되게 실현된다고 믿고 있었던 것이다.

실제로 마르크스는 「자본론」에서 다음과 같이 말하였다. 『이 나라(필연성의 나라)의 저편에 자기목적으로서 행위할 수 있는 인간의 힘으로 발전하는 참된 자유의 나라(공산주의사회)가, 그렇더라도 그와 같은 필연성의 나라를 그 기초로 하여 그 위에만 개화할 수 있는 자유의 나라가 시작된다.』6) 유고슬라비아의 부통령이었던 밀로반 질라스도 『새로운 계급 안에서 혁명의 결과—말하자면 새로운 사회주의사회—는 현존사회를 지배하고 있는 것, 즉 자유주의적인 자본주의보다도 한층 고도의 새로운 자유를 가져온다고 마르크스는 믿었다.』7)고 말했다.

헤겔은 시민사회의 혼란이 개인주의적인 욕망의 충돌에 기인하는 것이며, 이것을 해결하는 길은 국가의 행정 조직을 통해서 이념이 구현되는 것을 기다리는 것이라고 보고서, 프러시아 정부의 관료 정치에 기대를 걸고 있었다. 즉 이념(로고스·이성)이 국가의 법을 통해서 현실화되면 시민사회의 혼란은 사라져 버릴 수 있다고 본 것이다. 마르크스도 헤겔과 마찬가지로 시민사회의 모순과 병폐를 지켜보고 있었다. 그리고 그는 헤겔 좌파에 속하면서 그와 같은 시민사회의 모순을 극복하여 인간의 자유를 실현하지 않으면 안 된다고 생각하고 있었다. 여기서 헤겔 학파가 좌파와 우파로 나누어져 특히 좌파가 대두하여 간 경위에 대해서 말하고자 한다.

헤겔은 「하나님이 수육(受肉)하여 인간이 되었다.」고 하는 신인(gottmensch)관이야말로 기독교 교의의 핵심이라고 생각하였다. 그리고 그는 종교가 「표상(vorstellung)」으로서 포착한 신인을 그는 「개념(begriff)」으로서 일반화한 것이었다. 『헤겔에 있어서는 기독교와 철학은 내용적으로 별개의 것이 아니고 다만 표상과 개념이라는 형식상의 구별이 있을 뿐」[8]이었기 때문이다. 따라서 「하나님이 수육하여 예수가 되었다」고 하는 기독교의 교의는 이것을 철학적으로 일반화(개념화)하면 「하나님은 인간을 통해서 자기를 실현한다」고 표현할 수 있으며, 「인간을 통해서 절대이념이 자기를 전개한다」고 하는 헤겔의 철학적 표현이 가능하게 된다.

이와 같은 헤겔의 신인관을 상속하여서 철학의 개념을 한층 철저화한 사람이 슈트라우스였다. 그는 「예수의 생애」(Das Leben Jesu, 1835)를 써서, 『신인이란 어떤 특정 인물(예수)이 아니고 인류의 이상을 인격화한 것에 지나지 않는 것이며, 성경에 쓰여져 있는 예수의 생애는 전설 또는 신화에 지나지 않는다』고 주장하였다. 슈트라우스의 이 저서는 헤겔학파를 둘로 분열시키는 계기가 되었다. 한편은 헤겔철학과 기독교의 일치를 믿고 헤겔철학을 그대로 신봉하는 우파가 되고, 또 한편은 헤겔철학이 갖는 비기독교적 요소를 강조하여서 헤겔철학을 비판하는 좌파가 된 것이다.

마르크스를 헤겔 좌파로 이끌었던 브루노 바우어도 슈트라우스에 이어서 기독교 비판을 하면서 성경의 계시는 절대적 진리가 아니고 역사적으로 상대화된 진리라고 주장하였다. 그는 또 헤겔의 절대이념을 인간의 자기의식으로 바꾸어 놓고서 기독교나 헤겔철학의 절대성을 비판하였다.

다음에 후술하는 바와 같이 포이엘바하가 「기독교의 본질」(Das Wesen des Christentums, 1841)을 저술함으로써 헤겔 좌파의 기독교 비판이 확립되었으며, 그것과 동시에 헤겔철학도 철저하게 비판되어 갔다.

그리고 헤겔 좌파의 입장으로부터 프러시아 국가를 정치적으로 비판한 사람이 「루게」다. 그는 할레대학의 학생 시절에 부르센샤프트(Burschenschaft; 젊은 사람들의 조합)의 활동가로서 체포되어 6년간 투옥됐는데, 그 후에 할레대학의 강사로서 「할레 연지(年誌)」(Hallische Jahrbücher, 1838년 창간)를 간행했다. 거기에서 그는 헤겔의 「법철학」이 현존의 역사적 국가(프러시아)를 이념적 국가(이성국가)로 바꾸어 버렸다고 말하면서 이를 비판하였으며, 뿐만 아니라 역사적 국가는 비판되고 극복되어서 보다 고차적인 것으로 발전되어야 한다고 주장함으로써 프러시아의 국가 체제를 부정했던 것이다.

이와 같은 헤겔 좌파의 영향에서 마르크스는 사상운동의 제일보를 내디딘 것이다.

4. 라인 신문의 주필시대

베를린대학을 나온(1841.3) 마르크스는 「라인 신문」에 「출판의 자유와 주의회 의사의 공표에 대한 토론(1842.5)」이라는 논문을 기고하여 자유가 인간의 유적(類的) 본질이며, 자유는 실현되지 않으면 안 된다는 것을 다음과 같이 말하고 있다. 『왜냐하면 자유는 정신적 존재의 전체의, 따라서 또 출판의 유적 본질이 아닐까?……왜냐하면 자유의 실현이라는 것만이 인간적으로 보아서 좋은 것일 수 있기 때문이다.』[9]

동(同) 신문의 주요기고자였던 마르크스는 머지않아 동 신문의 주필이 되어서 자유주의 운동을 위해 적극적으로 활동을 전개했다(1842.10~1843.3). 그때 그에게 몇 가지 곤란한 문제가 일어났다. 즉 프랑스의 사회주의 또는 공산주의에 관한 「알게마이네 아우구스부르

그」 신문과의 논쟁, 삼림도벌과 토지 소유의 분할에 관한 라인 주의회의 토의, 자유무역과 보호관세에 관한 의논, 라인 주지사가 모제르 농민의 상태와 「라인 신문」에 대해서 일으킨 공적인 논쟁 등이었다.[10] 특히 보수적인 신문인 「알게마이네 아우구스부르그」 신문과의 논쟁에 있어서 프랑스의 사회주의와 공산주의에 대하여 태도를 명백히 하라는 요구에 대해서, 그는 대답할 수 없었던 것이다. 마르크스는 다음과 같이 말하고 있다.

『프랑스의 사회주의나 공산주의의 엷은 철학 색채를 띤 반향을 「라인 신문」 안에서도 들을 수 있게 되었다. 나는 이 미숙한 사상에 대해서 반대를 표명하였다. 그렇지만 동시에 「알게마이네 아우구스부르그」 신문과의 어떤 논쟁에서 나의 이제까지의 연구로써는 프랑스의 이들 사조의 내용 그 자체에 대해서 아무런 판단도 내릴 힘이 없다는 것을 솔직히 인정하였다.』[11]

또 1842년 10월에 주의회가 삼림도벌채취법을 개정한다고 하면서 실제는 삼림 소유자에게만 유리하도록 고쳐 버린 사실, 즉 자유주의적인 입법기관이 신분이 높은 자의 불법을 인정한 것에 대해서[12] 빈민의 인권을 수목의 권리에 굴복시켜서는 안 된다고 느끼면서도[13] 마르크스로서는 어떻게 대처해야 할지 그 방법을 몰랐던 것이다.

이것은 모두 그가 헤겔철학에 너무나 기울어져 있었기 때문이었다고 그는 생각하였다. 즉 헤겔철학의 입장에서는 이러한 문제들에 대해 정당한 해석을 내릴 수 없었던 것이다. 헤겔철학이 현실 문제의 해결에 무력하다는 것을 그는 절실히 느꼈다. 그리고 그는 그것이 모두 경제 문제와 관련이 있음을 깨닫게 되었던 것이다. 즉 그가 곤란을 느낀 현실적인 문제는 모두 시민사회에 있어서의 경제 문제와 관련이 있다는 것을 안 것이다.

그러나 당시 그는 경제에 관해서는 거의 아는 바가 없었다. 그래서 그는 드디어 경제 문제를 연구할 것을 결심하고서 프로이센 정부의 탄압에 의하여 「라인 신문」이 발간 금시가 되기 직전인 1843년 3월 스스로 주필직을 물러나 동년 6월에 결혼한 프로이센 귀족의 딸 예니(Jenny Marx, 1814~1881)와 함께 동년 10월 말에 파리로 망명을 했던 것이다.

5. 마르크스의 헤겔 비판

『나를 괴롭힌 의문을 해결하기 위하여 기도한 최초의 일은 헤겔의 「법철학」의 비판적 검토였다.』[14]고 마르크스가 말하고 있는 바와 같이 「라인 신문」을 사퇴한 그는 경제 문제의 연구에 앞서서 헤겔철학을 비판할 필요를 느꼈다. 그때 그는 아직 그 비판에 필요한 자신의 기준적 견해를 가지고 있지 않았다. 그래서 마르크스가 의지하지 않을 수 없었던 것이 포이엘바하의 「기독교의 본질」(1841)과 「철학개혁을 위한 잠정적 명제」(1984)였다.[15] 포이엘바하는 이 두 책에서 기독교의 신관과 헤겔의 사고와 존재의 관계에 대한 견해를 신랄하게 비판하고 있었던 것이다.

포이엘바하는 「기독교의 본질」에서 『하나님이란 인간의 본질(이성, 사랑, 의지)이 개개의 인간 —즉 현실적 육체적인 인간— 의 제한으로부터 분리되어서 대상화된 것이다.』[16]라며, 『신적 본질이란 인간적 본질 이외의 아무것도 아니다.』[17]라고 하면서 기독교의 신관을 비판하였다. 그는 또 「철학개혁을 위한 잠정적 명제」에서 헤겔 관념론에 대한 대안은 주어를 술어로 술어를 주어로 고치면 된다고 하였다.

즉 헤겔에 있어서 「사고가 주어, 존재가 술어」[18]이지만, 포이엘바하는 「존재가 주어이며, 사고가 술어」[19]로 되지 않으면 안 된다고 하였다. 이념(사고)이 자기소외된 것이 자연(존재)이라고 하는 헤겔의 주장에 대해서 포이엘바하는 반대로 「사고는 존재로부터 나온다.」[20]고 주장했던 것이다.

이와 같이 포이엘바하는 하나님은 인간의 본질이 대상화된 것에 지나지 않고 정신은 물질의 소산이라고 함으로써[21] 무신론 및 유물론을 주장하였던 것이다. 그러나 그는 하나님을 부정하면서도 인간주의적인 종교를 역설하면서 인간의 사랑, 즉 연애·우정·동정 등을 중심으로 하여서 인간관계를 개선함으로써 사회의 혼란을 수습할 수 있다고 보았다. 이것이 그의 인간주의인 동시에 그의 종교였다.[22] 포이엘바하의 인간주의는 인간을 자연적 존재로 보는 자연주의이며, 감성적 존재로 보는 감성주의이기도 하였다.

헤겔의 법철학 비판에 곤란을 느끼고 있었던 마르크스는 이와 같은 포이엘바하의 인간주의에 의지해서 헤겔의 「법철학비판」을 시도하였다.[23] 즉 마르크스는 인간주의의 입장에서 정치 문제를 해결하고자 한 것이다. 그것은 비인간적 세계인 독일을 인간적인 것으로 개혁하지 않으면 안 된다고 주장한 다음과 같은 마르크스의 편지의 한 구절을 보아서 알 수 있다.

『속물의 세계(독일)는 정치적 동물계이므로 만약 우리들이 그 존재를 인정하지 않으면 안 된다고 한다면, 현상(現狀, status quo)을 아주 깨끗이 옳다고 하는 이외에는 방법이 없다. 야변(野變)적인 수세기가 이 현상을 산출하여 만들어 낸 것이며, 그리고 지금 그것은 비인간적 세계를 원리로 하는 하나의 수미일관된 체제로서 현재 거기에 존재하는 것이다.』(「마르크스로부터 루게에게」 1843.5)[24] 『의식의 개혁이란 다만 세계로 하여금 그 의식을 자각시키는 것, 세계를 자기 자신에 대한 꿈으로부터 눈 뜨게 하는 것, 세계에 대해서 그 자신의 행동을 해명해 주는 것에 있다. 우리들의 전 목적은 마치 포이엘바하의 종교 비판이 그렇듯이 종교적 및 정치적인 제 문제에 대해서 스스로를 의식한 인간적 형성을 주는 것 이외일 수는 없는 것이다.』(「마르크스로부터 루게에게」 1843.9)[25] 마르크스가 비판하려고 한 헤겔의 법철학의 요점은 다음과 같다.

이기적인 욕망을 중심으로 생활하는 시민은 항상 충돌하기 쉽고 곧 혼란을 야기시킨다. 왜냐하면 시민사회는 개개인의 욕구를 만족시키고자 하는 욕구의 체계이기 때문이다.[26] 이와 같은 시민사회는 방탕에 빠지는 향락과 비참한 빈곤을 나타내는 동시에, 육체적 및 윤리적인 퇴폐를 나타낸다.[27] 한편 국가는 법률의 실시나 행정 등에 의해서 보편적인 이익을 목표로 하고 있어서,[28] 따라서 시민의 방향과 국가의 방향은 모순된다.[29] 즉 국법이 잘 지켜지도록 행정력을 강화하면 시민은 부자유를 느껴서 반발하게 되며, 시민의 욕망충족을 방치해 두면 무질서와 혼란이 야기된다. 이와 같이 모순되는 시민사회와 국가를 조화시키는 매개체의 역할을 다하는 것은 중간 신분인 관료와 의회인 것이다.[30]

헤겔은 『관리가 속하는 중간 신분에야말로 국가의 의식과 가장 우수한 교양이 있다. 그러므로 이 신분은 합법성과 지성이라는 점에서 국가의 주석(柱石)이기도 하다.』[31]고 하면서 시민사회의 혼란으로부터 인간을 구출하는 데 있어서 프러시아의 관료정치에 기대를 걸었던 것이다. 그는 법의 이념이 관료조직을 통해서 구현된다고 보았던 것이다. 즉 관료와 의회를 통해서 법의 이념이 구현되면 시민사회는 쉽게 이성적인 것이 된다는 것이다. 그때 인간도 이기욕을 버리고 이성적인 인간이 된다는 것이다. 헤겔에 의하면 아직 이성적 존재로 되지 않은 시민사회에 있어서의 인간은 표상적 존재에 지나지 않으며[32] 현실적 존재는 아니었다. 헤겔에 있어서는 현실적인 것은 바로 이성적인 것이었기 때문이다.

이와 같은 헤겔의 주장에 대해서 이미 언급한 바와 같이 마르크스는 인간주의의 입장에서 비판한 것이었다. 이것이 즉 「헤겔 국법론비판」(1843.3~8)이다.[33] 그 중에서 마르크스는 헤겔이 말하는 관료 정치의 보편성은 형식에 지나지 않고, 실제로 관료는 권위와 복종의 계층 조직 안에 폐쇄되어서 물질주의로 흐르고 있었고, 지위의 향상과 입신출세에 보다 많은 관심을 기울이고 있다고 비판하였으며,[34] 그와 같은 물질적 이해관계에 좌우되는 관료에 의해서는 자유가 실현되는 이성적 국가를 세우는 것은 어렵다고 본 것이다. 마르크스는 그로부터 약 1개월 후에 쓴 「유대인 문제에 붙여서」(1843.9~10)에서 역시 인간주의의 입장에서 시민사회의 무질서하며 이기적인 인간이야말로 본래의 인간이며 현실의 인간이라고 본 것이다.[35]

헤겔은 이기적인 시민사회의 극복은 이념이 구현되는 국가 또는 관료에 의해서 행해진다고 보았지만, 마르크스는 도리어 인간은 그 유적 존재를 국가에게 빼앗겼다고 보았다.[36] 그러므로 『모든 해방은 인간의 세계를, 제 관계를, 인간 그 자체에로 복귀시키는 것이다.』라고 말하고, 시민사회의 혼란을 수습하는 길은 시민사회의 인간을 본래의 인간으로 복귀시키는 것이라고 주장하였다. 그리고 이 복귀(인간해방)는 신뢰할 수 없는 관료의 힘에 의해서가 아니라, 시민사회의 현실적 및 개체적인 인간 자신의 힘에 의해서 수행되지 않으면 안 된다고 주장한 것이다. 이것은 포이엘바하의 인간해방의 공식에 따른 것이었다.

포이엘바하에 의하면, 인간은 동물과는 달라서 이성·사랑·의지 등의 본질을 가지고 있지만, 이 인간의 본질을 대상화시켜서 하나님으로 해버림으로써 인간 자신은 매우 이기적이며 무력한 존재가 되어 버린 것이다. 이것이 그가 말하는 인간소외였다. 즉 인간의 본질을 하나님에 의해서 잃어버린 것이 인간의 소외였다. 그러므로 상실한 인간성의 회복, 즉 인간의 해방은 하나님을 부정함으로써 현실의 인간이 자기편으로 인간의 본질을 찾아오는 것이라고 그는 역설한 것이다. 마르크스는 이 인간해방의 공식에 따라서 인간은 이념(이성)의 구현체인 국가 또는 관료에 의해서 그 유적 존재를 분리당하여(또는 빼앗겨) 버렸으므로, 국가나 관료정치에 맡길 것이 아니라 시민사회에 있어서의 현실의 인간이 자기 안에 인간의 본질을 되찾지 않으면 안 된다고 주장한 것이다. 마르크스는 다음과 같이 말하였다.[37]『현실의 개체적인 인간이 추상적인 공민(公民)을 자기 안에 되찾아 개체적인 인간이면서 그 경험적 생활, 그 개인적 노동, 그 개인적 제 관계 안에서 유적 존재가 되었을 때, 즉 인간이 그의 「고유의 힘」(forces propres)을 사회적인 힘으로서 인식하고 조직하며, 따라서 사회적인 힘을 정치적인 힘이라는 형태로서 자기로부터 분리하지 않을 때 그때에 비로소 인간적 해방이 완수된 셈이 되는 것이다.』[38]

따라서 「유대인 문제에 붙여서」에 있어서, 마르크스가 말하는 유적 존재란 정치적인 힘을 되찾은 인간, 즉 개인이면서 동시에 공민인 인간을 의미하고 있었던 것이다. 그 때 그가 이상으로 하는 사회, 국가는 루소가 말한 바와 같이 『각 개인을 보다 큰 전체의 부분으로 바꾸어, 말하자면 그 개인이 그 생명과 존재를 그 전체로부터 받도록 할 수 있는』[39] 그러한 사회·국가였던 것이다.

여기서 우리는 마르크스의 헤겔 법철학에 대한 비판의 논지가 인간주의의 입장에 있으면서도 변화·발전하고 있음을 알 수 있다. 「헤겔 국법론비판」의 시기에는 국가의 힘으로는 시민사회의 무질서를 극복할 수 없다고 하는 결론만을 내리고 있지만, 「유대인 문제에 붙여서」에서는 시민사회의 극복은 시민사회에 있어서의 현실의 개체적인 인간 자신이 유적 존재가 됨으로써 이루어진다고 주장하고 있는 것이다.

그러면 그 유적 존재에의 복귀(인간해방)는 어떻게 하여 이루어지는가. 이에 대한 대답은 그의 사상의 연속성을 밝히는 데 필요한 것이다. 「유대인 문제에 붙여서」를 썼을 때(1843.10) 마르크스가 말하는 「이상적 인간」이란 단순한 현실적 시민에 지나지 않는 것이며, 유적 존재에의 복귀에 대해서는 구체적으로 밝혀져 있지 않았다. 그러나 그 약 2개월 후 즉 파리로 망명한 직후에 그가 쓴 「헤겔 법철학비판서설」(1843.12~1844.1)에서는 이하에서 밝히는 바와 같이 마르크스 독자의 방향성이 명확하게 나타나고 있는 것이다.

「유대인 문제에 붙여서」에서 마르크스는 인간을 「인간 그 자체」로 복귀시키지 않으면 안 된다고 하면서 포이엘바하의 인간주의와 동일한 입장을 취하고 있었지만 「헤겔 법철학비판서설」에서는 먼저 「종교는 민중의 아편이다.」[40]라고 규정하고 나서 종교의 본질이 명백하게 된 이상, 인간소외문제는 이미 포이엘바하와 같이 종교적인 문제로서 다루어질 것이 아니고, 법률적 정치적인 문제로서 다루어져야 한다고 언명하였던 것이다. 그것을 그는 다음과 같이 말하고 있다.

『인간의 자기소외의 성상(聖像)의 가면이 벗겨진 이상 더욱 성스럽지 않은 모습에 있어서의 자기 소외의 가면을 벗기는 것이 무엇보다도 먼저 역사에 봉사하는 철학의 과제이다. 이리하여 천국의 비판은 지상의 비판으로 화하고 종교에의 비판은 법에의 비판으로, 신학에의 비판은 정치에의 비판으로 변화한다.』[41] 이것은 유적 존재의 회복(인간성 회복)을 위해서는 자본주의의 정치 제도를 문제로 삼지 않으면 안 된다는 결론인 것이다. 그리하여 드디어 마르크스는 인간해방이 프롤레타리아트라는 특수한 한 계급에 의한 사유재산의 부정에 의해서 달성된다는 것을 명백히 하였다. 즉 마르크스는 다음과 같이 말하였다.

『그러면 어디에 독일 해방의 적극적인 가능성이 있는가? 그것은 래디칼(radical)한 쇠사슬에 매인 일계급의 형성 안에 있다……한 마디로 말하면, 완전한 상실이며 그러므로 다만 인간의 완전한 재획득에 의해서만 자기 자신을 획득할 수 있는 한 영역, 이와 같은 한 계급, 한 신분, 한 영역의 형성 안에 있는 것이다. 사회의 이러한 해소를 위한 하나의 특수한 신분으로서 존재하는 것, 그것이 프롤레타리아트인 것이다.』[42] 『프롤레타리아트는 종래의 세계질서의 해체를 고하지마는 그때 그것은 다만 자기 자신의 본연의 상태의 비밀을 표명하고 있을 뿐이다. 왜냐하면 프롤레타리아트는 이 세계 질서의 사실상의 해체이기 때문이다. 프롤레타리아트가 사유재산의 부정을 요구할 때, 그것은 사회가 프롤레타리아트의 원리로까지 높인 것을, 즉 프롤레타리아트가 도움을 줄 필요도 없이 이미 사회의 부정적 귀결로서 프롤레타리아트 안에 체현되어 있는 것을 사회의 원리에까지 높이고 있음에 지나지 않는다.』[43]

다시 마르크스는 『철학이 프롤레타리아트 속에서 그 물질적 무기를 발견하는 것같이 프롤레타리아트는 철학 속에서 그 정신적 무기를 발견한다. 그리고 사상의 번개가 이 소박한 국민의 지반의 근저(根柢)까지를 꿰뚫자마자 독일인의 인간에의 해방은 달성될 것이다.……근본적인 독일은 근본으로부터 혁명을 일으키지 않으면 혁명을 일으킬 수 없다. 독일인의 해방은 인간의 해방이다. 이 해방의 두뇌는 철학이요 그 심장은 프롤레타리아트이다. 철학은 프롤레타리아트의 양기(揚棄) 없이는 자신을 실현할 수 없으며 프롤레타리아트는 철학의 실현없이는 자신을 양기할 수 없다.』[44]고 하였다. 이리하여 그는 자본주의 체제(독일의 체제)의 타도를 목표로서 확정하였을 뿐 아니라 프롤레타리아트를 혁명역량을 갖춘 유일한 세력이라고 규정하였던 것이다.

「유대인 문제에 붙여서」로부터 「헤겔 법철학비판서설」에로 옮아감에 있어서 마르크스는 드디어 포이엘바하의 인간주의의 입장을 포기하고 법과 정치의 면에서 인간소외의 문제를 다룰 것을 결심하였던 것이며, 더 나아가서 그것을 경제적인 면에서 다루기에까지 이르렀던 것이다.[45] 이와 같이 인간소외 문제를 계기로 해서 마르크스 독자의 사상이 형성되어 갔던 것이다.

마르크스가 「인간의 해방은 시민사회의 현실적인 인간의 손에 의해서 행하여지지 않으면 안 된다.」고 한 입장을 약 2개월 사이에 포기해 버리고, 「프롤레타리아트에 의한 사유재산의 부정」을 통해서 인간을 해방할 것을 주장한 이유는 무엇일까. 마르크스는 이것을 밝히지 않고 있으나, 그 당시의 전후 사정으로 보아서 다음과 같이 추측해서 틀림없을 것이다.

첫째로, 프러시아 정부에 의한 엄격한 검문과 탄압에 의해서 「라인 신문」을 물러난 마르크스는 프러시아 정부에 대해서 반항심과 적개심을 품었을 것이며, 파리로 망명할 때 그것은 한층 격화되었을 것이다. 그것은 「헤겔 법철학비판서설」의 다음과 같은 구절을 보면 명백해진다.

『독일의 상태에는(평화는커녕) 싸움이 있을지어다! 확실히 그대로이다! 그 상태는 역사의 수준 이하에 있으며 모든 비판 이하에 있지만 그러나 비판의 대상임에는 변함이 없다. ······비판의 대상은 논박하고자 하는 적이 아니고 절멸하고자 하는 적이다. ······비판의 본질적인 정념(情念)은 분격(憤激)이며 그 본질적인 일은 탄핵이다.』[46] 마르크스의 프러시아(독일)에 대한 이러한 분격의 정념, 즉 원념(怨念)이 그를 혁명론—프롤레타리아트에 의한 사유재산의 부정—으로 몰아 붙였으리라는 것은 용이하게 추찰된다.[47]

둘째로, 마르크스가 파리로 망명하기 전 해에 마르크스와 예니의 결혼을 반대하고 있었던 어머니가 친척에게 부추김을 받아 마르크스에의 유산 분배를 거절하였기 때문에 마르크스는 생활 수단을 빼앗기는 결과가 되어 버렸는데,[48] 이에 대해서도 마르크스는 격분했을 것이며 이것이 다음 해의 사유재산 부정의 결심에도 영향을 미쳤으리라고 보여지는 것이다.

셋째로, 1842년에 출판된 프랑스의 사회주의와 공산주의를 소개한 로렌츠 폰 슈타인(Lorenz von Stein)의 「현대 프랑스의 사회주의와 공산주의」(1842) 속에 프롤레타리아트는 「사유재산의 부정이라는 목적하에 자각한 통일체」로서 그려져 있었던 것인데, 마르크스는 그것을 안성맞춤의 개념으로서 받아들여서 이것을 무조건 이용하였다고 생각된다. 이것은 몇 사람의 연구자에 의해서 지적되고 있는 사실이기도 하다.[49]

넷째로, 마르크스는 프루동(P.J. Proudhon)의 「재산이란 무엇인가?」로부터 영향을 받으면서[50] 헤겔에서 배운 「긍정—부정—종합」의 변증법을 유물론적으로 시민사회에 적용하여서 사유재산을 부정한다는 결론을 이끌어 냈으리라고 생각된다. 그것은 마르크스가 「헤겔법철학비판서설」을 낸 약 1년 후에 쓴 「성가족(聖家族)」(1844.9~11)에서 사유재산과 프롤레타리아트를 대립물로서(즉 긍정과 부정으로서) 다음과 같이 다루고 있는 것을 보아도 추측할 수 있다.

「사유재산은 사유재산(긍정)인 부로서, 자기 자신을 그리고 그것과 함께 그 대립물(부정)인 프롤레타리아트를 부득불 존립시켜 두게 되어 있다.……프롤레타리아트는 반대로 자기 자신을 그것과 더불어 그를 프롤레타리아트로 하며, 그를 제약하는 대립물 즉, 사유재산을 부득불 양기하게 되어 있다.』[51] 「헤겔 법철학비판서설」을 쓸 때에는, 마르크스는 아직 경제학을 연구하기 전이었다. 그럼에도 불구하고 프롤레타리아트 혁명을 목표로 세웠다고 하는 것은 무엇을 의미하는 것인가. 그것은 그 후의 그의 자본주의경제의 연구가 이 목표를 달성하기 위한 연구가 되는 수밖에 없게 되었음을 의미하는 것이다. 사실 그 후의 그의 모든 연구는 이 목표를 합리화하는 방향으로 진행하여 갔던 것이다.

　결론(목표)을 먼저 세워 놓고 그것에 맞도록 이론을 만들려고 하면, 하나님을 출발점으로 하는 종교적·연역적 이론이 아닌 한, 그 이론은 필연코 허구성과 책략성을 지니게 된다. 다시 말하면 공산주의는 그 성립초부터 허구와 책략을 내포하고 있었던 것이다. 어쨌든 마르크스는 인간소외문제를 법적·정치적으로 해결하기 위해서는 그 해결의 열쇠를 경제로부터 찾지 않을 수 없었던 것이다. 그 때문에 그는 파리에서 경제학의 연구를 시작한 것이었다.

6. 경제학 연구와 인간소외론

　마르크스는 파리시대(1843.11~1845.2)에 경제학의 연구에 몰두하였다. 그는 엥겔스의 「국민경제학비판대강」을 기초로 하여서, 아담 스미스(A. Smith), 리카아도(D. Ricardo), 세이(J. Say), 시스몬디(S. Sismondi) 등의 저작을 비판적으로 연구하였다. 그 연구에 대한 세 개의 초고(1844.4~8)가 남아 있었으나 그것들은 나중에 「경제학·철학초고」라는 표제 아래 하나로 합쳐져서 출판되었다(1932). 이 논문에서 마르크스의 인간소외론은 보다 유물론적으로 구체화되고, 변증법적으로 마무리되었다. (후에는 변증법적 투쟁이론의 관점에서 폭력혁명까지 주장되기에 이른다.)

파리시대의 경제학 연구를 통해 그가 발견한 주된 요점은, 첫째로 자본주의사회에서 「노동자는 하나의 상품이 되고 있다.」[52]라는 것이며, 둘째로 자본주의사회의 경제는 노동자로부터의 착취에 의해 성립되고 있으며, 노동자가 아무리 열심히 일을 하더라도 그 노동생산물은 모두 자본가들에게 수탈되어서 『노동자는, 그가 부를 많이 생산하면 할수록……그만큼 가난해진다. 노동자는 상품을 보다 많이 만들면 만들수록 그는 그만큼 더 보다 값싼 상품이 된다.』[53]는 것이었다.

이것은 무엇을 의미하는 것일까? 이것이 바로 다름 아닌 노동자의 소외였던 것이다. 여기에서 마르크스는 자본주의사회에 있어서의 노동자의 소외구조를 분석하였는데, 그 요점은 다음과 같다.

첫째, 「노동자로부터의 노동생산물의 소외」이다. 노동자는 노동을 통해서 생산품(상품)을 생산하고 있다. 그러나 자본주의적 생산관계 하에서는 노동자의 노동생산물이 다른 사람의 것이 되고 있다. 그 결과 노동생산물이 노동자와 대립하여 소원한 것이 되고 있다.[54] 그리고 자본가의 사적 소유가 된 노동생산물은 자본을 형성하며,[55] 그 자본이 노동자를 지배하기에 이른다.[56]

둘째, 「노동자로부터의 노동의 소외」이다.[57] 자본주의사회에서는 노동행위 그 자체가 다른 사람(자본가)의 것이 되고 있다. 따라서 노동은 강제적인 것이 되고 기쁨이 없으며 고통스러운 것이 되고 있는 것이다.[58]

셋째, 이상의 두 소외로부터 필연적으로 귀결되는 「인간으로부터

유(類)의 소외」이다.[59] 인간의 유적 본질은 자유로운 생산 활동, 의식적인 생산 활동인 것으로서, 그것은 다만 육체적 욕구에만 지배되어서 일방적으로 자기 또는 자기 자신이 직접 필요로 하는 것 이외에 생산을 하지 않는 동물의 활동과는 본질적으로 다르다. 다시 말하면 자유 안에서 대상적 세계를 가공하는 일, 즉 자유로운 창조 활동 속에 인간의 유적 생활이 있는 것이다.[60] 그런데 노동자로부터 노동이 소외된 결과 노동은 다만 육체적 생존을 보존하고자 하는 욕구를 채우는 수단이 되고 말았으며, 자유롭고 의식적인 활동이 인간으로부터 소외 되게 된 것이다.

넷째, 세 번째의 소외로부터 직접 귀결되는 「인간으로부터 인간의 소외」이다. 인간이 자기소외(유의 소외)되어 자기 자신과 대립하는 것은 동시에 그 인간이 자기 자신뿐만 아니라, 다른 사람과도 대립하게 되는 것을 의미하는 것이다.[61]

이와 같이 마르크스는 노동자의 소외의 구조를 분석하였는데, 노동자가 인간성을 상실한 것은 결국 노동자가 노동생산물을 빼앗긴 것에 기인한다고 본 것이다. 더욱이 마르크스는 노동자뿐만 아니라 자본가까지도 인간성을 상실하고 있다고 다음과 같이 말하고 있다.

『유산계급과 프롤레타리아트 계급은 동일한 인간적 자기 소외를 나타내고 있다. 그러나 전자의 계급은 이러한 자기 소외 속에 쾌적과 안정을 느끼고 있으며, 이 소외가 자기 스스로의 힘이라는 것을 알고 있으며, 소외 속에 인간적 생존의 외견을 가지고 있다.』[62] 자본가들의 쾌적한 생활은 실은 참된 인간성의 생활이 아니고, 인간적 생존의 외견에 지나지 않는다. 따라서 그들도 잃어버린 인간성을 되찾지 않으면 안 된다는 것이다. 마르크스에 있어서는 노동자들의 인간성 상실, 즉 노동생산물의 소외가 모든 인간의 인간성 상실을 초래하고 있으며, 따라서 노동자들이 인간성을 회복할 때, 즉 잃어버린 노동생산물을 다시 되찾을 때 비로소 다른 계급의 인간들(자본가들)도 인간성을 회복한다고 그는 보고 있다. 포이엘바하에 있어서는 이성·사랑·의지 등이 유적 본질이었지만, 마르크스는 노동이란 누구나 하지 않으면 안 되는 인류의 공통의 성질이라고 하면서 노동이야말로 참된 유적 본질이라고 보았던 것이다.

마르크스에 있어서 파리시대 이전의 유적 본질(유적 존재)의 개념은 「자유」 또는 「공민」 등을 의미하는 것이었지만, 파리에서의 경제학 연구 이후에는 그 자유의 개념이 노동과 결부되어서 「자유로운 생산활동으로서의 노동」이 인간의 유적 본질로서 명백히 확정되게 되었다.

그런데 마르크스의 소외된 노동의 개념 파악은 엥겔스의 「국민경제학비판대강」이나 영국의 고전경제학의 영향에 의한 것이라는 것은 잘 지적되고 있는 사실이다. 그러나 보다 본질적으로는, 헤겔이 노동을 자기의 외화(대상화)로서 자기에게 대립되는 것으로서 받아들인 것에 영향받은 것이었다. 그러한 사실을 미르크스 자신이 다음과 같이 술회하고 있다.

『헤겔의 「현상학」과 그 최종성과에 있어서─운동하며 산출하는 원리로서의 부정성의 변증법에 있어서─위대한 것은 헤겔이 인간의 자기산출을 하나의 과정으로서 받아들여 대상화(Vergegenständlichung)를 대상박리(對象剝離, Entgegenstandlichung)로서 외화(外化)로서, 및 이 외화의 지양(止揚)으로서 받아들이고 있다는 사실, 그리하여 그가 노동의 본질을 포착하여 대상적인 인간을, 현실적이기 때문에 참된 인간을, 인간 자신의 노동의 성과로서 개념적으로 파악하고 있다고 하는 사실이다.』[63] 인간소외의 분석을 더욱 진척시킨 마르크스는 이와 같은 인간소외의 원인은 「인간적 공동체의 해체=사유제」에 있다고 생각하였다. 즉 소외된 노동생산물은 자본가들의 사유재산을 이루고 있기 때문에[64] 사유재산 제도는 다름 아닌 소외의 구조 그 자체라고 보았다. 따라서 소외된 인간성을 회복하는 길은 사유재산을 지양하는 것이며, 그것이 공산주의라고 다음과 같이 결론짓고 있다.

『인간의 자기소외로서의 사유재산의 적극적 지양으로서의 공산주의, 또한 인간에 의한 인간을 위한 인간적 본질의 현실적인 획득으로서의 공산주의』[65]

『그러므로 사유재산의 적극적 지양은 인간적 생활의 획득으로서 모든 소외의 적극적 지양이며, 따라서 인간이 종교, 가족, 국가 등으로부터 그 인간적인, 즉 사회적인 현존으로 환귀하는 것이다.』[66]

『따라서 사유재산의 지양은 모든 인간적인 감각이나 특성의 완전한 해방이다.』[67]

이와 같이 마르크스는 사유재산의 지양이야말로 유적 존재의 탈환이며 소외로부터의 인간성의 해방이라고 주장한 것이었다.

7. 마르크스의 혁명이론의 형성

파리시대의 마르크스는 「경제학·철학초고」에 이어서 「성가족(聖家族)」(1844.9~11)의 집필을 시작했지만, 때마침 파리에 찾아온 엥겔스가 기고하면서 그 책은 공저로서 출판되었다. 「헤겔 법철학비판서설」에서 프롤레타리아트를 혁명 세력으로 규정하고, 프롤레타리아트에 의한 인간의 해방을 부르짖은 마르크스는 「성가족」에서 프롤레타리아트를 무비판적인 대중으로 얕보려 하는 태도를 취하는 브루노 바우어(B. Bauer) 일파를 비판하면서, 프롤레타리아트야말로 역사의 참된 창조자라는 것을 강조하였다. 그는 프롤레타리아트가 스스로를 해방하는 사명을 가지고 있다는 것을 다음과 같이 말하고 있다.

『프롤레타리아트의 생활조건 속에 오늘날의 사회 일체의 생활조건 중 가장 비인간적인 정점이 집중되어 있기 때문에 ……또 이제는 배척할 길이 없는, 이제는 변명할 길이 없는, 절대로 유무를 말하게 하지 않는 궁핍함에 의해서 이 비인간성에 대한 반역에로 직접 빠져 있기 때문에, 그 때문에 프롤레타리아트는 자기 자신을 해방할 수가 있으며 또 해방하지 않을 수 없다. ……그 목적과 역사적 행동은, 그 자신의 생활 상태에도, 또 오늘날의 부르주아 사회의 전 조직 내에도 명백히 지워버릴 수 없게끔 표시되어 있다.』[68] 그런데 「성가족」의 공간(公刊·1845.2)에 앞서서 마르크스는 파리를 퇴거하지 않으면 안 되게 되었다. 프러시아 정부의 요청에 따라서 프랑스 정부가 마르크스에게 국외 추방을 명하였기 때문이다. 1845년 1월, 파리에서 추방된 마르크스는 브뤼셀로 옮겼지만, 거기서의 마르크스의 생활은 극도로 궁핍하였다. 그러나 엥겔스의 원조에 의해서 마르크스는 또 다시 정력적으로 일을 시작할 수 있었다. 그런데 프러시아 정부는 벨기에 정부에 대해서도 마르크스를 국외로 추방하도록 압력을 가했다. 그리하여 그는 프러시아 정부의 추급(追及)의 손을 벗어나기 위하여 드디어 프러시아 국적을 포기하였던 것이다.

1845년 봄, 브뤼셀에 도착하자 바로, 「포이엘바하에 관한 테제」를 써서 포이엘바하의 인간주의와 완전히 결별한 마르크스는, 브뤼셀로 이주하여 온 엥겔스와 더불어 그 해 말부터 「도이치 이데올로기」를 쓰기 시작하여 다음해 5월에 완료하였다. 마르크스와 엥겔스는 이 책에서 당시 독일사상가들이 갖고 있는 관념적 견해, 즉 「도이치 이데올로기」에 대한 비판을 끝마무리한 것이었다.[69] 당시의 독일 사상가란 포이엘바하, 브루노 바우어 및 슈티르너 등 당시의 사회주의자를 말하는 것이다. 여기서 주목하여야 할 것은 「도이치 이데올로기」에는 마르크스 초기의 인간성 회복의 주장이 자취를 감추고 세계를 변혁하는 일, 즉 혁명이 현실적으로 가장 중요한 목표로 되어 있다는 점이다. 마르크스와 엥겔스는 다음과 같이 말하고 있다.

『공산주의는 우리들에게 있어 만들어져야 할 하나의 상태, 현실이 기준으로 하지 않으면 안 되는 하나의 이상은 아니다. 우리들이 공산주의라고 부르는 것은 지금의 상태를 폐기하는 현실적인 운동이다.』[70] 『그리고 실천적 유물론자, 즉 공산주의자에게 있어서 중요한 것은 현존하는 세계를 혁명하며 기존의 사물을 공격하여 변경하는 것이다.』[71] 1847년 1월부터 마르크스는, 평화적 방법으로 자본주의를 개량한다고 하는 프루동(P. Proudhon)의 사상을 비판하는 일에 몰두하여 그해 7월에 「철학의 빈곤」을 출판하였다. 그것은 마르크스가 파리시대부터 시작하고 있었던 부르주아 경제학의 비판적 검토에 대한 최초의 성과를 정리한 것이었다. 그 중에서 그는 『프롤레타리아트와 부르주아 사이의 적대관계는 계급 대 계급의 투쟁, 즉 그 최고 표현에 이르면 전면적 혁명이 되게 되는 투쟁이다. 그리고 또 제계급의 대립에 입각하는 하나의 사회가 최후의 해결로서 잔인한 모순, 육체 대 육체의 충돌에 도달한다고 하는 것에 놀랄 필요가 있을 것인가?』[72]라고 말하면서, 혁명이란 육체 대 육체의 충돌, 즉 폭력적인 투쟁이라는 것을 밝혔다.

마르크스와 엥겔스는 「도이치 이데올로기」를 한창 집필하던 중인 1846년 2월, 몇 명의 동지와 함께 브뤼셀에서 「공산주의통신위원회」(The Communist Correspondence Committee)를 설립하였다.

이어서 마르크스와 엥겔스는 급진적인 망명 독일인의 조직 「의인(義人)동맹」(The League of the Just)에 가입하였으나, 마르크스와 엥겔스의 요청에 따라 「의인동맹」은 「공산주의자동맹」(The League of Communists)으로 명칭을 고쳐서 새로운 조직으로서 출발하게 되었다. 1847년 여름 런던에서 「공산주의자동맹」의 제1회 대회가 개최되었다. 그리고 동년 말 다시 런던에서 제2회 대회가 열렸으나 그때 동맹 명의의 선언문의 작성이 마르크스와 엥겔스에게 일임되었다. 그리하여 1848년 2월, 그들은 공산주의 혁명을 세계에 선언하는 「공산당선언」을 내놓았던 것이다.

「공산당선언」에서 마르크스와 엥겔스는 인류 역사에 있어서의 계급투쟁의 역할을 명확히 설명하여 사유재산의 폐지를 주장하고 종래의 여러 가지의 사회주의—봉건적 사회주의, 기독교사회주의, 진정사회주의, 보수사회주의, 공상적 사회주의 등— 및 공산주의를 비판하고, 최후에 공산주의자의 사명이 혁명이라는 것을 명언하면서 『만국의 프롤레타리아여 단결하라!』[73]고 끝을 맺고 있다. 그 중에서 마르크스는 계급투쟁과 프롤레타리아 혁명의 필연성, 즉 프롤레타리아트 계급에 의한 부르주아 계급의 타도나 사회 질서의 폭력적인 전복의 불가피성을 다음과 같이 선언하고 있다.

『오늘날까지 모든 사회의 역사는 계급투쟁의 역사이다.』[74]

『그들(부르주아 계급)의 몰락과 프롤레타리아 계급의 승리는 둘 다 불가피하다.』[75]

『공산주의자의 당면의 목적은 ……계급에의 프롤레타리아 계급의 형성, 부르주아 지배의 타도, 프롤레타리아 계급에 의한 정치권력의 탈취 등이다.』[76]

『이 의미에 있어서 공산주의자는 그 이론을 사유재산의 폐지라고 하는 한마디로 요약할 수 있다.』[77]『공산주의자는 이때까지의 일체의 사회 질서를 강력하게 전복함으로써만 자기의 목적이 달성된다는 것을 공공연히 선언한다. 지배 계급이여! 공산주의 혁명 앞에 전율함이 좋다. 프롤레타리아트는 혁명에 있어서 쇠사슬 외에는 잃을 것이 없다. 그들이 획득하는 것은 세계이다.』[78] 이러한 표현에서 우리들은 마르크스의 프롤레타리아 혁명에 대한 확고한 신념을 엿볼 수 있는 것이다. 마르크스는 파리시대의 「경제학·철학초고」에서는 추상적으로 공산주의란 「사유재산의 적극적 지양(Aufhebung, transcendence)」[79]이라고 말하고 있었지만, 「공산당선언」에서는, 위에서 말한 바와 같이 구체적으로 공산주의란 「부르주아적 소유의 폐기(Abschaffung, abolition)」[80] 「폭력혁명에 의한 사회질서의 전복」이라고 밝히고 있는 것이다.

파리로부터 브뤼셀로 옮겨 온 마르크스는 이상 보아온 바와 같이 「헤겔 법철학비판서설」에서는 아직 추상적이었던 「프롤레타리아혁명」의 이론을 현실적·실천적인 혁명 이론으로서 구체화시켰던 것이다.

여기서 마르크스가 혁명적 실천을 결단하게 된 심리적 배경을 더듬어 볼 필요가 있다. 처음에 말한 바와 같이 어떤 사상을 형성하는 주체적 요인은 사상가의 심리, 성격 등이기 때문이다. 파리로부터 추방되어서 새로운 망명 장소인 브뤼셀에 도착한 후에도 프러시아 정부로부터 집요하게 추적 받았기 때문에 마르크스는 그때까지보다 더한 고독감, 소외감, 압박감을 느꼈을 것이다. 그것들은 프러시아 정부에 대한 더 격심한 증오심, 적개심으로 발전하였을 것임에 틀림없다.

그리고 그와 같은 심리적 배경하에서 현실적·실천적인 혁명 이론으로까지 마르크스는 비약해 갔다고 볼 수 있는 것이다.[81] 즉 파리로부터 브뤼셀로 옮겨 온 마르크스는 혁명적 실천의 결의하에서, 「헤겔 법철학비판서설」(1843.12)에서 이미 명확히 하고 있었던 「프롤레타리아 혁명」의 필요성을 합리화하고 구체화하기 위하여 「도이치 이데올로기」, 「철학의 빈곤」, 「공산당선언」을 저술하여 여기서 마르크스주의 이론의 골격(특히 유물사관과 경제학)을 점점 더 명백하게 형성하여 갔던 것이다.

　이상과 같이 마르크스의 인간해방에 관한 논지는 차차로 변화해 갔던 것이다. 여기서 그 발자취를 다시 한번 더듬어 보기로 한다. 「헤겔 국법론비판」(1843.3~8)에 있어서 포이엘바하의 인간주의의 입장에서 국가의 힘으로는 시민사회의 무질서한 인간을 해방할 수는 없다고 말한 마르크스는 「유대인 문제에 붙여서」(1843.9~10)에서 역시 포이엘바하의 인간주의의 입장에 서서 「현실의 개체적인 인간」이 유적 존재를 되찾지 않으면 안 된다고 주장하였다.

　그 후 「헤겔 법철학비판서설」(1843.12~1844.1)에서는 포이엘바하의 인간주의로부터 떠나서 인간의 해방은 「프롤레타리아트에 의한 사유재산의 부정」이라고 하였으며, 「경제학·철학초고」(1844.4~8)에서는 인간의 해방은 『사유재산의 적극적 지양으로서의 공산주의』에 의해서만 가능하다고 말하였다. 다음에 「도이치 이데올로기」(1845.9~1946.5)에서는 공산주의자의 사명은 『현존하는 세계를 혁명함으로써 기성의 사물을 공격하여 변경하는 것』이라고 하였고, 「철학의 빈곤」(1846.12~1847.6)에서는 혁명은 『육체 대 육체의 충돌』 즉 폭력혁명이라고 하였으며, 「공산당선언」(1848)에서는 「사유재산의 폐지=폭력혁명」을 선언하였던 것이었다. 그리고 그 후 「자본론」 제1권(1867)에서는 프롤레타리아 계급의 성장과 반항에 의하여 드디어 자본주의의 외피가 터져서 『자본주의적 사유의 최후를 고하는 종이 울린다.』[82]고 선언하기에 이른다.

이상에 의해서 마르크스가 「사유재산의 부정(지양 또는 폐지)에 의한 프롤레타리아트의 인간성 해방」이라는 목적을 앞세워서 그 목적을 달성하기 위하여 혁명이론을 구축하여 나아간 경위가 명백해졌으리라고 생각한다.

8. 초기사회주의·초기공산주의

마르크스는 파리시대(1843.11~1845.2)의 경제학의 연구를 통해서 인간소외는 노동생산물의 소외에 기인하는 것이며 인간적 본질의 획득의 길은 사유재산을 지양(폐지)하는 것이라고 결론지었다. 이미 보아 온 바와 같이 마르크스는 「헤겔 법철학비판서설」(1843.12)에서 이미 인간을 해방하기 위하여는 사유재산을 부정하지 않으면 안 된다고 주장하였던 것이다. 그리고 그것은 직접적으로는 프랑스의 초기사회주의나 초기공산주의에 관한 서적으로부터의 영향이었던 것이다.

파리시대의 마르크스는 경제학 연구를 행하는 한편, 프랑스의 초기사회주의·초기공산주의의 연구를 본격적으로 행하였다고 생각된다.[83] 한편 엥겔스를 통해서 영국의 초기사회주의에도 접하였던 것이다.[84] 그리고 마르크스는 이들의 영향하에서 사유재산의 지양(폐지)에 의한 인간해방으로서의 공산주의의 사상을 구체적으로 전개하여 갔던 것이다. 그래서 마르크스의 사상의 형성과정을 보다 상세하게 이해하기 위하여 마르크스가 파리시대에 연구하였다고 생각되는 초기사회주의자, 초기공산주의자들의 사상에 대해서 그 대략을 알아보기로 한다.

(1) 상 시몽

프랑스의 공상적 사회주의자 상 시몽(C. de Saint-Simon, 1760~1825)은 프랑스 혁명의 지지자였지만, 프랑스 혁명의 한계성을 이미 간파하고 있었다. 그는 프랑스 혁명을 귀족과 부르주아지와의 계급투쟁뿐만 아니라, 「유한자」와 「일하는 사람」과의 계급투쟁으로도 간주하였다. 유한자란 귀족 및 재산 수입으로 생활하면서 일하지 않는 부르주아지 등을 의미하며, 일하는 사람이란 임금 노동자, 공장주, 상인, 은행가 등을 의미하였다. 프랑스 혁명의 경험에 의해서 「유한자」에게는 정신적 지도와 정치적 지배의 능력이 없다는 것이 증명되었으며, 또 혁명 후의 공포시대의 경험에 의해서 무산대중(임금 노동자)에게도 그와 같은 능력이 없다는 것이 증명되었다고 그는 생각했다.

그래서 그는 고등 교육—과학—을 받은 사람과 공장주, 상인, 은행가 등의 일하는 부르주아 즉 산업자에게 기대를 걸고 「세속적 권력은 산업자에게로, 정신적 권력은 과학으로」라고 제창하였다. 또 각자의 능력을 강조하면서 「각 자는 그 능력에 따라서 일이 주어지며, 그 노동에 따라서 보수가 주어진다.」고 설명하였다. 그는 또 사회개혁의 방법으로서 인간의 이성에 호소할 것을 주장하여 사유재산은 존중하여야 한다고 하였다.

마르크스나 엥겔스는 이와 같은 상 시몽의 사상을 공상적이라고 비판하였지만, 『그가 프랑스 혁명을 계급투쟁이라고 파악하였고, 그것도 단지 귀족과 부르주아 계급과의 그것에 멈추지 않고 귀족 부르주아 계급과 무산자와의 사이의 계급투쟁으로서 파악한 것, 또한 1802년에 이미 그러한 파악을 한 것은 극히 천재적인 발견이었다고 하지 않을 수 없다.(엥겔스)』[85]고 상찬(賞讚)하였다.

(2) 푸리에

상 시몽과 동시대의 프랑스의 공상적 사회주의자 푸리에(C. Fourier, 1772~1837)는 상인이었던 경험에서 프랑스 혁명 후의 부르주아 사회의 악폐를 예리하게 비판하여 상업을 독수리라고 말하고, 임금 노동자가 노예화가 되어 있는 공장을 「완화된 감옥」이라고 말하였다.

그는 또 사회 발전의 전 과정을 변증법으로써 설명하였다. 그에 의하면 역사는 미개, 야만, 가부장제, 문명의 4개의 발전단계로 나누어지며, 현대는 문명사회에 해당한다. 문명은 악순환을 되풀이하고 끊임없이 새로이 모순을 산출하면서 전진하고 있으며「빈곤은 풍부 그 자체로부터 생긴다.」고 한다.

그는 이상적인 사회를 조화의 세계라고 생각하고 팔랑쥬(phalange)라고 불리는 협동사회를 제안하였다. 거기서는 정신노동과 육체노동의 조화, 전체와 개인의 조화, 노사협조, 도시와 농촌과의 결합, 양성의 해방 등이 실현된다고 하였다. 그리고 그는 실제로 북아메리카에서 그 실험을 행하였지만 실패로 끝나버렸다.

마르크스나 엥겔스는 상 시몽과 마찬가지로 푸리에도 역시 공상적이어서 프롤레타리아트 쪽에 서는 것은 아니라고 비판하였는데, 『푸리에의 변증법의 구사는 그의 동시대인 헤겔과 비교하여서 결코 떨어지지 않는다. (엥겔스)』[86]고 하였으며, 또 『미래의 사회에 관한 적극적인 그 제 명제』[87]를 상당히 높이 평가하였다.

(3) 로버트 오웬

영국에서는 1770년대에 산업혁명이 시작되어 그에 의해서 생산력이 비약적으로 증대하였지만, 그와 더불어 노동문제가 발생하였다. 새로운 기계의 도입에 의해서 실업자는 증대하여, 노동자의 임금도 한계점에까지 인하되었다. 낳은 노동자가 더욱 더 빈곤화해 갔으며, 드디어는 부녀자나 어린이도 일하지 않으면 생활할 수 없는 상태에까지 이르렀다. 공장의 주위에는 여기저기에 빈민굴이 나타나서 차마 볼 수 없는 비참한 상황이 빚어졌던 것이다.

그때 나타난 것이 프랑스의 상 시몽, 푸리에와 함께 3대 공상적 사회주의자의 한 사람인 로버트 오웬(R. Owen, 1771~1858)이었다. 오웬은 벤덤(J. Bentham)의 공리주의의 영향과 18세기의 프랑스 유물론의 영향을 받고 있었으며, 사회 환경을 개선함으로써 인간의 성격은 바꿀 수 있다고 생각하고서 노동자의 노동조건과 생활양식의 개선에 힘을 다하였다.

도제(徒弟)로부터 출발하여서 몸을 일으킨 그는 1800년부터 스코틀랜드의 뉴 라나크(New Lanark)의 방적공장의 지배인이 되었는데, 거기서 그는 노동시간의 단축이나 근대적 노무관리를 행하였다. 탁아소나 유치원 등의 시설들을 만든다든지 하면서 노동자의 생활환경의 개선을 위하여 노력하여 큰 성과를 올렸다. 그리하여 그곳은 「사회개량의 성지」로서 구미에 널리 알려지게 되었다. 그는 더욱 이 운동을 확대하여서 국가적인 규모에 있어서 환경개선을 이루어보려고 입법과 교육에 의한 사회개혁운동을 주창하였는데, 정부에 받아들여지지 않았다.

그 후 그는 자본주의 체제의 삼해악(三害惡)—기성종교제, 사랑 없는 결혼제, 사유재산제—의 부정을 제창하였지만, 그 때문에 공공사회로부터 비난받게 되었다. 그는 또 미국으로 건너가서 공산주의적인 실험인 뉴 하모니(New Harmony) 협동사회를 시도해 보기도 하고, 다시 영국으로 돌아와서 「노동 바자(bazaar), 즉 노동시간을 단위로 하는 노동 화폐에 의해서 노동생산물을 교환하는 시설」[88]을 시도해 보기도 하였으나 모두 다 실패로 끝나 버렸다. 그러나 그 후 그는 노동조합운동에 생애를 바쳐서, 근대사회주의의 창시자라고 불리게 되었다.

마르크스와 엥겔스는 오웬도 이를 공상적 사회주의자라고 비판하였지만, 오웬의 사회개량의 계획은 훌륭하였으며 비록 실패로 끝나기는 하였지만 그는 공산주의로 전진하였다고 평가하였다.[89]

⑷ 프랑스의 초기공산주의

당시 프랑스에는 초기공산주의자로서 바뵈프, 블랑키, 까베 등이 있었다.

바뵈프(G. Babeuf, 1760~1797)는 프랑스 혁명에 있어서 급진분자로서 활약했는데 혁명의 말기에 사유재산의 폐지, 평등사회의 실현을 목표로 하고 비밀결사 「평등회」를 만들어서 폭동을 계획하였는데, 발각되어 붙잡혀서 처형되었다. 그는 사유재산의 폐지를 주장한 점에서 공산주의의 선구로 알려져 있다.

바뵈프의 사상을 이어받은 것이 블랑키(L.A. Blanqui, 1805~1881)였다. 그는 프랑스의 모든 혁명운동에 참가했는데, 특히 1870년의 파리·코뮨에서는 지도적 역할을 다했다. 그의 주장은 소수 정예에 의한 폭력혁명을 통한 권력 탈취와 소수의 혁명적인 인민에 의한 독재였는데, 대중운동이나 경제투쟁의 의의를 인정하지 않는다고 하여 마르크스나 엥겔스는 그를 비판하였다.

까베(E. Cabet, 1778~1856)는 모든 사회악의 근원은 부의 불평등에 있다고 생각하고, 「재산의 공동체」의 확립을 주장하여, 공산주의적 이상을 「이카리아 여행기」에 저술하였다. 그는 폭력에 의한 정치권력의 탈취에 반대하고, 평화적 수단에 의해서 공산주의사회를 실현할 수 있다고 생각하였다. 그도 후에 미국으로 건너가서 공산주의를 건설하려고 하였지만 실패로 끝났다.

위에서 말한 바와 같이 파리시대 이전의 마르크스는 포이엘바하의 인간주의의 입장으로부터 헤겔을 비판하여 국가의 힘에 의해서는 인간을 해방할 수는 없으며 현실의 개체적인 인간이 유적 존재가 되지 않으면 안 된다고만 주장하고 있었지만(『유대인 문제에 붙여서』), 어떻게 하여서 그것을 실현할 것인가라는 과제를 안고 있었던 마르크스에게 이 초기사회주의·초기공산주의는 상당히 많은 참고 자료를 주었던 것이다. 즉 상 시몽의 부르주아지와 무산자와의 계급투쟁, 푸리에의 미래의 이상사회상, 오웬의 사회개혁운동, 바뵈프의 사유재산폐지의 주장, 바뵈프나 블랑키의 폭력혁명과 인민독재의 주장 등이 그러했다.

따라서 마르크스는 파리시대의 경제학연구 및 사회주의·공산주의의 연구에 의해서 계급투쟁을 통해서 프롤레타리아트가 부르주아지로부터 권력을 탈취해서 부르주아지의 사유재산을 폐지함으로써 인간적 본질을 회복한다고 하는 인간회복의 방안을 밝혀 놓았던 것이다.

9. 인간소외론의 연장으로서의 마르크스주의

오늘날 많은 나라에서 혁명이 일어나서 사유재산제도가 철폐되어, 사회주의(공산주의)가 실시되고 있다. 그리고 마르크스나 레닌의 이론에 따라서 생산수단이 사회화되어, 모든 이윤(잉여 노동생산물)은 사회적 소유(노동자들의 공동소유)가 되었다(적어도 명목상으로는 그러하다). 그러나 과연 마르크스가 그렇게까지 원했던 인간성의 회복이 이루어졌을 것인가? 아니다.

　예를 들면 소련의 경우, 자본주의사회보다 한층 더 인간성이 유린되고 있으며, 이윤의 사회적 소유라는 이름 아래 노동자들은 보다 많은 착취를 당하고 있다. 인간의 자유와 권리가 송두리째 짓밟혀가고 있음은 솔제니친, 사하로프 및 기타 많은 지성인들에 의해서 이미 고발되고 있는 주지의 사실이다. 이것은 소련뿐만이 아니라 모든 공산주의 국가에서 볼 수 있는 공통된 현상이다. 이미 서론에서도 언급한 바와 같이, 오늘날 공산주의 국가 내에서 벌어지고 있는 불굴의 자유화운동이나 종교운동이 심각한 상황을 잘 말해 주고 있는 것이다.

　이와 같이 마르크스의 인간소외문제의 해결방식은 완전히 실패하였다. 뿐만 아니라 그동안 공산주의는 막대한 피해를 인류에게 주었으며 현재 그 피해는 날로 증대해 가고 있다. 왜일까? 그것은 공산주의이론이 허구였기 때문이다. 본장에서 논한 바와 같이, 공산주의의 이론은 실은 마르크스 소외론의 연장이었던 것이다. 따라서 오늘날의 공산주의세계의 여러 가지 병폐나 모순의 근본 원인은 사실 마르크스의 소외론에 기인된 것이었다.

　마르크스의 인간소외의 개념은 노동자로부터의 노동생산물의 소외, 노동자로부터의 노동의 소외, 인간으로부터의 유적 본질의 소외 및 인간으로부터의 인간의 소외 등이었다. 그리고 소외된 인간성을 회복하는 길은 사유재산을 폐지하여 노동자들이 그것을 공유하는 것이었다. 여기서 사유재산의 폐지(유적 존재의 회복)를 위한 주도 세력은 아무것도 가지고 있지 않은 프롤레타리아트였다. 뿐만 아니라 폭력적인 방법으로 그것을 결행할 것을 마르크스는 공공연하게 선언하였던 것이다.

마르크스는 인간의 이성과 도덕심에 호소하고자 하는 공상적 사회주의와, 일시적인 폭동으로 권력을 탈취하고자 하는 감정적인 폭동주의(바뵈프, 블랑키 등)에 반대하였다. 이들은 모두 사회혁명에 실패하였기 때문이다. 마르크스는 이들의 실패 원인을 이론(철학)의 빈곤과 대중조직의 결여에 있다고 보아서 대중의 지지와 호응을 얻을 수 있는 이론체계를 수립하려고 하였다. 그것이 변증법적 유물론, 유물변증법, 유물사관, 자본론 등이며 이들의 이론을 마르크스는 프롤레타리아트의 무기로서 체계화하였던 것이다.[90]

이와 같이 공산주의 이론은 오로지 사유재산의 폐지(폭력혁명)를 합리화하고 정당화시키는 수단으로서 세워진 것으로서, 사회에 대한 객관적인 연구의 성과로서 얻어진 진리체계가 아니라는 것을 알아야 할 것이다. 그러나 공산주의는 처음에 인간주의적 차원에서 인간성의 회복을 목표로 하는 인간소외론으로부터 출발하였기 때문에, 그리고 그 이론이 참으로 인간성을 해방시킬 수 있는 것처럼 짜여져 있었기 때문에, 자본주의의 모순과 병폐를 알고 있는 자유세계의 사람들에게는 상당한 설득력이 있었던 것이다. 그러나 그것은 목적(폭력혁명)을 합리화시키기 위하여 개념의 책략이나 남용 등에 의해서 교묘하게 날조된 이론이었기 때문에 그것은 본질상 처음부터 허구의 이론이었으며, 따라서 언젠가는 그 배리성(背理性)과 허구성이 폭로되어 결국 폐기되지 않으면 안 될 것으로 처음부터 운명지워져 있었던 것이다.

이론은 실천을 통해서 그 진위와 정오가 명백해진다. 실천을 통해서 이론의 진리성이 검증되지 않을 경우, 그 이론과 실천의 불일치는 이론 자체의 오류, 또는 이론의 해석의 오류에 기인하는 것이라고 간주된다. 그러나 이론의 오류이든 해석의 오류이든, 그것들은 어쨌든 지도자 간에 견해의 차이나 대립을 일으켜 심해지면 권력 투쟁까지 이르게 된다.

　마르크스주의(공산주의)는 이론 자체가 본래부터 비진리였으며 허구였다. 또 그 해석도 일정하지 않다. 따라서 공산주의사회에서는 필연적으로 지도자 사이에 의견의 대립(모순)이 생긴다. 더욱 공산주의 이론 자체가 사회의 발전을 위해서는 대립물의 투쟁—모순의 법칙(변증법)—이 불가결인 것으로 규정하고 있어서, 그것이 지도자 간의 투쟁을 합리화시키기조차 하고 있다. 실제로 공산주의 국가나 지도자 사이에서는 권력 투쟁이 끊이지 않고 있으며, 또 스탈린의 사망 후에는 국제공산주의의 일매암(一枚岩)의 단결이 파괴되어 민족주의적 공산주의 형태로까지 분열되고 말았던 것이다.

　이상 마르크스의 인간소외론의 개념 및 인간소외론으로부터의 마르크스주의의 이론 성립의 과정에 대해서 설명하였다. 다음 장부터는 마르크스주의(공산주의 이론) 자체에 대해서 검토하여 그 비판과 극복의 방안을 논하기로 한다.

제2장
공산주의 유물론의 비판과 그 대안

공산주의의 유물론은 보통 변증법적 유물론이라고 말하고 있지만, 여기서는 공산주의 유물론이라고 부른다. 그 이유는 첫째로 변증법적 유물론의 비판이라고 하더라도 공산주의 유물론을 비판하고 있다는 인상이 희미하기 때문이며, 둘째로 변증법적 유물론의 비판이라고 말할 때, 변증법의 비판인지 아니면 유물론의 비판인지가 확실하지 않기 때문이다. 그리고 공산주의 유물론을 다만 유물론이라고 부르지 않는 이유는 자유주의사회의 인도주의적인 유물론자를 공산주의자와 마찬가지로 다루는 듯한 인상을 주지 않기 위해서이다. 자유주의사회의 인도적 유물론과 공산주의의 전투적 유물론[1]은 같은 유물론이면서 그 성격을 전혀 달리하고 있는 것이다.

1. 이론과 실천 및 철학의 당파성

⑴ 공산주의 유물론의 주장
1) 이론과 실천
이론(知)과 실천(行)이 하나라는 것은 오늘날까지 많은 사상가가 가르쳐 왔다. 즉 예를 들면 소크라테스(Socrates, 470~399 B.C.)는 지식이란 올바른 생활을 인도하는 것이며 항상 행위와 결부된 것이라고 하면서 지행합일을 설(說)하였고, 남송의 주자(1130~1200)는 지와 행은 서로 보합관계에 있는 바, 지가 선(先)이고 행이 후(後)라는 선지후행(先知後行)을 설하고 있다. 또 명의 왕양명(1472~1528)은 지가 참된 지로 되는 것은 행에 있어서라는 지행합일(知行合一)을 설하였다.

마찬가지로 공산주의도 이론과 실천의 일치를 주장하고 있는 바, 공산주의의 이론(知)과 실천(行)의 개념은 종래의 사상가들과 같이 올바른 도덕적인 생활을 실천하기 위한 개념이 아니고, 혁명을 이끌기 위한 개념이라는 것을 알아야 할 것이다. 다음의 인용문이 그것을 잘 말하고 있다.

『철학자들은 세계를 여러 가지로 해석했을 뿐이다. 그러나 중요한 것은 그것을 변혁하는 것이다.』[2] (마르크스)

『이 이론은 또 교조(敎條)가 아니고, 참으로 대중적인 또 참으로 혁명적인 운동의 실천과 밀접하게 결부되어서 비로소 최후적으로 만들어지는 것이다.』[3] (레닌)

『이론은 혁명적 실천과 결부하지 않으면 대상이 없는 것이 된다. 또한 이것과 마찬가지로 실천은 혁명적 이론이 그 길을 비추지 않으면 맹목적인 것이 된다.』[4] (스탈린)

2) 철학의 당파성

공산주의 유물론을 포함해서 모든 철학은 반드시 어떤 계급의 이익에 봉사한다. 즉 당파성을 갖는다고 레닌은 말한다.

『마르크스와 엥겔스는 철학에 있어서 시종 당파적이어서 갖가지 「최신의」 경향 가운데서 유물론으로부터의 일탈과 관념론 및 신앙주의에 대한 관용을 파헤쳐낼 수 있었다.』[5]

『최신의 철학은 2000년 전과 마찬가지로 당파적이다. 서로 싸우고 있는 딩파란 박식한 척하는 사기꾼적인 새로운 호칭, 또는 우둔한 무당파성에 의해 가리어지고는 있지만, 사물의 본질상 유물론과 관념론이다.』[6]

따라서 공산주의자는 그리스, 중세, 근대의 철학을 다음과 같이 간주하고 있다. 즉 그리스 시대의 아리스토텔레스 철학은 노예제 사회에 있어서 노예제도는 본래 천명에 의한 것이라고 주장하여서 지배계급의 이익을 위해서 봉사하였던 것이다. 중세의 토마스 아퀴나스의 철학은 우주는 봉건적 위계조직을 이루고 있다고 함으로써 교황 및 국왕의 지배를 합리화하였던 것이다. 또 근대의 기계적 유물론은 세계가 독립된 여러 원자(原子)로 구성되어 있는 것같이 자본주의사회에 있어서 대등의 인간원자인 노동자와 자본가가 자유계약에 의해서 결합되어 있다고 주장함으로써 자본주의사회를 합리화하였다고 보고 있는 것이다.[7]

마르크스 사상의 근저에 「프롤레타리아에 의한 인간의 해방」이라는 목적의식이 있다는 것은 앞에서 말한 그대로이다. 그 목적의식은 불변이었을 뿐만 아니라, 그의 사상 형성의 과정에서 더욱 강해져 갔다. 그리고 그것이 마르크스주의에 있어서 철학적 당파성의 주장이 된 것이다. 따라서 그는 그 목적에 일치하는 사상은 탐욕스럽게 받아들여서 자기의 사상 형성에 도움이 되도록 수용하였지만, 일단 그것이 그 목적 성취에 장해가 될 때에는 가차 없이 철저하게 이를 비판하였다. 즉 프롤레타리아 혁명을 지향했던 마르크스는 프롤레타리아의 편에 서서 혁명에 봉사하는 사상인가 아닌가를 명백히 준별(峻別)하곤 하였던 것이다.

예를 들면 인간주의적 입장에서 기독교와 헤겔철학을 비판한 포이엘바하는 마르크스에 있어서 자신의 이 목적이 확실해질 때까지는 그의 좋은 친구였으며 스승이기도 하였다. 그러나 「프롤레타리아에 의한 인간해방」이라는 목적의식이 명확하게 확립되자 포이엘바하는 이미 자기의 편이 아닐 뿐만 아니라 증오스러운 적으로까지 되어 버렸던 것이다. 마르크스가 엥겔스와 함께 나중에 포이엘바하를 철저하게 비판한 것도 그 때문이었다.

(2) 공산주의 유물론의 견해에 대한 비판과 대안

1) 이론과 실천의 통일에 대해서

통일사상의 견해로는 공산주의 유물론이 이론과 실천의 일치를 주장하는 데 대해서는 전혀 이론은 없지만, 그러나 여기에 문제가 되는 것은 그 이론과 실천의 내용인 것이다. 이미 말한 바와 같이 공산주의의 경우 실천이란 혁명이며 이론은 그것을 뒷받침하여 주는 것에 불과하였다.

그러나 지금까지 많은 나라에서 혁명이 일어났고 부르주아지의 사유재산이 폐지되었음에도 불구하고, 유적 본질인 인간의 자유가 회복되기는커녕 오히려 한층 심하게 유린당하게 되어 버리고, 부르주아지에 대신해서 소수의 공산당의 지도자가 전 인민의 재산을 독재적으로 지배하고 있는 것이다. 이 사실은 마르크스가 인간소외의 의미를 파악하는 데 있어서 그 방법과 해결의 방안(실천)이 잘못되어 있었다는 것을 의미하는 것이다. 이 잘못된 소외론을 발전시킨 것에 지나지 않는 그의 공산주의 이론도 잘못된 것이 될 수밖에 없었던 것이다. 따라서 공산주의가 이론과 실천의 일치를 주장하여도 그것은 전혀 무의미한 것이다.

통일사상에서 본다면 실천이란 천국 실현을 위한 실천이며 이론은 그것을 위한 이론이다. 천국의 실현이란 하나님의 진리와 사랑을 가지고 참된 자유와 평화와 정의와 행복의 세계를 실현하는 것이다. 그와 같은 세계의 실현은 하나님이 인간에게 내려주신 3대축복을 실현하는 것, 즉 하나님의 심정을 중심으로 하여서 개성을 완성하고 가정을 완성하고 만물에 대한 주관성을 완성함으로써 가능한 것이다.[8] 그것은 전 인류가 하나님을 부모로 모시는 형제자매가 되어 서로 사랑하면서 정치 경제 예술 과학 등을 발전시켜 가는 것을 의미하는 것이다.

인간의 조상이 타락하였기 때문에 이와 같은 3대축복을 실현할 수 없었다.[9] 타락의 결과 인간은 그 본성을 잃고 이른바 소외의 상태에 떨어진 것이다. (통일사상에 의한 인간소외론 비판에 대해서는 이 책의 마지막 장에서 설명하기로 한다.)

2) 철학의 당파성에 대해서

통일사상에서 볼 때 철학에 있어 본질적인 것은 당파성이 아니고 진리성이다. 복귀역사에 나타났던 어떠한 위대한 철학도 진리성이라는 입장에서 보았을 때 상대성을 면할 수는 없었다. 즉 모두가 상대적인 진리에 지나지 않았다. 그것은 진리의 절대적 기준인 하나님으로부터 떨어져 있었기 때문이다. 그러나 인간은 역사를 통해서 일보 일보 전진하면서 절대적 진리를 계속 탐구하여 왔다. 즉 한 시대가 지나고 새로운 시대가 오면, 기존의 사상은 새로운 시대에는 적합하지 않게 되어서—다시 말하면 진리성이 희박해져서—그것에 대치하는 형식으로 새로운 사상체계가 새로운 진리체계로서 나타나곤 하는 이러한 사상의 변천을 되풀이하여 온 것이다. 그리고 이와 같은 사상체계의 변천은 하나님의 말씀인 절대적 진리가 출현하기까지 계속해 간다고 보는 것이다.

이와 같이 역사 발전에 따라서 보다 저차원의 진리성의 사상체계는 보다 고차원의 진리성을 지닌 사상체계에 자리를 계속 양보해왔던 것이며, 따라서 역사상의 모든 사상은 시대성(시대적 진리)이나 상대성(상대적 진리)을 면할 수 없었던 것이다. 그렇지만 보다 낡은 시대의 사상은 보다 새로운 사상과 바꾸어졌다고 하더라도, 한 시대나 한 지역에 있어서 각각 필요한 공헌을 해왔던 것이다. 특히 하나님에 의해서 세워진 섭리적 인물의 사상은 철학의 진리성을 높이는 데에 중요한 역할을 다해왔다. 또 역사상에 나타났던 사상에 있어서 거기에 진리성이 특별히 강한 부분이 있으면 그것은 시대의 변천에 관계없이 영속하든가 또는 후세에 재인식·재평가되는 경우가 많이 있었던 것이다.

마르크스주의는 사상의 당파성을 주장하면서 모든 사상은 어떤 계급에만 봉사하는 것이라고 말하지만 결코 그렇지 않다. 사상의 기준은 본래 당파성이 아니고 진리성인 것이다. 즉 사상에 있어서 얼마만큼 진리성을 갖는가를 먼저 물어야 하는 것이며 한 계급에 얼마만큼 봉사했는가는 차후문제인 것이다. 다만 마르크스주의만이 처음부터 당파적인 사상체계였다고 볼 수 있는 것이다. 그것은 노동자의 자본가에 대한 계급투쟁을 합리화하기 위한 전략적인 사상체계로서 출현하였기 때문이다.

아리스토텔레스가 노예제도를 옹호한 것은 아리스토텔레스의 정치사상이 당시의 폴리스(police) 사회라는 특수 사정을 기반으로 하고 있었다는 점에서 시대적 진리에 머물러 있었기 때문이나, 그것에 의해서 아리스토텔레스의 사상 전체가 당파성을 가지고 있었다고는 말할 수 없는 것이다. 아리스토텔레스의 사상에는 비당파적·초시대적인 요소가 적지 않은 것이며, 그것들이 오늘날의 사상에도 아직 많은 영향을 미치고 있는 것이다. 토마스 아퀴나스의 사상도 마찬가지이다. 그것은 절대적인 하나님을 중심으로 한 기독교 사상이어서, 비록 시대적 제약성은 있었다고 하더라도 시대와 지역을 초월하여 그 체계 중의 많은 부분이 오늘에 이르기까지 진리성을 유지하고 있으며 기독교가 존속하는 한 그 진리성은 계속 유지될 것인 바 거기에는 본질적으로 당파성 등은 인정될 수 없는 것이다. 근대의 기계적 유물론도 모든 인간을 대등하다고 본 점에 있어서 비당파적인 사상이었던 것이다.

그러나 이처럼 사상이 본래는 비당파적이지만, 어떤 시대의 주권자들이 그들의 권력 유지를 위하여 그 사상을 이용하는 일이 흔히 있었다. 따라서 어떤 사상은 처음부터 당파성을 가지고 있는 것같이도 보였던 것이나 그것은 그 사상이 가지고 있는 본질은 아니었다.

여기서 또 하나 문제로 지적되어야 할 것은, 마르크스주의가 당파성을 지니고 있다고 할 때 레닌이 『서로 싸우고 있는 당파란 ······내용의 본질상 유물론과 관념론인 것이다.』[10]라고 말한 바와 같이, 그것은 엄밀히 말해서 유물론과 관념론이라는 두 사상의 당파성을 의미하고 있다는 사실이다. 즉 관념론은 언제나 반동적인 보수 세력(즉 지배계급)에 봉사하여 왔고, 유물론은 언제든지 진보적인 혁명세력(피지배계급)에 봉사해 왔다는 것이다.[11]

그러나 이것도 사실이 아니다. 예를 들면 노예제 사회인 로마 제국에 있어서 가혹한 박해를 받아가며, 드디어는 로마제국을 굴복시킨 기독교는[12] 유물론이 아닌 관념론이었던 것이다. 공산주의에 따르면 기독교는 순수한 관념론에 속하기 때문이다. 결국 마르크스주의의 철학의 당파성의 주장은 프롤레타리아 혁명을 목적으로 하는 마르크스주의만이 노동자 해방을 위한 유일한 사상이라고 하는 것을 합리화하고

자 하는 기도에 지나지 않았음을 이로써 알 수 있는 것이다.

2. 기계적 유물론과 포이엘바하 유물론

공산주의 유물론의 형성에 있어서 그 기초가 된 것이 18세기의 기계적 유물론과 헤겔 좌파였던 포이엘바하의 유물론이었다. 공산주의 유물론이 처음에는 이들 유물론의 영향을 받으면서도 나중에 그것을 비판적으로 극복함으로써 성립된 것이다. 여기서 우선 기계적 유물론과 포이엘바하 유물론 및 그것에 대한 공산주의의 비판을 다루고, 이어서 통일사상의 입장에서 이들 유물론과 공산주의의 유물론에 대한 비판을 가하고자 한다.

(1) 기계적 유물론과 공산주의에 의한 그 비판

생물의 생명현상 그리고 인간의 의식현상까지도 물리적인 자연현상과 본질적으로 같다고 보아서, 모든 운동을 역학적 운동으로서 설명한 것이 기계적 유물론이었다.

17세기에 이르러 자연과학이 발달함에 따라서 자연을 하나님으로부터 독립시켜서 기계론적으로 이를 다루게 되었다. 수학을 기반으로 한 기계론적 자연관을 부르짖은 사람은 데카르트(R. Descartes)였고, 정신적인 것까지도 기계적으로 받아들이려 한 사람이 홉스(T. Hobbes) 및 스피노자(B. de Spinoza)였다. 그리고 기계론이 유물론적으로 발전된 것이 18세기의 프랑스의 유물론, 즉 기계적 유물론이었으며 라메트리(J. de La Mettrie), 돌바크(P.H.T. d'Holbach), 디드로(D. Diderot) 등이 그 대표적 인물이다. 라메트리는 그의 저서 「인간기계론」(1747)에서 인간은 일종의 기계와 다를 바 없다고 주장하였다.

기계적 유물론은 다음과 같이 주장하였다. 기계가 부분품으로 되어 있는 복합체인 것같이 사회는 서로 작용하는 사회적 원자(인간)로 성립되어 있다. 인간은 각자가 독립된 권리와 개성을 가지고 있으며, 따라서 인간은 모두 평등하다는 것이다. 이와 같은 기계적 유물론을 기반으로 해서 시민혁명의 슬로건이었던 자유와 평등의 사상이 생기게 된 것이다. 공산주의는 기계적 유물론이 중세의 봉건적 위계조직하에서의 인간차별의 사상을 분쇄하고 자유와 평등의 사상을 가지고 시민혁명의 추진력이 된 사실은 높이 평가하였다. 그러나 자본주의사회의 성립 후에는 자본가계급을 옹호하는 관념론으로 변질하여 버렸다고 비난하였다. 다음에 모리스 콘포스에 의한 기계적 유물론에의 비판의 요점을 들기로 한다.[13]

첫째로, 기계가 단독으로 움직일 수 없으며 외부로부터의 힘에 의해서 발동하듯, 거대한 기계장치인 우주도 외부로부터의 힘에 의해서 운동하고 있다고 볼 수밖에 없으며 뉴톤(I. Newton)을 비롯하여 볼테르(Voltaire)나 토마스 페인(Thomas Paine) 등은 「하나님의 최초의 충격」[14]을 받아들이게 되었다.

둘째로, 기계적 유물론은 운동을 인정하나 그것은 기계적인 반복운동에 지나지 않는 것이어서, 새로운 질(質)이 출현하는 발전운동을 인정하지 않았다.

셋째로, 자연계의 발전운동을 무시한다는 것은 사회의 발전을 무시하는 것이며, 따라서 기계적 유물론은 역사의 발전법칙을 포착하지 못하여 사회혁명을 인정하지 않았다.

(2) 포이엘바하의 유물론과 공산주의에 의한 그 비판

포이엘바하(L. Feuerbach, 1804~1872)는 감성적 인간의 입장, 즉 자연주의의 입장에 서서 기독교신학과 헤겔의 관념론 철학을 철저하게 비판하여 마르크스나 엥겔스에게 큰 영향을 주었다.

포이엘바하는 「기독교의 본질」(1841)에서 『신적 본질(존재자)이란 인간의 본질이 개개의 인간—즉 현실적 육체적 인간—의 제한으로부터 분리되어 대상화된 것』[15]이라고 하였는 바, 그 의미는 다음과 같다. 인간은 이성, 사랑, 의지 등의 본질을 가지며 또한 그것의 완전성이나 무한성을 바라고 있다. 따라서 한정된 존재인 개인으로서의 인간을 초월한 유(類)로서의 인간의 본질(類的 본질)을 대상화시켜서 이것을 완전한 것, 무한한 것으로서 숭배하게 되었다. 따라서 하나님의 본질은 바로 인간의 유적 본질에 지나지 않는다는 것이다. 여기서 포이엘바하는 『신학의 비밀은 인간학 이외의 아무것도 아니다.』[16]라고 하였다.

이와 같이 그는 하나님을 부정하고 종래의 종교를 부정하였지만 그는 종교가 말하는 사랑이 바로 인간의 사랑이라고 봄으로써 인간의 사랑에 의해 사회의 부조리를 제거하고자 생각했던 것이다.

그는 또 「철학개혁을 위한 잠정적 명제」(1842) 속에서 헤겔의 관념론을 비판하고 인간의 사유(정신)는 존재(물질)에 근거해서 있다고 다음과 같이 말함으로써 유물론의 입장을 명백히 하고 있다.

『헤겔철학을 포기하지 않는 사람은 신학을 포기하지 않는다. 자연 즉 실재는 이념에 의해서 정립된다고 하는 헤겔의 학설은—자연은 하나님에 의해서, 물질적인 존재는 비물질적인, 즉 추상적인 존재에 의해서 창조된다고 하는 신학의 학설의 합리적인 표현에 지나지 않는다. ……사고와 존재의 참된 관계는 다만 다음과 같을 뿐이다. 즉 존재(물질)는 주어이며 사고(정신)는 술어이다. 사고는 존재로부터 나오지만, 존재는 사고로부터는 나오지 않는다.』[17]

그렇지만 포이엘바하의 유물론은 인간을 감성적인 인간으로서 파악하는 감각주의이면서 자연을 산 자연으로서 받아들이려고 하는 자연주의에 머물러 있을 뿐이며, 자연과 사회를 모두 물질적 현상으로서 설명하려는 철저한 유물론은 아니었던 것이다.[18]

어쨌든 마르크스나 엥겔스는 처음에는 이와 같은 포이엘바하의 견해를 감격적으로 받아들였다. 그러나 나중에 이르러 그들은 포이엘바하가 「현실적이고 역사적인 인간」을 다루지 않고 「인간(der Mensch)」이라는 추상물을 다루었다고 하면서, 그리고 애정과 우정 이외는 아무것도 인간적인 관계를 알지 못하였다고 하면서 그를 비판하였다.[19] 또 포이엘바하는 이론에 있어서는 유물론자이지만 활동적 측면에서는 관념론자이며[20](마르크스), 『하반신은 유물론자이고, 상반신은 관념론자였다.』[21](엥겔스)고 비난하였다. 더욱이 마르크스나 엥겔스에 있어서는 유물론자는 모두 혁명가이어야 하였다. 그래서 포이엘바하를 비판하면서 『철학자들은 세계를 여러 가지로 해석했을 뿐이다. 그러나 중요한 것은 그것을 변혁하는 것이다.』[22](마르크스)라고 하였다.

(3) 공산주의의 기계적 유물론 비판에 대한 원리적 비판

이미 말한 것처럼, 오늘날까지의 사상체계는 모두 주로 상대적 진리를 지니고 있었으며, 시대가 바뀌면 머지않아 진리성은 희박해지지 않을 수 없었던 것이다. 기계적 유물론도 하나의 상대적 진리였지만 당시의 사회에 확실히 기여한 바가 있었으며, 역사가 절대적 진리를 향해서 일보 전진하는 데 도움을 주었던 것이다.

　콘포스는 볼테르나 토마스 페인 등이 자연계에 있어서의 힘의 작용의 원인으로서 하나님을 맞아들이게 되었다고 비난하였으나, 통일사상의 입장에서는 그들이 하나님을 맞아들인 것은 도리어 당연한 것으로 본다. 자연계에 있어서의 모든 현상은 하나님의 힘(原力)에 기인하는 주체와 대상의 수수작용의 표현이기 때문이다.

　그런데 그들은 우주 형성의 시초에 하나님이 최초의 충격을 주었을 뿐이며, 그 후 우주는 독자적으로, 기계적으로 움직이고 있다고 생각하고 있다. 통일사상의 입장에서 본다면, 하나님은 태초에 우주를 힘(原力)으로 창조하였을 뿐만 아니라 그 후 항상 모든 현상의 배후에 있어서 원력을 작용시키고 있는 것이다.(오늘날의 물리학은 만유인력, 전자기력 등의 작용의 방식을 수리적으로 기술하고 있지만 그 힘이 왜 작용하고 있는가를 묻지 않고 있다.)

　다음에 기계적 유물론은 기계적 반복 운동만을 인정하고 새로운 질(質)이 출현하는 발전운동을 인정하지 않는다고 콘포스는 비판하고 있는데, 이것은 기계적 유물론이 물리적인 힘만을 보았기 때문이다. 기계적 유물론이 물리적인 힘뿐만 아니라 생명력도 인정할 수 있었다면 발전운동도 인정할 수 있었을 것이다.(반복운동과 발전운동에 대해서는 다음 장에서 설명할 것인 바, 공산주의는 발전운동을 주장하면서도 반복운동과 발전운동을 구별시키는 근본적인 원인에 대해서는 전혀 해명하고 있지 않다.)

　따라서 18세기의 기계적 유물론이 19세기의 자본주의시대에 이르러서 지배계급을 옹호하는 관념론으로 변질하였다고 비판하는 것은 잘못이다. 기계적 유물론이 발전운동을 보지 않은 것은 관념론으로 변질하였기 때문이 아니고 진리성에 있어서 불충분하며 상대적이었기 때문이다. 또 일부 기계적 유물론자가 하나님을 받아들였다는 것은 그들이 관념론으로 변질하였다기보다도 매우 초보적이기는 하지만 순수한 유물론이 아닌, 유물론과 유심론(唯心論, 관념론)의 통일성을 지니게 된 것으로 봄이 타당할 것이다.

그런데 실제로는 라메트리, 디드로, 돌바크 등의 대표적인 기계적 유물론자들은 하나님을 부정하고 그 대신「운동하는 물질」이나「능동적인 자연」,「자가 창조적인 자연」등을 주장하였다. 따라서 그들은 결코 관념론으로 변질한 것은 아니었다. 콘포스는 기계적 유물론이 관념론이나 형이상학에 떨어졌다고 하면서 기계적 유물론을 비판하였으나 그것은 잘못이었다. 콘포스는 착취 계급의 반동적인 사상은 관념론이고 대중의 진보적 사상은 유물론이라고 하는 공산주의 철학의 당파성의 공식에 사로잡혀 있었던 것이다. 이 공식에 따라서 대두되고 있는 부르주아지의 사상이었던 기계적 유물론은 봉건주의사회의 타도에 기여했으나, 그 후 새로운 착취 계급이 된 부르주아지에 봉사하기 위해서 기계적 유물론은 관념론으로 변질하였다고 그는 잘못 생각하였던 것이다.

(4) 공산주의의 포이엘바하 비판에 대한 원리적 비판

포이엘바하는 한편으로 이론적으로는 유물론자이면서 또 한편으로 실천적으로는 관념론자여서, 이론과 실천이 일치하지 않는다는 비판은 일단 수긍할 수 있다. 그러나 그가 프롤레타리아의 편에 서서 유물론을 사회혁명을 위한 실천 이론으로서 발전시키지 않았다고 하여 비난하는 것은 부당하다. 왜냐하면 포이엘바하의 유물론은 공산주의 유물론과 같이 당파성을 띤 유물론, 계급투쟁을 목표로 하는 유물론은 아니기 때문이다.

포이엘바하는 기독교와 헤겔철학을 비판하고 하나님을 부정하고, 인간의 사랑을 중심으로 한 사회생활을 강조하였다. 그는 이론적으로는 유물론자이면서 실천면에 있어서는 사랑중심주의자였던 것이다. 거기에 그의 이론과 실천의 불일치가 있는 것이고, 그가 실천을 무시한 것은 아니다.

포이엘바하는 인간은 육체적인 것, 감각적인 것이라고 말했지만 한편으로는 인간의 본성은 사랑이라고 말하면서, 그는 사랑에 대해서 『사랑은 인간을 감동시켜 기꺼이 애인을 위해 죽음으로 이르게까지 할 수 있다.』[23] 『사랑은 객관적으로도 그러하지만, 또 주관적으로도 존재의 기준, 진리와 현실성의 기준이다. 사랑이 없는 곳에는 또한 진리도 없다.』[24]고 설명하고 있다.

그러나 포이엘바하가 말하는 것같이 사랑이 육체의 죽음도 초월하는 것이라고 한다면 사랑이 육체의 소산일 수는 없다. 그러므로 인간을 육체적 존재, 감각적 존재로 하는 유물론의 입장과, 사랑 중심의 생활방법을 권하는 인간주의의 입장 사이에는 모순이 있는 것이다. 포이엘바하로서는 이론과 실천을 일치시키기 위해서는 유심론적으로 일치시키든가 유물론적으로 일치시키든가 둘 중의 하나를 취할 수밖에 없었다. 즉 순수한 유물론적인 실천으로서의 공리주의적 생활로 기울든가, 또는 순수하게 유심론적인 실천으로서의 윤리적·도덕적 생활에 기울든가, 어느 한 가지를 취할 수밖에 없었던 것이다.

통일사상에서 본다면, 인간은 성상과 형상의 통일체, 즉 영인체와 육신의 이중체이다. 그리고 사랑은 육신(形狀)에 속하는 것이 아니고, 영인체(性相)에 속하는 것이다. 따라서 포이엘바하는 이론에 있어서는 인간의 형상면을 파악하였고 실천에 있어서는 성상면에 기울고 있었던 것이다. 여기에 그의 딜레마, 즉 이론과 실천의 분열이 있었던 것이다.

인간은 영인체와 육신의 이중체이며 자기의 육신을 주관하면서 사랑의 생활을 하도록 되어 있다. 포이엘바하는 그러한 인체의 이중성을 무의식적으로 파악하였다고 말할 수 있다. 그는 그것 때문에 유물론을 버릴 수도 없었고 사랑을 버릴 수도 없었던 것이다.

사랑의 근원은 하나님이며 영인체의 생심(生心)에 하나님이 작용함으로써 인간에게 사랑이 나타나는 것이다. 그런데 포이엘바하는 하나님을 부정해 버리고 또 영인체의 존재도 몰랐던 것이다. 따라서 포이엘바하의 실천에 있어서의 사랑은 뿌리가 없는 나무와 같이 근거가 없는 사랑이 되어서 마르크스나 엥겔스의 공격에 견딜 수 없게 되어 버린 것이다.

그러한 포이엘바하를 마르크스와 엥겔스는 유물론자이면서 실천, 즉 역사의 변혁을 시도하지 않는다고 비난했지만 그들이 말하는 실천이란 프롤레타리아에 의한 인간의 해방이며, 사유재산의 폐지이며, 프롤레타리아 혁명이었다. 마르크스·엥겔스의 실천의 방향은 포이엘바하의 방향과는 전혀 반대였다. 따라서 포이엘바하에 있어서 유물론자인 이상 역사를 변혁(개혁)하여야 한다고 비난한 것은 너무나 독선적인 억지였던 것이다.

3. 물질관

유물론은 우주의 본원(本源)이 물질이라고 하는 설이지만, 여기서 우선 물질이란 무엇인가 하는 문제를 검토해 볼 필요가 있다. 그래서 우선 종래의 철학자의 물질관과 근대 및 현대의 자연과학자의 물질관에 대해서 말하고, 다음에 공산주의의 물질관 및 그 비판과 대안을 소개하기로 한다.

(1) 종래의 철학자에 의한 물질관

1) 데모크리토스

데모크리토스(Democritus, 460~370 B.C.)는 만물의 근원은 그 이상 분할할 수 없는 미세한 물질적 존재라고 생각해서, 그것을 아톰(atom, 原子)이라고 이름 붙였다. 아톰에는 서로 성질상의 차이는 없고 다만 모양과 크기가 다를 뿐이며 아톰의 운동에 의해서 만물의 생성을 설명하려고 하였다.

2) 아리스토텔레스

아리스토텔레스(Aristotēles, 384~322 B.C.)는 개물(個物)로서의 실체는 소재(素材)로서의 질료(質料, hylē)와, 실체를 바로 그것 자체이도록 하는 본질로서의 형상(eidos)에 의해서 성립하고 있다고 하며, 질료란 모양이나 성질에의 가능성을 가지고 있는 것, 즉 가능태(dynamis)라고 말하였다. 그는 형상과 질료의 궁극적인 원인을 각각 순수형상(純粹形相, 형상의 형상)과 제1질료(prōtē hylē)라고 말하고, 전자를 하나님이라고 보았다. 질료의 원인이 되는 제1질료는 그 자신은 어떠한 모양도 성질도 갖지 않는 무규정인 것이어서 하나님과는 따로 처음부터 있었던 것이다.

3) 토마스 아퀴나스

스콜라 철학의 완성자인 토마스 아퀴나스(Thomas Aquinas, 1225~1274)는 아리스토텔레스의 형상과 질료 및 순수형상(하나님)과 제1질료의 사고 방법을 받아들였다. 그러나 하나님과 따로 처음부터 제1질료가 있었다고 하는 아리스토텔레스의 사상을 부정하고, 아우구스티누스(Augustinus)와 마찬가지로 하나님은 무(無)로부터 질료(제1질료)를 만들고 세계를 만들었다고 주장하였다.

4) 조르나도 브루노

브루노(G. Bruno, 1548~1600)는 개물을 각각 소우주(小宇宙)로서 파악하여, 그 최소의 것으로서 물리적으로는 아톰이 있으며, 형이상학적으로는 생명력의 근원적 단위인 모나스(monas) 또는 모나드(monad)가 있다고 하였다.

5) 데카르트

데카르트(R. Descartes, 1596~1650)는 정신(인간의 마음)과 물질(물체)을 사유(思惟)와 연장(延長)으로서 파악하고, 전혀 각각 독립된 실체로서 다루었다. 그는 물체의 본성을 길이, 넓이, 깊이에 있어서의 연장이라고 규정하였다. 그리고 물체로 된 자연계의 모든 변화는 물체의 운동에 의하는 것이라고 하면서 기계론적 자연관을 세웠다.

6) 로크

경험론자 로크(J. Locke, 1632~1704)는 인식이 얼마나 확실한 것인가 하는 것을 논했으나 물체의 존재는 감각에 의해서만 알 수 있으므로 물체의 존재는 직관적으로 인식되는 정신의 존재에 비해서 확실성을 가질 수 없다고 하였다. 그는 인식의 근원을 감각과 반성에서 구하였다.

7) 흄

경험론을 더욱 발전시킨 흄(D. Hume, 1711~1776)은 물체라고 하는 실체의 존재를 의심하고 또 정신이라는 실체의 존재까지도 의심하였다. 그는 있는 것은 다만 물체나 정신의 실체에 대한 관념의 다발(束)에 지나지 않는다고 하였다.

8) 라이프니쯔

라이프니쯔(G.W. Leibniz, 1646~1716)는 실체는 이미 분할되지 않는 것, 단일한 것이며 그것을 모나드(monad, 單子)라고 불렀다. 하나하나의 모나드는 우주를 반영하는 「우주의 산 거울」이지만, 모나드에는 다음의 네 단계가 있다고 하였다. 첫째가 거의 무의식적인 상태의 모나드, 둘째가 생명의 모나드, 셋째가 오성(悟性)의 모나드, 넷째가 하나님이다. 그는 첫째의 거의 무의식적인 모나드가 물질이라고 말하였다.

9) 라메트리

라메트리(J. de La Mettrie, 1709~1751)는 데카르트를 따라서 물질의 본성은 연장이라고 하였지만, 동시에 물질은 자기운동의 능동성, 감수능력(感受能力)을 갖는다고 하였다. 그는 인간의 정신은 신체의 제 기관에 의존하는 것이며 따라서 기계적인 운동으로서 설명된다고 말하였다. 데카르트가 동물을 기계로서 설명하여 인간과 구별한 것에 대하여 인간도 동물과 마찬가지로 기계라고 주장하였다. 그는 기계적 유물론의 대표적인 인물이다.

10) 콘디야크

콘디야크(E.B. de Condillac, 1715~1780)는 로크가 인식의 근원을 감각과 반성(內感)에 구한 것에 대해서 심적 현상은 모두 감각에 의거하고 있다고 감각일원론을 주창하였다. 그는 비물질적인 정신의 존재를 부정하지 않았지만 유물론의 일보 앞에까지 와 있었다.

11) 디드로

디드로(D. Diderot, 1713~1784)는 「감성을 띤 물질」이 우주의 실체이지만, 무기계(無機界)에 있어서의 물질은 잠재적 감성을 갖는 물질이며 유기계에 있어서의 물질은 현재적(顯在的) 감성을 가진 물질이라고 하였다. 생물에 있어서는 최소단위인 감성을 띤 분자가 다발이 되어 집합해서 기관을 만들며 생명을 만든다고 설명하였다. 그리고 인간의 지혜의 작용도 기관에 있어서의 분자의 다발의 운동이라고 하였다.

12) 엘베시우스

엘베시우스(C.A. Helvētius. 1715~1771)는 콘디야크와 마찬가지로 인식은 모두 감각에 의거한다고 생각했을 뿐만이 아니라, 유물론의 입장을 명백히 하여서 종교나 교회를 비판하고, 쾌락주의·공리주의에 의거해서 사회를 변혁하고자 하였다.

13) 돌바크

돌바크(P.H.T. d'Holbach, 1723~1789)도 감각론적 인식론과 유물

론을 전개하였다. 그 유물론은 기계론적이며 결정론적이었는데, 하나님의 최초의 충격을 부정하고 운동을 물질의 내적 작용으로서 파악하였다. 또 인식에 있어서는 반영론을 고수하였다.

14) 카바니스

의사이며 철학자였던 카바니스(J.P.J. Cabanis, 1757~1808)는 생리학에 의거해서 의식은 뇌수의 작용에 의하는 것이라고 주장하여 뇌수가 사상을 산출하는 것은 간장이 담즙을 분비하는 것과 마찬가지라고 하였다. 카바니스의 사상은 소위 속류(俗流) 유물론으로 흐른 것으로 알려지고 있다.

15) 뷔흐너

의학자이기도 하였던 유물론 철학자 뷔흐너(L. Büchner, 1824~1899)는 실체의 본질은 질료(質料)와 힘이며, 의식은 뇌수의 작용 그 자체이며, 에너지 보존률에 의해서 생명 현상도 기계론적으로 설명할 수 있다고 주장하였다.(엥겔스는 그를 속류 유물론자라고 말했다.)

마르크스에 의하면, 프랑스 유물론에는 데카르트에서 발단하는 기계론적 유물론의 방향과 로크에서 발단하는 다른 방향의 두 가지의 흐름이 있다고 한다. 즉 데카르트의 기계론적 자연관은 라메트리나 카바니스의 기계론적 유물론으로 전개하였으며, 한편 로크의 경험론은 콘디야크의 감각론이 되고, 그것이 유물론적 색채를 강하게 하면서 디드로·엘베시우스·돌바크 등의 프랑스 유물론으로 이어지고, 드디어 그것은 공산주의 유물론에로 흘러왔다는 것이다.[25]

(2) 근대 및 현대의 자연과학자에 의한 물질관

1) 17~18세기의 물질관

이 시대의 자연과학적 물질관의 대표로 되어 있는 것은 뉴톤(I. Newton, 1642~1727)의 물질관이다. 그는 물질은 균질(均質)의 궁극입자(窮極粒子)로 되어 있다고 생각했지만, 크기와 모양만을 생각한 그때까지의 기계론에 대해서 인력을 갖는 입자를 생각하였다. 또 그는 그때까지 알 수 없었던 중력의 원인에 관하여 중력도 물질적인 것으로서 설명할 수 있을 것으로 생각하고, 중력이 작용하는 매질(媒質)로서 에테르(ether)를 가상(假想)하였다. 뉴톤은 우주가 일정한 운동을 계속하는 거대한 기계라고 생각했는데, 그 기계를 만들고 운행을 조정하는 자가 하나님이라고 하였다.

2) 19세기의 물질관

물질은 균질의 궁극입자로 되어 있다고 하는 17~18세기의 물질관은 달톤(J. Dalton)의 원자설(1808)을 기점으로 아보가드로(A. Avogadro)의 분자설(1811)로 발전하여, 물질의 분자적·원자적 구조가 명백해져 갔다. 멘델레프(D.I. Mendeleev)에 의한 원소의 주기율의 발견(1869)에 의해서 원자가 갖는 규칙성도 명백히 밝혀지게 되었다.

그리고 자연현상은 하나의 근원적인 힘의 나타남이라고 보는 독일 자연철학의 영향을 받아 에르스테드(H.C. Oersted)는 전기현상과 자기현상에는 상호작용이 있지 않나 생각하고, 그것을 전류가 자침(磁針)을 움직이는 실험(1820)으로써 명백히 하였다. 더욱이 파라데이(M. Faraday)의 전자유도의 발견(1831)에 의해서 자기 작용에서 전류가 발생함이 확인되어 점차로 전기와 자기의 관계가 명백히 되어 왔다.

그리고 맥스웰(J. Maxwell)의 전자파설(1871)이 나타나서 전자적 파동(전자파)의 존재가 인정되어 빛도 전자파라고 하는 결론이 내려졌고 머지않아 그 설은 실험적으로 증명되게 되었다. 그것과 더불어 그때까지 빛의 매질로서 생각되어온 에테르의 존재는 부정되게 되었다.

3) 20세기의 물질관

플랭크(M. Planck)는 열 방사의 에너지 분포의 실험적 결과를 뒷받침하는 이론적 근거로서 양자가설(1900)을 발표하였다. 빛을 방사하는 원자는 일정한 크기의 에너지(에너지 量子), 또는 그 정수배(整數倍)의 크기의 에너지밖에 가질 수 없다고 하는 주장이었다.

플랭크의 양자가설을 발전시켜서 아인슈타인(A. Einstein)은 빛이 입자의 성질을 가지며 일정한 크기의 에너지 덩어리가 되어서 공간에 전파된다고 하는 광양자설(1905)을 발표하였다. 이어서 1909년에 빛은 파동성과 입자성이라는 두 개의 모순된 성질을 가지고 있다고 결론지었다.

한편 러더퍼드(E. Rutherford)가 방사성 원소는 방사선을 방출함으로써 차례로 다른 원소로 변환하여 간다고 하는 방사성원소변환이론(1903)을 세웠다. 이 이론에 의해서 「영구불변의 궁극적 원자」가 물질의 기본 단위라고 하는 물질관이 무너지기 시작하였다.

이어서 보어(N. Bohr)는 1913년에 러더퍼드의 원자 모형과 플랭크의 양자가설을 연결시킨 원자구조론을 세웠다. 그는 원자 내의 전자는 일정한 조건을 만족시키는 띄엄띄엄의 궤도(정상상태)에 있으며, 전자가 하나의 정상 상태로부터 다른 정상 상태로 옮아갈 때에만 원자는 빛을 발한다고 설명하였다.

1923년에 드 브로이(L. de Broglie)는 빛뿐만이 아니라 전자도 입자성과 파동성을 갖는다는 가설을 세우고 그것으로써 보어의 원자구조론을 설명할 수 있음을 보였다. 이 드 브로이의 가설을 발전시킨 슈뢰딩거(E. Schrödinger)의 원자 내의 전자를 다루는 파동역학이 1926년에 발표되었다. 한편 하이젠베르크(W. Heisenberg)도 1925년에 같은 이론인 매트릭스역학(matrix mechanics)을 다른 각도에서 발표하였다. 그 후 이 두 가지의 이론을 합쳐서 양자역학이라고 부르게 되었다.

한편 아인슈타인은 특수상대성이론(1905)을 발표하여 그것에 의해서 질량과 에너지의 등가성을 이끌어 내었다. 질량(m)은 에너지(E)와 $E=mc^2$(c는 진공 중의 광속도)의 관계에 있어서 동등이어서, 질량이 변화하면 그것에 상등(相等)하는 에너지가 출입한다는 것이다. 이 이론은 콕크로프트-왈톤(Cockcroft-Walton)의 실험(1932)에 의해서 정당함이 증명되었다.

이와 같은 20세기의 과학적 성과에 의해서 19세기까지의 물질적 개념은 완전히 바뀌어 버렸다. 빛(전자파)도 입자도 함께 입자성과 파동성을 동시에 지니고 있다고 하는 사실과, 질량과 에너지가 상호 변환한다고 하는 사실로부터 물질의 궁극은 일정한 크기와 모양을 가진 불변의 입자라고 하는 종래의 물질관은 버리지 않을 수 없게 되었다.

(3) 공산주의의 물질관

마르크스와 엥겔스는 18세기의 프랑스 유물론과 포이엘바하의 유물론 및 헤겔의 변증법으로부터 변증법적 유물론을 만들어 물질을

「운동하는 물질」[26]로서 파악하였다. 그리고 당시의 과학적 물질관에 따라서 물질은 그 이상 분할되지 않는 최소의 입자(분자, 원자, 에테르 입자[27])로써 이루어져 있다고 생각하고 있었다.

그런데 20세기 초에 있어서의 자연과학의 물질 개념의 급격한 변화에 따라 마르크스주의의 물질관도 바뀔 수밖에 없었다. 그 경위는 레닌의 「유물론과 경험비판론」(1909)에 잘 나타나 있다.

레닌이 그 책을 썼을 때는 제1러시아혁명(1905~1907)이 실패하고 짜르정부의 반대자에 대한 가혹한 탄압이 가해졌으며, 게다가 독일의 아베나리우스(R. Avenarius)의 「경험비판론」[28]과 오스트리아의 마하(E. Mach)에 의한 「마하주의」에 호응하는 마르크스주의자가 많아져서, 당시의 러시아 사회민주노동당이 가장 중대한 내부 위기에 처하게 되었을 때였다.

이와 같은 사상적 혼란은 자연과학의 발달에 의해서 원자를 물질의 불변의 궁극적 단위로 보던 19세기까지의 물질관이 무너짐으로써 가중되어 갔다. 종래의 물질관의 붕괴는 물질 자체의 소멸의 의심마저 주어서 그것이 경험비판론이나 마하주의를 정당화시키는 것같이 보였기 때문이다.

러더퍼드의 방사성원소 변환이론(1903), 플랭크의 양자가설(1900), 아인슈타인의 광양자설(1905) 등에 의해서 종래의 물질관이 흔들리게 되었기 때문에 프랑스의 수학자이며 물리학자인 포앙까레(H. Poincaré)는 물리학의 기본적인 원리가 모두 위태로워지고 있다고 지적하였고(1904), 또 프랑스의 물리학자 울비그(L. Houllevigue)도 『원자는 비물질화하고, 물질은 소멸한다.』고까지 고백하였다(1908).

이와 같은 과학적 사실이 그대로 철학계에 반영되었다. 마하는 사고가 일체 부착하고 있지 않은 순수한 감각을 가장 기본적인 것으로 간주하여서 이것을 「요소(要素)」 또는 「세계요소(世界要素)」[29]라고 명명하였다. 그는 이 세계요소가 물질적이거나 관념적인 것이 아니고 중립적인 것이며 물질이나 정신도 이 요소의 복합에 지나지 않는다고 하였다. 또 아베나리우스는 경험으로부터 일체의 부가물을 제거함으로써 물질과 정신의 구별을 초월한 순수한 경험(pure experience)을 확립하려고 하였다. 주관과 객관, 내계와 외계, 존재와 의식 등의 대립은 주관적인 투입작용(introjektion)에 의해서 일어나는 오류이며 이것을 제거함으로써 순수한 경험—역시 요소라고 불리움—이 회복된다고 그는 설명하였다. 본래는 아베나리우스설(說)만을 경험비판론이라고 일컫지만, 흔히 마하주의와 합쳐서 경험비판론이라고 칭한다.

이와 같은 사상이 러시아의 마르크스주의자들에게 전해지게 되었다. 멘쉐비키의 왈렌티노프(N. Valentinov), 유쉬케비치(P.S. Yushkevich), 볼쉐비키의 보그다노프(A. Bogdanov), 루나차르스키(A.V. Lunacharsky), 바자로프(V. Bazarov) 등이 그 동조자였다. 레닌은 이와 같은 사태를 심각하게 받아들이면서 「마르크스주의의 원리를 지키기 위하여 단호하고도 끈질긴 투쟁을 할 것」[30]을 결심하였다. 이렇게 해서 집필하게 된 것이 「유물론과 경험비판론」이었다.

이 책에서 레닌은 「포이엘바하론(論)」에 있는 엥겔스의 말—『자연과학의 분야에서조차 획기적인 발견이 행하여질 때마다 유물론은 그 형태를 바꾸지 않으면 안 된다.』—을 인용하면서 『엥겔스의 유물론의 「형태」의 수정, 그 자연철학상의 명제의 수정은 본래부터 흔히 있는 의미로서의 「수정주의적인 것」을 조금도 포함하고 있지 않을 뿐만이 아니라, 반대로 마르크스주의에 의해서 필연적으로 요구된다.』[31]고 말하면서, 자연과학의 발전에 따르는 물질관의 수정은 오히려 마르크스주의에 적합하다고 주장하고 있다.

그리하여 레닌은 자연과학적 물질관은 변화하여도 변치 않는 철학적 물질관의 확립을 시도하여 다음과 같이 말하였다.

『물질의 유일한 「성질」은 객관적 실재라고 하는 성질, 즉 우리들의 의식 밖에 존재한다고 하는 성질이다.』[32]

『그러나 변증법적 유물론은 물질의 구조와 그 성질에 관한 모든 과학적 명제의 근사적(近似的)·상대적 성격을, 자연에는 절대적인 경계가 없다는 것을, 운동하는 물질이 하나의 상태로부터 우리들의 관점에서 보면 외견상 그것과 융화하기 어려운 것같이 보이는 다른 상태로 전화하는 것 등을 주장하고 있다.』[33]

『엥겔스의 관점에서 보면, 불변의 것은 다만 하나뿐이다. 즉 인간의 의식은 (인간의 의식이 존재하고 있는 경우에), 그것으로부터 독립해서 존재하고 있으며, 또한 발전하고 있는 외계를 반영한다는 것이다. 다른 어떠한 「불변성」도, 다른 어떠한 「본질」도, 어떠한 「절대적 실체」도 시시한 교수적 철학이 이들의 개념을 묘사하고 있는 것 같은 의미로서는 마르크스와 엥겔스에 있어서는 존재하지 않는다. 물건의 「본질」 또는 「실체」도 또한 상대적이다.』[34]

그리고 레닌은 물질의 개념 규정을 『물질이란 인간에게 그 감각에 있어서 주어져 있으며 우리들의 감각으로부터 독립하여 존재하면서, 우리들의 감각에 의해서 모사되고 촬영되며 반영되는 객관적 실재를 표현하기 위한 철학적 카테고리이다.』[35]

소비에트의 쿠시넨(O.V. Kuusinen)이 감수한 「마르크스·레닌주의의 기초」는 이와 같은 레닌의 규정에 따라서 마르크스주의에 있어서 무엇이 물질의 개념에 포함되는가를 다음과 같이 설명하고 있다.

『마르크스주의의 철학적 유물론은 물질이란 일체의 다양한 발현을 수반한 객관적 실재라고 이해한다. 물질이란 모든 물체를 구성하는 극히 미소한 입자에 머무르지 않는다. 그것은 무한한 우주의 무한히 다양한 세계, 우주에 존재하는 가스나 먼지의 구름이다. 그것은 여러 혹성과 태양을 갖는 우리들의 태양세이며 그것은 지구와 거기에 존재하는 모든 것이다. 방사도 물질이며, 어떤 물체나 입자로부터 다른 물체나 입자에 작용을 전하면서 이들을 관계지우는 물리적 장(場), 즉 전자장, 핵력(核力)의 장도 물질이다. 의식의 그것과는 독립해서 존재하는 모든 것이 물질의 개념에 포괄된다.」[36]

(4) 공산주의의 물질관에의 비판과 그 대안

공산주의자들은 이 레닌의 물질 개념의 규정에 대해서 과학적 물질관의 변화에도 불구하고 이것을 타당한 것으로서 찬양하고 있다. 예를 들면 아와타 켄조(粟田賢三)는『물질의 개념을 철학적 범주로서 엄밀하게 규정하고 이것과 현대의 인식 단계에 있어서 도달된 물질 구조에 대한 물리학상의 개념과의 구별을 명확히 하였다.』[37]고 말하며, 변증법 유물론을 새로운 단계로 높였다고 높게 평가하였다.

그러나 레닌의 물질의 개념 규정은 물질관에 대한 문제를 해결한 것이 아니고, 문제를 회피하였음에 지나지 않는다. 물질관에 있어서의 문제란 우주의 근원이 정신인가 물질인가, 또 물질이란 무엇인가라는 본체론(本體論)의 문제였다. 그런데 레닌은 과학의 성과를 근거로 하면서도 그 문제를 본체론(유물론)의 입장에서 다루지 않고, 인식론적으로만 다루었다. 물질이란「우리들의 의식 밖에 존재하는 객관적 실재」라고 하면서 물질이 인식의 대상으로서 객관적으로 실재한다는 설명은 인식론적인 주장에 지나지 않는다. 따라서 레닌의 물질의 개념 규정은 변증법적 유물론의 입장을 높인 것도 아무것도 아니다.

여기서 백보 양보해서 레닌의 인식론적인 입장을 일단 인정한다고 하다라도, 인간의 의식으로부터 독립하여 객관적으로 존재하는 것이, 모두가 과연 물질이라고 단정할 수 있는가 하는 것이 문제가 되는 것이다. 실제로 플라톤이나 헤겔 등은 현상세계는 이데아(관념)의 나타남이라고 하면서 이데아(관념)를 인간의 의식으로부터 독립한 객관적 실재라고 보고 있는 것이다. 그러므로 유물론이 성립하려면 사물이 인간의 의식으로부터 독립해서 객관적으로 실재한다고 하더라도, 그것이 관념이 아니고 물질이라는 것을 다시 논증하지 않으면 안 되는 것이다. 그럼에도 불구하고 레닌은 이 논증을 회피하고 있는 것이다.

그러면 다음에 통일사상의 물질관을 소개하기로 한다. 통일사상에 의하면, 우주의 궁극적 근원은 본성상(本性相)과 본형상(本形狀)의 통일체(중화체)인 하나님이다. 본성상은 피조물의 모든 성상의 궁극적 원인이며, 본형상은 피조물의 모든 형상의 궁극적 원인이다. 피조물의 성상이란 인간의 마음, 동물의 본능, 식물의 생명, 광물의 물리 화학적 작용성 등 피조물의 보이지 않는 내적인 기능이나 성질을 말하며, 피조물의 형상이란 형태·구조·질량·힘 등 피조물의 가시적(可視的)인―물리적으로 가측적(可測的)이라고 하는 의미에서―외적인 측면을 말한다. 피조물의 이러한 성상과 형상의 근본 원인이 각각 하나님의 본성상 및 본형상인 것이다.

아리스토텔레스는 신을 「형상(形相)의 형상(形相)」 또는 순수 형상으로서 파악하였으며, 중세의 스콜라 철학을 완성한 토마스 아퀴나스의 신관도 마찬가지였다. 통일사상에서 본다면 그들은 본성상만을 파악한 셈이 된다. 하나님은 창조주이기 때문에 피조세계의 물질의 원인이 되는 측면도 지니고 있다고 보지 않을 수 없다. 피조세계의 물질의 본질이 에너지라고 한다면, 그 에너지가 될 수 있는 가능성으로서 전(前) 에너지(pre-energy)라고도 말할 만한 것이 하나님에게 있지 않으면 안 된다.

따라서 통일사상에서 본다면, 우주의 근원인 하나님은 마음(心)적 요소만도 아니고 물질적(에너지적) 요소만도 아니며 심적 요소와 에너지적 요소가 하나로 된 통일체인 것이다. 이것을 바꾸어 말하면 우주의 근원자는 에너지적 요소를 지닌 심적 요소, 또는 심적 요소를 지닌 에너지적 요소를 그 속성으로 하고 있다. 이와 같은 통일사상의 견해는 유심론도 아니고 유물론도 아닌 것으로서, 이것을 통일론(統一論) 또는 유일론(唯一論)이라고 한다.

본성상과 본형상과의 상호작용(授受作用)에 의해서 피조물이 창조되는 것이지만, 피조물은 하나님의 본성상과 본형상의 상대성을 닮았고, 모두 성상과 형상의 이성성상(二性性相)을 갖게 된다. 하나님의 이성성상을 닮은 하나하나의 개체를 개성진리체(個性眞理體)라고 한다. 그러므로 피조세계의 물체를 구성하고 있는 소립자, 원자, 분자 등도 모두 성상과 형상의 이성성상을 갖는 개성진리체이다. 그리고 소립자의 전 단계라고 알려져 있는 에너지는 그것이 궁극적인 것이 아니며 물질의 궁극적인 원인은 하나님의 본형상 속에 있다고 보는 것이다. 이것이 바로 통일사상의 물질관이다.

하나님의 이성성상이 피조물로 전개될 때, 저급한 피조물일수록 성상과 형상은 단순하지만 고급의 피조물이 될수록 성상의 내용은 풍부해지고 형상은 복잡해진다. 그리고 성상의 내용이 풍부해지는 정도에 따라서 피조물은 물질적 존재(광물), 생명적 존재(식물), 본능적 존재(동물) 그리고 정신적 존재 (인간)의 순으로 높아져 가는 것이다.

그런데 하나님의 본성상과 본형상은 주체와 대상의 관계, 능동성과 수동성 또는 주관과 피주관의 관계에 있는 상대적 요소이며, 따라서 양자는 이질적 독립적인 것이 아니고 공통성 연속성을 지니고 있다. 그러므로 하나님의 본성상과 본형상의 표현으로서의 피조물의 성상과 형상도, 어느 정도 연속성을 갖게 된다. 이것은 물질에도 어느 정도 심적 요소가 포함되어 있으며, 마음에도 어느 정도 에너지(물질)적 요소가 포함되어 있음을 뜻한다. 물질에 포함된 심적 요소란 물질이 갖는 목적성이나 지정의의 마음에 감응하는 요소를 말하며, 마음이 갖는 에너지(물질)적 요소란 마음에 있는 물리적인 에너지 또는 힘을 말한다.

20세기의 물리학의 성과에 의하면 질량과 에너지는 등가이므로 물질의 최소 단위인 소립자는 모두 에너지로 되어 있다. 그런데 유물론적으로 생각한다면, 우주의 시초에 에너지로부터 소립자를 비롯해서 만물이 생겨났다고 말할 수 있는데 그 시초의 에너지 자체에는 아무런 목적성도 계획성도 없었을 것이다. 따라서 에너지로부터의 소립자의 발생은 우연에 의한 발생이었을 것이기 때문에 질량이나 크기의 차이에 있어서 연속적인 무수한 종류의 소립자가 생겨날 수 있었을 것이다.

그런데 실제로는 에너지로부터 한정된 수의 소립자가 발생하여서, 멘델레프가 밝힌 주기율에 일치하는 특유의 성질을 지닌 백여 개의 원소가 나타나고 있는 것이다.[38] 이러한 규율성은 유물론으로서는 전혀 설명할 수 없는 것이다. 이러한 문제는 에너지가 본래 목적성(심적 요소)을 가지고 있었다고 봄으로써 비로소 해결될 수 있다. 또 정신과 물질이 서로 전혀 이질적인 것이라고 한다면, 어떻게 해서 양자(兩者)의 상호작용이 가능하게 되는가 하는 것도 문제가 된다. 그러나 물질에도 심적 요소가 있으며 마음에도 물질적 요소가 있다고 함으로써 정신(마음)과 물질(신체)의 상호 작용도 합리적으로 설명될 수 있다.

오늘날 물리학에 있어서 에너지의 규칙성의 문제 외에도 대뇌 생리학에 있어서의 인식의 연구나, 분자 생물학에 있어서의 생명의 연구도 그 연구의 완벽을 기하기 위해서는 물질적 현상의 배후에 심석 요소 또는 목적적 요소가 관여하고 있다는 사실을 인정하지 않으면 안 될 단계에 들어서고 있음을 보여 주고 있다.[39] 이것은 오늘의 과학이 모든 존재는 성상과 형상의 통일체이며, 따라서 우주의 궁극적 근원도 본성상과 본형상의 통일체라고 하는 통일사상의 주장을 뒷받침하고 있음을 뜻하는 것이다.

유물론은 우주의 근원의 한 측면만을 파악하고 있을 뿐이다. 즉 통일사상에서 보면 유물론은 하나님의 이성성상 중의 본형상만을 다루고 있다고 말할 수 있다. 한편 스콜라 철학을 대표로 하는 유심론은, 본성상만을 다루고 있으며, 아리스토텔레스는 본성상(그의 제1형상, 즉 순수형상)과 본형상(제1질료)을 분리해서 별개의 것으로 다루었다고 볼 수 있다. 라이프니쯔는 물질의 모나드(單子), 생명의 모나드, 오성(悟性)의 모나드, 그리고 하나님의 모나드 등 네 가지 단계의 모나드를 생각하였다. 라이프니쯔에 있어서는 하나님도 하나의 모나드이지만, 이 모나드는 물질의 모나드, 생명의 모나드, 오성의 모나드 등을 생기게 하는 통일적인 원인으로 되어 있다. 또 마하(E. Mach)는 세계요소를 물질도 아니며 정신도 아닌 순수한 감각이라고 하였지만 감각이 물질이나 정신의 근원으로 될 수는 없다. 물질과 정신을 생기게 한 것은 양자의 원인을 통일적으로 갖춘 궁극적 존재인 것이다.

4. 관념론과 유물론
―정신과 물질의 선후의 문제―

관념론과 유물론에 대해서 엥겔스는 다음과 같이 말하였다.
『모든 철학 특히 근세철학의 커다란 근본 문제는 사고와 존재의 관계이다. ……이 문제에 어떻게 대답했는가에 따라서 철학자들은 양대 진영으로 분열되었다. 자연에 대한 정신의 본원성(本源性)을 주장하며 따라서 결국 어떠한 종류의 세계창조를 인정한 사람들은―그리고 이 창조는 철학자의 경우 흔히 예컨대 헤겔의 경우와 같이, ……관념론의 진영을 이루었다. 자연을 본원적인 것으로 본 사람들은 유물론의 여러 가지의 학파에 속한다.』[40]

기독교 신학을 확립한 아우구스티누스와 토마스 아퀴나스는 하나님을 순수하게 정신적인 존재로서 포착하여 하나님은 무(無)에서 질료(質料)를 만들고 세계를 창조하였다고 하면서 정신으로부터 물질이 생겨났다고 주장하였다. 이러한 사고방식은 유심론 또는 관념론 철학의 기본적인 사고방식이 되고 있다. 한편 유물론은 우주의 근원을 물질로 보고 있으며 공산주의 유물론은 이에 더하여 정신은 고도로 발달한 물질(腦髓)의 산물이라고 주장하고 있다.

『그렇지만 더욱 나아가서 그렇다면 사고와 의식은 도대체 무엇이며 또 어디로부터 생긴 것인가라고 묻는다면 그것은 인간의 뇌수의 산물이라는 것, 그리고 인간 그 자체가 자연의 한 산물로서 자신의 환경 안에서 환경과 더불어 발전해 온 것이라는 것을 알 수 있다.』[41](엥겔스)

『사고는 발전해서 고도의 완성 단계에 도달한 물질의 산물이다. 즉 두뇌의 산물이다. 그리고 두뇌는 사고의 기관이다. 그러므로 심한 오

류에 빠지고 싶지 않다면 사고를 물질로부터 떼어낼 수는 없는 것이다.』[42](스탈린)

　이와 같이 공산주의 유물론은 정신이 물질의 산물이지만, 모든 물질적 존재로부터 정신이 나오는 것은 아니고 고도로 발달한 인간의 뇌수로부터만 정신이 발생한다고 주장하고 있다. 왜냐하면 만약 모든 물질적 존재로부터 정신이 생겨난다고 하면 그것은 물활론(物活論) 또는 범심론(汎心論)이 되어 버리기 때문이다.

　여기서 문제는 정신이 뇌수의 산물이라는 것을 어떻게 증명하는가 하는 점이다. 모리스 콘포스는 다음과 같이 말한다. 『그러므로 만약 네가 죽는다면 또는 만약 네가 머리를 맞아서 뇌수에 장해를 받는다면, 너의 정신에 대해서는 이제 이러한 말은 할 수 없게 된다. 왜냐하면 그들의 말이 뜻하는 여러 활동을 행하는 것은 이 경우에 있어서 그것을 완수하는 수단이 파괴되었으므로 이제 듣지 않게 되기 때문이다.』[43]

　이것은 뇌가 파괴되면 정신이 발생할 수 없기 때문에 이것으로 봐서 정신은 뇌의 산물이라고 말할 수 있다는 뜻이 된다. 그러나 거기에는 다음과 같은 문제점이 있게 된다. 인간의 뇌를 라디오로 비교하여 보자. 그 경우 정신작용(의식)을 라디오로부터 나오는 음성(이야기하는 소리)으로 비유한다면, 그것은 라디오 그 자체로부터 발생하는 것이 아니고 외부(방송국)로부터의 전파가 라디오를 통과할 때에 음파로 바뀌어진 것이다. 그러므로 라디오는 전파를 음파로 바꾸는 장치일 뿐 음성의 발생장치는 아니다.[44] 그와 마찬가지로 인간의 정신 작용(의식)도 전파로 비유되는 마음이 뇌를 매개로 하여서 나타난 것으로 볼 수 있는 것이다. 따라서 뇌의 손상에 의해서 정신 작용이 장해를 받는다고 해서 반드시 의식은 뇌의 산물이라고 결론지을 수는 없는 것이다.

공산주의자는 정신이 뇌수의 산물이라고 말하면서, 또 어떤 경우에는 정신은 뇌수의 기능이라고도 주장하고 있다.[45] 그러나 이 두 가지 모두에 문제가 있다.

산물이라고 할 경우에는, 닭의 산물인 계란이 닭에서 생겨나서 닭을 떠나듯이, 그리고 또 토지의 산물인 농작물이 일단 산출되면 토지로부터 떠나(베어내어)듯이, 산물이란 일단 산출되면 그 모체와는 별개의 존재가 되어서 운동을 계속한다. 따라서 정신이 뇌의 산물이라고 하면 정신도 뇌로부터 떠나 따로 운동할 수 있어야 할 것이다. 뇌로부터 떠난 정신, 즉 육신으로부터 떠나서 운동하는 정신이란 무엇일까. 그것은 소위 영혼과 다를 바 없다. 그렇다면 공산주의는 영혼과 같은 것을 인정한다는 말이 되며 결국 유물론을 스스로 부정하는 결과가 된다. 따라서 정신이 뇌의 산물이라고 하는 주장은 자기모순에 빠지고 만다.

다음은 정신이 뇌의 기능이라는 주장을 검토하기로 한다. 공산주의는 인식론에 있어서 정신은 존재(외계)를 반영하는 동시에 존재에 대해서는 능동적으로 실천한다고 말하고 있다. 스탈린은 『이론은 혁명적 실천과 결부하지 않으면 대상이 없는 것이 된다.』[46]고 하였으며, 모택동은 『마르크스주의의 철학이 매우 중요하다고 생각하는 문제는 ……객관적 법칙성의 인식을 사용해서 능동적으로 세계를 개조(실천)하는 것이다.』[47]라고 하고 있다. 존재가 뇌에 반영됨으로써 얻어진 인식을 가지고 정신은 능동적으로 실천을 하게 된다는 것이다.

여기서 뇌의 기능인 정신(의식)이 어떻게 실천을 행할 수 있는가 하는 문제가 생긴다. 실천을 위해서는 어떤 일정한 행동이 요구되므로 의식(정신)이 뇌를 작동시켜 운동 신경을 통해서 신체를 움직이지 않으면 안 된다. 그런데 의식은 뇌의 기능이므로 뇌의 기능이 뇌 자체를 작동시키는 일이 필요하게 된다. 그러나 이것은 불가능하다. 그것은 마치 기계의 기능(성능)은 인간(기계공)이 기계를 움직일 때에 나타나는 것이어서 기계의 기능이 기계 자체를 움직일 수는 없는 것과 마찬가지이다. 이와 같이 정신이 뇌의 기능이라고 한다면, 사고에 따라서 목적적인 행위가 이루어지는 현상을 설명할 수 없게 된다. 따라서 정신이 뇌의 기능이라고 하더라도 문제가 있는 것이다.

통일사상에서 본다면 정신에서 물질이 생긴 것도 아니며, 또 물질로부터 정신이 생긴 것도 아니다. 그것들은 우주의 근원으로부터 유래된 것이다. 우주의 근원은 양자의 궁극적인 원인을 통일적으로 갖춘 존재여서 거기서부터 정신과 물질이 함께 생겨난 것이다. 즉 절대자(하나님)의 두 속성(본성상과 본형상의 이성성상)이 피조물의 성상과 형상으로서 나타난 것으로서, 그것이 인간에 있어서는 마음(정신)과 몸(물질)으로 나타나 있는 것이다.

성경에는 하나님이 인간을 만드실 때, 『여호와 하나님이 흙으로 사람을 지으시고 생기를 그 코에 불어 넣으시니』(창세기 2/7)라고 기록되어 있다. 이것은 인간이 영인체와 육신의 이중체로 창조된 것을 의미하는 바[48] 영인체도 육신도 모두 작용 부분으로서의 마음을 가지고 있어서 전자의 마음을 생심(生心)이라 하고, 후자의 마음을 육심(肉心)이라 한다. 이 두 마음이 상호 작용하여서 형성된 것이 보통 말하는 인간의 마음(본심)[49]이다. 이 마음과 뇌세포의 수수작용에 의해서 나타나는 것이 의식 또는 정신작용이다. 따라서 영인체 없이는 의식이나 정신 작용은 생각할 수 없는 것이다. 그러므로 마음이 뇌세포의 산물도 아니며 뇌세포가 마음의 산물도 아니다. 마음과 뇌세포는 주체(마음)와 대상(뇌세포)이라는 상대적 관계에 있는 것이다.

여기서 마음(mind)과 정신(spirit)에 대하여 통일사상의 견해를 밝히기로 한다. 마음과 정신은 거의 동일한 것인데, 마음이 신체에 대한 반대개념인데 대해서 정신은 물질에 대한 반대개념인 것이다. 마음도 정신과 함께 형상에 대한 반대개념으로서의 성상의 개념에 포함된다. 마음(정신)은 지정의(知情意)의 기능을 가지고 있지만 위에서 말한 바와 같이 사고, 의지, 감정 등의 정신작용(또는 의식)은 마음 그 자체가 아니고 마음과 뇌세포의 수수작용에 의해서 나타나는 마음의 기능의 표현 즉 마음의 작용인 것이다.

5. 정신과 물질로서의 상부구조와 하부구조

(1) 공산주의의 견해

공산주의는 물질의 개념을 더욱 확대하여 자연계뿐만 아니라 생산력, 생산관계, 자본, 노동, 노동쟁의, 혁명 등의 경제적 제 현상까지도 물질의 범주에 포함시켰다. 즉 공산주의는 자연현상을 유물론적으로 설명하는 것에만 머무르지 않고, 사회현상까지도 유물론적으로 설명하려고 한다. 그것은 사회문제를 정책에 의해서가 아니라 물질적 방법, 즉 폭력혁명에 의해서 해결하는 것을 정당화하기 위해서이다.

물질에 해당하는 사회적 측면이 경제(생산관계)라고 한다면 정신에 해당하는 사회적 측면은 무엇일까? 그것은 법률, 정치, 종교, 예술, 철학 등의 소위 관념형태(이데올로기)이다. 그리하여 정신이 물질의 소산인 것같이 사회현상에 있어서도 관념형태는 생산관계의 소산이라고 하며, 관념 형태와 생산관계를 각각 사회에 있어서의 상부구조와 하부구조로서 규정하고 있다. (제4장에서 상술함)

여기서 생산관계란 생산 및 생산수단을 중심으로 한 인간관계를 말하는 바, 그것은 요컨대 사회체제를 의미하는 것이다. 그러므로 아무리 좋은 정치나 정책을 세우고 아무리 좋은 교육을 베풀어도 또 아무리 종교적 생활이나 도덕생활을 강조해도, 그것들은 모두 상부구조에 속하기 때문에 그것들에 의해서는 사회변혁은 불가능하며, 다만 물질적 수단 즉 투쟁과 혁명에 의해서 하부구조인 생산관계를 변혁시킴으로써만 가능하다고 우겨대는 것이다. 이와 같이 공산주의 유물론은 단순한 존재론이라기보다도 사회혁명을 합리화하는 정치적 성격을 띤 이론으로 되어 있는 것이다.

(2) 비판과 대안

그러나 생산력, 생산관계, 자본, 노동 등의 경제적 범주를 다만 물질적 개념으로만 간주할 수는 없다. 생산력의 경우, 그것은 인간의 노동력과 노동 수단을 말하는데 양자 모두 단순한 물질이 아니다. 노동력은 단순한 체력이 아니고 기술력이며, 그것은 정신적 요소(기술, 지식)와 물질적 요소(체력)의 통일체이다. 또 노동수단—오늘날에는 주로 기계를 말한다—도 기술력의 체화물(體化物)이므로 정신적 요소와 물질적 요소(물체, 물리적인 힘)의 통일체인 것이다. 따라서 노동력과 노동 수단으로 이루어지는 생산력도 통일체가 아닐 수 없는 것이다. 생산 관계의 경우도 마찬가지이다. 그것은 생산 또는 생산수단을 중심으로 한 인간과 인간의 관계이므로, 정신적 관계와 물질적 관계의 통일이다. 자본의 경우도 역시 그것은 단순한 물질이 아니고 기업가의 창조력 이윤욕 등의 정신적 측면과 화폐나 생산수단 등의 물질적 측면을 함께 갖춘 통일체인 것이다.

이와 같이 경제적 현상은 모두 정신과 물질의 통일적 현상인 것이다. 그런데 공산주의는 물질의 개념을 부당하게 확장하여서, 이들 경제적 개념을 모두 물질의 범주에 넣고 있는 것이다.

그렇다면 물질개념을 사회현상에 적용함에 있어서 그 범위를 어떤 정도로 할 것인가? 그것은 경제재에 국한되어야 한다. 그렇게 하되 노동이라든가 재능·신용·권리 등의 무형재는 제외되어야 하며, 토지·원료·기계·공장시설 등의 생산재와 식료·주택·의복·연료 등의 소비재와 같은 유형재에만 물질의 개념이 적용되어야 한다.

한편 정치·종교 등의 소위 관념 형태도 단순한 정신적 현상이 아니며, 이것 역시 정신적 요소와 물질적 요소의 통일체이다. 즉 정치의 경우 정책의 수립이나 연설만으로는 정치가 행하여지지 않으며, 활동비용과 각종 기관·시설 등의 물질적 요소를 필요로 한다. 종교 활동의 경우도 마찬가지이다. 설교나 신앙, 전도 이외에 교회 시설, 도서, 전도 비용 등의 물질적 요소를 필요로 한다.

결국 일체의 사회 현상은 정신적 요소와 물질적 요소의 수수작용에 의한 통일적인 현상인 것이다. 여기서 사회의 정신적 요소란 개개인의 의지가 망라된 사회적 의지를 말한다. 그러므로 사회에 있어서 정신과 물질에 해당하는 것은 관념형태(상부구조)와 생산관계(하부구조, 토대)가 아니고 사회적 의지와 경제재이다.

6. 물질의 운동성

공산주의 유물론의 특징의 하나는 물질을 「운동하는 물질」로서 파악하는 것이다. 엥겔스는 다음과 같이 말한다.

『자연과학의 변증법. 대상은 운동하는 물질(Stoff). 물질의 여러 가지 형태나 종류 그 자체는 또 다시 운동을 통해서만 인식되는 것이어서 운동에 있어서만 제 물질(Körper)의 여러 가지 성질이 모습을 드러낸다. 운동하지 않는 물질에 대해서는 아무것도 말할 수 없다.』[50] 『운동은 물질의 존재양식이다. 운동이 없는 물질은 언제 어디에도 없으며 또 있을 수 없다. ……운동이 없는 물질이 생각될 수 없는 것은 물질이 없는 운동이 생각될 수 없는 것과 마찬가지이다.』[51] 스탈린도 『세계는 그 본성으로 봐서 물질적이다. 세계의 다양한 제 현상은 운동하는 물질의 여러 가지의 자용(姿容)이다.』[52]라고 하였다. 이와 같이 공산주의에 있어서는 운동은 물질의 속성이 되고 있는 것이다.

그러면 왜 공산주의는 운동을 물질의 속성으로서 파악하고 있는 것일까? 그것은 하나님의 존재를 부정하기 위해서였던 것이다. 만약 뉴톤의 기계론에서와 같이 물질과 운동을 분리시킨다면, 운동은 물질 이외의 다른 원인, 즉 하나님 또는 정신에 의해서 야기되는 것이라고 보지 않을 수 없게 되어서 유물론 그 자체를 부정하는 결과가 된다. 따라서 유물론을 고수하고 하나님을 인정하는 형이상학적인 운동관을 반대하기 위하여 운동을 물질의 속성이라고 주장한 것이다.

이리하여 공산주의는 운동을 물질의 속성이라고 규정하는 것으로써 유물론의 완벽이 기해진 것처럼 믿고 있다. 그러나 아무리 운동을 물질의 속성으로 규정하였다 하더라도 물질이 왜 운동을 그 속성으로서 갖게 되었는가 하는 문제가 남는다. 이 문제를 해결하지 않는 한 유물론은 결국은 무너지고 말 것이다.

도대체 운동이란 무엇일까? 공산주의의 변증법에 의하면 모든 사물 중에는 반드시 대립물(모순)이 있으며, 모든 변화나 운동이나 발전은 이 대립물의 투쟁에 의해서 이루어진다. 따라서 운동의 본질은 대립물의 투쟁이다. 그런데 현대의 물리학에 의하면 물질은 에너지로부터 생긴 것으로 알려지고 있다. 본래 무규정성(無規定性)이며 동질적인 것으로 생각되는 에너지가 물질로 나타남에 있어서 왜 대립물(모순)로서 나타나게 되는가? 그러나 공산주의는 이 문제에 대해서 답하지 못하고 있다.

통일사상의 견해로는, 모든 사물 안에 있는 것은 대립물(모순)이 아니고 주체와 대상의 상대물이다. 주체와 대상의 수수작용에 의해서 모든 사물은 생존하며 번식하고 작용하며 운동하고 있다. 사물에 주체와 대상의 상대성이 나타나는 것은 모든 사물이 하나님의 이성성상을 닮아서 만들어진 개성진리체이기 때문이다. 따라서 물질(개체)은 그 안에 있는 상대물(상대적 요소)의 수수작용에 의해서, 또는 다른 물질(개체)과의 수수작용에 의해서 운동하고 있는 것이다.

그러므로 운동이 물질의 존재양식이라고 하는 엥겔스의 주장에 이론은 없다. 그러나 운동은 만유인력이나 전자기력 등의 힘에 의해서 생기고 유지되고 있는 바, 또 그러한 힘을 생기게 한 원인은 하나님으로부터의 힘, 즉 원력(原力) 것이다. 따라서 물질의 운동성을 논함에 있어서 하나님이 부정되는 것이 아니라 도리어 긍정된다고 보는 것이 통일사상의 입장이다.

7. 공산주의 유물론의 인간관

(1) 노동과 인간

공산주의는 인간이 원숭이로부터 진화된 것이라고 생각하고 있다.

엥겔스는 「자연변증법」에서 「원숭이가 인간화함에 있어서의 노동의 역할」이라는 제목으로 원숭이가 어떻게 하여서 인간이 되었는가에 대해서 다음과 같이 쓰고 있다.

『노동은 인간 생활 전체의 첫째되는 기본 조건이며 또한 어떤 의미에서는 노동이 인간 그 자체까지도 창조하였다고 하지 않으면 안 될 만큼 기본적인 조건인 것이다.』[53]

『손의 발달에서 시작하여 노동으로 시작하는 자연에 대한 지배는 새로운 전진이 있을 때마다 인간의 시야를 확대하여 갔다. ······노동의 발달은 필연적으로 사회의 여러 성원을 서로 한층 긴밀하게 결부하는 데 기여했다. ······생성하면서 있었던 인간은 서로 무엇인가 말을 주고받지 않으면 안 되는 곳까지 온 것이다. 욕구는 그것을 위한 기관을 만들어 내었다. 즉 원숭이의 미발달된 인두(咽頭)는 ······천천히, 그렇지만 확실히 개조되어 갔다.』[54]

『처음엔 노동, 그 후에 그리고 이번에는 노동과 함께 언어—이 두 가지가 가장 본질적인 추진력이 되었으며, 원숭이의 뇌는 그 영향하에 원숭이의 것과 똑같은 것이면서도 그것은 보다 크고 훨씬 완전한 인간의 뇌로 점차 이행하게 되었다. 뇌와 뇌에 예속하고 있는 제 감각의 발달 그리고 더욱더 명석함을 더하여 간 의식과 추상 및 추리의 능력의 발달은 노동과 언어에, 이번에는 반작용하면서, 이 양자에게 끊임없이 새로운 자극을 주어서 그것들의 발달을 한층 더 촉구하였다.』[55]

원숭이가 노동함으로써 손이 발달되고, 다음에는 손의 발달이 거꾸로 반작용하여서 노동을 전진시켰다. 또 공동으로 행하는 사회적 노동에 있어서 서로 말을 주고받을 필요성에 의해서 인두가 발달하여 언어가 생기게 되었다. 그리고 노동과 언어를 반복하는 가운데 뇌가 발달하고 의식이 생기게 되고, 드디어 인간이 되었다. 이것이 엥겔스의 주장이다. 간단히 말하면 원숭이가 노동에 의해서 인간이 되었다는 것이다.

더구나 인간은 점점 복잡한 노동을 행하게 되었는데 그 결과 수렵, 목축이 발달하고 다시 농경이나 상공업을 행하게 되고, 이어서 예술과 과학이 나타나고 법과 정치가 일어나고 드디어 인간의 두뇌에 있어서의 공상적 영상인 종교까지 생기게 되었다고 한다.[56]

원숭이가 노동에 의해서 인간이 되었다는 것은 인간의 본질 중에서 가장 중요한 것이 노동(생산활동)임을 의미한다. 인간에게는 사랑도 있으며 이성도 있지만, 그것들보다도 중요한 것이 노동이라는 것이다.

그러면 그들은 왜 이와 같은 인간관을 세운 것일까? 그것은 말할 것도 없이 유물론의 입장에서 프롤레타리아트의 폭력혁명을 정당화하기 위해서이다. 만일 사랑이나 이성을 인간의 본질로 규정한다면, 프롤레타리아트에 의한 사유재산 폐지로써 인간의 해방을 달성하려는 목적이 합리화되지 않으며, 또 사랑이나 이성이 인간의 본질로 인정되면 종교나 도덕에 의해서 인간이나 사회의 문제를 해결할 수 있게 되어서 폭력혁명은 필요 없게 된다. 그 때문에 공산주의는 인간성의 본질을 노동으로만 보고 사랑이나 이성은 후차적인 것으로 본다.

이와 같은 공산주의의 주장에 대해서 통일사상은 인간이 하나님에 의해서 만들어졌다고 주장한다. 원숭이가 아무리 노동을 하였다고 하더라도 인간이 될 수는 없다. 인간에게는 영인체가 있지만 원숭이에게는 없기 때문이다. 그러므로 엥겔스가 주장한 바와 같이 우선 노동이 있었고 그리고 나서 언어의 필요성이 생기고 그리고 원숭이의 뇌가 자연적으로 발달하여서 인간의 뇌가 된다고 하는 것은 결코 있을 수 없다. 첫째로, 먼저 말한 바와 같이 뇌는 정신의 발생장치가 아니므로 뇌

(물질)만으로는 정신작용을 영위할 수는 없는 것이다. 인간의 사랑과 지·정·의의 기능은 영인체와 뇌의 수수작용을 통해서 비로소 나타나는 것이다. 둘째로, 엥겔스는 언어가 동인(動因)이 되어서 원숭이의 뇌가 인간의 뇌로 발달했다고 하지만, 언어를 사용하는 것 자체가 이미 대뇌 피질(신피질)이 발달한 인간의 뇌를 필요로 하고 있는 것이어서 언어가 원숭이의 뇌를 인간의 뇌로까지 발달시킨다는 것은 있을 수 없는 것이다.

따라서 원숭이가 노동을 했기 때문에 언어를 쓰게 되고 사고하게 되어서 인간이 된 것이 아니다. 오히려 인간은 최초부터 인격을 가진 인간으로서 언어를 사용하면서 사고할 수 있도록 창조된 것이다. 이러한 인간이 살기 위해서 노동을 하게 된 것이다. 통일사상에서 볼 때 노동은 만물주관의 한 형태이므로, 물론 중요하지만 그것 자체가 목적이 아니다. 노동에 의해서 얻어진 생활필수품에 의해서 인간은 생활하는 바, 그 생활을 통해서 사랑과 진·선·미의 가치를 실현하도록 되어 있는 것이다. 말하자면 사랑과 진·선·미의 가치의 실현이 인간의 궁극적인 목표이며, 노동은 그것을 위한 수난인 것이다.

그러나 노동을 인간성의 첫째의 본질로 하는 공산주의는 그 인간관에 따라서 정치도, 경제도, 예술도, 과학도 모두 노동을 그 기반으로 하고 있다. 따라서 정치, 경제, 예술, 과학 등은 모두 노동자를 위한 것이 아니면 안 되게 되어 있다. 그러므로 한 인간은 노동자(실제는 노동자를 대표한다고 칭하는 공산당) 편에 서면 그의 인격은 인정되지만, 반대편에 서면 그의 인간성은 완전히 무시된다. 공산주의는 무조건 인간의 자유와 인격을 인정하는 것을 절대로 용납하지 않는다. 공산주의자는 가끔 평화주의나 인도주의를 부르짖지만, 그것은 전략상 그렇게 하는 것뿐이다. 공산주의에는 인간의 자유와 권리, 인격의 존엄성을 보장하는 철학적 근거는 아무것도 없기 때문이다. 인간을 물질적 존재로 보는 그들의 철학(유물론)에서, 인간의 자유와 권리가 보장될 리 만무하며 동물이 진화해서 인간이 되었다고 하면서 동물적 인간관을 주장하는 공산주의 유물론에서 인격의 존엄성이 용인될 수는 없는 것이다. 실제로 공산주의자는 이제까지 혁명에 있어서 이용가치가 있는 동안만큼은 인간의 인격을 어느 정도 존중하면서도 이용가치가 전혀 없어지거나 방해가 되게 되면 무자비한 살육을 감행해 왔다. 이것은 모두 인간을 진화한 고등동물이라고 보는 공산주의의 이러한 유물론 철학, 유물론적 인간관에서 오는 필연적인 결과였던 것이다.

(2) 감각적 활동의 주체

마르크스와 엥겔스는 인간을 또 감각적 활동의 주체라고 보고 있다. 감각적 활동의 주체란 감각(감성)에 의해서 세계를 이해하면서 동시에 실천을 하는 인간을 말한다. 이것은 포이엘바하 비판을 통해서 얻은 개념이다. 포이엘바하는 인간을 감각적 존재, 육체적 존재라고 보고 감각에 의한 인식이야말로 진리라고 했는데, 마르크스와 엥겔스는 그가 감각적인 활동을 하는 인간임을 보지 않았다고 말하면서 포이엘바하를 다음과 같이 비판하였다.

『과연 포이엘바하는 「순수」한 유물론자들에 비하면 인간도 역시 「감각적 대상」(sinnlicher Gegenstand)이라는 것을 통찰하고 있다는 점에서 매우 우수하기는 하다. 그렇지만 인간이라는 것을 다만 「감각적 대상」으로서만 파악하고, 「감각적 활동」(sinnliche Tätigkeit)으로서 파악하지 않는 점은 따로 하더라도, 그는 이 경우에도 이론 안에 틀어 박혀 있다. 그래서 인간을 그들에게 주어진 사회적인 맥락에서 파악하지 않고 그들을 지금 있는 것과 같은 것으로 만들어 온, 그들의 현존의 생활조건 하에서 파악하지 않기 때문에, 그는 결코 현실에 존재하는 활동적인 인간에 도달하지 않는다. 언제까지나「인간」이라는 추상물에 머물러 있어서,「현실적인, 개체적인, 구체적인 인간」 (wirklicher, individueller, leibhaftiger Mensch)을 감각적으로 인정하는 데까지밖에는 이르지 못하고 있다.』[57]

『포이엘바하는 추상적인 사고에는 만족하지 않고 직관을 바란다. 그러나 그는 감각을 실천적인 인간적·감각적인 활동으로서는 파악하지 않는다.』[58]

통일사상에서 볼 때 인식과 실천은 인간의 만물주관에 있어서의 수수작용의 상대적인 회로이다. 따라서 실천이 따르지 않는 인식도 불완전하며, 인식이 따르지 않는 실천도 불완전하다. 마르크스와 엥겔스가 실천을 동반하지 않는 감각적 인식은 불충분한 인식이라고 포이엘바하를 비판하면서 감각적 활동(실천)을 주장한 것은 그러한 의미에서는 옳은 것이다.

그런데 인식과 실천은 각각 수수작용의 한편의 회로일 뿐만 아니라, 인식 자체와 실천 자체도 각각 수수작용을 통하여 이루어지는 것이다. 그리고 또 수수작용에는 반드시 중심이 되는 목적이 필요하다. 목적은 심정—기쁨을 얻고자 하는 정적(情的)인 충동—을 동기로 하여 세워진다. 따라서 인간은 단순한 감각적 활동의 주체가 아니고 감각적 활동을 하는 심정적·목적적인 주체인 것이다.

제3장
유물변증법의 비판과 그 대안

1. 변증법의 역사의 개요

　변증법(辨證法, 영 dialectic, 독 Dialektik)이라는 말은 원래 대화·문답을 의미하는 그리스어의 디알렉티케(dialektikē), 디알로고스(dialogos)에서 유래한다. 따라서 변증법은 본래 대화술 또는 문답법을 의미한 것인데, 동시에 그것은 대화를 통한 의론(議論)도 의미하며 논쟁술 또는 변론술이라고도 해석되게 되었다.
　아리스토텔레스가 변증법의 창시자라고 부른 제논(Zenon, 490 B.C.경)의 변증법[1]은, 상대편의 주장의 모순을 폭로하고, 자기의 주장(다양의 부정, 운동의 부정)의 올바름을 논증하려고 하는 변론술이었던 것이며, 소피스트의 소위 궤변도 일종의 변론술이었다. 그리고 소크라테스(Sokrates, 469~399 B.C.)의 변증법은 타인과의 대화를 통해서 참된 지혜를 얻고자 하는 문자 그대로의 문답법이었다.
　그런데 플라톤(Platōn, 427~347 B.C.)이나 아리스토텔레스(Aristoteles, 384~322 B.C.)에 이르러 변증법은 문답법이라기보다는 오히려 사고나 추리의 방법이라는 성격을 띠게 되면서 변증법은 사고법(思考法)으로서 다루어지게 되었다.

한편 헤라클레이토스(Herakleitos, 540 B.C.경)의 변증법은 문답법이나 사고법이 아니고 만물 속에 모순이 포함되어 있어서 그 투쟁에 의해서 만물이 유전(流轉, 발전)한다는 것을 나타내려는 것이었다. 헤겔은 헤라클레이토스를 참된 변증법의 창시자라고 불렀다.[2]

중세에 있어서는 변증법에 관한 연구는 거의 없었지만, 근대에 이르러 칸트(I. Kant, 1724~1804)는 「논리학」에 「변증론」(Dialektik)을 도입하여, 그의 「순수이성비판」의 「선험적 논리학」에서 경험에 의해 뒷받침되지 않는 추론을 선험적 변증법(transzendental Dialektik)이라고 부르면서 이것을 논술하였다. 거기에서 그는 세계전체(우주)의 고찰에 있어서, 순수 이성을 적용하면 서로 모순되는 두 개의 명제, 즉 정립(定立, These)과 반정립(反定立, Antithese)이 동시에 동등한 권리를 가지고 성립하는 것을 예시하고 그것을 「이율배반」(Antinomie)이라고 불렀다.

예를 들면 이성에 의거해서 우주의 한계에 대해서 논한다면, 「우주는 유한하다.」라는 명제와 「우주는 무한하다.」라는 명제가 동시에 성립한다는 것이다. 그리고 그와 같은 인간의 인식능력의 한계를 넘은 세계를 취급해서 얻은 우주상을 가상(Schein)이라고 불렀다. 이리하여 칸트의 「변증법」은 「가상의 논리학」(Logik des Scheins) 또는 「궤변술(詭辯術), 토론술(討論術)」이라고 불리우며, 제논의 변증법의 흐름을 이어받았다고 볼 수 있을 것 같다.[3]

칸트 철학의 후계자 피히테(J.G. Fichte, 1762~1814)는 자아의 본질을 「순수한 작용」으로 하고, 자아의 작용을 사행(事行, Tathandlung)이라고 부르며, 『자아는 절대적으로 자기 자신을 정립한다.』(제1명제, 定立 These)고 하였다. 그것은 데카르트의 『나는 생각한다. 그러므로 나는 있다.』와 마찬가지 의미의 명제였다.

다음에 자아가 자신을 정립한다는 것은 자아 아닌 것(즉 非我)과는 다른 것으로서 정립하는 것이므로, 이것은 동시에 「자아에 대해서 비아가 반정립(反定立)된다.」(제2명제, 반정립 Antithese)는 것을 의미하는 것이었다. 그리고 비아는 아무리 자아에 대립하더라도, 그것은 자아에 의해서 자아 속에 정립되지 않으면 안 되는 것으로서, 그것을 『자아는 스스로의 안에 가분적(可分的)인 자아에 대해서 가분적인 비아를 반대 정립한다.』(제3명제, 종합 Synthese)고 말하였다.[4] 이 정립, 반정립, 종합의 트리아데(Triade)형식은 헤겔 변증법의 선구라고 볼 수 있다.[5]

변증법을 세계 전체를 꿰뚫는 일반법칙으로서 포착한 것이 헤겔과 마르크스이다. 헤겔은 사고의 발전법칙으로서 변증법을 정식화하고, 그것을 자연과 사회의 발전법칙에도 적용하였다. 이것이 이른바 관념변증법이다. 그런데 마르크스는 헤겔의 관념변증법을 유물론적으로 개작하였다. 즉 유물론적으로 이어받아서 물질세계에 있어서의 발전법칙이 근본이며, 사고의 발전법칙은 그 반영이라고 주장하였다. 그리하여 변증법을 자연, 사회, 사고에 걸치는 일반법칙으로서 정립하였던 것이다. 헤겔의 변증법을 유물론적으로 이어받은 것이므로 마르크스의 변증법은 유물변증법이라고 부른다.[6]

2. 헤겔의 관념변증법과 마르크스의 유물변증법

마르크스는 헤겔의 관념변증법(觀念辨證法) 중의 변증법의 부분을 거의 그대로 받아들인 후 그것에 유물론을 연결하여 자기의 목적을 수행하기 위한 이론으로 삼았다. 이것이 즉 그의 유물변증법(唯物辨證法)이다. 즉 헤겔은 자연과 역사와 정신을 절대 정신의 자기전개에 의한 연속적인 발진과정으로서, 또 긍정―부정―종합(정―반―합)의 3단계 과정을 되풀이하는 발전, 즉 모순에 의한 발전과정으로서 다루었는데, 이 방식을 마르크스는 그대로 받아들여서 (단 절대정신은 부정함) 계급투쟁을 합리화하는 이론으로서 유물변증법을 정립한 것이다.

그러므로 마르크스의 유물변증법은 헤겔의 관념변증법과 관련지어서 이해하지 않으면 안 된다. 그리하여 우선 헤겔의 관념변증법의 요점을 소개하기로 한다.

(1) 헤겔 변증법의 기본적 특징

헤겔의 변증법은 절대자(절대정신)가 자기를 실현하여 가는 프로세스(process)를 말하는 것이며, 그것은 「개념의 자기전개」 또는 「이념의 자기전개」라고도 한다. 따라서 헤겔의 변증법은 보통 「개념변증법」 또는 「관념변증법」이라고 부른다.

헤겔의 변증법이란, 하나의 개념 또는 하나의 사물은 그 자신 속에 자기와 대립하며 모순되는 계기를 가지고 있으며, 이 대립·모순을 지양(止揚, aufheben―어떤 것을 부정하면서, 보다 높은 단계에서 이것을 보존하는 것)함으로써 보다 고차적인 것으로 발전하여 간다고 하는 법칙인 것이다. 그 발전의 과정을 헤겔은 「즉자(卽自, an sich)―대자(對自, für sich)―즉자대자(卽自對自, an und für sich)[7]」라고 하였는바, 그것은 보통 「정―반―합」 또는 「정립―반정립―종합」의 3단계 과정으로 알려져 있다.[8]

헤겔에 의하면 논리도 자연도 정신도 이 같은 「정—반—합」의 3단계 발전과정을 순차로 되풀이하면서 발전하여 가는 바 절대정신의 자기 전개의 맨 처음의 출발점인 「정(正)」은, 「유(有)」라고 부르는 완전히 무규정성(無規定性)의 전혀 공허하고 가장 추상적인 개념[9]을 의미하는 것이었다. 그리고 그것이 내용을 획득하면서 발전해서 드디어 이념에까지 이르고, 이어서 이념은 자기를 소외하여서 자연이 되지만, 그것은 최후로 인간을 통해서 자기를 실현(회복)한다는 것이다. 그 전 과정의 요점은 다음과 같다.

절대정신은 자기 전개에 있어서 크게 논리—자연—정신의 3단계를 거치는 바, 우선 논리의 단계에 있어서 다시 유(有)—본질—개념의 3단계 과정을 거친다. 그리고 그중의 개념의 단계에서 절대 정신은 다시 주관성—객관성—이념의 3단계를 거쳐서 절대적 이념에까지 높여지며 그 후에는 자기를 외화(外化, 소외)하여 자연으로 되어서 다시 역학—물리학—생물학의 3단계를 거친다. 그리고 나중에 다시 인간을 통해서 주관적 정신—객관적 정신—절대정신으로 발전하여 절대정신은 드디어 변증법적 전개의 출발점이었던 처음의 단계로 귀환한다는 것이다.[10]

(2) 마르크스주의 변증법의 기본적 특징

1) 마르크스의 주장

마르크스는 「자본론」의 「제2판 후기」에서 『나의 변증법적 방법은 근본적으로 헤겔의 것과 다를 뿐만이 아니라, 그것과는 정반대인 것이다. ……나에게 있어서는 이것과는 반대로 관념적인 것은 물질적인 것이 인간의 머릿속에서 전환되고 번역된 것에 지나지 않는다. 변증법은 헤겔에 있어서는 머리로 서 있다. 신비적인 외피(外皮) 안에서 합리적인 핵심을 발견하기 위해서는 그것을 뒤집지 않으면 안 된다.』[11]라고 말하면서, 거꾸로 선 헤겔의 변증법을 올바로 세운 것이 자기의 변증법이라는 것을 밝혔다.

헤겔의 변증법은「관념변증법」인 바, 마르크스는 이것에서「관념」을 떼어 버리고「유물론」을 이것에 결합시켜서「유물변증법」을 만든 것이다.

2) 엥겔스의 해석

유물변증법을 체계적으로 정리하여 자연계에 있어서 그 변증법적 사실을 검증하려고 한 것이 엥겔스였다. 엥겔스는 『변증법이란 자연, 인간 사회 및 사고의 일반적인 운동, 발전법칙에 관한 과학』[12]이라고 규정하고, 변증법의 특징을 다음의 세 개의 법칙으로 정리하였다.[13]

① 양(量)의 질(質)에의 전화(轉化) 또 그 역(逆)의 전화의 법칙
② 대립물의 상호침투의 법칙
③ 부정의 부정의 법칙

첫째의 법칙은, 질적인 변화는 양적인 변화에 의해서만 일어난다고 하는 법칙으로서, 양적인 변화가 어떤 일정한 단계에 도달하면 갑자기 비약적으로 질적변화가 일어난다고 한다. 이에 관해서 또「그 역의 법칙」도 있다. 이것은 양적변화에 의해서 생겨난 질적변화가 이번에는 반대로 양적변화를 일으킨다고 하는 법칙이다. 그러나 둘 중 앞의 것, 즉 양의 질에의 전화의 법칙이 보다 중요한 법칙이다. 이 법칙은 일반적으로「양적변화의 질적변화에의 전화의 법칙」으로 알려지고 있다.

둘째 법칙, 즉 대립물의 상호침투의 법칙은「대립물의 통일과 투쟁의 법칙」또는「모순의 법칙」이라고도 불리고 있다. 이 법칙에 의하면

사물의 내부에는 서로 가를 수 없는 통일의 관계에 있으면서도 서로 배제(투쟁)하는 요소, 즉 대립물이 있어서 그 대립물의 통일과 투쟁에 의해서 그 사물의 발전이 이루어진다고 한다. 정신적 발전(사고의 발전)은 이와 같은 물질적 발전이 뇌에 반영하여 나타난 이차적인 발전이라는 것이다.

셋째의 부정의 부정의 법칙은, 발전운동이 전진적·상승적임을 나타내는 발전의 법칙이다. 사물의 발전에 있어서 낡은 단계가 부정됨으로써 새로운 단계로 옮겨지고, 그 단계가 다시 부정됨으로써 셋째 단계로 옮겨진다. 그런데 이 셋째 단계로의 이행은, 발전이 높은 차원에 있어서 첫째 단계로 복귀하는 것을 의미한다는 것이다. 엥겔스는 이와 같은 발전을 나선형의 발전이라고 하였다.[14]

이상의 세 가지 법칙은 본래 헤겔에 있어서 사고의 발전법칙으로서 다루어진 것이었다.[15]

3) 스탈린의 해석

스탈린은 유물변증법의 기본적인 특징을 다음과 같이 네 가지로 정리하고 있다.

첫째로, 『형이상학과는 반대로 변증법은 자연을 서로 분리되고 서로 고립하고 서로 의존하지 않는 제 대상, 제 현상의 우연적인 집적으로 보지 않고 관련을 갖는 하나의 전체로 보며, 이 전체에서의 제 대상 제 현상은 서로 유기적으로 결부되고 서로 의존하고 서로 제약하고 있다고 본다.』[16]

둘째로, 『형이상학과는 반대로 변증법은 자연을 정지와 부동, 정체와 불변의 상태로는 보지 않으며, 부단한 운동과 변화와 부단한 갱신과 발전의 상태로 보고 거기서는 항상 무엇인가가 발생하며 발전하며,

무엇인가가 파괴되며, 그 수명을 끝내면서 있다고 본다.』[17]

셋째로, 『형이상학과는 반대로 변증법은 발전의 과정을 양의 변화가 실의 변화를 가져오지 않는 단순한 성장 과정으로 보지 않고, 작은 암암리의 양적변화로부터 모든 변화, 근본적인 변화, 질적인 변화에의 이행으로 보는 것이다. 이 경우 질의 변화는 점차적이 아닌, 급속하고 돌연히 하나의 상태로부터 다른 상태에로의 비약적인 이행으로서 나타나며, 우연이 아니고 합법칙적으로 나타나며 눈에 보이지 않는 점차적인 양적변화의 축적의 결과로서 나타나는 것이다.』[18]

넷째로, 『형이상학과는 반대로 변증법의 출발점은 다음과 같은 것이다. 자연물이나 자연현상은 모두 자기의 부정적인 측면과 긍정적인 측면, 자기의 과거와 장래, 그 운수가 다하면서 있는 것과 발전하면서 있는 것을 가지고 있으므로, 그것에는 본래 내적 모순이 갖추어져 있다. 이들의 대립물의 투쟁, 낡은 것과 새 것, 사멸에 이르는 것과 생겨나면서 있는 것, 운수가 다하면서 있는 것과 발전하면서 있는 것과의 투쟁이, 발전과정의 내적인 내용을 이루고 양적변화의 질적변화에의 전화의 내적인 내용을 이루고 있다.』[19]

스탈린이 말한 내용을 요약해서 정리하면 다음과 같이 된다.

① 사물을 상호관련성에 있어서 이해한다.
② 사물을 운동, 생성, 발전, 소멸에서 이해한다.
③ 발전을 점차적인 양적변화가 비약적인 질적변화에로 이행하는 과정으로 이해한다.
④ 발전을 대립물(모순)의 투쟁에 의한 변전(變轉)과정으로서 이해한다.

(3) 헤겔 변증법과 마르크스주의 변증법의 중요한 차이점

헤겔 변증법은 사고의 발전과정을 다루고, 마르크스주의 변증법은 물질(자연과 역사)의 발전과정을 다룬다는 데에 두 변증법의 본질적인 차이가 있다. 그러나 또 하나의 중요한 차이점은, 양자에 있어서 「대립」, 「모순」의 개념이 다르다는 것이다.

헤겔 변증법에 있어서는, 두 개의 계기(요소)가 동일한 기반(동일성) 위에서 서로 마주보고 있는 상태를 대립이라고 하며, 「대립」이 보다 첨예화한 상태를 「모순」이라고 말하고 있다. 이 모순은 하나의 요소가 다른 요소를 배척(부정)하면서도 서로의 관계를 유지하는 상태인 것이다. 거기에는 한쪽이 다른 쪽을 타도하거나 또는 절멸시키는 것과 같은 의미는 없었다. 그런데 마르크스주의 변증법에 있어서는 「대립」에도, 「모순」에도 한 쪽이 다른 쪽을 타도·절멸시키기 위한 투쟁의 의미가 포함되어 있는 것이다.

마르크스주의는 대립물의 통일과 투쟁이 모순의 본질이라고 하면서도, 실제는 발전에 있어서의 통일은 무시하고 투쟁만을 강조하고 있다. 레닌은 『대립물의 통일(일치·동일성·균형)은 조건적, 일시적, 경과적, 상대적이다. 서로 배제하는 대립물의 투쟁은 발전운동이 절대적인 것같이 절대적이다.』[20]라고 말하고 있으며, 드디어는 『발전은 대립물의 「투쟁」이다.』[21]로까지 표현하고 있다.

마르크스가 헤겔의 변증법을 계승하면서도 거기에 한 쪽이 다른 쪽을 타도·절멸하는 의미로서의 투쟁의 개념을 포함시킨 것은[22] 말할 것도 없이 프롤레타리아 혁명을 철학적으로 뒷받침하기 위해서였다.

3. 유물변증법의 비판과 그 대안

유물변증법의 기본적인 특징은 엥겔스 및 스탈린의 해석을 정리하여 볼 때, 다음의 네 가지로 된다.
① 상호관련성과 변화
② 양적변화의 질적변화에의 전화의 법칙
③ 모순의 법칙(대립물의 통일과 투쟁의 법칙)
④ 부정의 부정의 법칙

다음에 이들의 각각에 대해서 비판하고 통일사상에 의한 대안을 제시하기로 한다. 단, 이 네 가지 법칙 중 「모순의 법칙」이 가장 핵심적인 것이므로 순서를 바꾸어서 즉 ②와 ③을 바꾸어서 이들의 법칙을 다루기로 한다.

(1) 「상호관련성과 변화」에의 비판과 대안

사물의 상호관련성을 주장함에 있어서, 앞에서 말한 바와 같이 스탈린은 유물변증법이 형이상학과는 전혀 반대라고 말하고 있는데, 엥겔스도 형이상학적인 사고방법을 비판하면서 다음과 같이 말하고 있다.
『그것은 이 사고방법(형이상학)이 개개의 사물에 사로잡혀서 그것들의 연관을 잊고, 그것들의 존재에 사로잡혀서 그것들의 생성과 소멸을 잊으며, 그것들의 정지에 사로잡혀서 그것들의 운동을 잊기 때문이며, 나무만 보고서 숲을 보지 않기 때문이다.』[23]

형이상학은 본래 존재하는 것의 최고 원리를 사변적으로 포착하려고 하는 철학의 특수한 분야를 의미하였는데, 마르크스주의는 일반적으로 반변증법적인 사상을 형이상학으로 다루고 있다. 말하자면 사물을 불변의 고정된 것으로서 이해하여 사물의 발전을 보지 않으며, 또 다른 사물과 분리시키고 고립시켜서 사물의 상호관련성을 보지 않는 사고 방법은 모두 형이상학으로 간주하고 있다.

이와 같이 공산주의는 형이상학이 변화·발전과 상호관련을 보지 않고, 불변과 개별성만을 다루고 있다고 비난하면서 변증법의 정당성을 주장하고 있는데 과연 그것은 옳을까.

1) 상호관련성에 대한 비판과 대안

① 비판

우주의 모든 사물은 어느 하나도 고립해 있는 것은 없고, 서로 관련되어 있다는 것은 전적으로 옳다.

우주의 별과 별, 성단과 성단, 성운과 성운은 상호관계를 가지고 있다. 지구상에 있어서도 인간, 동물, 식물, 광물은 상호관련을 가지고 있다. 예를 들면 식물은 광합성 반응에 있어서 공기 중에 산소를 방출하고 공기 중에서 이산화탄소를 받아들여서 당을 만들고 있다. 동물은 호흡작용에 있어서 공기 중으로부터 산소를 흡수하고 이산화탄소를 배출하여, 식물과 동물은 긴밀한 관련성을 가지고 있다.

우주의 별과 지구상의 생물도 관계를 가지고 있다는 것이 알려져 있다. 즉 우주선(宇宙線)이 생물의 생리작용에 영향을 미치고 있는 것이다. 더욱 인간과 인간, 동물과 동물 등도 상호관련을 가지고 있다. 특히 인간은 사회생활에 있어서 상하·전후·좌우의 여섯 방향으로 타인과 관계를 맺으며 살고 있다.[24]

이와 같이 상호관련성은 우주의 모든 사물의 기본적인 존재방식이다. 따라서 사물을 상호관련성으로서 이해하고자 하는 유물변증법의 입장에 대하여는 전혀 이론(異論)이 있을 수 없다. 그러나 거기에는 다음과 같은 문제점이 있다.

첫째는, 상호관련성이 왜 있는가 하는 것이다. 유물변증법은 상호관련의 사실을 주장할 뿐이고, 사물이 상호관련을 맺는 이유에 대해서는 아무런 해명도 없다. 이유를 묻는 것은 무의미하다는 것이 공산주의의 입장이다. 그러나 이유의 설명을 피하는 것은, 이론의 그것 이상의 진전을 막는 것이 되며, 문제의 해결을 회피하는 것밖에 되지 않는다. 둘째는, 유물변증법은 사물의 상호관련성을 강조할 뿐으로서 상호관련성에 있어서의 사물의 개체로서의 존재방식, 즉 개별적인 특성에 대해서는 전연 언급이 없다. 이와 같이 유물변증법의 상호관련성의 이론에는 근본적인 문제가 남아 있는 것이다.

② 대안

우주의 모든 사물은 목적을 중심하고 상호관련되어 있다는 것이 통일사상의 견해이다.[25] 예를 들면 인체는 약 60조의 세포로 되어 있는 비, 그 세포들은 조직을 형성하고 기관을 형성하고 드디어는 인체를 형성하여서 인체의 생명을 유지한다고 하는 목적하에 상호관련하고 있다. 이 세포 상호의 관련성은 결코 우연적인 것이 아니고 정밀한 설계도에 따른 합목적적(合目的的)인 것이다. 동물과 식물이 산소와 이산화탄소를 교환하면서 상호관련하고 있는 것도, 그렇게 함으로써 서로 생존을 유지하기 위해서이다. 즉 생물은 모두 생존의 유지라는 목적하에서 상호관련성을 가지고 있는 것이다. 통일사상은 우주를 하나의 거대한 유기체 또는 생명체로 보고 있다. 따라서 우주 안의 무수한 별들도 인체의 세포와 같이 일정한 목적하에 상호관련을 이루어서 우주를 형성하고 있다고 보는 것이다.

이와 같이 우주의 관련성은 목적을 중심으로 한 상호관련성이다. 그런데 우주에 목적을 인정하면 우주가 생겨나기 전에, 그 목적을 세운 의지(宇宙意志)가 있었음을, 따라서 그 의지의 소유자 즉 그 주체로서의 하나님이 존재하고 있었음을 인정하지 않을 수 없게 된다. 그런데 유물변증법은 상호관련성에 목적을 인정하지 않고 법칙만으로 상호관련성을 설명하고 있는 것이다.

그러나 법칙만으로는 상호관련성의 성립 이유가 풀리지 않는다. 법칙은 상호관련의 유지조건은 될지언정 그것의 성립의 근거는 못된다. 통일사상에서 본다면, 모든 사물은 각각 하나님의 속성, 즉 주체와 대상의 이성성상(二性性相)및 개별상(個別相)을 모방하여 창조되었기 때문에 개체는 각자의 특성을 지니면서 모두 하나님의 이성성상을 닮고 있는 개성진리체인 동시에, 다른 개성진리체와 더불어 주체와 대상의 관계를 맺고 있는 연체(聯體)이기도 한 것이다. 즉 각 개체는 개성진리체로서 서로 관련을 맺고 있는 것이다. 이것은 우주의 별이든 인체의 세포이든지 마찬가지이다.

이와 같이 모든 사물(개체)은 개별성과 연체성을 통일적으로 지니고 있는 것이다. 사물에는 반드시 개체인 동시에 연체라고 하는 양면성이 있는 바, 이것은 각 개체가 이중목적 즉 개체목적(個體目的)과 전체목적(全體目的)을 지니고 있음을 뜻한다. 여기서 전자는 그 개체 자신의 생존을 유지하고 발전시키려고 하는 목적이며, 후자는 타자 또는 전체의 생존 발전에 공헌하려고 하는 목적이다. 그리고 이 이중목적이 잘 실현되도록 하기 위해서, 즉 상호관련성이 잘 되도록 하기 위해서 법칙이 작용하고 있는 것이다.

유물변증법은 상호관련성을 강조하면서 형이상학에 대해서 사물을 개별적으로 고정적으로 이해한다고 하면서 비판했지만, 유물변증법도 형이상학도 모두 사물을 일면적으로만 파악하고 있으며 연체성과 개별성의 통일로서 파악하고 있지 않다고 하는 점에서는 마찬가지인 것이다.

2) 변화에 대한 비판과 대안

왜 유물변증법은 형이상학을 사물의 불변과 정지만을 보고 있다고 하여 비판하며 사물의 생성과 운동을 이렇게도 강조하는 것일까? 그것은 실은 사물의 부단한 변화·발전의 이론만이 혁명을 합리화하는 수단으로 될 수 있기 때문이다. 스탈린은 다음과 같이 말하고 있다.

『더욱이 만약, 세계는 부단의 운동과 발전 안에 있다면, 만약 낡은 현상의 사멸과 새로운 현상의 성장이 발전의 법칙이라면, 이미 「부동」의 사회질서, 사적 소유나 착취라는 「영원의 원리」, 농민의 지주에의, 노동자의 자본가에의 예속이라는 「영원의 이념」이 이미 없다는 것은 명백하다. 즉 일찍이 봉건 제도가 자본주의 제도로 뒤바뀐 것같이, 자본주의 제도를 사회주의 제도로 바꿀 수가 있는 것이다.』[26]

사물은 확실히 운동하며 변화하고 있다. 그렇다고 해서 사물에 불변의 면이 없는 것은 아니다. 통일사상의 입장에서 본다면, 모든 사물에 있어서 불변과 변화, 자기 동일성과 발전성은 불가분으로 통일되어 있는 것이다. 즉 모든 사물은 자기 동일성을 유지하면서 변화·발전하고 있는 것이다.

예컨대 식물, 동물, 인간 등은 모두 부단히 변화·발전(생장)하면서도 각각 불변의 특성을 유지하고 있는 것이다. 사과나무는 성장(변화)하면서도 사과나무라는 점에 있어서는 불변이며, 말(馬)도 성장하면서 말이라는 점에 있어서는 불변이며, 김모(金某)라는 사람도 소년, 청년, 장년으로 성장하지만 김모라고 하는 점에 있어서는 불변인 것이다. 그런데 형이상학은 자기 동일성(불변)만을 다루며 변증법은 발전성

(변화)만을 다룬 것이어서 어느 것이나 일면적이었던 것이다.

　사물의 변화만을 강조하는 변증법을 그대로 생물학에 적용한 것이 루이셍코(T.D. Lysenko, 1898~1976)였다. 주지하는 바와 같이 멘델·모르간의 유전학설은 형질이 유전자에 의해서 자손에게 전하여진다고 하면서 유전자의 불변성, 종의 불변성을 주장하고 있다. 따라서 그것은 사물의 끊임없는 변화와 발전을 주장하는 변증법과는 양립할 수 없다. 그런데 루이셍코는 춘화처리(春化處理)에 의해서 가을보리를 봄보리로 바꾸는 실험을 통해서[27], 환경에 의해서 생물의 유전성이 규정된다는 사실을 밝혔다고 하면서 유전자설을 부정했다.

　그리고 루이셍코는 멘델·모르간의 유전학을 부르주아적 형이상학적 학문이라고 공격하여서, 스탈린의 굳은 지지를 받기까지 하였다. 그 결과 소련의 멘델·모르간파의 학자들은 인민의 적이라는 죄명을 쓰고 추방당하였던 것이다. 루이셍코주의는 1930년대 초부터 약 30년간 소련에 있어서 지배적이었다. 그러나 머지않아 루이셍코의 학설의 잘못이 외국의 학자들의 추시(追試)에 의해서 확인되어, 멘델·모르간의 설이 여전히 옳다는 것이 재확인되었다. 한편 소련 내부에서도 루이셍코주의에 대한 공격이 일어나기 시작하여 루이셍코주의는 드디어 붕괴되고 말았던 것이다.

　유물변증법의 입장에서 본다면, 루이셍코의 주장은 이론적으로는 전적으로 정당하였다. 그런데 왜 루이셍코는 실패하였을까. 그것은 변화만을 주장하는 유물변증법의 이론이 본래 잘못되어 있었기 때문이며, 따라서 그 실험 결과를 유물변증법에 고의로 일치하도록 이론화하였기 때문이다. 루이셍코주의의 실패는 오히려 자연현상을 불변과 변화의 통일로서 이해하는 통일사상의 주장의 정당성을 반증하였다고 말할 수 있을 것이다.

(2) 「대립물의 통일과 투쟁의 법칙」(모순의 법칙)에의 비판과 대안

1) 비판
① 통일과 투쟁

유물변증법은 모든 사물은 모순에 의해서 또는 대립물의 통일과 투쟁에 의해서 발전한다고 한다. (여기서 통일과 투쟁이라고 할 때 먼저 통일이 있고 나중에 투쟁이 일어난다는 뜻이 아니고, 통일과 투쟁이 동시적으로 나타나는 것을 의미한다.)

그런데 이미 말한 바와 같이, 유물변증법은 헤겔 변증법과는 달라서 대립물의 통일과 투쟁에 의해서 발전이 행하여진다고 하면서도, 투쟁에 중점을 두고서 통일은 상대적이고 투쟁만이 절대적이라고 주장하고 있다.[28] 결국 대립물의 투쟁에 의해서 사물이 발전한다는 것이 유물변증법(공산주의자)의 본심의 주장으로 봐야 할 것이다. 대립물의 투쟁만이 폭력혁명을 합리화할 수 있기 때문이다.

그러면 그들은 왜 통일이라는 것을 말했을까. 그것은 피투성이의 투쟁을 싫어하며, 평화직인 사회 개혁을 원하는 인민대중의 눈과 귀를 속이기 위해서이다. 「통일과 투쟁」이라는 개념을 가지고 「평화적인 투쟁」을 하는 것 같은 인상을 대중에게 주어서 그들의 호응을 얻은 뒤에 나중에 폭력혁명에 이용한다고 하는 책략이 「모순의 법칙」 안에 숨어 있다고 보아야 할 것이다.

모택동은 모순에는 적대적 모순과 비적대적 모순이 있다고 다음과 같이 말하였다. 『우리들은 적대(敵對)란 모순의 투쟁의 하나의 형식이고, 모순의 투쟁의 보편적인 형식이 아니라고 대답한다. ……일부의 모순은 공연한 적대적 성질을 띠고 있는데, 다른 일부의 모순은 그렇지가 않다. 사물의 구체적인 발전에 의해서 일부의 모순은 처음의 비적대적이던 것으로부터 적대적인 것으로 발전하고, 또 일부의 모순은 처음의 적대적이었던 것으로부터 비적대적인 것으로 발전한다.』[29] 이 적대와 비적대는 모순에 상반하는 두 개의 계기가 있다는 점에서는 엥겔스나 레닌의 통일과 투쟁의 개념과 일치한다고 볼 수 있으나, 엥겔스와 레닌의 통일과 투쟁이 동시적인데 반하여 모택동의 적대와 비적대는 그렇지 않다. 그러나 모택동도 같은 모순론에서 투쟁이 발전의 전 과정을 지배하는 절대적인 것으로도 표현하고 있다.

이와 같이 그들은 모순은 대립물의 통일과 투쟁이라고 했다가 모순은 대립물의 투쟁이라고도 하고, 또 적대적 모순과 비적대적 모순이라고도 표현하면서 어느 쪽의 의미로도 해석할 수 있도록 애매모호하게 용어상의 책략을 부리고 있다. 이것은 일반 대중의 판단력을 혼란시켜서, 그들의 목적(폭력혁명)을 성취시키기 위한 일종의 계략인 것이다. 그들의 본심의 의도는 통일에 있는 것이 아니고 어디까지나 대립물의 투쟁, 적대적 모순에 있다는 것을 잊어서는 안 된다.

② 엥겔스가 든 대립물(모순)의 실례의 비판

엥겔스는 『변증법, 소위 객관적 변증법은 자연 전체를 지배하고 있으며, 또 소위 주관적 변증법, 변증법적인 사고는 자연의 모든 곳에서 그 진가를 나타내고 있는 여러 가지 대립에 있어서의 운동의 반영에 지나지 않는다. 그리고 이러한 대립이야말로 그 사이의 부단한 투쟁에 의하여, 또 결국은 그것들이 서로 이행하든가 또는 보다 고차의 형태로 이행함으로써 실로 자연의 생명을 조건 짓고 있는 것이다.』[30]라고 전제하고 대립의 예를 차례로 들고 있다. 그 중에서 대표적인 것 몇 가지에 대해서 검토하기로 한다.

A. 자석의 N극과 S극, 연충의 입과 항문

엥겔스는 대립물(모순)의 실례로서, 자석과 연충(蠕虫)을 들어 다음과 같이 설명한다.

『양극성 자석을 절단하면 중성이었던 중간부에도 극(極)이 생기며, 그러고도 본래의 극은 그대로이다. 이에 반해서 연충을 절단하면 정극(正極)인 곳은, 물건을 섭취하는 입을 계속 그대로 지속하며, 다른 끝 부분은 부극(負極)을 형성하여서 배출용의 항문을 갖게 된다. 그런데 원래의 부극(항문)은 이번에는 정이 되어서 입이 되고, 새로운 항문 또는 부극이 상처의 부분에 형성된다. 정(正)으로부터 부(負)로의 전화(轉化)이다.』[31]

이것은 자석을 두 부분으로 나누어도 각각의 부분에 반드시 대립물(모순)인 북극과 남극이 나타나며(그림 3-1), 연충을 두 부분으로 나누어도 역시 각각의 부분에 반드시 대립물(모순)인 입과 항문이 나타난다(그림 3-2)는 것을 뜻한다.

그러나 북극과 남극, 입과 항문은 과연 대립물(모순)일 것인가.

한 자석의 둘레에 철가루를 뿌리면, 철가루는 북극과 남극을 연결하는 것 같은 곡선을 그리며 흩어진다. 이것은 북극과 남극이 서로 끌어당기고 있다는 것, 즉 서로 상대를 필요로 하고 있음을 의미하고 있다. 그런데 두 자석의 각각의 북극과 북극, 또는 남극과 남극을 마주보게 하고서 거기에 철가루를 뿌리면, 철분은 서로 상대의 극으로부터 멀어져 가는 것 같은 곡선을 그린다. 이것은 두 극이 서로 배척하고 있음을 보이는 것이다. 따라서 북극과 북극, 또는 남극과 남극이야말로 대립물이라고 말하여야 하며, 북극과 남극은 대립물이 아니다. 북극과 남극은 자장을 형성하는 상대적인 요소인 것이다. 더구나 북극과 남극의 끌어당김은 발전과는 관계가 없는 정적인 현상이다.

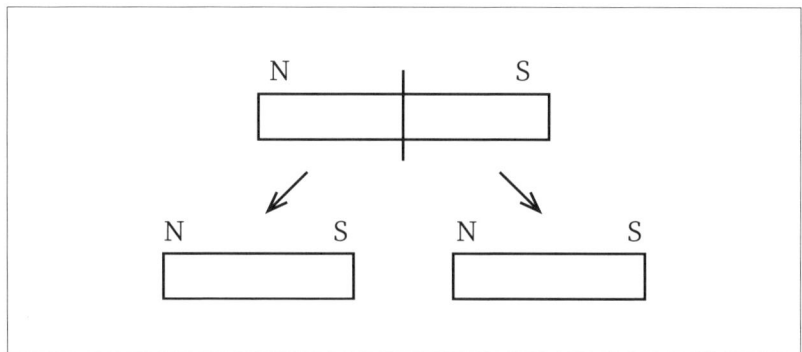

그림 3-1 자석에 있어서의 N극과 S극의 대(對)

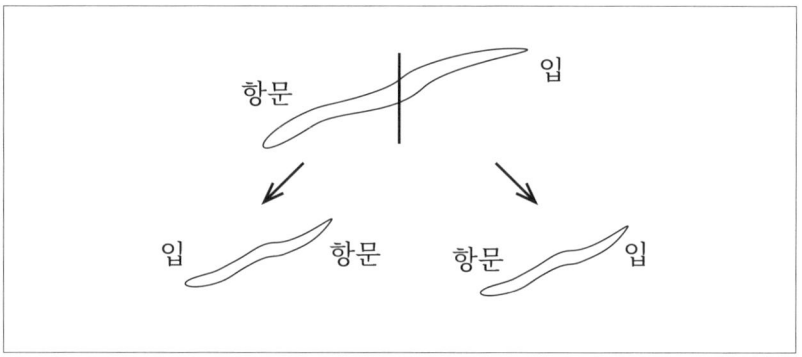

그림 3-2 연충에 있어서 입과 항문의 대(對)

　또 연충의 입과 항문은 그 연충을 살려서 성장시킨다는 공통목적 하에 입은 먹는 기능을 다하고 항문은 배설의 기능을 다하여 서로 협력하면서 연충의 몸 전체를 살리고 있는 것이다. 거기에는 아무런 배척도 투쟁도 없다. 입이 먹고 항문이 배설하지 않는다든가, 항문이 배설하여도 입이 먹지 않는다면, 입과 항문은 서로 배척한다고도 말할 수 있는데 그리하면 연충은 죽어버린다. 즉 연충은 입과 항문의 투쟁에 의해서가 아니고 그것들의 협조에 의해서 발전(성장)하는 것이다.[32]

B. 물체의 운동

엥겔스는 또 물체의 역학적인 운동의 예를 들었다. 『운동 그 자체가 하나의 모순이다. 이미 단순한 역학적인 장소의 이동조차 하나의 물체가 동일한 순간에 어떤 장소에 있으면서 동시에 다른 장소에 있는 것, 즉 동일한 장소에 있는 동시에 거기에 없다고 하는 일이 없으면 행하여질 수 없다. 그 위에 이와 같은 모순을 부단히 정립하면서 동시에 해결하여 가는 것이 바로 운동인 것이다.』[33]

이와 같은 사고방식은 제논(Zenon)의 「비시정지론(飛矢靜止論) —날고 있는 화살은 정지해 있다—에 대한 비판에서 유래하고 있다. 제논은 만약 날아가는 화살이 어떤 순간에 어떤 점에 있다고 하면 화살은 그 점에 정지하고 있는 것이며, 만약 어떤 순간에 어느 점에도 있지 않다면 화살은 어느 점도 통과하지 않고 따라서 운동한 것이 아니라고 설명하면서, 결국 화살은 정지하고 있다고 결론지었다. 그런데 엥겔스는 운동하고 있는 물체는 어떤 순간에 어떤 장소에 있으면서 동시에 있지 않다(이것이 바로 엥겔스의 「운동의 모순」이다.)고 설명하면서 제논의 파라독스를 해결하였다고 주장한 바 있다. 물체가 어떤 순간에 어떤 장소에 있으면서 동시에 없다고 하는 것은 결국 물체는 정지하면서 운동하는 것을 의미한다.

여기서 우선 제논의 비시정지론의 문제점을 지적하기로 한다. 날고 있는 화살이 어떤 점에 있다고 할 때, 그 점은 엄밀히 말해서 공간을 갖지 않은 수학적인 점으로 봐야 할 것이다. 그런데 실제의 운동은 시간·공간 안에서 행해지고 있는 것이다. 그리고 물체의 운동에는 반드시 속도가 따르게 마련이다. 속도(v)는 공간 중의 거리(s)를 시간(t)으로 나눈 것이며, $v = \frac{s}{t}$로 표시된다. 그러므로 물체의 운동은 일정한 시간, 일정한 거리를 가지고 생각하지 않으면 안 된다. 따라서 위치만 있고 공간이 없고, 따라서 시간이 없는 수학적인 점을 가지고 물체의 운동을 설명할 수는 없다. 그러므로 어떤 점(어떤 장소)에서의 물체의 운동은 그 장소가 아무리 작더라도 그 운동은 일정한 넓이의 공간을 지나는 운동이며, 또 아무리 짧은 순간의 운동이라 하더라도 그 운동은 일정한 길이의 시간을 요하는 운동이다. 따라서 물체가 운동함에 있어서 정지하면서 동시에 운동한다(어떤 장소에 있으면서 동시에 없다)는 것은 있을 수 없는 것이다.

그리고 운동하고 있는 물체는 어떤 순간에 어떤 장소에 있으면서 동시에 없다고 하는 엥겔스의 주장은 운동물체가 어떤 순간에 동시에 두 개의 위치에 있다는 것을 의미한다. 그런데 운동하고 있는 물체의 위치는 시간의 함수로 표시된다. 따라서 어떤 하나의 순간에는 어떤 하나의 장소가 이에 대응하는 것이며, 한 순간에 두 장소가 이에 대응하는 것은 있을 수 없다.

결국 운동하고 있는 물체는 (1) 정지하는 일 없이 공간을 통과하고 있는 것이며, (2) 어떤 순간에 어떤 장소를 통과하면서 「있는」 것이다.

C. 생물의 삶과 죽음

엥겔스는 또한 생물의 생명을 삶과 죽음의 대립으로서 파악하지 않으면 안 된다며 다음과 같이 말하고 있다.

『삶과 죽음, 죽음을 삶의 본질적 계기로 파악하지 않는 생리학, 삶의 부정을 삶 그 자체로서 파악하지 않는 생리학은 이미 과학적인 것으로 볼 수 없게 되었다.』[34]

『생명도 이와 마찬가지로 사물과 과정 그 자체 속에 존재하는, 끊임없이 자기를 정립하며 또한 해결하면서 있는 모순인 것이다. 그리고 이 모순이 그치면 곧 생명도 그치며 죽음이 시작되는 것이다.』[35]

그러면 생물은 어떠한 삶과 죽음의 대립(모순)에 의해서 살고 있는 것일까. 예를 들면 한 사람의 인간이 70년을 살았다고 할 때, 엥겔스의 주장에 따르면, 70년간은 삶과 죽음의 대립이 계속된 기간이 아니면 안 된다. 그러나 70년 동안 그의 두뇌·신경·골격·내장·근육·오관 중 어느 하나를 보아도 질병이나 상해의 경우를 제외하고 모두 계속해서 살고 있는 것이며, 죽었다가 산다든지 하는 것은 어느 하나도 찾아볼 수 없다. 다만 하나하나의 세포가 부단히 교체되는 것을 발견할 뿐이다.

실제로 엥겔스도 생물은 세포의 삶과 죽음에 의해서 살고 있다고 다음과 같이 말한다. 『마찬가지로 모든 생물은 어느 순간에 있어서도 동일한 것이면서 동일한 것이 아니다. 어느 순간에 있어서도 그것은 밖으로부터 들어온 물질을 소화하여 다른 물질을 배설한다. 어느 순간에 있어서도 그 체내의 세포는 죽어가고 새로운 세포가 만들어져 간다. 어쨌든 때가 지나면 조만간에 이 체내의 물질은 완전히 해로운 것이 되며 다른 물질 원자로 바뀐다. 따라서 어느 생물도 항상 동일한 것이면서 또 별개의 것이다.』[36]

그러나 인간에 있어서의 삶과 죽음의 대립을 말할 때 삶은 「인간의 삶」을, 죽음은 「인간의 죽음」을 의미하지 않으면 안 된다. 「인간의 삶」의 대립 개념은 「인간의 죽음」이기 때문이다. 세포의 죽음은 「인간의 죽음」과는 아무 관계도 없다. 오히려 「인간의 삶」 때문에 오래된 세포는 죽어 가며 새로운 세포와 교체하고 있는 것이다. 인간 이외의 생물의 경우도 마찬가지이다. 그리고 단세포 생물의 경우는, 「세포의 죽음」은 그대로 그 세포의 「삶」의 끝을 의미하는 것이어서 삶과 죽음이 공존하는 것은 있을 수 없다. 따라서 모든 생물은 그 생존기간 중에는 「삶」에 대립하는 「죽음」이란 있을 수 없으며 삶과 죽음의 대립으로서 생명을 이해하는 것은 전혀 잘못이다.

엥겔스는 모순의 실례로서 그 밖에도 여러 가지의 것을 들고 있지만, 잘 검토하여 보면 그것들은 모두 대립물(모순)의 예가 아니며, 또 그것들 중 많은 것은 발전과는 아무런 관계도 없는 것들임을 알 수 있는 것이다.[37]

③ 레닌이 든 모순의 실례의 비판

레닌은 『통일적인 것을 둘로 나누어 그 모순된 두 부분을 인식하는 것은 변증법의 본질이다.』[38]라고 말하면서 그 예로서 다음과 같은 것을 들고 있다.

수학에서는—플러스와 마이너스, 미분과 적분

역학에서는—작용과 반작용

물리학에서는—양전기와 음전기

화학에서는—여러 원자의 화합과 분해

사회과학에서는—계급투쟁

여기서 그가 계급투쟁을 모순의 예에 포함시켰는데, 그것은 그가 사실은 계급투쟁만을 모순의 예로서 들고 싶었던 것이지만, 그것만으로는 설득력이 없으므로 그것을 합리화하고 뒷받침하기 위해서 자연현상까지도 모순의 예로서 든 것으로 보여진다. 그러나 그가 든 모순의 예는 계급투쟁을 제외하고는 발전과는 아무런 관계도 없는 것이며, 그 위에 거기에는 대립물의 투쟁은 흔적도 찾아볼 수 없는 것이다.

우선 수학에 있어서의 플러스와 마이너스의 예를 보면, 이것은 양의 측정에 있어서 증가와 감소를 나타내는 상대적인 두 방향이 있다는 것을 의미하고 있을 뿐이다. 또 미분과 적분은 연산에 두 가지의 방향이 있다는 것에 지나지 않는다. 우리들은 필요에 따라서 어느 한 쪽의 연산방법을 쓴다. 예를 들면 면적이나 체적을 측정할 때에는 적분을, 속도를 측정할 때에는 미분을 사용한다. 만일 플러스와 마이너스, 또는 미분과 적분이 대립물이라면 양자는 동시적으로 운산(運算)되어야 한다. 즉 가산과 감산이 동시에 이루어져야 하며 미분과 적분도 동시에 이루어져야 한다. 그러나 가산과 감산, 미분과 적분은 동시적이 아니고 언제나 일방적이다. 따라서 플러스와 마이너스도, 미분과 적분도, 대립이나 투쟁의 관계에 있는 것은 결코 아니다. 즉 그것들은 유물변증법이 말하는 대립물(모순)이 결코 아닌 것이다.

다음에 역학에 있어서의 작용과 반작용에 대해서 생각해 보자. 물체 A가 물체 B에 힘을 미치고 있을 때에는(작용), 물체 B도 물체 A에 힘을 미치게 되며(반작용), 이 때 그 두 힘은 크기가 같고 방향이 반대인 바, 이것이 작용·반작용의 법칙이다. 작용과 반작용은 동시적이어서 얼핏 보아서 모순과 같이 보인다. 그러나 이 두 작용은 한쪽이 다른 쪽을 제압(타도)하는 따위의 작용이 아니고 상대적인 균형을 이루는 작용인 것이다.

물리학에 있어서의 양전기와 음전기의 사이에도 투쟁은 없다. 투쟁이 있다면 차라리 양전기와 양전기, 또는 음전기와 음전기의 사이일 것이다. 서로 배척하는 사이이기 때문이다. 양전기와 음전기는 서로 당기면서 원자나 분자를 구성하기도 하고, 전장(電場, 電界)을 형성해서 여러 가지 전기현상을 일으키기도 하기 때문에 그 사이에 투쟁을 인정할 수는 없는 것이다.

화학반응에 있어서의 화합과 분해의 경우는 어떠할까. 미시적으로 보면 화합과 분해의 두 반응이 동시에 행하여지고 있다. 따라서 언뜻 보아 두 개의 반응이 대립(투쟁)하고 있는 것같이 생각되지만, 사실은 그렇지 않다. 개개의 분자는 화합이나 분해의 어느 한 쪽에만 관여하고 있을 뿐이며, 하나의 분자가 동시에 화합과 분해의 두 가지 반응에 관여하고 있는 것은 아닌 것이다.

또 두 가지 반응 중, 일정한 조건하에서 한 쪽의 반응 속도가 다른 쪽의 속도보다 크므로 전체로서 거시적으로 보면 화합이나 분해의 어느 한 쪽으로 반응이 진행하도록 되어 있다. 따라서 화합과 분해에는 모순이나 투쟁은 나타나지 않는다. 화합과 분해는 상대적인 두 가지 반응일 뿐이다.

마지막으로 사회에 있어서의 계급투쟁이다. 이것은 확실히 투쟁의 예임에 틀림없다. 그러나 인류 사회에 있어서 계급 간에 반드시 투쟁이 있었던 것도 아니고, 또 투쟁이 있었다고 하더라도 투쟁에 의해서 사회가 발전한 것은 더욱 아니다. 나중에 「유물사관의 비판과 그 대안」에서 설명할 것이지만, 투쟁에 의해서는 사회의 발전은 이루어지지 않으며, 다만 사회가 나아가는 방향 즉 역사의 방향이 전환되는 수가 있을 뿐이다.

④ 내적 모순과 전진운동

유물변증법은 형이상학이 사물의 외부에서 발전의 원인을 찾고 있으며, 궁극적으로는 하나님에게까지 연결된다고 비판하면서 사물의 발전과 원인은 내부의 모순에서 찾아야 한다고 주장한다. 모택동은 사물의 발전의 원인은 사물의 내부에 있는 모순이며, 사물의 외부에 있는 원인은 변화의 조건, 발전의 둘째 원인이라고 다음과 같이 말한다.

『사물의 내부의 이 모순성이 사물의 발전의 근본 원인이며, 어떤 사물과 다른 사물이 서로 연결하여 서로 영향을 준다는 것이 사물의 발전의 둘째 원인이다.』[39]

『유물변증법은 외부의 원인은 변화의 조건이며 내부의 원인은 변화의 근거여서 외부의 원인은 내부의 원인을 통해서 작용한다고 생각힌다.』[10]

예를 들면 물이 수증기가 되어서 다시 물로 되돌아오는 따위의 가역적(可逆的)인 반복운동과 생물의 성장이나 사회의 발전과 같이 일정한 방향을 취하는 비가역적(非可逆的)인 전진운동과의 차이는 왜 생기는 것일까.

이에 관해서 모택동은 『닭의 알은 적당한 온도를 주면 닭으로 변화하지만, 그러나 온도는 돌을 닭으로 바꿀 수는 없다. 양자의 근거가 다르기 때문이다.』[41]라고 말한다. 알은 내부에 원인(내적 모순)이 있기 때문에 병아리로 발전할 수 있다는 뜻이다. 또 모리스 콘포스는 『어떤 운동이 다만 외부적 원인에 기인하는 조건에 의거해서 일어날 때는, 그것은 방향을 갖지 않는다. 그 운동이 내부적 원인에 의해서 추진되었을 때(단 외부적 요인에 의해서 조건 지워졌을 때)에는 그것은 방향을 가질 것이다.』[42]라고 하면서, 내부적 원인(내부 모순)에 의해서 이루어지는 운동만이 전진운동(발전)이 된다고 설명하였다.

그러나 모택동은 『비록 외부적인 힘에 의해서 움직여지는 기계적 운동이더라도 사물의 내부의 모순성을 통해서 일어나지 않으면 안 된다.』[43]고 하였고, 콘포스도 『물은 가열되지 않으면 비등하지 않는다. 그러나 열이 가해진 결과로서 물이 비등하는 과정은 물의 분자를 특징지우는 인력(引力)과 척력(斥力)의 내부적 모순이라는 기초 위에서 생기고 있는 것이다.』[44]라고 하면서 물이 수증기로 되는 따위의 반복운동에 있어서도 역시 내부 모순이 기초가 된다고 말하고 있다.

이렇게 되면 전진운동과 반복운동에는 근본적인 차이는 없어지고, 양자의 구별은 곤란해진다. 이것은 유물변증법을 역사에 적용한 역사이론, 즉 역사는 반드시 발전운동을 행해 왔으며 따라서 혁명이 반드시 필요하게 된다는 역사발전이론이 근거가 없음을 의미한다. 즉 그리스시대의 순환사관(循環史觀)과 같이 반복운동도 가능하다는 이론도 가능하게 된다. 이리하여 사회의 단계적 발전이론이나 혁명론은 엄밀히 말해서 허구였던 것이다.

2) 대안

대립물의 투쟁에 의해서 사물이 발전한다고 하는 유물변증법의 주장에 대해서 통일사상은 모든 사물은 그 안에 있는 주체와 대상의 상대적 요소(상대물이라고 함)가 공통목적을 중심하고 수수작용을 함으로써 변화하고 발전한다고 본다.[45] 그때 주체가 의지 또는 생명을 가지고 대상과 수수작용을 하는 바, 그 결과 전진운동, 즉 발전운동이 나타나는 것이다. 발전이란 수수작용에 의한 새로운 질(質)의 출현 또는 신생체(新生體)의 출현을 의미하는 것이다.

그러면 다음에 사물은 대립물의 투쟁에 의해서 발전하는가 또는 상대물의 수수작용에 의해서 발전하는가를 검토해 보기로 한다. 대립물의 투쟁은 사물 안에 있는 두 가지 요소의 이해가 상반하는 경우, 또는 양자의 목적이 일치하지 않는 경우 일어나는 현상이다. 이에 반하여 두 요소의 이해가 일치하고 목적이 같을 경우에는 투쟁은 일어나지 않고 조화로운 발전이 이루어진다. 이때에는 상대물 간에 수수작용이 행하여지기 때문이다.

예를 들어, 인체(몸)와 그것을 침범하는 병원균의 경우를 생각해 보자. 몸의 저항력이 약해지면 병원균이 번식하여 몸은 병에 걸려 죽음에까지 이르는 일도 있는데, 반대로 몸의 저항력이 강하면 병원균은 멸망한다. 즉 몸과 병원균은 투쟁을 통해서 어느 한 쪽이 반드시 파멸을 당하고야 만다. 그것은 양자에 아무런 공통목적이 없고 이해가 상반하기 때문이다. 따라서 이것이 바로 대립물의 투쟁의 예이다. 그러나 이 경우 대립물의 투쟁에 의해서 발전(성장, 건강의 증진)이 이루어지는 것이 아니며 오히려 발전이 저해되는 것이다. 또한 인체와 병원균의 대립은 건강의 정상적인 상태에 있어서 나타나는 것이 아니고 이상적인 상태에 있어서만 나타나는 것이다.

그러나 상대물의 경우는 이와는 다르다. 예컨대 알 속의 배자와 노른자위·흰자위의 관계는 이와 다르다. 배자는 병아리가 된다는 목적을 가지고 있으며, 노른자위·흰자위는 배자가 병아리로 성장하기 위한 영양분으로서 있는 것이다. 배자와 노른자위·흰자위는 서로 배척하는 관계에 있지 않으며, 또 노른자위·흰자위가 배자에로의 섭취를 거절하고 있는 것도 아니다. 즉 양자는 병아리를 만든다고 하는 공통목적을 가진 상대물이어서 양자의 조화 있는 수수작용에 의해서 드디어 병아리가 나타나는 것이다.[46] 이와 같이 사물 안에 있는 것은 대립물이 아니고 상대물이며, 이 상대물의 수수작용에 의해서 사물은 발전하는 것이다.

그런데 알의 부화 현상을 유물변증법으로 설명하면 「난(卵)은 정(正)이며 배자는 반(反)이고 이 정과 반의 모순(투쟁)에 의해서 합(合)인 병아리가 된다.」는 논리가 된다. 이 경우 반을 비란(非卵)으로서 이해하는 것이 변증법적이다. 왜냐하면 변증법은 형식 논리학의 모순의 법칙(「A는 非A가 아니다.」라는 법칙)에 반대하여서, A는 A인 동시에 비(非) A이다라고 주장하고 있기 때문이다. 결국 「난(卵)은 난(卵)과 비란(非卵, 배자)과의 투쟁에 의해서 병아리가 된다.」고 하는 것이 변증법적 표현이다. 그러나 이것은 논리적으로 오류이다. 왜냐하면 처음의 난은 배자를 포함한 난 전체를 말하며, 다음의 난은 전체로부터 배

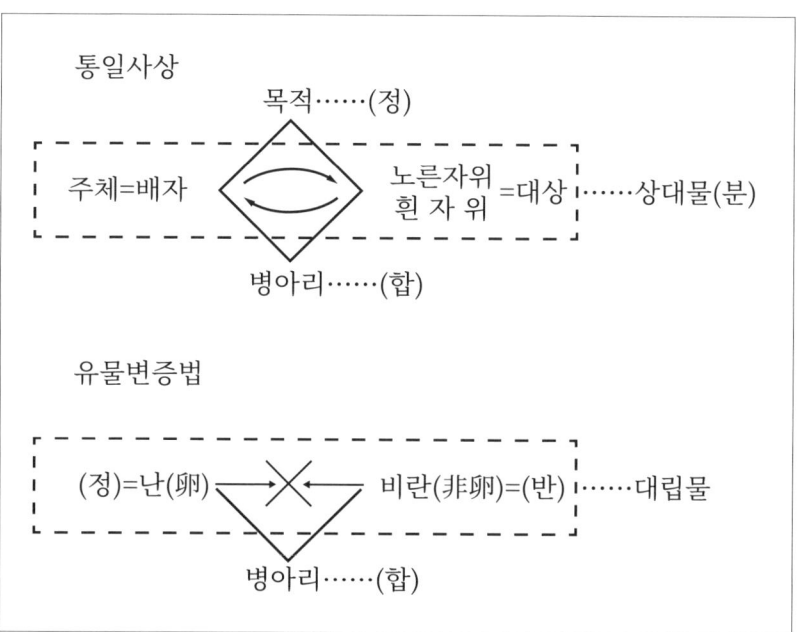

그림 3-3 상대물과 대립물

자를 제외한 흰자위·노른자위 및 껍질만을 의미하고 있어서 같은 용어의 개념이 앞뒤가 상위(相違)하고 있기 때문이다. 다음에 이 예를 가지고 통일사상과 유물변증법의 견해의 차이를 도해한다. (그림 3-3)

유물변증법의 「대립물의 통일과 투쟁의 법칙」에 대해서 통일사상은 「상대물의 수수작용의 법칙」을 대안으로 제시한다. 또 「모순의 법칙」에 대해서는 「조화의 법칙」 또는 「상응의 법칙」을 제시한다. 대립물의 투쟁은 파괴와 파멸을 일으킬 뿐이어서 결코 발전을 가져오지 않는다. 모든 사물은 공통목적을 중심으로 한 상대물의 조화로운 수수작용에 의해서만 발전하는 것이다.

엥겔스나 레닌이 든 자연계에 있어서의 모순의 예도 대립물의 예가 아니라 실은 모두 「조화의 법칙」에 따르는 상대물의 예였던 것이다.

자연계에는 전기의 플러스와 플러스, 마이너스와 마이너스, 자석의 북극과 북극, 남극과 남극 같은 상호 반발하는 상극작용도 있지만, 이것은 선기의 플러스와 마이너스, 자석의 북극과 남극 등의 상대적 요소의 수수작용을 보조하며 강화하기 위한 현상인 것이며 파괴를 위한 현상이 결코 아니다. 결국 자연계의 현상은 기본적으로는 모두「조화의 법칙」에 따르고 있는 것이다.

마지막으로 전진운동과 반복운동의 차이에 대해서 통일사상의 견해를 밝히기로 한다. 통일사상은 생물은 생명을 가지고 있기 때문에 전진운동을 하며, 무기물(예를 들면 물)은 생명이 없으므로 반복운동을 하고 있다고 본다. 그런데 공산주의는 생명 현상까지도 물질 현상으로 간주하고 있으므로 기계적 운동(반복운동)과 발전운동의 본질적인 구별이 불가능하게 되어 있다.

전진운동(발전)의 원인을 이해하기 위해서는 생명의 본질을 정확하게 파악하지 않으면 안 된다. 통일사상에서 본다면, 생명이란「원리의 자율성과 주관성」인 동시에「세포 안에 잠재하는 의식(의지)」이다. 따라서 전진운동(발전운동)은 자율성을 가신 합목석석 운동이며 방향성을 가진 운동인 것이다. 이에 대해서 기계적 운동(반복운동)은 무생명의 운동이고 타율적인 것이어서 목적성 방향성이 없는 운동이다.

그러나 무기물의 운동은 비록 그것 자체로서는 방향성을 갖지 않았다고 하더라도 그것이 일단 생명체 내부에 섭취되면 그 운동은 방향성을 갖게 된다. 또 우주의 운동도 우주 역사 전 기간을 통해서 본다면, 하나의 생명운동 즉 전진운동이며 발전운동이라고 본다. 우주는 하나의 거대한 생명체이며, 우주의 운동의 원동력이 우주 의식 또는 우주 생명이기 때문이다. 사회의 발전은 의식을 가진 인간에 의한 발전이므로 그것 또한 전진운동임은 말할 것도 없다.

(3) 「양적변화의 질적변화에의 전화의 법칙」에의 비판과 대안

1) 비 판
① 폭력혁명의 합리화를 위한 법칙이다

유물변증법에 의하면 사물의 발전과정은 「양적변화의 질적변화에의 전화의 법칙」에 따르고 있다고 한다. (이 법칙은 간단히 「양의 질에의 전화의 법칙」이라고도 한다.) 「양적변화의 질적변화에의 전화의 법칙」이란 사물의 발전에 있어서 점차적인 양적변화가 차차로 축적되어서 일정한 점에 도달하면 돌연히 비약적인 질적변화가 일어나는 것을 말한다. 이 법칙은 말할 것도 없이 폭력혁명을 정당화하기 위한 것이었다. 스탈린의 다음의 말이 무엇보다도 이것을 실증하고 있다.

『더욱이 만약 완만한 양적변화가 돌연 급속한 질적변화로 이행하는 것이 발전의 법칙을 이루고 있다면, 피억압 계급이 행하는 혁명적 변혁이 전혀 자연스런 불가피적인 현상이라는 것은 명백하다. 말하자면 자본주의로부터 사회주의로의 이행, 자본주의적 억압으로부터의 노동자 계급의 해방은 완만한 변화에 의해서가 아니고, 개량에 의해서도 아니고, 다만 자본주의 제도의 질적변화 즉 혁명에 의해서만 실현될 수 있는 것이다.』[47]

또 마르크스의 「경제학비판」이나 「자본론」에 있어서의 다음과 같은 주장도 이 법칙을 사회혁명에 적용시킨 것이라고 볼 수 있다.

『사회의 물질적 제 생산력은 그 발전이 어떤 단계에 도달하면, 이제까지의 그 안에서 움직여 온 기존의 생산 제 관계, 또는 그 법적 표현에 지나지 않는 소유 제 관계와 모순되게 된다. 이들의 제 관계는 생산 제력(諸力)의 발전의 제 형태로부터 그 질곡으로 일변한다. 이 때 사회 혁명의 시기가 시작한다.』[48]

『이 전화 과정의 일체의 이익을 횡령하며 독점하는 대자본가의 수가 끊임없이 감소해 감에 따라서 빈곤, 억압, 예속, 타락, 착취는 더욱더 증가하여 가는데, 그러나 또 끊임없이 팽창하면서 자본주의적 생산과정 그 자체의 기구에 의해서 훈련되어 결합되고 조직되는 노동자계급의 반항도 증대하여 간다. ……생산 수단의 집중도 노동의 사회화도, 그것이 그 자본주의적인 외피와는 조화될 수 없는 일점에 도달한다. 그 때에 외피는 폭파된다. 자본주의적 사유(私有)의 최후를 고하는 종이 울린다. 수탈자가 수탈당한다.』[49]

② 이 법칙의 실례의 비판

이 법칙이 헤겔의 경우와 같이 관념적인 것이 아니고 과학적·물질적인 것임을 증명하기 위해서 마르크스주의자는 물의 상태 변화, 밧줄의 단절, 보일러의 폭발 등의 실례를 들어서 설명하고 있다. 그러나 과연 그것이 법칙을 실증하는 것일까.

우선 유의하지 않으면 안 되는 것은 유물변증법은 이 법칙에 의해서 자본주의사회가 혁명이라는 돌연의 질적변화를 통해서 사회주의사회(공산주의사회)로 발전하는 것을 합리화하려고 하고 있다는 사실이다. 그러나 이런 예들은 발전과는 아무런 관계도 없는 것이다. 즉 물의 상태 변화는 가역적인 현상이며, 밧줄의 단절이나 보일러의 폭발은 파괴뿐이다. 따라서 이와 같은 예를 가지고 발전을 위한다는 공산주의혁명을 합리화할 수는 없는 것이다.

뿐만 아니라 이들의 예 그 자체도 점차적인 양적변화가 돌연의 비약적인 질적변화에로 이행을 보이는 예는 아닌 것이다. 다음에 그것을 보이기로 한다.

A. 물의 상태변화의 예

엥겔스는 『표준기압하에서는, 물은 섭씨 0도에서 액체상태로부터 고체상태로 이행하며 섭씨 100도에서는 액체상태로부터 기체상태로 이행하는 것이어서, 따라서 이 경우에는 이들 두 전환점에서는 온도의 단순한 양적변화가 물이 질적으로 변화한 상태를 일으키는 것이다.』[50] 라고 말한다.

물의 수증기나 얼음으로의 변화는 물 분자의 분자 간의 힘이나, 분자 운동에너지의 상호관계에 의해서 일어나는 상태의 변화이다. 이 물의 변화는 과연 돌연한 질적변화인 것일까.

섭씨 0도에서 물이 얼음으로 될 때, 한 순간에 물로부터 얼음으로의 질적변화가 일어나는 것은 아니다. 융해열과 똑같은 열이 제거됨에 따라서—즉 양적변화에 따라서—서서히 물은 얼음이 되는 것이다. 물이 수증기가 될 때도 마찬가지이다. 기화열과 똑같은 열이 가해짐에 따라서—즉 양적변화에 따라서—서서히 수증기가 되는 것이다. 더욱이 물의 수증기로의 변화는 비등점(100도)에서만 생기는 것이 아니며, 상온에서도 증기압이 포화점에 도달하기까지는 계속해서 증발하는 것이다. 엥겔스가 주장하는 바와 같이 양적변화가 일정한 점에 도달할 때 그것이 돌연히 비약적인 질적변화를 일으키는 것이 아니다.

B. 밧줄의 단절, 보일러의 폭발의 예

양으로부터 질로의 전화의 법칙의 예로서 콘포스는 다음과 같은 예를 들고 있다.

『무거운 것을 들어 올리는 밧줄에는 점점 무거운 짐을 달아 멜 수는 있지만, 무한정으로 짐의 무게를 늘려도 그것을 끌어 올릴 만한 밧줄은 없다. 어떤 일정한 점까지 오면 밧줄은 끊어지지 않을 수 없다. 보일러는 증기의 압력이 어느 정도 강해져도 그것에 견딜 수 있다. 그러나 어떤 점까지 오면 폭발해 버린다.』[51]

그러나 밧줄이 끊어진다든지 보일러가 폭발한다든지 하는 것은, 양의 질에의 전화의 법칙을 실증하는 예가 되지 않는다. 이 법칙이 실증되기 위해서는 밧줄이나 보일러가 파괴되어서는 안 된다. 그리고 밧줄의 양적변화(짐의 무게에 의해서 늘어나는 밧줄 길이의 변화)나, 보일러의 양적변화(증기의 압력에 의해서 팽창하는 보일러의 체적의 변화)가 어떤 점에 도달했을 때, 밧줄 또는 보일러의 질이 비약적으로 변화하여서 새로운 밧줄, 새로운 보일러가 되지 않으면 안 된다. 그래야만 그것이 「양의 질에의 전화의 법칙」의 예가 되는 것이다. 그런데 밧줄은 단절되고 보일러는 파괴된다. 단절이나 파괴에 의해서는 새로운 질의 밧줄이나 보일러는 전연 나타날 수가 없다.

그 밖에도 엥겔스나 콘포스가 든 실례가 있지만, 그 어느 것도 양적변화의 질적변화에의 전화의 법칙의 예증이 될 수 없었다.[52]

③ 지배관계의 변화의 비판

모택동은 『모순의 주요한 측면과 주요하지 않는 측면은 서로 전화해가며 그에 따라서 사물의 성질도 변화한다. ……어떠한 사물의 내부에도 모두 신구(新舊)의 두 측면의 모순이 있으며, 한 계열의 굴곡된 투쟁을 형성하고 있다. 투쟁의 결과 새로운 측면은 소(小)로부터 대(大)로 바뀌며 지배적인 것이 된다. 오래된 측면은 대로부터 소로 바뀌며, 점차로 멸망하는 것으로 바뀐다. 그리고 한번 새로운 측면이 낡은 측면에 대해서 지배적인 지위를 획득할 때 낡은 사물의 성질은 새로운 사물의 성질로 바뀐다.』[53]고 하였다. 콘포스는 『질적변화는 대립물의 균형에 변화가 일어난 결과로서 생긴다. 그와 같은 변화는, 대립물의 통일에 있어서의 지배·피지배 관계에 영향을 미치는 일련의 양적 변화에 의해서 준비된다. 지배·피지배 관계가 변화함에 따라서 양적변화는 질적변화로 이행한다.』[54]고 하면서 대립물(모순)에 있어서의 주요 측면과 비주요 측면 또는 지배와 피지배의 관계가 역전할 때에 사물의 질적변화가 생긴다고 주장하였다.

양적변화의 질적변화에의 전화의 법칙은 생산력의 발전이 역사 발전의 일정한 시점에 도달하면 돌연한 비약적인 질적변화로서의 사회혁명이 일어난다는 것을 합리화하기 위한 것이었다. 상술한 모택동이나 콘포스의 이 주장도 역시 혁명의 합리화를 목표로 하고 있는 것이다. 즉 노동자계급이 지배받는 입장으로부터 지배하는 입장으로 바뀌는 것이 혁명이라는 것을 정당화하려고 한 것이다.

콘포스는 그 주장을 증명하는 예로서 다음과 같은 것을 들고 있다. 『예를 들면(물의 경우), 고체, 액체, 기체라는 물체의 상태는 각각 물체의 분자의 상태를 특징지우는 견인과 반발의 통일에 있어서의 다른 지배 관계에 대응하고 있다.』[55]

콘포스의 설명을 물의 상태 변화를 예로 들어 검토하기로 한다. 얼음에 있어서 분자간력(견인력)이 분자의 운동에너지(반발력)에 비해서 우세하지만, 얼음이 물이 될 때, 분자의 운동에너지가 분자간(力)보다 우세하다는 것이 알려져 있다. 이것을 견인력과 반발력의 지배 관계의 역전이라고 본다면 물이 수증기가 될 때에는 지배관계에 역전이 있다고는 할 수 없다. 분자간력보다 우세한 분자의 운동에너지가 더욱 지배적으로 되는 것뿐이기 때문이다. 따라서 지배관계가 변화(역전)할 때에 질적변화가 일어난다는 주장은 잘못이다. 더욱이 물의 상태 변화는 도대체 발전과는 관계가 없는 가역적인 현상에 지나지 않는 것이어서 그와 같은 예를 가지고 사회의 발전을 뒷받침하고자 하는 것은 전혀 무리이다.

그러면 발전의 예로서 식물이나 동물의 성장의 경우를 예로 들어서 생각해 보자. 종자는 배아(胚芽)와 배유(胚乳)의 상호작용에 의해서 발아하여 성장하지만, 그때 배아는 지배받는 입장으로부터 지배하는 입장으로 바뀌는 것일까. 그렇지 않다. 배아에는 생명이 있어서 그것이 아무리 작아도 처음부터 지배하는 입장이며, 도리어 배유는 지배받는 입장이다. 따라서 그 지배 피지배의 관계는 발아의 전 과정에 있어서 바뀌지 않는다. 동물의 난(卵, 예 계란)이 부화하는 경우도 마찬가지이다. 생명을 지닌 배자와 생명을 갖지 않은 노른자위·흰자위는 처음부터 마지막까지 변함없이 지배 피지배의 관계를 유지하고 있는 것이다. 이와 같이 생물의 생장과정에 있어서 지배 피지배의 역전현상은 있을 수 없는 것이다.

모택동이나 콘포스의 대립물(모순)에 있어서의 지배 피지배 관계의 변화의 주장은 혁명에 의해서 지배계급과 피지배계급의 위치가 전도되는 혁명을 정당화하기 위한 책략에 지나지 않는 것이다.

2) 대안

통일사상의 입장에서 본다면 모든 사물은 성상과 형상의 상대적인 두 요소(상대물)를 가지고 있으며, 그 상대물의 수수작용에 의해서 사물은 변화하며 발전(성장)한다. 그때 성상과 형상은 서로 주체와 대상의 관계에 있으면서 동시적·점차적으로 변화해가는 것이다. 여기서 질과 양은 각각 성상과 형상에 해당하는 것이므로 결국 질과 양은 동시적·점차적으로 변화해 가는 것이다.

양의 질에의 전화의 법칙은 양의 변화가 선차적이고 질의 변화가 후차적이라는 것을 의미하는데, 실제는 그렇지 않다. 질과 양의 변화는 동시적이면서 양(형상)적 변화를 통해서(즉 양을 수단으로 해서) 질(성상)적 변화가 나타나는 것이다. 예를 들면 식물이나 동물이 성장하는 경우, 종자나 알(卵) 안에는 성장 후의 꽃이나 동물의 성질의 원형이 이념(성상)으로서 처음부터 깃들어 있으며 —유전학적으로 말하면 성장 후의 모든 정보가 수정란의 DNA에 함유되어 있다—그것이 물질적·양적인 소재를 통해서 현실화되는 것이다. 따라서 질과 양은 현상적으로 본다면 동시적으로 변화하고, 양자의 상호관계에 있어서는 질이 원인적 또는 주관적이며, 양이 결과적 또는 피주관적이다. 다시 말하면 질과 양의 변화는 동시적이며 그 관계는 주체와 대상의 관계이다.

그리고 통일사상에 의하면, 사물의 변화나 발전(성장)은 기본적으로는 창조원리에 의해서 3단계를 통해서 행해진다. 그렇기 때문에 물질의 3태(기체, 액체, 고체)가 나타나며, 생물의 성장의 3단계(곤충의 경우 유충, 번데기, 성충)가 나타나는 것이다. 즉 사물은 단계적으로 변화하며 발전하는 것이다.

이상을 정리하면 양적변화가 일정단계에 이르러 비로소 질적변화로 전화하는 것이 아니고, 질과 양의 변화는 동시적·점차적·단계적이다. 이것이 통일사상의 견해이다. 이리하여 통일사상은 유물변증법의 「양적변화의 질적변화에의 전화의 법칙」에 대한 대안으로서 「성상·형상의 균형적 발전의 법칙」 또는 「질과 양의 균형적 발전의 법칙」을 제시하는 것이다.

이상으로 「양적변화의 질적변화에의 전화의 법칙」은 자연계에 있어서 전혀 맞지 않는 것이 명백해졌으리라고 생각한다. 이리하여 폭력혁명은 불가피적이라고 말하는 마르크스주의의 주장은 아무 근거도 없는 허구의 논리였던 것이다.

(4) 「부정의 부정의 법칙」에의 비판과 대안

1) 비판
① 「부정의 부정의 법칙」의 의미

사물의 발전을 설명하는 데 있어서, 유물변증법은 대립물의 통일과 투쟁의 법칙 및 양적변화의 질적변화에의 전화의 법칙 외에 부정의 부정의 법칙을 또 적용한다. 여기서 이 법칙의 의미를 바르게 이해하기 위해서 먼저 「부정」의 개념을 알아보기로 한다.

엥겔스는 『변증법에 있어서의 부정이란 다만 「아니다」라는 것도 아니며, 무엇인가의 물건을 존재하지 않는다고 잘라 말하는 것도, 또 그것을 임의의 방법으로 파괴해 버리는 것도 아니다.』56)라고 하였다. 레닌은 다시 설명하기를 『변증법은 의심없이 그 안에 부정의 요소를, 그리고 그것을 가장 중요한 요소로서 포함하고 있다. 그러나 변증법의 특징 및 본질을 이루는 것은 단순한 부정도 아니며 터무니없는 부정도 아니다. 또 회의적인 부정, 동요, 의심도 아니다. 그렇지 않고 그것은 연관·발전의 모멘트로서의 부정적이며 긍정적인 것을 지닌 부정이다. 즉 어떠한 동요도 어떠한 절충주의도 갖지 않는 부정이다.』57)라고 하였다. 이시첸코도 또 『변증법적 부정관은 주어진 상태 또는 대상이 그 후의 발전의 진행에 있어서 단지 포기되고 폐기된다는 의미가 아니다. 반대로 변증법적 부정은 선행의 상태를 지양하고 그것을 극복된 모멘트로서 자기 속에 취해 들인다.』고 하여 같은 의미의 말을 하고 있다.

그런데 엥겔스는 부정의 부정의 예로서 철학사에 있어서의 고대 유물론과 그 후에 일어난 관념론 및 근대에 일어난 유물론과의 관계를 예로 들면서 관념론은 고대 유물론의 부정으로, 근대 유물론은 관념론의 부정으로, 따라서 고대 유물론의 부정의 부정으로 규정[59]했다. 그리고 부정의 부정을「형식으로는 극복이 되고, 그 현실의 내용으로는 보존되는 것」[60]으로 다루고 있다. 이것은 사물은 발전에 있어서 형식만 부정되고 내용은 긍정(보존)됨을 뜻한다.

엥겔스는 다시 보리씨의 예를 가지고 부정의 부정의 법칙을 구체적으로 설명하였다. 즉 보리씨가 발아해서 식물이 되는 것을 보리씨의 부정이라고 하고, 그 식물이 자라서 수십 배의 새로운 보리알로 결실되는 것을 부정의 부정이라고 하였다. 여기서 씨가 부정되어서 식물이 될 때 그 씨는 소멸된다는 것이다. 그리고 식물이 보리알을 결실하고는 고사한다는 것을 지적하면서, 변증법적인 부정에는 일반적 의미의 부정(즉「부인」「반대」의 뜻의 부정)도 포함되고 있음을 보이고 있다. 엥겔스는 부정의 부정의 예로서 다시 나비(蝶)의 예도 들고 있다. 즉 알(卵)의 부정에 의해서 나비가 생기고, 다시 나비의 부정(즉 부정의 부정)에 의해서 많은 알이 생겨난다고 했다. 이때에도 알이나 나비가 부정될 때 일반적인 의미의 부정(否認)의 현상, 즉 죽음이 동반됨을 인정하고 있다. (엥겔스의 보리와 나비의 예는 다음의 (2) 대안의 항목에서 상술할 것임)

이렇게 볼 때 엥겔스나 레닌의 변증법적「부정」속에는 위에 든「보존」이나 긍정의 뜻과 함께 일반적인 의미의「부인」「반대」의 뜻도 포함되어 있음을 알 수 있다. 즉 보리씨의 경우 배아는 배유를 섭취하면서 커서(보존 즉 긍정) 싹(식물)이 되고, 씨의 껍질은 사라지는 바(일반적 의미의 부정), 이것이 변증법적 부정이다. 나비의 경우 알 속의 배자가 노른자·흰자 등 양분을 섭취하면서 커서(보존) 유충이 되었다가 나중에 나비가 되고 나비가 다시 알을 낳고는 죽어 버리는 것으로서 (역시 일반적인 의미의 부정) 이것 역시 변증법적 부정이다.

이러한 부정이 엥겔스나 레닌이 말한 「단순한 부정도 아니고」 「터무니없는 부정도 아니고」 「발전의 모멘트로서의 부정」이며 「긍정을 지닌 부정」이며 이시첸코의 「신행의 상태의 지양으로서의 부정」의 실례로 보아서 틀림이 없는 것이다.

이와 같은 변증법적인 부정에 의해서 사물은 전진적·상승적으로 발전하는 것이다. 다음에 낡은 단계의 부정에 의해서 생긴 새로운 단계는 다시 부정됨으로써 제3의 단계로 발전한다. 이때 최초의 낡은 단계가 높은 차원에서 다시 나타난다. 따라서 발전은 전진적·상승적임과 동시에 복귀적이어서, 그 운동 형태는 나선형이 된다고 한다. 이것이 부정의 부정의 법칙이다.

사물의 발전의 양상에 대해서 레닌은 『이미 경과한 제 단계를 되풀이하는 것같이 보이면서, 이전과는 다른 방법으로 한층 높은 기반 위에서 그것을 되풀이하는 발전(부정의 부정), 직선적으로 진행하는 것이 아니고, 말하자면 나선(螺旋)을 그리는 발전』[61]이요, 『낡은 단계의 일정한 특징, 성질 등의 높은 단계에 있어서의 반복 및 옛것으로의 외견상의 복귀(부정의 부정)』[62]라고 하였다. 스딸린은 『발전의 과정은 이것을 원환(圓環)운동으로서가 아니고 지나가 버린 것의 단순한 되풀이로서가 아니고, 전진의 운동으로서, 상승선을 더듬는 운동으로서, 낡은 질적 상태로부터 새로운 질적 상태로의 이행으로서, 단순한 것으로부터 복잡한 것으로, 저급한 것으로부터 고급한 것으로의 발전으로서 이해하여야 한다.』[63]고 말하였다. 이것들은 전부 부정의 부정의 법칙에 따라 사물은 발전하고 있다는 것을 주장한 것이었다.[64]

엥겔스에 의하면 부정의 부정의 법칙은 『자연·역사 및 사고에 극히 일반적인 그럼으로써 극히 광범하게 작용하고 있는 중요한 발전법칙』[65]이며, 그리고 그는 이 법칙을 자연계 현상의 연구를 통하여 검증하였다고 언명하였다. 그러나 잘 검토하여 보면 이 법칙도 다른 법칙과 같이 거짓의 법칙이고 허구에 지나지 않는다는 것을 알 수 있다. 다음에 그것을 밝히기로 한다.

② 엥겔스가 든 예의 비판

상술한 바와 같이 엥겔스는 「부정의 부정의 법칙」을 설명하는 데에 철학 상의 예를 위시해서 보리알, 나비 및 수학 등의 예를 들고 있다. 그리하여 이들의 예를 비판하면서 「부정의 부정의 법칙」을 비판하기로 한다. 먼저 엥겔스의 보리의 예를 소개한다.

『보리알을 생각해 보자. 몇 조의 이러한 보리알은 맷돌로 타지고 삶아지고 양조(釀造)되어 소비된다. 그러나 만일 그와 같은 보리알 하나가 그것에 알맞는(정상적인) 조건이 갖추어져서, 안성맞춤의 지면에 떨어지면, 열과 습기의 영향을 받아서 독자적인 변화가 거기에 일어난다. 말하자면 발아(發芽)하게 된다. 보리알은 그것 자체로서는 소멸하고 부정되며, 그 대신에 그 보리알로부터 발생한 식물이 즉 보리알의 부정이 나타난다.

그러나 이 식물의 정상적인 생애는 어떠한 경과를 취하는가? 그것은 성장하여 꽃이 피고 수분(受粉)하며 그리고 나중에 다시 보리알이 생긴다. 그리고 이 보리알이 익으면 곧 줄기는 말라 버리고 이번에는 그것이 부정된다. 이 부정의 부정의 결과로서 우리들은 다시 최초의 보리알을 얻게 되는데, 그것은 한 알이 아니고 10배 20배 30배의 수인 것이다.

곡물의 종(種)은 아주 느리게 변화하여 감으로 오늘날의 보리는 100년 전의 보리와 거의 마찬가지인 것이다. 그런데 개량 가능한 관상용 식물, 예를 들면 달리아라든가 난을 생각해 보자. 우리들이 이 종자나, 그것으로부터 생기는 식물을 원예가의 기술에 의해서 처리한다면, 이러한 부정의 부정의 결과로서 단지 보다 많은 종자를 얻을 수 있을 뿐만 아니라, 또 더 아름다운 꽃을 내는 실적으로 개량된 종자를 얻을 수 있다. 그리고 이 과정을 되풀이할 때마다, 새로운 부정의 부정을 반복할 때마다 이러한 개량의 정도가 높아져 가는 것이다.」[66]

엥겔스는 보리의 종자가 발아하여서 식물이 되는 것을 종자의 부정이라고 말하고, 그 식물로부터 수십 배의 새로운 보리알이 생기는 것을 부정의 부정이라고 말한다. 부정은 대립물(정과 반)의 투쟁에 의해서 일어나는 필연적인 현상으로 되어 있다.[67] 종자 안에 있는 대립물이란 배유와 배아 또는 종피와 배아라고 생각된다. 그러므로 종의 부정은 배유·종피와 배아의 투쟁에 의하여 배아가 우세해짐을 뜻한다. (이것이 「종자가 배아에 의해서 부정되어서 식물로 전화한다.」는 말의 뜻이다.)

그러나 과연 종자는 부정되어서 발아하여 가는 것일까? 그렇지 않다. 종자 안에 있어서 배아는 식물의 싹이 되기 위하여 존재하며 배유는 배아가 성장하기 위한 양분으로서 존재한다. 따라서 배아와 배유의 관계는 주체와 대상의 관계이다. 또 종피는 어떤 일정한 기간, 배아와 배유를 보호하기 위해서 있는 것이어서 역시 주체(배아)에 대해서 대상적인 요소이다. 따라서 배아도 배유도 종피도 모두 발아하여서 식물이 된다고 하는 공통목적하에 존재하고 있는 것이다. 그러므로 보리 종자의 경우, 보리(식물)가 된다고 하는 목적하에 종피에 보호되면서 배아와 배유가 서로 긍정하여 가면서 수수작용을 행하여서 싹이되는 것이다. 싹은 종피를 부수고 나오는 것같이 보이지만, 이것도 투쟁은 아니다. 일정기간 배아나 배유를 보호한다고 하는 역할을 끝낸 종피를, 마치 옷을 벗는 것같이 벗어 버리고 싹이 나오는 것이다. 한편 종피는 싹이 발아하기 쉽도록 무르게 되는 것이다.

다음에 식물이 부정되어서 새로운 종이 생긴다고 하는 주장도 또한 잘못이다. 보리와 같은 일년생의 식물인 경우, 꽃을 피우고 씨가 생겨서 한번 성장해버린 후에는 식물은 말라 버리는데, 부정되어서 마르는 것이 아니고 그 사명(창조목적)을 끝마쳐서 자연히 말라가는 것이다. 그리고 사과와 같은 다년생의 수목인 경우는 매년 새로운 과실이 맺혀도 마르지 않는다. 이와 같은 예는 얼마든지 있다. 종자(또는 과실)가 식물을 부정하여서 생기는 것이 아니라는 것은 명백하다.

엥겔스는 또 보리의 예에 이어서 나비의 예를 들면서 다음과 같이 말한다. 『보리알의 경우와 마찬가지로 이 과정은 대개의 곤충, 예를 들면 나비의 경우에도 행하여진다. 나비는 알(卵)의 부정에 의해서 알로부터 생기며, 그 여러 가지의 변태를 경과하여서 성적(性的) 성숙에 도달하여 교미하고 그리고 이 교미 과정이 끝나면 암컷은 많은 알을 낳고 곧 죽어버림으로써 다시 부정된다.』[68]

그러나 이 나비의 예도 결코 부정의 부정의 법칙을 따르고 있지 않다. 이미 계란의 예에서 설명한 바와 같이 알이 배자와 영양분과의 투쟁에 의해서 부정되어 유충이 되는 것은 아니기 때문이다. 또 나비는 알을 낳음으로써 부정되어서 죽는 것이 아니다. 나비로서의 사명(창조목적)을 끝마쳤기 때문에 죽는 것이다. 동물이 산란(産卵)에 의해서 부정되는 것이 아닌 것은, 식물에 다년생의 식물이 많은 것처럼, 동물에도 한번만의 알이나 새끼를 낳고 죽지 않는 동물(예컨대 닭이나 개)이 많이 있다는 사실로써 명백하다.[69]

엥겔스는 또 다음과 같은 수학의 예도 들고 있다. 『수학에 있어서도 마찬가지이다. 임의의 대수학적(代數學的)인 양 즉 a를 취하자. 그것을 부정하면 $-a$(마이너스 a)가 얻어진다. $-a$에 $-a$를 곱함으로써 이 부정을 부정하면 +a² 즉 최초의 정량이면서 보다 높은 단계의 말하자면 제곱된 정량이 얻어진다.』[70]

여기에서 엥겔스는 a를 부정할 때, 마이너스만을 붙여서(즉 −1을 곱해서)로 하면서, −a를 부정할 때에는 마찬가지로 마이너스를 붙여서 a로 하지 않고 −a를 곱해서 a²로 하고 있다. 여기에는 부정의 부정의 법칙에 맞추려고 한 그의 의도적인 책략이 있다는 것을 알 수 있는 것이다. 이렇게 하여서 그는 부정의 부정의 법칙을 어떻게 해서든 자연계 안에 적용시키려고 시도하였던 것이다. 이상으로 부정의 부정의 법칙도 다른 법칙과 마찬가지로 오류이며 허구임이 밝혀졌으리라 믿는다.

2) 대안

유물변증법은 「부정의 부정」에 의한 발전운동은 전진성을 갖는 동시에 회전성을 갖는다는 것을 주장하고 있지만, 이에 관한 통일사상의 견해는 다음과 같다.

통일사상에서는 발전운동이란 생명체의 운동이며, 거기에는 목적성과 시간성과 단계성이 있다고 본다. 즉 발전운동이란 어떤 목적을 실현하고자 하는 운동이며, 일정한 시간을 경과하면서 단계적으로 전진되어 가는 운동인 것이다. 또 통일사상은 모든 존재는 주체와 대상의 수수작용에 의한 원환(圓環)운동을 행함으로써 그 존재의 영원성을 유지하고 있다고 본다. 그때에 무생물의 경우는 예를 들면 지구가 태양 주위를 도는 경우와 같이 문자 그대로의 원환운동을 하고 있지만, 생물의 경우는 종족 보존과 수의 증식과 질의 다양화 때문에 계대현상으로서 시간적인 원환운동, 즉 나선형운동을 행하고 있다고 본다.

그러나 이것은 자연현상에 대한 설명이어서 역사적 사실의 설명은 되지 않는다. 역사에 관해서는, 통일사상은 한편으로는 인류 시조의 타락에 의해서 잃어버린 창조이상세계—인류역사의 처음에 세워지기로 되어 있었던 세계—를 다시 되찾기 위한 복귀역사이며, 또 한편으로는 창조의 법칙(授受作用의 법칙)에 따라서 문화적·과학적으로 향상하여 가는 발전의 역사라고 보는 것이다. 역사의 발전이란 하나님의 입장에서 보면 재창조를 의미한다. 한편으로는 복귀역사이고, 다른 한편으로는 발전의 역사, 즉 재창조의 역사인 것이다.

따라서 『자연계에 있어서의 나선형 운동의 법칙을 사회발전에 적용하여서, 인류역사는 한층 높은 기반 위에서 드디어 원시 공산사회(무계급사회)에 복귀된 형태인 공산주의사회에 도달한다(레닌).』고 한 유물변증법의 주장은 완전히 잘못인 것이다. 그것은 자연계의 나선형 운동은 끝없이 회전하여 가는 운동이므로 그 법칙을 역사에 적용하면, 한번 공산주의사회가 되더라도 머지않아 그것은 다시 계급사회로 이행하여 간다고 하는 결론이 되어 버리는 것이다.

공산주의자들은 부정의 부정의 법칙을 적용하여서 자연계의 발전운동이 나선형의 형태를 취하는 것처럼 인류역사의 발전도 나선형의 형태를 취하였으며, 그 때문에 원시 공동체의 무계급사회가 부정되어서 계급사회로 되며 그것이 다시 부정되어서 한층 발전한 단계의 무계급 사회인 공산주의사회로 돌아갈 수밖에 없다는 것을 주장하고 있는 것이다. 그들이 부정의 부정의 법칙을 강조하는 것은 이 때문인 것이다. 실제로 마르크스는 다음과 같이 말하고 있다.

『자본주의적 생산양식으로부터 생기는 자본주의적 취득양식은, 따라서 또 자본주의적 사유(私有)도 자기의 노동에 의거하는 개인적인 사유의 첫째의 부정이다. 그러나 자본주의적 생산은 하나의 자연과정의 필연성을 가지고, 그것 자신의 부정을 산출한다. 그것은 부정의 부정이다.』[71] (고딕체로 강조한 것은 인용자)

그러나 이미 설명한 바와 같이 부정의 부정의 법칙은 자연계에는 작용하고 있지 않다. 따라서 그것은 객관적인 법칙이 아니고, 다만 혁명을 합리화하기 위해서 헤셀로부터 차용한 주관적인 사이비 법칙인 것이다. 그런데 그들은 변증법적 부정이라는 새로운 개념을 만들어 가지고, 마치 이 법칙이 객관적이며, 과학적인 것인 양 필사적으로 가장하였던 것이다. 그것은 혁명을 합리화하기 위한 것이다. 즉 자연계의 발전에는 부정이나 투쟁이 없음에도 불구하고 부정과 투쟁에 의해서 자연만물이 발전하는 것처럼 꾸며놓고, 사회발전에도 투쟁(혁명)이 필요함을 주장하려고 하였던 것이다. 「부정」의 개념에 부인, 반대, 파괴, 절멸 등의 일반적인 부정적 의미와 통일, 보존과 같은 긍정적 의미의 정반대되는 두 개의 의미를 포함시킨 것도 그 때문이며, 그렇게 함으로써 어떠한 논쟁에서도 견디어 내려고 획책하였던 것이다. 따라서 부정의 부정의 개념의, 이와 같은 모호화에는 판단을 그르치게 하려는 책략—즉 논쟁의 경우 불리하게 되면 부정을 파괴를 동반하지 않는 평화적인 의미로 해석하여서 자기들의 본심을 감추고, 유리해지면 투쟁의 의미로 해석하여 지식인이나 내중을 선동함으로 혁명에 동원하고자 하는 책략—이 숨어있음을 알아둠이 좋을 것이다.

「부정의 부정의 법칙」에 대한 통일사상의 대안은 「긍정적 발전의 법칙」이다. 모든 사물은 자연에 있어서나 사회에 있어서나 그 안에 있는 주체적 요소와 대상적 요소가 원만한 수수작용을 행함으로써, 또는 다른 사물과의 사이에 주체와 대상의 관계를 맺으면서 원만한 수수작용을 행함으로써 긍정적으로 발전하고 있는 것이다.(나중에 말하는 바와 같이 사회의 변천에는 수수작용 이외에 또 복귀의 법칙이 작용한다.)

마지막으로 부정의 부정의 법칙의 오류의 원인을 분석하기로 한다.

부정의 부정의 법칙의 오류의 원인은 「대립물의 통일과 투쟁의 법칙」이나 「양의 질에의 전화의 법칙」에 있어서와 마찬가지로 유물변증법이 모든 자연 현상의 배후에 창조에 기인한 합목적성이 작용하고 있음을 부인하고 있는 데에 있는 것이다. 그 때문에 사물과 사물 또는 요소와 요소 사이의 상호작용이, 상대물 간의 조화로운 작용이 되지 못하고 대립물 간의 통일과 투쟁이 되어 버렸다. 따라서 작용하는 쌍방의 관계는 상호긍정의 협력관계가 되지 못하고, 상호부정의 배타적인 관계가 되고 말았던 것이다. 이와 같이 유물변증법의 제 법칙의 오류는 모두 하나님의 창조의 사실과 그 창조목적을 부인하는 데에 근본원인이 있었던 것이다.

4. 유물변증법의 오류

헤겔은 하나님을 전제로 하고 개념(절대정신)을 출발점으로 하여서 변증법을 세웠기 때문에 그 이론의 진위는 차치하고라도 연역적(演繹的)으로—결론을 먼저 세워 놓고서, 그 결론에 도달하고자 논리를 전개하는 따위의 설명의 방법으로—그리고 연속적으로 자연과 역사를 설명할 수 있었다. 그러나 마르크스는 하나님을 부정하고 물질을 출발점으로 하고서 이론을 세웠기 때문에 그 이론의 전개는 연역적이어서는 안 되고, 귀납적(歸納的)이어야 한다. 따라서 마르크스가 결론을 먼저 세워놓고서 이론을 전개한 것은 도대체 부당한 것이었다.

마르크스가 역사의 발전을 모순에 의한 발전, 즉 투쟁에 의한 발전이라고 주장하기 위해서는 우선 자연계의 발전현상의 실례(예를 들면 우주의 발전이나 식물의 성장 등)를 들어서 그것이 조화에 의한 발전이 아니고 틀림없이 투쟁에 의한 발전이라고 하는 것을 증명하고, 다음에 사회를 시대적으로 객관적으로 분석하고, 그 분석의 결과를 종합적으로 판단하여서 거기서부터 자연 법칙과 같은 법칙이 사회에도 작용하고 있다고 하는 것을 귀납적으로 이끌어 내지 않으면 안됐던 것이다. 그러나 마르크스는 자연계에 있어서의 구체적인 예를 하나도 들지 않은 채로, 또한 사회의 객관적인 연구도 충분히 하지 않은 채로—이 점에 대해서는 나중에 자세히 말함—성급하게도 유물변증법과 유물사관의 대략을 확립하여 버렸다. 즉 그는 이론을 전개함에 있어서 결론을 먼저 내린 것이다.

그리하여 엥겔스가 8년에 걸쳐서 수학·천문학·역학·물리학·화학·생물학 등을 연구하였던 것이며, 그리하여 뒤늦게나마 변증법이 자연의 발전에 그대로 작용하고 있음을 검증하였다고 증언(?)하였다. 그것이 그가 쓴 「자연의 변증법」(1873~1883) 및 「반듀링론」(1876~1878)이며, 그는 거기에서 「자연은 변증법의 검증이다.」[72]라고 결론지었다.

엥겔스는 자연계에 있어서 변증법을 검증하려고 한 동기에 대하여 「반듀링론」의 서문에서 다음과 같이 말하고 있다.

『생각하건대 마르크스와 나는 독일의 관념론 철학으로부터 거기서 의식에 쓰이고 있는 변증법을 구출하여서, 유물론적인 자연관과 역사관에 도입한 거의 유일한 인간이었다. 그러나 변증법적인 동시에 유물론적인 자연관에는 수학과 자연과학의 지식이 필요하다. 마르크스는 수학에 정통한 사람이었다. 그러나 여러 자연과학에 대해서는, 우리들은 조금씩 중간휴식을 하면서 여기저기 더듬어가는 수밖에 없었다. ……그리고 8년간의 대부분을 그것에 소비하였다. ……내가 수학과 자연과학에 대해서 이러한 개괄을 시도한 것은 말할 것도 없이, 역사에 있어서 제 사건의 외견상의 우연성 위에 지배하고 있는 변증법적 운동법칙과 동일한 것이, 자연에 있어서도 무수히 서로 엉클어진 변화 속을 꿰뚫고 있다는 것을—일반적으로는 나는 이것을 조금도 의심하지 않았지만—하나하나의 점에 대해서도 확인하고 싶기 때문이었다.』

여기서 그는 변증법이 자연계에도 작용하고 있는 법칙이라는 것을 「조금도 의심하지 않았다.」고 말하고 있다. 이것은 자연계가 변증법에 따르고 있다는 것을 그는 전제로 하고 연구를 시작하였음을 뜻하는 것이며, 그가 연구에 있어서 해야 할 일은 자연현상을 변증법에 맞도록 설명하는 것이었음을 암시하고 있는 것이다.

그런데 그는 바로 다음에 『또 그 위에, 내가 문제로 한 것은 변증법적 법칙을 자연 안에 맞추어 넣어서 조립하는 것이 아니라, 그것을 자연 속에서 발견하고, 그것을 자연 속으로부터 전개하는 것이었다.』[74]고 말하고 있다. 그러나 실은 그 반대로 그는 변증법적 법칙을 자연 안에 끼워 넣어서 조립한 것이었다. 즉 자연현상을 변증법에 맞추어서 설명하였던 것이다.

예를 들면 위에서 말한 바와 같이 엥겔스는 부정의 부정의 예로서 보리의 씨가 부정되어서(죽어서) 식물이 되고, 그것이 또 부정되어서(말라 죽어서) 새로운 씨가 되는 것이라든가, 나비의 알이 부정되어서(죽어서) 유충이 되고, 번데기가 되며, 나비가 되며 그리하여 다시 나비가 또 부정되어서(죽어서) 새로운 알이 되는 것 등을 들고 있지만, 그 자신도 인정하고 있는 바와 같이 이것은 일년생의 식물이나 일회의 산란만으로 라이프 사이클(life cycle, 生活環)을 마치는 극히 일부의 동물에 한정된 예인 것이다. 식물의 대부분은 다년생이며, 또 동물도 그 대부분이 일회의 산란으로는 죽지 않는다. 엥겔스는 변증법에 적합하다고 보여지는 소수의 예만을 들어서 그것이 마치 전체의 자연현상의 대표적인 예인 것처럼 꾸민 것이다. 이와 같이 그는 변증법을 자연 안에 일부러 맞추어 넣었던 것이다.

사언현상은 그 내용을 잘 검토해 보면, 「변증법의 검증」이 아니고 「변증법의 부정」으로 되어 있으며 도리어 「수수법(授受法)의 검증」인 것을 알 수 있다. 그것은 본장에서 이미 보아온 대로이다. 이와 같은 오류는 마르크스의 이론이 먼저 자연과 사회를 객관적으로 연구하지 않고, 헤겔의 변증법을 그대로 받아 들여서 유물론적으로 모작한 데에 기인하고 있는 것이다.

그 경위를 여기서 다시 돌이켜 보기로 한다. 베를린 대학에서 헤겔 철학의 세례를 받은 마르크스는 「라인 신문」시대의 여러 번의 논쟁을 통해서 프로시아의 시민사회의 모순이나 병리를 개혁하는 방법에 있어서 헤겔의 관념적 방법(관념변증법)이 무력하다는 것을 통감하고 있었던 것이며, 머지않아 폭력적인 혁명에 의한 경제개혁에 의해서만 사회적 모순을 해결할 수 있다고 확신하기에 이르렀던 것이다.

그리하여 그 폭력혁명을 합리화시키는 철학적 이론이 필요하게 되었다. 그때 이미 마르크스는 포이엘바하로부터 유물론을 받아들이고 있었다. 그래서 헤겔의 관념변증법에서 관념론을 떼어 버리고 그 대신 포이엘바하로부터의 유물론을 이에 결합시켜서, 즉 헤겔 변증법을 뒤집어서 유물변증법을 만든 것이다.[75] 따라서 유물변증법은 애초부터 폭력혁명의 수단으로서 만들어졌던 것이다. 그것은 다음과 같은 마르크스 자신의 말에 의해서 명백하다.

『이 의미에 있어서 공산주의자는 그 이론을 사유재산의 폐지(혁명)라는 한마디 말로 요약할 수 있다.』[76]

『그 신비화된 형태(관념론적인 형태)로서 변증법은 독일의 유행이 되었다. 그 이유는 그것이 현상을 광명으로 채우는 것같이 보였기 때문이다. 그 합리적인 모습(유물론적인 형태)으로는 변증법은 부르주아지나 그 공론적 대변자들에게는 아니꼽고 두려운 것이다. 왜냐하면 그것은 현상의 긍정적 이해 속에 동시에 또 그 부정, 그 필연적 몰락의 이해를 포함하며 일체의 생성한 형태를 운동의 흐름 안에서 파악하고 따라서 또 그 변천하는 면에서 파악하며 어떠한 것으로부터도 흔들림이 없이, 그 본질상 비판적이며 혁명적이기 때문이다.』[77](강조는 인용자)

제4장

유물사관의 비판과 그 대안

1. 유물사관의 형성

파리에 도착한 후 얼마 되지 않아서「헤겔 법철학비판서설」(1843.12)을 써서 독일을 향해서 프롤레타리아트에 의한 혁명을 선언한 마르크스는「성가족(聖家族)」(1844.9~11)을 써서 일찍이 청년 헤겔학파의 동지이며 스승이기도 하였던 브루노 바우어(B. Bauer) 및 그 일파를 비판하였다. 그것에 의해 헤겔적 사고와 완전히 결별하려고 한 것이다.

바우어는 청년 헤겔학파의 자기의식의 입장에서, 소수의 택함 받은 개인의「비판」(絶對精神)이 역사를 이끌고 있다고 주장하였는데, 이에 대해서 마르크스는 역사를 만드는 것은 초자연적인 힘도 아니고 인간의 의식도 아니며 인민이야말로 역사의 참된 창조자라는 것, 그러므로 프롤레타리아트는 스스로를 해방하는 사명을 가지고 있다는 것을 지적하였던 것이다.

파리로부터 추방되어 브뤼셀로 이주한 마르크스는 바로 뒤에 브뤼셀로 옮겨온 엥겔스와 함께「도이치 이데올로기」(1845.9~1846.5)

를 썼는데, 이 논문에서 포이엘바하(L.A. Feuerbach), 바우어(B. Bauer), 슈티르너(M.Stirner) 등의 사상을 독일 지배계급의 사상이라고 규정하여 탄핵하면서 그때 이미 윤곽이 형성되어 가던 유물사관(唯物史觀)을 구체화시키기 시작하였다. 그것은 다음과 같은 엥겔스의 증언에 의해서 명백해진다.

『내가 1844년 여름에 마르크스를 파리로 방문했을 때, 이론상의 모든 분야에서 우리들의 의견이 완전히 일치되고 있음이 명백하게 되었다. 그리고 그때부터 우리들의 공동 활동이 시작된 것이다. 1845년 봄 우리들이 브뤼셀에서 재회했을 때에 마르크스는 이미 위의 원리를 전개하여 그의 유물론적인 역사이론(유물사관을 말함)의 대요를 완성하고 있었다. 그리하여 새로이 획득한 견해를 여러 방면에서 세목에 걸쳐 정리하는 일을 이제야 우리들은 착수하였다.』[1]

1845년 봄에 완성했다는 「유물론적인 역사이론(유물사관)의 대요」란 인류역사는 지배하는 계급과 지배당하는 계급 사이의 계급투쟁의 역사라는 것, 경제적 요인이 역사를 결정하는 힘이라는 이론을 의미하는 것이었다.

마르크스와 엥겔스가 「도이치 이데올로기」를 쓰면서 유물사관을 구체화시켜 나갈 때 첫째의 전제가 된 것은 인간은 살기 위해서 의식주의 욕망을 채우는 것, 즉 물질적 생활에 필요한 생활자료를 생산한다는 것이었다. 그들은 다음과 같이 말하고 있다.

『인간이 역사를 만들(Geschichte machen) 수 있기 위해서는 살아갈 수 있어야 한다는 것이다. 그런데 사는 데에 필요한 것은 무엇보다도 우선 먹는 것과 마시는 것, 거처하는 것, 입는 것 그 외에 더 몇 가지가 있다. 따라서 첫째의 역사적 행위는 이들 욕망을 채우기 위한 수단의 산출, 즉 물질적 생활 그 자체의 생산이다.』[2]

마르크스의 죽음에 즈음하여 엥겔스는 다시 다음과 같이 말하고 있다. 『다윈이 생물계의 발전법칙을 발견한 것같이, 마르크스는 인간 역사의 발전법칙을 발견했다. 지금까지의 이데올로기의 그늘 속에 감추어져 있었던 다음의 간단한 사실이 그것이다. 인간은 무엇보다도 우선 마시고 먹으며, 거처하고 입지 않으면 안 되는 것으로서, 그런 다음에 정치나 과학이나 예술이나 종교 등에 종사할 수 있다는 것……』[3]

따라서 생산활동, 즉 경제활동이 역사를 만든다고 하는 이 주장은 유물사관의 시작이며 끝인 근본법칙이라고 말할 수 있다. 이 근본법칙에 의거해서 마르크스가 구체화한 유물사관의 공식이란「경제학비판」의 서언에 의하면 다음과 같은 것이었다.

『인간은 그 생활의 사회적 생산에 있어서 일정한 필연적인, 그들의 의지로부터 독립한 제 관계, 즉 그들의 물질적 생산 제력(諸力)의 일정한 발전 단계에 대응하는 생산 제 관계(生産諸關係)를 맺는다. 이 생산 제 관계의 총체는 사회의 경제적 기구를 형성하고 있으며, 이것이 현실의 토대가 되어서, 그 위에 법률적 정치적 상부구조가 용립(聳立)하고 또 일정한 사회적 의식의 제 형태는 이 현실의 토대에 대응하고 있다. 물질적 생활의 생산 양식은 사회적·정치적 생활 제 과정 일반을 제약한다. 인간의 의식이 그 존재를 규정하는 것이 아니라, 반대로 인간의 사회적 존재가 그 의식을 규정하는 것이다. 사회의 물질적 생산 제력은 그 발전이 어느 단계에 이르면, 지금까지 그것이 그 안에서 움직여온 기존의 생산 제 관계, 또는 그 법적 표현에 지나지 않는 소유제 관계와 모순되게 된다. 이들의 제 관계는 생산 제력의 발전의 제 형태에서 그 질곡(桎梏)으로 일변한다. 그때 사회혁명의 시기가 시작하는 것이다.』[4]

이 유물사관의 설명을 정리하여 거기에다가 사회발전의 합법칙성의 주장 및 국가관을 합치면 다음과 같은 9개의 테마가 세워지게 된다.

① 사회발전의 합법칙성
② 생산력의 발전
③ 생산관계
④ 생산력·생산관계의 인간의 의지로부터의 독립성
⑤ 생산력의 발전에 대한 생산관계의 조응(照應)
⑥ 생산력의 발전에 대한 생산관계의 질곡화
⑦ 토대와 상부구조
⑧ 국가와 혁명
⑨ 경제제도의 제 형태

다음에 각각의 테마에 대한 개요와 그 비판 및 대안을 소개하기로 한다.

2. 유물사관 및 그 비판과 대안

(1) 사회발전의 합법칙성

1) 유물사관의 주장

사회의 발전과정은 자연계에 있어서의 발전과 마찬가지로 객관적 법칙을 따르고 있으며, 그 법칙은 인간의 의지로부터 독립되어 있다고 유물사관은 주장한다. 즉 그것은 역사를 합법칙적 과정이라고 보는 역사관이다. 그런데 자연의 발전과 사회 발전이 근본적으로 다른 점은 자연에는 의식의 작용이 없는데, 사회는 인간의 의식적인 활동에 의해서 영위되고 있다고 하는 사실이다. 그것을 엥겔스도 인정하지 않을 수 없어서 다음과 같이 말하고 있다.

『자연 안에 있는 것은 ……모두 무의식적이며 맹목의 힘이며 이들의 제력(諸力)이 서로 작용하여, 그것들의 교호작용(交互作用) 중에 일반적인 법칙이 작용하고 있다. 이에 반하여 사회의 역사 안에서 행동하고 있는 사람들은 모두 의식을 가지며, 사려나 열정을 가지고 행동하며, 일정한 목적을 지향하여 노력하고 있는 인간이며, 어떤 일이든지 의도, 의욕된 목표 없이는 일어나지 않는다.』[5]

그럼에도 불구하고 사회 발전은 인간의 의지와는 독립된 객관적 법칙을 따르고 있다고 다음과 같이 주장하고 있다. 『행위의 목적은 의욕된 것이지만, 행위로부터 실제로 생기는 결과는 의욕되지 않았던 것이든가, 또는 처음에는 의욕된 목표에 합치하는 것같이 보이다가, 결국은 의욕된 결과와는 전혀 별개의 것이 되든지 한다. 이와 같이 역사적 사건은 대체로 동일하게 우연에 지배되고 있는 것같이 보인다. 그러나 표면으로는 우연이 제멋대로 행동하고 있는(것처럼 보이는) 경우에(도) 그것들은 항상 내적인 숨은 제 법칙에 지배되어 있는 것이어서, 중요한 것은 다만 이들의 법칙을 발견하는 것이다.』[6]

그러면 사회발전의 법칙이란 무엇일까? 그것이 바로 마르크스가 「경제학비판」의 서언에서 말한 유물사관의 공식―『인간은 사회생활에 있어서 인간의 의지로부터 독립된 일정한 생산관계를 맺는다.』 『생산관계는 생산력의 일정한 발전단계에 대응한다.』 『생산관계가 토대이며 의식의 제 형태는 상부구조이다.』 『인간의 사회적 존재가 의식을 결정한다.』 『생산관계가 생산력의 발전에 대해서 질곡화할 때 혁명이 일어난다.』 등―이었다.

2) 비판과 대안

위에서 말한 바와 같이 유물사관은 객관적인 사회발전의 제 법칙이 인간의 의지로부터 독립하고 있다고 주장한다. 그런데 소위 사회발전의 법칙은 실은 객관적인 법칙이 아니고, 주관적·독단적인 사이비의 법칙인 것이다. 그것은 이하 이 절의 (2)로부터 (9)까지에서 상세히 설명하는 대로이다.

역사의 발전에 있어서 사회가 한 단계에서 새로운 단계를 향해서 발전하여 갈 때에 앞 단계의 인간이 다음의 새로운 단계의 성격을 예견할 수 없었던 것, 즉 엥겔스가 말한 바와 같이 미리 의욕된 결과와는 전혀 다른 결과였다는 것은 사실이다. 그렇다고 해서 역사의 발전이 물질적인 객관적 법칙에 따르고 있다고 말할 수는 없다. 통일사상의 역사관 즉 통일사관(이 장의 마지막에 소개할 것임)에 의하면, 역사는 그 목표(창조이상세계)의 실현을 향하여 하나님의 섭리의 법칙하에서 변천해 온 것이며, 또한 목표에 도달하기까지의 역사 발전의 과정은 인간(특히 지도자들)의 의지에 의해서 좌우되어 온 것이다. 따라서 인간의 의지로부터 독립해서 작용한 법칙이란 물질적 법칙이 아니고 하나님의 섭리의 법칙이었던 것이다.

유물사관에 의하면 자연계에 있어서 물질적 발전이 그러한 것같이 사회의 발전은 결정된 코스를 지나고 결정된 목표(공산주의사회)를 향해서 나아가고 있다고 되어 있는데, 그렇지는 않다. 통일사관에서 본다면, 역사의 목표(창조이상세계의 실현)는 결정되어 있지만, 사회의 발전(변천)이 어떠한 코스를 지나는가, 그리고 일정한 사회 발전이 이루어지는 데 얼마만큼의 시간이 걸리는가는 각 시대 사람들의 의지와 노력에 따라서 좌우되었던 것이다. 그때 결정적인 역할을 다한 것이 지도적인 입장에 있는 사람들이었다. 지도자들의 인격, 사상, 헌신, 노력

등에 따라 각 시대의 역사발전은 크게 좌우되었던 것이다. 이와 같이 역사의 변천은 인간의 책임분담의 수행 여하에 좌우되어 왔던 것이다.

(2) 생산력의 발전

1) 유물사관의 주장

유물사관에 의하면 생활수단을 생산하여 이것을 교환하는 방법을 「생산양식」이라고 하며, 모든 사회제도나 사회활동은 일정한 생산양식에 기초를 두고 있다고 한다.[7] 생산양식은 생산용구와 그것을 사용하는 인간의 노동력으로 구성된 「생산력」과 생산과정에 있어서 인간이 상호 연관을 맺는 관계, 즉 「생산관계」와의 통일에 의해서 결정된다고 한다. 즉 생산양식은 생산력과 생산관계의 통일이다.

생산력은 부단히 발전하는 것으로서 그것이 사회발전의 원동력이 되어 있다는 것이 유물사관의 첫째의 기본적인 법칙인데, 여기서 생산력의 발전은 어떻게 해서 되어지는가라는 것이 문제가 된다.

변증법에 의하면 모든 사물의 발전은 대립물의 투쟁에 의한다고 되어 있다. 생산력의 발전도 예외가 아니다. 그러면 생산력의 발전은 어떤 대립에 의해서 이루어지는 것일까. 이것에 대해서는 마르크스는 명백한 대답을 내리지 않고 있다. 다만 다음과 같은 그의 애매한 진술이 남아 있을 뿐이다.

『인간은 자연소재(自然素材) 그 자체에 대해서 하나의 자연력(自然力)으로서 상대한다. 그는 자연소재를 그 자신의 생활을 위해 사용할 수 있는 형태로 획득하기 위하여 그의 신체가 가지고 있는 자연력, 즉 팔이나 다리, 머리나 손을 움직인다. 이 운동에 의하여, 그의 밖에 있는 자연에 작용하여, 이것을 변화시키고 동시에 그는 그 자신의 자연을 변화시킨다. 그는 그 자신의 자연 안에 잠자고 있는 잠재능력을 발현시켜, 그 제력(諸力)의 활동을 그 자신의 통어(統御)에 복종시킨다.』[8] 이것은 자연과의 부단한 대결을 통해서 인간이 생산력을 발전시켰다는 의미로 해석해도 좋을 것이다.

이시첸코(Ishchenko)는 생산력의 발전은 생산력과 생산관계의 변증법적인 상호작용에 의한다고 다음과 같이 말하고 있다.

『생산력의 발전의 원인은 이것을 노동과정의 내적 특성 안에서 구하지 않으면 안 된다. ……일단 생산력이 발생하면 그것은 내적 변증법에 의해서 발전한다. 생산력의 발전의 원인이 되는 것은 내용과 형식으로서의 생산력과 생산관계와의 변증법적 교호작용(交互作用)이다. 생산력은 항상 일정한 사회 형식(각 시대에 있어서 특수한, 언제나 일정한 계급적 내용을 갖는다) 안에서 작용하며, 생산관계의 어떤 형식 속에 작용한다.』[9]

그리고 스탈린은 생산력과 생산관계의 상호작용에 대해서 『생산관계는 생산력의 발전에 의존하여 발전하면서 반대로 생산력에 작용하여 그것을 빠르게도 하고 느리게도 한다.』[10]고 설명하고 있다.

2) 비판

마르크스는 하나의 자연력인 인간이 자연에 작용함으로써 그 자신 안에 있는 잠재적 능력을 발현시킨다고 했다. 이것은 인간이 그 능력을 발현함으로써 생산력을 발전시켜 왔다는 의미이다. 그러나 인간에 한하지 않고 모든 동물도 마찬가지로 하나의 자연력을 가지고 자연에 작용하고 있는데, 그들은 왜 생산력을 발전시킬 수가 없었던가. 인간을 하나의 자연력으로 삼는다면 인간은 다른 동물과 본질적으로 아무런 다를 바가 없을 것이다.

이시쳉코는 생산력과 생산관계의 변증법적인 상호작용에 의해서 생산력은 발전한다고 했고, 스탈린은 그 상호작용에 의해서 생산력의 발진이 빨라지기도 하고 늦어시기도 한다고 했다. 그러나 유물사관에 의하면 생산관계는 생산력의 발전에 의존하여 조응(照應)하면서 발전한다. ((5)「생산력의 발전에 대한 생산관계의 조응」을 참조) 그리고 생산관계가 일단 성립하면 변하지 않고 정체하는 성격을 띠고 있어서, 머지않아 생산력의 발전을 방해한다고 한다. 그럼에도 불구하고 어떻게 해서 생산관계가 생산력을 발전시킨다고 할 수 있는가. 생산력 그 자체가 변화하며 발전하는 성격을 가지고 있다는 것이 유물사관의 출발점이었다. 그리고 생산력의 발전은 우선 변증법적으로 설명되지 않으면 안 된다. 즉 모택동이 지적한 대로『발전의 근본 원인은 외부에 있는 것이 아니고 사물의 내부에 있으며, 사물의 내부의 모순에 있기』[11] 때문에 생산력의 발전도 생산력 그 자체 안에 모순이 있어서 그 모순의 투쟁에 의해서 생산력이 발전한다는 설명이 되어져야 한다. 그런데 이시쳉코는 생산력 내부에서 발전의 원인을 찾지 않고 생산력과 생산관계의 상호작용에 의해서 생산력이 발전한다고만 말하였으니 이 설명은 비변증법적이라 하지 않을 수 없다.

3) 대안
① 창조력의 발전

통일사상에서 보면, 인간과 자연의 수수작용에 의해서 생산력이 발전하는 것이다. 즉 인간과 자연이 적대관계로서가 아니라 상대관계를 가지고 수수작용을 함으로써 생산력이 발전한다. 그때 인간은 다만 하나의 자연력으로서가 아니라 동물의 힘과는 본질적으로 다른 하나의 창조력으로서 자연에 작용하는 것이다.

창조력은 본래 하나님으로부터 주어진 인간의 본성인데, 인간은 이것을 여러 가지의 분야에서 여러 가지 형태의 능력으로서 발휘하고 있다. 즉 예술가는 창작력으로서, 기술자는 기술력으로서, 노동자는 노동력으로 그것을 나타내고 있는 것이다. 생산용구도 기술력의 일종의 체화물(體化物)로 볼 수 있으므로, 결국 생산력(생산용구와 노동력)이란 창조력의 한 표현형태인 것이다. 따라서 생산력의 발전은 바로 창조력의 발전인 것이다.

그런데 동물에도 둥지(巢)를 만드는 것 같은 일종의 창조력이 있다는 것에 유의하지 않으면 안 된다. 그러나 그것은 인간의 경우와는 본질적으로 다르다. 인간의 경우 창조력은 이성적인 창조력이며 끊임없이 새로운 구상에 의해서 발전하는 창조력이지만, 동물의 경우는 본능적인 창조력이어서 거기에는 이성의 작용이 없으며 따라서 새로운 것을 생각하여 새것을 만들 수는 없는 것이다. 이와 같은 인간과 동물의 능력상의 본질적인 차를 인정하지 않는 한 왜 인간만이 생산력을 발전시켰는가를 합리적으로 설명할 수는 없다. 공산주의의 주장대로 인간이 동물적 존재라면, 인간이 아무리 자연에 작용한다 하여도 생산력은 발전할 리가 없는 것이다.

마르크스는 인간은 하나의 자연력이라고 말하면서 『그 자신 안에 잠자고 있는 잠재능력』을 발현시킨다고 하였는데, 그러면 그 잠재능력이란 무엇인가? 마르크스는 그것을 밝히지 못하고 있다. 그것이 바로 「이성적인 창조력」인 것이다. 마르크스는 생산력의 발전을 물질적 현상(자연현상)인 것같이 표현하였지만, 그는 「잠재능력」이라는 표현을 씀으로써 부지불식간에 인간 안에 있는 정신적인 요소(이성적 요소)를 실은 인정하고 있었던 것으로 봄이 옳을 것이다.

그런데 창조력은 구상력(構想力)과 기술력의 두 가지 힘으로 되어 있다. 전자는 구상을 일으키는 힘이며, 후자는 기술을 가지고 그 구상을 실현하는 힘이다. 그때 어느 경우에도, 지식(과학적 지식)을 필요로 한다. 그러므로 창조력의 발전은 필연적으로 지식의 발전을 동반하는 것이다. 다시 말하면 지식의 발전에 의해서 창조력이 발전하는 것이다.

② 창조력의 발전의 원인으로서의 욕망

그러면 왜 지식은 발전하는 것일까. 그것은 인간에게 욕망이 주어져 있기 때문이다. 통일사상에 의하면 욕망은 인간이 창조될 때에 창조목적을 실현하기 위한 것으로 주어졌다. 창조목적이란 사랑에 의해서 기쁨을 실현하는 것인데, 이 기쁨의 실현은 개체목적과 전체목적의 실현을 통해서 행해진다. 개체목적이란 인간이 개인으로서 육체적·정신적으로 더 나아지려는 목적을 말하며, 전체목적이란 가정·씨족·민족·국가·세계(인류)의 행복과 평화와 번영을 위하여 살고자 하려는 목적을 말한다.

욕망에는 성상적(性相的) 욕망과 형상적(形狀的) 욕망이 있다. 성상적 욕망이란 생심(生心)의 욕망이어서 진선미(眞善美)와 사랑의 가치(정신적 가치)를 추구 또는 실현하고자 하는 욕망, 즉 정신적 가치의 생활을 위한 욕망을 말하며, 형상적 욕망은 육심(肉心)의 욕망이어서 자타의 의식주의 생활을 풍부하게 하고자 하는 욕망, 즉 물질적 가치를 추구 또는 실현하는 욕망, 다시 말하면 물질적 가치의 생활을 위한 욕망을 말한다.[12] 위에서 말한 바와 같이 생산력의 발전—생산용구의 발명, 노동 기술의 향상—은 지식의 발달에 의하는 것인데, 이 지식의 발달은 이들 욕망 중 직접적으로는 형상적 욕망에 기인하는 것이다.

더욱 이들의 욕망에는 기본적 욕망과 현실적 욕망이 있다. 기본적 욕망이란 진선미와 사랑에 대한 욕망(성상적 욕망)과 의식주에 대한 욕망(형상적 욕망)을 말한다. 이 기본적 욕망은 모든 인간이 동서고금을 통해서 보편적으로 가지고 있는 욕망이다. 그리고 이 기본적 욕망이 특정한 시대, 특정한 사회에 있어서 또 개개인의 직업이나 지위 등에 있어서 변형, 혼합 또는 연장되어서 여러 가지의 현실적 욕망이 되어 나타나는 것이다.

예를 들면 정치가는 권력욕을 갖고 있는데 이것은 국가나 사회를 잘 다스리려고 하는 「선(善)」의 가치에의 욕망(성상적 욕망)과 자신과 타인들의 의식주의 생활을 잘 하고자 하는 욕망(형상적 욕망)이 혼합한 것이다. 기업가는 이윤추구욕을 갖고 있는데, 이것은 의식주에 대한 욕망의 연장으로 볼 수 있다. 또 학자의 연구욕은 「진(眞)」의 가치에 대한 욕망의 연장이며, 예술가의 창작욕은 「미(美)」의 가치에 대한 욕망의 연장이다. 현실적 욕망의 내용은 시대나 사회 또는 직업에 따라서 변화한다. 즉 환경에 따라서 변화하는 것이다. 그러나 기본적 욕망은 보편적이며 절대적인 것이다.

③ 생산력 발전에 작용하는 하나님의 섭리

인간의 욕망 외에 지식이나 생산력을 발전시킨 또 하나의 요인은 인간의 타락에 의해서 실현할 수 없었던 창조본연의 세계를 다시 실현(즉 복귀)하려고 하시는 하나님의 섭리이다. 인간의 기본적 욕망은 때와 장소에 관계없이 보편적으로 작용하고 있지만, 그것이 하나님의 섭리와 일치할 때에 인간의 지식은 보다 급속하게 발전하며 생산력도 비약적으로 발전한다. 그 하나의 예가 18세기 후반부터 19세기 초반에 걸친 영국의 산업혁명이다.

실제로 과학자가 새로운 이론을 전개한다든지 발명이나 발견을 하는 경우, 인스피레이션에 이끌리는 경우가 많이 있어 왔다. 하나님이 과학자에게 인스피레이션(일종의 계시)을 주면서 생산력의 발전을 촉진시킨 것이다. 따라서 생산력의 발전은 인간의 기본적 욕망, 창조력, 지식 등의 인간의 조건과 하나님의 섭리의 두 가지 요인에 의해서 이루어져 왔다고 말할 수 있다.

④ 주체적 조건과 대상적 조건

이상 설명한 생산력 발전의 요인은 성상적 요인(정신적 요인)인 바, 동시에 그것들이 생산력 발전의 주체적 조건인 것이다. 그러나 그것만으로는 실제로 생산력이 발전할 수는 없다. 거기에는 또 하나의 조건이 필요하다. 그것이 대상적(對象的) 조건이다. 이것은 형상적 요인으로서 사회적·물질적인 조건, 즉 자본이나 자재 등의 경제적 조건, 자연 환경적 조건, 안정된 정치적 조건 등을 말하는 것으로서, 이런 것들도 갖추어져 있지 않으면 안 된다. 이것이 생산력 발전을 위한 대상적 조건이다.

예를 들면 와트(Watt)의 증기기관에 대해서 생각해 보자. 당시 영국에서는 봉건 사회가 붕괴하고 부농층이 대두하고 있었으며, 그들은 농업 경영자나 매뉴팩처의 경영자가 되고 있었다. 그때 다수의 몰락한 농민들이 도회지로 흘러 들어왔으므로, 경영자는 그들을 임금 노동자로 고용함으로써 노동력을 다량으로 얻을 수 있었다. 또 당시 영국은 해상권을 장악하고 있었기 때문에 면화 등의 원료의 공급지를 확보할 수도 있었다. 그 당시 유럽에서는 모직물보다는 면제품에 대한 수요가 높아져서 면직물 공업에 있어서 생산기계의 발명이 촉진되고 있었다. 또 기계의 동력으로서 수력(水力)에 대신하는 동력의 개발이 필요하게 되었다. 이것들이 증기기관이 발명될 때의 경제적 조건들이었다. 그 외에 해외로부터 원료를 수입하는 데에 유리한 지리적 조건이나, 의회

정치의 확립에 의한 안정된 정치적 조건도 갖추어져 있었다.

이러한 조건들이 와트의 증기기관 발명에 있어서의 사회적·물질적 조건이었다. 이런 조건(환경) 아래에서, 와트의 발명욕이 촉발된 것이다. 발명욕이란 진리에 대한 욕망과 의식주에 대한 욕망 등의 기본적 욕망이 변형·혼합된 것이다. 그리고 비록 시대와 장소에 따라서 그 욕망의 현실적인 내용은 바뀌어져도 발명욕 그 자체는 불변인 것이다. (그리고 하나님의 섭리도 영국의 산업혁명의 커다란 요인의 하나였다. 와트의 증기기관의 발명에도 하나님의 섭리가 작용하였다고 본다.)

생산력의 발전을 위해서는 이상 설명한 바와 같이 주체적 조건(발명욕, 창조력, 지식)과 대상적 조건(사회적·물질적 조건)의 양편이 모두 필요하지만, 그 중 결정적인 역할을 하는 것이 주체적 조건이다. 이것을 비유하면, 화가(주체)와 그림붓(대상)의 관계, 또는 목수(주체)와 공구나 재료(대상)의 관계와 같은 것이다. 여기에 있어서 그림붓이나 공구는 각각 화가나 목수가 사용하는 수단이 되고 있는 것처럼 생산력 발전에 있어서도 대상적 조건은 주체가 창조력을 발휘하는 데에 필요한 현실적 수단이었던 것에 불과하다.

이러한 상대적 관계에 있는 주체적 조건과 대상적 조건이, 일정한 목적을 중심하고 수수작용을 함으로써 생산력(생산용구)이 발전하였던 것이다. 이것이 통일사상의 견해인 바, 이것은 사위기대 형성의 그림으로써 나타낼 수 있다.(그림 4-1) (생산력의 일부인 노동력의 발전도 마찬가지로 주체적 조건과 대상적 조건의 수수작용에 의한 것이다.)

여기서 목적이란 주체(예컨대 과학자)의 목적을 말하는 바, 그 배후에는 창조목적의 실현을 위한 하나님의 섭리가 작용하였다고 보는 것이다.

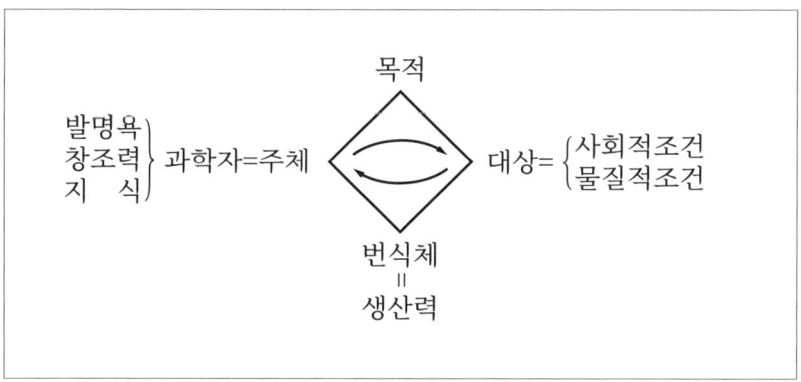

그림 4-1 사위기대의 형성에서 본 생산력의 발전

4) 생산력의 발전의 원인에 관한 공산주의의 본심

생산력 발전의 원인에 대한 공산주의자의 설명은 이미 말한 바와 같이 애매모호하며 비합리적이었다. 그것은 생산력의 발전을 물질적인 발전으로, 변증법적인 발전으로 규정하려 한 때문인 것이다. 다시 말하면 발전에 있어서의 정신적 요인이나 조화적 요인을 무시하였기 때문이다. 그러나 그들도 그 설명 중에 부지불식간에 인간의 욕망(정신적 요인)이 생산력의 발전에 관계하고 있다는 것을 인정하고 있다. 이에 관한 예를 다음에 인용한다.

『사는 데에 필요한 것은 무엇보다도 우선 먹는 것과 마시는 것, 거처하는 곳, 입는 것, 그 외에 또한 몇 가지의 것이 있다. 따라서 첫째의 역사적 행위는 이들의 욕망을 채우기 위한 수단의 산출, 즉 물질적 생활 그 자체의 생산이다.』[13] (마르크스·엥겔스)

『생산에서는 사회의 성원이 자연생산물을 인간의 욕망에 적합시킨다.(만들어 낸다, 형성한다)』[14] (마르크스)

『욕망이 없으면 생산은 없다. 더구나 소비는 욕망을 재생산한다.』[15]

(마르크스)

『미개인이 그의 욕망을 채우기 위해서 그의 생활을 유지하며 또 재생산하기 위해서 자연과 싸우지 않으면 안 되는 것처럼, 문명인도 그렇게 하지 않으면 안 되며 그리고 어떠한 사회 형태에 있어서도, 가능한 어떠한 생활양식하에 있어서도, 그렇게 하지 않으면 안 된다. 문명인이 많아질수록 이 자연의 필연성의 나라는 확대된다. 제 욕망이 확대되기 때문이다. 그러나 동시에 제 욕망을 채우는 생산제력도 확대된다.』[16](마르크스)

『동지 야로쉥코(Yaroshenko)는 인간이 생산하는 것은 생산을 위해서가 아니고, 자기들의 제 욕망을 채우기 위해서라는 것을 그는 잊어버리고 있다.』[17] (스탈린) (이상 강조는 인용자)

이와 같이 공산주의자도 생산에 있어서 인간의 욕망의 중요성을 실은 잘 인정하고 있는 것이다. 그럼에도 불구하고『욕망에 의해서 생산력이 발전하였다.』라고는 절대로 말하지 않는다. 그 이유를 여기서 명백히 말하면, 정신(욕망)에 의해서 생산력이 발전한 것으로 되어져, 즉 정신이 물질을 변화시킬 수 있다는 결론이 내려져, 유물론 자체가 붕괴되어 버리기 때문이다. 그래서 그들은 어디까지나 생산력의 발전은 물질적이며 변증법적이라고 강변하고 있는 것이다.

(3) 생산관계

1) 유물사관의 주장
―생산관계는 객관적이며 가장 기본적인 사회관계이다―
생산관계란 생산과 생산수단을 중심으로 하여 인간이 맺는 상호관계이지만, 그 기본이 되고 있는 것은 생산수단에 대한 소유관계라고 말한다. 그리고 인간은 사회생활에 있어서 일정한 자기의 의지로부터 독립된 생산관계를 맺는다고 말한다. 예를 들면 자본주의사회에서는 공장·토지·기계 등의 생산수단을 소유하는 자와 소유하지 않는 자 사이에 지배·피지배의 관계가 맺어져 있으며, 인간은 반드시 그 어느 한 쪽 편에 속하게 된다. 따라서 반드시 생산관계 안에 들어가 있게 마련이라는 것이다. 그리고 이것은 객관적·물질적인 관계여서, 사회의 모든 제 관계 중에서 가장 기본적인 것이라고 한다.[18]

2) 비판과 대안

유물사관이 주장하는 것처럼 생산관계가 인간의 사회생활에 있어서 과연 가장 기본적인 인간관계일 수 있을 것인가? 그렇지 않다. 통일사상에 의하면 인간은 성상과 형상의 두 측면, 즉 정신적 측면과 물질적 측면을 가지고 있다. 따라서 모든 인간관계에는 성상과 형상의 양면이 있게 마련이다. 즉 인간관계를 두 종류로 나눌 수 있다. 하나는 보다 성상적인 것(정신적인 것)을 중심으로 한 인간관계이며, 또 하나는 보다 형상적인 것(물질적인 것)을 중심으로 한 인간관계이다.

전자를 성상적인 인간관계, 후자를 형상적인 인간관계라고 부를 수 있을 것이다. 전자의 대표적인 예는 가족관계를 기반으로 하여 사랑으로써 맺어지는 인간관계, 즉 윤리관계이며(통일사상에 의하면 본래 사회는 가정의 연장이어서 사회의 구성원 사이에는 가족적 관계가 구축되어야 한다고 본다.), 후자의 대표적인 예는 생산과 소비를 중심으로 하는 경제적인 인간관계이다.(이 경제적인 인간관계가 바로 유물사관에서 말하는 생산관계인 것이다.) 통일사상은 그중 윤리관계가 보다 본질적인 인간관계라는 것, 따라서 경제적인 인간관계는 윤리관계를 기반으로 하지 않으면 안 된다는 것을 주장한다. 왜냐하면 하나님의 창조목적은 하나님을 중심으로 하여 인간이 서로 사랑함으로써 실현되도록 되어 있기 때문이다.

이와 같이 인간은 성상적인 인간관계인 윤리관계와 형상적인 인간관계인 생산관계를 맺게 되는 바, 윤리관계도 생산관계도 각각 성상적 측면과 형상적 측면의 통일체여서 각각에 있어서 성상적 측면이 주체가 되고, 형상적 측면이 대상이 되고 있는 것이다. 예를 들면 자본주의 생산관계의 경우 자본가와 노동자는 생산수단을 중심으로 하여 일정한 생산관계를 맺고 있지만, 그때 자본가는 소유욕과 이윤추구욕에 근거해서 생산수단을 소유하고 있으며, 노동자는 수입(임금)을 얻기 위한 욕망에 근거해서 생산활동을 행하고 있어서 생산관계는 욕망(의지)과 물질의 두 측면(성상적 측면과 형상적 측면)에 의하여 성립되고 있는 것이다. 그리고 그 중 욕망(의지)이 원인적이며, 물질은 결과적이다. 따라서 생산관계는 본질적으로는 욕망의 관계라고 말할 수 있는 것이다.

유물사관에서 생산관계는 인간의 의지로부터 독립된 객관적인 물질적 관계라고 주장하지만, 그렇지 않다. 사회의 지도자(정치가)의 의지(욕망)나 사상이 생산관계를 결정하는 주체적 역할을 다하고 있는 것이다. 바꾸어 말하면 한 사회에 있어서 생산관계는 지도자의 의지나 사상 등의 주체적 조건과 사회적·물질적인 제 조건, 즉 대상적 조건과의 수수작용에 의해서 형성된다. 따라서 생산관계는 인간의 의지와 사회적·물질적 조건과의 수수작용에 의한 합성체(또는 新生體)인 것이다. 그러므로 생산관계와 형성은 사위기대의 형성인 것으로서 그림으로 표시할 수가 있다(그림 4-2). 여기서 목적이란 정치가의 목적인 바, 그 배후에는 하나님의 섭리(창조목적의 실현)가 정치가의 그 의지를 통해서 작용하고 있는 것이다. 그런데 또 한편에서는 하나님의 섭리에

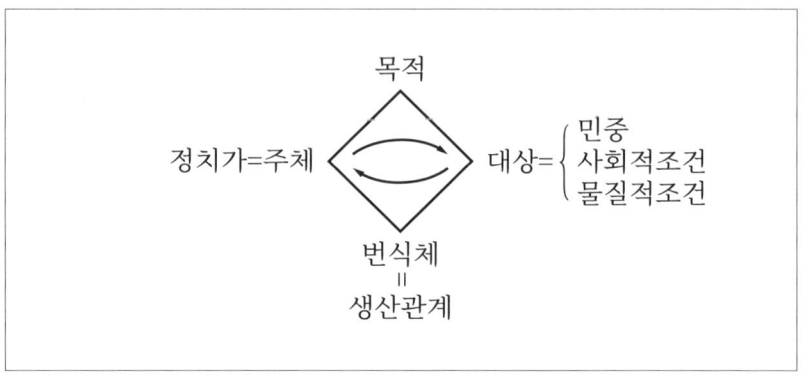

그림 4-2 사위기대 형성에서 본 생산관계

반대하여 악한 사회를 만들려고 하는 악의 주체인 사탄의 의도가, 악의 편에 기울어진 정치가의 의지를 통해서 작용하고 있는 경우도 많았던 것이다.[19]

(4) 생산력·생산관계의 인간 의지로부터의 독립성

1) 유물사관의 주장

마르크스는 『인간은 그들의 생산 제력(諸力)—인간의 전 역사의 기초를 이루고 있는 것—의 자유로운 결정자는 아니다. 왜냐하면 어느 생산력도 하나의 획득된 힘이며, 이전의 활동의 소산이기 때문이다.』[20]라고 하면서, 생산력은 인간의 의지로부터 독립해서 발전한다고 주장한다.

콘포스(Cornforth)는 이 마르크스의 주장을 다음과 같이 설명한다. 『예를 들면 매뉴팩처가 처음으로 생겼을 때, 이것을 시작한 사업주는 새로운 거대한 생산력을 만들어내는 계획 등은 아무것도 가지지 않았다. 그들은 다만 자기의 목전의 이익을 추구하고 있었음에 불과하였다. 매뉴팩처를 해 나가기 위해서, 그들은 임금노동자를 고용하기 시작하였다. 다시 말하면, 자본주의적인 생산관계를 맺기 시작한 것이다. 그들이 그렇게 한 것은 하등 그들이 자본주의를 수립한다고 하는 원대한 야심적인 계획을 가지고 있었기 때문은 아니다. 그들은 임금노동자를 고용하는 것이 매뉴팩처를 해나가는 데에 가장 좋은 방법이라는 것을 알았기 때문에 그렇게 한 것이다. 새로운 생산력, 즉 매뉴팩처에 있어서 움직이기 시작한 생산력의 발전은 이처럼 결코 그렇게 생각하여서 된 것이 아니고, 자연발생적으로 인간의 의지로부터는 독립적으로 일부의 사람들이 그들 자신의 목전의 이익을 추구한 결과로서 일어난 것이었다.』[21]

생산관계도 마찬가지로 인간의 의지로부터 독립해서 발전한다고 마르크스는 말한다.『인간은 그 생활의 사회적 생산에 있어서 일정한 필연적인 그들의 의지로부터 독립된 제 관계를, 즉 그들의 물질적 생산제력의 일정한 발전 단계에 대응하는 생산 제 관계를 맺는다.』[22] 또 스탈린은『새로운 생산력과 이에 조응하는 생산관계의 발생은……인간이 예정한 의식적인 활동으로서가 아니라 자연발생적으로 무의식적으로 인간의 의지와는 독립적으로 일어나는 것이다.』[23]라고 말하고 있다. 이와 같이 생산력이나 생산관계의 발생이나 발전은 인간의 의지에서 독립하여 행해진다는 것이 유물사관의 주장이다.

2) 비판과 대안

생산력 및 생산관계의 발생과 발전은 인간의 의지로부터 독립해 있다고 주장하는 공산주의의 진의는 무엇일까? 그것은 자본주의사회에 있어서의 생산력의 담당자는 피지배계급인 노동자이며, 생산력 발전을 위한 노동운동(계급투쟁)은 누구도 의지로서 막을 수 없다고 하는 것과 새로운 생산관계인 사회주의사회(공산주의사회)의 도래는 필연적이라는 것을 합리화하기 위해서인 것이다. 만약 생산력과 생산관계의 발생과 발전이 인간의 의지에 좌우된다고 하면, 정신적인 개혁만으로 사회는 개선될 수 있다는 논리가 되어서 폭력혁명이 정당화될 수 없게 되어 버린다.

이미 「생산력의 발전」의 항에서 설명한 바와 같이 통일사상에서 생산력은 인간의 욕망과 창조력과 지식 등의 성상적 요인과 사회적·물질적 조건인 형상적 요인이 수수작용을 함으로써 발전한다고 보는 것이다. 따라서 생산력은 인간의 의지로부터 독립된 것이 결코 아니다.

그런데 한 시대의 생산력의 발생과 발전에는 인간의 욕망이 작용하였다고 하더라도 역사적으로 본다면, 새로운 시대의 생산력의 발생은 자연발생적이며 구시대의 인간의 의지로부터는 독립되어 있다고 유물사관은 주장할지도 모른다. 과연 그 주장이 옳은 것일까. 역사적 사건이었던 산업혁명을 예로 들어서 검토하여 보기로 한다.

산업혁명은 케이(Kay)의 베틀북(飛梭)(1733), 하그리브즈(Hargreaves)의 제니방적기(1764), 와트(Watt)의 증기기관(1765), 아크라이트(Arkwright)의 수력방적기(1768), 카트라이트(Cartwright)의 수직기(水織機)(1785), 풀톤(Fulton)의 증기선(1807), 스티븐슨(Stephenson)의 증기기관차(1814) 등의 일련의 발명에 의해서 일어난 것이다. 이같은 발명의 총합에 의해서 이루어진 산업계의 변혁이 바로 산업혁명이었던 것이다.

이들의 발명을 이룩한 개개인의 과학자는 산업혁명이 일어나고 있는 줄도, 자본주의사회가 형성되고 있는 줄도 의식하지 못하였을지도 모른다. 그렇다고 해서 산업혁명이라고 하는 역사적인 생산력 발전이 인간의 의지로부터 독립되어 있었다고 말할 수 있을 것인가.

한 사람의 과학자가 발명을 하는 경우, 그는 그보다 이전에 나타난 많은 과학자들이 쌓아 놓은 지식이나 개발한 기술을 배운 터전 위에서 그 발명을 행하는 것이다. 따라서 과학자의 발명은 그 과학자 개인의 발명욕·창조력·지식을 터로 하고 이루어지는 것은 물론이지만, 그것은 그 이전의 과학자들의 발명욕·창조력·지식을 상속한 토대 위에서 행하여지는 것이다. 과학자의 발명욕이나 창조력은 인간이 가지고 있는 보편적인 기본적 욕망에 기인하는 것이다. 따라서 산업혁명에 있어서의 생산력의 발전은 과학자의 발명욕과 창조력에 의해서, 즉 인간이 가지고 있는 기본적 욕구에 의해서 이루어진 것이라는 결론이 되며, 따라서 그것이 인간의 의지로부터 독립되어 있었다고 할 수는 없다. 그리고 창조본연의 세계를 복귀하고자 하시는 하나님의 섭리가 과학자들을 통해서 작용하고 있었던 것도 잊어서는 안 된다.

생산관계에 관해서도 마찬가지이다. 「생산관계」의 항에서 설명한 바와 같이 생산관계를 결정하는 주인(主因)은 정치가의 의지와 하나님의 섭리(또는 그것에 대항하려고 하는 사탄의 짓)인 것이며, 인간의 의지로부터 독립한 물질적인 관계는 아닌 것이다.

공산주의는 공산주의사회의 도래가 인간의 의지와는 독립되어 있으며 필연적인 것이라고 주장하고 있다. 그러면서도 『공산주의자는 이제까지의 일체의 사회질서를 폭력으로 전복함으로써만 자기의 목적이 달성된다는 것을 공공연히 선언한다.』[24]고 하는 마르크스·엥겔스의 말에서 알 수 있듯이 한편에서는 공산주의사회의 실현은 공산주의자의 폭력적인 사명감과 혁명적 의지에 의해서만 이루어진다는 것을 공공연히 선언하고 있는 것이다. 이것은 한 사회의 형성에 있어서 인간(정치가)의 의지가 결정적 역할을 다하고 있다는 것을 솔직히 시인한 것에 지나지 않는다.

(5) 생산력의 발전에 대한 생산관계의 조응

1) 유물사관의 주장
― 생산관계는 생산력의 발전에 조응한다―

마르크스는 『물질적 생산 제력(諸力)의 일정한 발전 단계에 대응하는 생산 제 관계』[25]라고 하여, 생산관계는 생산력의 발전에 조응한다는 것을 주장한다. 스탈린은 그것을 부연해서 다음과 같이 말하였다.

『먼저 사회의 생산력이 변화하고 발전하며 그 후에 그것들의 변화에 의존하고 조응하면서 인간의 생산관계, 인간의 경제관계가 변화한다.』[26]

『역사상 사회의 생산력의 변화와 발전에 따라서 인간의 생산관계, 그들의 경제관계도 변화하며 발전하였다. 역사상으로는 생산관계의 다섯 가지 기본적인 형, 즉 원시공동체적, 노예제적, 봉건적, 자본주의적, 사회주의적인 형이 알려져 있다.』[27]

석기나 궁시(弓矢, 활과 화살)를 생산력으로 하고 있던 때는 원시공동체사회였지만, 노예와 금속제의 농기구가 생산력이 되면서 노예제사회가 되고, 농노(農奴)와 개량된 철제 농기구가 생산력이 되면서 봉건제사회가 되고, 그리고 노동자와 기계가 생산력이 됨으로써 자본주의사회가 되었다. 이와 같이 각각 그 생산력에 조응해서 그것에 어울리는 생산관계가 나타났다고 한다. 그리고 자본주의사회하에서 생산력이 더욱 발전하게 되면 머지않아 이 생산력의 발전에 조응해서 사회주의사회가 되고 드디어 공산주의사회가 된다는 것이다.

2) 비판과 대안

유물사관에 의하면 자본주의사회보다도 사회주의사회가, 그리고 또 사회주의사회보다도 공산주의가 한층 더 발달한 생산관계이다. 그런데 생산관계는 생산력의 발전에 조응한다고 되어 있기 때문에 자본주의사회의 생산력보다 사회주의사회나 공산주의사회의 생산력이 더욱 발전된 것이 아니면 안 된다. 그러나 오늘날 소련을 비롯한 공산주의국가의 생산력은 선진 자본주의국가에 비해 훨씬 떨어져 있다. 이것은 생산력의 발전에 조응해서 생산관계가 발전한다고 하는 유물사관의 법칙이 사실과 맞지 않는다는 것을 표시하고 있다. 결국 이 주장도 공산주의 혁명을 정당화하기 위한 독단적인 주장에 지나지 않았던 것이다.

통일사상에 의하면 생산관계는 반드시 생산력의 발전에 조응해서 결정되는 것은 아니다. 전항(본장 2(3))에서 설명한 바와 같이 생산관계는 객관적인 물질적 관계가 아니라, 인간의 의지와 사회적·물질적 조건과의 통일체이다. 이 통일체에 있어서 인간의 의지가 주체이며 사회적·물질적 조건이 대상이다. 따라서 생산관계는 사회적·물질적 조건에 영향을 받으면서도 사회의 지도적 입장에 있는 정치가들의 총합적인 의지에 의해서 결정되면서 발전해 온 것이다.

생산력의 발전의 정도를 고려하면서 현실의 경제상황에 상응하도록 정치가는 정책을 세워서 생산관계를 결정한다. 그런데 비록 동일한 생산력을 갖는 경제 상황에 있어서도 정치가의 목적, 사상, 의지의 차이에 의해서 상이한 생산관계가 세워지는 것이다. 실제로 소련의 공산주의사회는 생산력의 발전에 조응하면서, 자연발생적·필연적으로 나타난 것이 결코 아니다. 레닌을 중심으로 한 공산당의 의지(혁명의지)에 의해서, 폭력혁명에 의해서 생겨난 것이다. 한편 서구제국은 비슷한 정도의 생산력을 가진 사회로부터 시작하여 평화적인 방법으로 정책을 개선하면서 점진적으로 소련보다 훨씬 앞서는 오늘의 자본주의 경제를 확립한 것이다. 생산관계의 발전의 주요인이 사회적·물질적 조건이 아니라 인간의 의지(사상·목적)라는 것은 이것으로써도 알 수 있을 것이다.

그런데 이미 언급한 바와 같이 생산관계를 결정하는 또 하나의 요인은 하나님의 섭리이다. 즉 하나님은 뜻에 일치하는(또는 뜻에 가까운) 의지나 욕망을 가지고 있는 지도적 인물을 중심으로 하여서 창조이상세계의 실현을 향해서 사회를 이끌고 계시는 것이다.

한편 하나님의 섭리에 반대하는 악의 주체(사탄)도 하나님의 섭리에 대항하기 위하여, 역시 중심인물을 세워서 하나님의 이상을 흉내낸 사회를 세우려고 시도하여 왔다. 그와 같은 분립의 법칙(후술)에 의해서 거의 동일한 단계의 봉건사회로부터, 한편에서는 민주주의사회(자본주의사회)—영국이나 프랑스의 경우—가, 또 한편에서는 공산주의사회—러시아나 중국의 경우—가 세워진 것이다. 즉 비록 시대의 차이는 있다고 하더라도, 같은 정도의 생산력을 가진 봉건사회로부터 자본주의사회와 공산주의사회가 분립된 것이다. 따라서 공산주의사회는 마르크스가 주장했던 것처럼 생산력의 발전에 조응하면서 자본주의사회의 다음 단계로서 나타난 것이 아니고, 자본주의사회와 대항하기 위하여 나타난 악편의 사회였던 것이다.

결국 생산관계는 생산력의 발전에 조응해서 나타나는 것이 아니고, 하나님의 섭리하에서 인간(정치가)의 의지와 사회적·물질적 조건과의 수수작용에 의해서 나타난 것이다. 이것은 하나님의 섭리에 의해서 인간의 의지가 완전히 좌우된다는 것을 의미하는 것은 아니다. 통일사상에 의하면 하나님의 섭리는 인간의 자유의지에 의한 책임분담과 하나님의 책임분담이 합쳐져서 수행되었을 때 비로소 성취되도록 되어 있는 것이다. 따라서 비록 하나님 편에 세워진 중심인물이라 하더라도 완전히 하나님의 뜻에 맞도록 정책을 세워서 사회를 이끈다고는 말할 수 없으며, 따라서 실제에 있어서는 그와 반대로 하나님의 섭리의 방향에서 이탈되는 경우가 많이 있었던 것이다.

(6) 생산력의 발전에 대한 생산관계의 질곡화

1) 유물사관의 주장
―생산관계는 역사발전의 일정단계에 있어서 생산력의 발전에 대해서 질곡으로 화한다―

마르크스는 『사회의 물질적 생산 제력(諸力)은 그 발전이 어느 단계에 도달하면 지금까지 그것이 그 안에서 움직여온 기존의 생산 제 관계, 또는 그 법적 표현에 지나지 않는 소유 제 관계와 모순을 일으키게 된다. 이들의 제 관계는 생산 제력의 발전 제 형태로부터 그 질곡으로 변한다. 이때 사회혁명의 시기가 시작되는 것이다.』[28]라고 하였다.

생산력의 발전에 조응해서 일정한 생산관계가 성립하지만, 생산력은 끊임없이 발전하는 데 대하여 생산관계는 일단 성립하면 그대로 고정화하려는 경향이 있으므로 머지않아 생산력의 발전에 대해서 생산관계는 그 질곡으로 화해서 그것을 속박하게 되며,[29] 여기서 기존의 생산관계는 타파되고 새로운 생산관계가 세워진다는 것이다.

유물사관에 의하면 생산력의 발전을 담당하고 있는 것은 피지배계급인 근로대중[30]이며, 또 생산관계는 지배계급이 피지배계급을 착취하는 사회구조이므로 생산력의 발전에 대한 생산관계의 질곡화(桎梏化)란 지배계급과 피지배계급의 투쟁을 뜻하게 된다. 결국 계급투쟁(혁명)에 의해서 낡은 생산관계는 타파되고 새로운 생산관계가 세워진다는 것이다.

마르크스에 의하면 생산력이나 생산관계의 발전은 물질적 발전이므로 생산관계의 생산력에 대한 질곡화도 당연히 물질적인 질곡화라는 말이 된다. 그리므로 생신관계의 질곡화와 그 결과 일어나는 혁명은 객관적, 필연적인 것이어서 누구도 이것을 가로막을 수 없다는 결론이 되게 된다. 그것은 마치 자연계의 물질적 법칙이 인간의 어떠한 힘으로도 변경될 수 없는 것과 같은 것이다.

2) 비판과 대안

위에서 말한 바와 같이 마르크스는 사회혁명을 생산관계, 생산력의 발전에 대한 질곡화에 의해서 일어나는 물질적 현상으로 보고 있으나, 통일사상에 의하면 역사상에 있었던 사회혁명은 인간과 인간 사이의 욕망과 욕망의 충돌이었다.

프랑스혁명을 그 예로서 들어 보기로 한다. 유물사관에 따라 설명하면 이 혁명은 국왕, 승려, 귀족들을 지배계급으로 하는 생산관계가 농민이나 상공업 시민(중산층=부르주아지)에 의해서 추진된 생산력의 발전을 가로막았기 때문에 일어난 혁명이었다고 할 수 있을 것이다.

여기서 국왕을 중심으로 하는 승려, 귀족 등으로 이루어진 지배계급은 기존의 생산관계를 유지하려고 했던 것이다. 그러면 왜 그들은 봉건적 생산관계를 유지하려고 한 것일까. 통일사상의 관점에서 보면 그렇게 함으로써 그들의 욕망(권력욕, 지배욕, 소유욕 등)이 충족되기 때문이었다. 한편 농민이나 시민들은 왜 생산력을 발전시키려고 했을 것인가. 역시 그들도 그렇게 함으로써 그들의 욕망(소유욕, 이윤욕 등)이 충족될 것으로 믿었기 때문이었다. 따라서 양자의 충돌은 실은 욕망과 욕망의 충돌이었던 것이다.

농민들은 영주에게 연공(年貢)이나 조세를 납부하고 있었지만, 한

편 토지를 소유하고 작물을 자유로이 재배하며 판매도 하고 싶은 것이 그들의 욕망이었다. 또 상공업 시민들에 있어서는 노동력을 자유로이 획득하여 공장을 확대하고 상품을 대량으로 생산하여 자유로이 판매해서 이윤을 얻고 싶다고 하는 것이 그들의 욕망이었다. 그런데 국왕, 승려, 귀족들은 자기들의 권리욕이나 지배욕을 충족시키기 위해서 농민이나 시민의 욕망을 제한 또는 억압한 것이다. 거기서 양자의 욕망과 욕망이 상반되게 되고 불일치하게 되어서 충돌이 일어난 것이다. 따라서 프랑스혁명은 요컨대 욕망과 욕망의 충돌이었던 것이다.[31]

그러면 욕망과 욕망의 충돌(모순)이 생기게 된 근본적 동기는 무엇일까. 그것은 인간의 타락이다. 인간이 타락함으로써 인간이 가지고 있는 기본적 욕망이 자기중심적, 배타적인 현실적 제 욕망으로 나타나게 되었던 것이다. 즉 타락에 의하여 인간의 생활이 사탄 중심의 생활이 되어 버렸기 때문이다. 인간은 본래 하나님을 중심으로 한 호혜적인 욕망이 부여되어 있으며 인간끼리는 원만한 수수작용을 하게 되어 있었다. 그런데 타락에 의하여, 본심에 있어서는 호혜적인 욕망을 따르려고 하면서도 현실에서는 배타적인 욕망을 따르려고 하는 모순된 존재가 되어 버린 것이다.

인간이 가지고 있는 기본적 욕망은 하나님으로부터 주어진 것인 바, 그것은 전체목적과 개체목적이라는 이중목적(창조목적)을 실현하기 위한 것이다. 그중 전체목적은 개체목적에 우선한다. 따라서 기본적 욕망은 호혜적인 것이 되는 것이다. 그런데 타락된 인간은 개체목적을 우선시키게 되며 기본적 욕망은 배타적인 것으로 되어 버린 것이다.

생산관계의 생산력에 대한 질곡화를 순수하게 물질적인 충돌로 본다면, 그것은 인간의 의지에 의해서 조정될 수 없으나, 그것을 욕망과 욕망의 충돌로 본다면 욕망을 조정함으로써 그 충돌을 피할 수 있게 된다. 따라서 혁명은 반드시 폭력을 사용해야 한다는 논리는 서지 않는다. 국왕이 자기중심적인 욕망을 억제할 수 있었다면 국민을 위한 정치를 행할 수도 있었을 것이며, 국민 편에서도 평화적인 방법으로 새로운 지도자를 선정할 수 있었을 것이다. 실제로 프랑스혁명은 폭력적으로 행해져서 국왕의 처형에까지 이르렀지만, 영국의 명예혁명의 경우는 의회의 결정에 따라 전제군주인 제임스 2세를 대신해서 윌리엄 3세를 맞이해 들일 수 있었던 것이다.

프랑스혁명은 농촌의 흉작과 중세에 의한 농민의 불만과 국민에게 인망이 있었던 재무장관 네켈(Necker)의 면직, 군대에 의한 의회에 대한 위협 등이 직접적인 동기가 되어서 일어난 것이다. 그런데 그보다 훨씬 이전에 루이 14세가 낭트칙령을 폐지하고(1685), 신교도인 위그노를 압박하며 유능한 상공업자였던 그들을 추방하였기 때문에 프랑스 경제가 큰 타격을 받은 데에도 혁명의 원인이 있었던 것이다. 만일 국왕이 자신의 욕망을 선의 방향으로 바꾸어서 좋은 정책을 썼더라면 그와 같은 폭력적인 혁명은 일어나지 않고, 평화적으로 사회제도가 개선될 수 있었을 것이다.

그런데 여기에서 문제가 되는 것은 프랑스혁명에 있어서 주도세력이 농민계급이 아니고 중산층이었다고 하는 사실이다. 유물사관에 의하면 봉건주의사회에 있어서 대표적인 생산력(농업생산력)의 담당자는 피지배계급인 농민(농노)이었던 것이며 따라서 농민들이 주도적인 입장에 서서 「질곡」으로 화한 봉건주의사회를 타도한 것으로 되어야 한다. 그런데 실제로 혁명을 일으킨 주도세력은 피지배계급인 농민이 아니라 상업자본가, 매뉴팩처 경영자, 지주, 은행가 등의 중산층이었다. 유물사관에 의하면 그들은 피지배계급이 아니고 오히려 착취계급에 속해 있었던 것이며 따라서 생산력의 담당자는 아니었던 것이다.

　노예제사회가 봉건주의사회로 이행할 때에도 노예제사회의 피지배계급이면서 생산력의 담당자로 되어 있는 노예가 대두하여 노예제사회를 타도한 것은 아니었다. 예를 들면 로마제국은 기독교의 전파[32]와 게르만민족의 침입에 의해서 멸망된 것이며, (노예의 반란이 있었으나, 그것은 로마 멸망의 보조적 원인에 불과하였다.) 그 후는 다른 부족(게르만민족)의 왕이나 호족(豪族)이 지배계급(영주)이 된 것이다.

　이것은 생산력이 발전함으로써 기존의 생산관계가 질곡으로 화해서 생산력의 담당자인 피지배계급과 생산관계의 유지층인 지배계급이 투쟁하여 지배계급은 피지배계급에 의해서 타도된다고 하는 유물사관의 도식이 실제로 들어맞지 않았음을 뜻하며, 사회혁명의 참된 원인은 새로운 사회를 추구하는 지도자와 낡은 사회의 지도자와의 투쟁에 있다는 것을 의미하는 것이다.(여기에 대해서는 나중에 통일사관의 개요 중의 「역사의 변천」의 항에서 상세히 다루기로 한다.) 결국 「생산관계의 생산력에 대한 질곡화」의 이론은 자본주의를 무너뜨리기 위한 폭력혁명을 합리화하기 위하여 날조된 허구의 법칙에 불과하였던 것이다.

(7) 토대와 상부구조

1) 유물사관의 주장
① 「토대와 상부구조」 이론의 요점

　생산관계, 즉 경제적 제관계가 사회의 토대이며 그 위에 의식형태(관념형태)가 상부구조로서 세워진다는 것을 마르크스는 「경제학비판」의 서언에서 다음과 같이 말하고 있다. 『이 생산 제 관계의 총체는 사회의 경제적 기구를 형성하고 있으며, 이것이 현실의 토대가 되어서 그 위에 법률적·정치적 상부구조가 용립(聳立)하고, 또 일정한 사회적 의식 제 형태는 이 현실의 토대에 대응한다.』[33]

스탈린은 상부구조를 가리켜서 「견해」와 「기관」이라고 다음과 같이 말하였다. 『토대란 그 주어진 발전단계에 있어서의 사회의 경제제도이다. 상부구조란 사회의 정치적·법률적·종교적·예술적·철학적인 견해와 이에 조응한 정치적·법률적·기타의 기관이다.』[34] 여기서 견해란 마르크스가 말하는 의식 제 형태를 의미하며, 기관이란 그 견해를 실천에 옮기는 기구나 집단을 의미한다.[35]

관념론에 의하면 인간은 우선 견해를 발전시키고 다음에 그 견해에 따라 기관을 세우고 그것을 기초로 하여 경제생활을 영위[36]한다고 한다. 그러나 유물사관은 물질적인 경제적 조건(생산관계)에 조응하여서 견해나 기관이 세워진다고 한다. 이것은 생산관계와 견해·기관의 관계를 물질과 정신의 관계로서 파악하여 정신은 물질의 산물이라고 하는 유물론을 생산관계와 견해·기관의 설명에 적용한 것에 불과하다. 그래서 일정한 토대에 조응해서 특유한 견해나 기관이 나타나는 바, 그 토대가 멸망하면 견해·기관도 함께 멸망한다고 스탈린은 다음과 같이 말하였다. 『상부구조는 어떤 경제적 토대가 살아서 일하는 한 시대의 산물이다. 그러므로 상부구조가 살아 있는 것은 긴 것이 아니고 어떤 경제적 토대의 근절과 더불어 근절되며 소멸한다.』[37]

스탈린은 또 『상부구조는 생산, 인간의 생산적 활동과 직접으로 결부되는 것은 아니다. 그것은 간접으로 말하자면 경제기구를 통하여서 생산과 결부되어 있음에 지나지 않는다.』[38]고 하면서 상부구조는 직접적으로는 생산력과 결부되는 것은 아니라고 하였다.

② 의식(견해)의 능동성

유물사관은 토대와 상부구조의 관계를 물질과 정신의 관계로 보고 있으며 동시에 그것을 존재와 의식의 관계로서 파악한다. 마르크스와 엥겔스는 다음과 같이 말하였다.

『인간의 의식이 그 존재를 규정하는 것이 아니라 반대로 인간의 사회적 존재가 그 의식을 규정한다.』[39]

『인간의 생활관계, 사회적 인간관계, 인간의 사회적인 본연의 상태가 변화함과 동시에 인간의 관념이나 의견이나 개념도 또 변화한다는 것을 이해하기 위해서 깊은 통찰력이 필요할 것인가?』[40]

이와 같이 한편에서는 의식은 인간의 사회적 존재에 의해서 규정된다고 하면서 또 한편으로는 의식이 반작용에 의해서 경제의 영역에 영향을 미친다고도 말한다. 엥겔스는 『경제 상태는 토대이다. 그러나 상부구조의 여러 가지의 요인들……또는 이들 현실의 제 투쟁 모든 것의, 이에 관여한 자들의 두뇌에의 반영, 즉 정치적, 법률적, 철학적 제 이론, 종교적 견해와 그 교의체계에의 발전이 역사적인 제 투쟁의 경과에 작용(경제적 투쟁에의 반작용)하여 많은 경우에 현저하게 그 형태를 규정하는 것이다.』[41]라고 하였다.

그러나 비록 그렇더라도 견해나 기관은 역시 생산관계에 의해 규정된다고 주장한다. 마르크스와 엥겔스는 다음과 같이 말하였다.『인간은 그들의 표상, 관념 등의 생산자이다. 다만 이 인간이라는 것은 그들의 생산력과 그리고 이들의 생산력에 대응하는 교통(그 말단의 형성체까지 포함해서)과의 일정한 발전에 의해서 제약되고 있는 현실적인 활동을 하려고 하는 인간이다.』[42] 따라서 「인간의 사회적 존재가 그의 의식을 규정한다.」고 하는 명제는 여전히 타당하다는 결론이 된다.

③ 상부구조의 역할

이상과 같이 유물사관은 상부구조가 토대(생산관계)에 의해서 규정된다고 하면서도, 상부구조의 능동적인 작용을 인정하고 있다. 그리고 그 역할은 토대를 유지하며 강화하는 것이라고 한다. 스탈린은 다음과 같이 말하였다.

『상부구조는 생겨나면 최대의 능동적인 힘이 되어서 자기의 토대가 형성되고 강해지도록 능동적으로 협력한다. ……상부구조가 토대에 의해서 만들어지는 것은 토대에 봉사하기 위해서이며, 토대가 형성되어 강해지는 것을 능동적으로 원조하기 위해서이며, 낡은 수명이 다한 토대를 그 낡은 상부구조와 함께 근절하고자 능동적으로 싸우기 위해서이다.』

콘포스에 의하면 로마제국에 있어서는 공화제의 정치적 제도나 아리스토텔레스의 「노예 숙명설」과 같은 철학적 견해가 노예제의 유지·강화에 기여하였고, 중세의 봉건사회에 있어서는 국왕, 제후, 기사의 주종관계를 축으로 하는 정치적 제도나 토마스 아퀴나스의 히에라르키 사상 등이 봉건제의 유지·강화에 기여하였으며, 시민사회의 성립 후에는 민주공화제, 의회제도, 입헌군주제 등의 정치적 제도 및 개인주의적인 자유주의 사상이 자본주의의 유지 강화에 크게 기여하였다고 한다.[44]

2) 비판과 대안
① 상부구조는 토대에 조응하지 않는다

마르크스에 의하면 상부구조는 토대 위에 형성되는 것, 토대에 대응하는 것이었다. 그러므로 스탈린이 말한 바와 같이 상부구조는 어떤 경제적 토대의 산물이며, 토대의 존명기간 중 살아서 일하는 한 시대의 산물이며, 그 토대의 근절과 함께 소멸한다는 것이 유물사관의 「토대와 상부구조」론의 핵심이었던 것이다.

그러나 실제의 역사의 발전을 살펴보면 그와 같은 유물사관의 주장은 사실과 맞지 않음을 알게 된다. 예를 들면 상부구조의 일부라고 불리는 기독교, 불교, 유교 등의 종교는 마르크스가 말하는 노예사회인 그리스·로마사회 및 그 당시의 동양사회의 시대로부터 오늘날에 이르기까지 경제적 토대는 현저하게 변화하였음에도 불구하고 그 종교들은 소멸하지 아니하고 그대로 영속해 오고 있는 것이다. 이것은 종교뿐만이 아니라 상부구조의 일부인 법률이나 예술이나 철학의 분야에 있어서도 마찬가지인 것이다. 예를 들면 그리스 예술은 오늘날도 높이 평가되고 있으며, 로마법의 주요 개념은 최근까지 계속 살아서 근대 유럽 여러 나라의 법률의 기초를 이루고 있는 것이다.

그리스·로마 시대의 노예제도는 이미 먼 옛날에 근절되었음에도 불구하고, 그리스 예술이나 로마법이 오늘날에 이르기까지 소멸하지 아니하고 살아남아져 왔다고 하는 것은 그것들이 생산관계(노예제)에 조응해서 발생하고 쇠망한 것이 아니고, 생산관계에 어느 정도 영향을 받으면서도 독립성을 유지하여 온 것을 의미하는 것이다. 즉 공산주의의 토대와 상부구조의 이론이 잘못이었다는 것을 의미하는 것이다. 이 사실은 마르크스 자신의 다음과 같은 말에서 무엇보다도 잘 토로되고 있다.

『그렇지만 곤란한 것은 그리스의 예술이나 서사시가 어떤 사회적인 발전과 결부하고 있다는 것을 이해하는 점에 있는 것이 아니다. 곤란은 그것들이 우리들에게 대해서 아직 예술적인 즐거움을 주며 어떤 점에서는 도달할 수 없는 규범으로서의 의의를 지니고 있다는 것을 이해하는 점에 있다.』[45]

이것은 마르크스가 그리스 시대의 상부구조인 예술이나 서사시가 오늘날에도 우리들에게 즐거움과 규범을 주고 있어서 자신의 상부구조와 토대의 이론에 일치하시 않음을 솔직히 인정하는 자기고백인 것이다.

② 「토대와 상부구조」에의 대안

이미 (3) 「생산관계」의 항에서 설명한 바와 같이 생산관계는 인간(정치가)의 의지와 사회적, 물질적 조건의 합성체, 즉 통일체이지만 견해나 기관의 경우도 마찬가지로 인간의 의지와 사회적·물질적 조건의 합성체인 것이다. 견해와 기관은 주로 정신적·관념적인 것이기는 하지만, 그것들도 일정한 사회적 조건 밑에서 형성되며, 뿐만 아니라 경비나 자재, 건물과 같은 물질적 조건을 필요로 하기 때문이다. 이리하여 토대도 의지(정신)와 물질적 조건의 합성체(통일체)이며 견해·기관도 정신과 물질적 조건의 합성체(통일체)인 것이다. 따라서 유물론의 물질과 정신의 개념을 확대 적용하여서 토대를 물질적인 것으로만 다루고 상부구조를 정신적·관념적인 것으로만 다루는 유물사관의 이론은 전적으로 잘못이라 아니할 수 없다.

통일사상에서 보면, 마르크스의 소위 상부구조로서의 견해와 기관은 인간의 기본적 욕망 중 성상적(性相的)인 욕망(진선미의 가치에 대한 욕망)이 중심이 되어 있으며, 토대로서의 생산관계는 형상적(形狀的)인 욕망(의식주에 대한 욕망)이 중심이 되어 있다. 그러한 의미에 있어서 양자의 관계를 성상과 형상의 관계로서 볼 수 있다. 그런데 성상과 형상의 관계에 있어서 성상이 주체요 형상이 대상이다. 그런데 유물사관은 생산관계가 토대이고 그 위에 그것에 조응하여서 견해나 기관이 생긴다고 하였는데, 이것은 토대인 생산관계가 주체이고 견해와 기관은 그것에 의존하는 대상임을 뜻하는 것이라 하겠으며, 그런 의미에서 통일사상의 입장과는 정반대인 것이다. 주체는 견해와 기관(성상)이고 생산관계(형상)는 그 대상이며, 이 양자가 원만하게 수수작용을 함으로써 사회가 발전해 나가는 것이다.

로마의 노예제 생산관계는 법률사상과 공화정치하에서 영위되었다. 중세의 봉건제 생산관계는 가톨릭의 히에라르키 사상하에서 영위되었다. 자본주의 생산관계는 칼빈(Calvin)파의 흐름을 이어받은 퓨리타니즘(Puritanism)의 정신, 로크(Locke)나 루소(Rousseau) 등의 민주주의 사상, 아담 스미스의 경제사상 등과 의회정치하에서 성립하였다. 그리고 공산주의 생산관계는 말할 것도 없이 마르크스, 레닌의 사상을 토대로 해서 성립한 것이다. 이와 같이 종교나 사상이 주체적인 역할을 다하는 가운데 일정한 경제제도가 성립하며 유지되어 온 것이다.

유물사관은 생산관계가 토대가 되어서 그 위에 견해나 기관, 즉 관념형태가 형성된다고 말하고 있지만, 실제는 그렇지 않다. 마르크스의 공산주의사상을 예로 들어 보더라도, 그것은 아직 공산주의사회라는 생산관계가 존재하기 이전에 마르크스에 의해서 구축된 것이다. 즉 공산주의사상은 자본주의사회의 생산관계 안에 있으면서 그 모순이나 병폐를 꿰뚫어 본 마르크스에 의해서 자본주의사회에 대신하는 이상적 사회를 실현하는 이론으로서 세운 것이다.

유물사관이 말하는 상부구조와 토대와의 관계는 전자와 후자가 성상과 형상의 관계, 즉 주체와 대상의 관계에 있다고 하는 것이 통일사상의 견해이다. 주체와 대상은 상호작용하지만, 본질적으로는 주체가 대상을 주관한다든지 변화시킨다든지 한다. 따라서 그 상호작용에 의해서 토대에 의한 상부구조의 변화보다도 상부구조(이데올로기)에 의한 토대의 변화가 더 큰 것이다.

그리고 통일사상의 입장에서 볼 때, 유물사관이 말하는 상부구조 그 자체니 토대 그 자체도 각각 인간의 의지와 사회적 물질적 조건의 합성체, 즉 성상(性相)과 형상(形狀)의 합성체이다. 즉 상부구조도 성상·형상의 합성체이며 토대도 성상·형상의 합성체이다. 여기서 인간의 의지란 기본적 욕망과 현실적 욕망의 나타남인 것이다. 그런데 이 기본적 욕망은 때와 장소의 여하를 불구하고 불변한 것인데 대해서 현실적 욕망은 일시적이며 장소와 시대(시간)에 따라서 가변적이다. 따라서 기본적 욕망을 충족시켜 주는 요소를 보다 많이 포함한 관념형태가 보다 보편적이며 영속적인 것임은 두말할 필요도 없다. 로마법이나 그리스 예술이 모든 사회에 통하는 보편적인 면을 가지고 있는 것은 그 때문이다. 그런데 토대로서의 생산관계는 시대와 더불어 바뀌어 왔다. 즉 노예소유자(귀족)와 노예의 관계로부터 지주와 농노의 관계로 바뀌고, 또 자본가와 노동자의 관계로 바뀌어 왔다. 그것은 경제적 활동이 주로 현실적 욕망을 중심으로 하고 영위되기 때문이다.

이미 제2장 5절에서 말한 바와 같이, 마르크스는 생산관계와 제 관념 형태의 관계를 물질과 정신의 관계로서 취급하였다. 즉 마르크스는 생산관계를 물질의 개념에, 관념형태를 정신의 개념에 포함시켰다. 그러나 통일사상에서 볼 때 사회생활에 있어서 물질로서 다룰 수 있는 것은 유형의 경제재(유형재)에 한정된다. 그러므로 사회에 있어서 정신과 물질에 해당하는 것은 각각 인간의 의지(욕망)와 경제재이며, 그것들의 수수작용에 의해서 종교, 정치, 경제 등 사회생활의 모든 분야의 영위가 이루어진다고 보는 것이다.

(8) 국가와 혁명

1) 유물사관의 주장

유물사관에 의하면 원시공산제(原始共産制)의 사회에는 계급이 없고, 따라서 착취나 지배가 없었지만 생산력의 발전에 따라서 분업이 생기고 그 결과 사유재산이 생겨서 착취하는 계급과 착취당하는 계급이 생기게 되었다고 한다. 마르크스·엥겔스는 「도이치 이데올로기」에서 다음과 같이 말하였다.

『어느 정도까지 한 국민의 생산력이 발전하고 있는가는 분업이 발전하고 있는 정도에 따라서 가장 명백히 표시된다. 어떠한 새로운 생산력일지라도 이것이 지금까지 이미 알려진 생산력의 단지 양적인 확장(예를 들면 소유지의 개간)이 아닌 한, 분업의 새로운 발달을 결과로서 동반하는 것이다.』[46]

『분업의 내부에서는 인격적인 관계가 필연적 및 불가피적으로 계급관계로 성육(成育)하며 고정화한다.』[47]

콘포스도 마찬가지로 다음과 같이 말하였다. 『사회적 생산이 원시공산제 이상으로 발전하면 공동체는 전체로서의 사회적 생산 속에서 각각 다른 지위를 차지하며, 생산수단에 대해서도 각각 다른 관계를 가지며, 따라서 생산물의 할당(몫)을 얻는 방법도 각각 다른 몇 개의 집단으로 갈라진다. 이들 집단이 사회의 계급을 형성하며, 그들 계급간의 관계가 일정한 사회의 계급관계 또는 계급구성을 형성한다. 계급이 존재하는 것은 사회적 생산에 있어서의 분업의 결과이다. 분업으로부터 사유재산의 제 형태가 생기며, 거기서부터 사회는 제 계급으로 분열한다.』[48]

이렇게 하여 발생한 계급사회에 있어서 소수자로서 이루어지는 하나의 계급이 다수자로서 이루어지는 다른 계급(대중)을 착취하고 지배하는 바, 그때 계급지배의 기관으로서 생긴 것이 국가라고 한다. 거기서는 군대나 경찰은 피지배계급의 반항을 분쇄하기 위해 국가가 갖는 강제기관이라고 한다. 엥겔스와 레닌은 국가에 대해서 다음과 같이 설명하고 있다.

『국가는 계급대립을 제어할 필요로부터 생긴 것이며, 그것은 동시에 이들의 계급의 항쟁의 한가운데에서 생긴 것이므로 그것은 보통 가장 유력한 경제적으로 지배하는 계급의 국가이다. 그리고 이 계급은 국가를 통해서 정치적으로도 지배하는 계급이 되며, 이리하여 피압박계급을 억제하며 착취하기 위한 새로운 수단을 획득한다. 이리하여 고대국가는 무엇보다도 우선 노예를 억제하기 위한 노예소유자의 국가였으며, 마찬가지로 봉건국가는 농노·예농적(隸農的) 농민을 억제하기 위한 귀족의 기관이었으며, 근대적 대의제국가는 자본에 의한 임금노동의 착취의 도구인 것이다.』[49](엥겔스)

『마르크스에 의하면 국가는 계급 지배의 기관이며, 한 계급에 의한 다른 계급의 억압의 기관이며, 계급의 충돌을 완화하면서 이 억압을 합법화하여 견고한 것으로 하는 「질서」를 창출하는 것이다.』[50](레닌)

국가가 계급사회에 있어서의 계급지배의 기관이라고 한다면 국가는 계급사회 이전의 사회(원시공산제사회)에 있어서는 존재하지 않았고, 계급사회의 발생과 함께 생겼다는 이야기가 된다. 실제로 엥겔스는 다음과 같이 말하고 있다.

『이리하여 국가는 영원한 옛날부터 있었던 것은 아니다. 국가 없이 살고 있었던 사회, 국가나 국가권력을 꿈에도 알지 못하였던 사회가 존재하고 있었다. 제 계급으로의 사회의 분열과 필연적으로 결부되어 있었던, 일정한 경제적 발전의 단계에서 이 분열에 의해서 국가가 하나의 필연사가 되었다.』[51]

그리고 공산주의 혁명에 의하여 계급이 소멸하면 그것과 함께 『국가도 불가피적으로 멸망한다.』[52]

레닌은 국가의 사멸에 대해서 다음과 같이 설명하고 있다.

『사회적 제 관계에 대한 국가권력의 간섭은 한 분야에서 다른 분야로 순차로 여분의 것이 되며, 이어서 스스로가 잠들게 되어 버린다. 인간에 대한 통치에 대신하여 물건의 관리와 생산과정의 지도가 나타난다. 국가는 「폐지」되는 것이 아니다. 그것은 사멸하는 것이다.』[53]

『국가가 완전히 사멸할 수 있는 것은 사회가 「각 사람은 그 능력에 따라서, 각 사람에게는 그 욕망에 따라서」라는 준칙을 실현할 때, 즉 사람들이 능력에 따라서 자발적으로 노동할 수 있을 정도로 공동생활의 근본적 규칙을 지키는 일에 익숙해지고, 그들의 노동이 그만큼 생산적인 것이 될 때일 것이다.』[54]

그러나 한번 국가권력을 장악한 지배계급은 절대로 그것을 넘겨주려 하지 않는다. 또 만일 권력을 빼앗겼을 경우에는 그것을 탈환하려고 필사적이 된다. 그러므로 노동자 계급이 권력을 장악하려는 최후의 혁명에 있어서는 오랜 착취세력의 잔재를 일소함으로써 모든 착취를 폐지하기 위하여 다수자(프롤레타리아트)가 소수자(부르주아지)를 지배하는 국가, 즉 프롤레타리아트의 독재국가가 필요하다는 것이다. 레닌은 다음과 같이 말하였다.

『프롤레타리아트에게는 국가가 필요하다. ……국가는 특수한 권력 조직이며, 어떤 계급을 억압하기 위한 폭력조직이다. 그러면 어떤 계급을 프롤레타리아트는 억압하지 않으면 안 되는 것인가? 말할 것도 없이 착취계급, 즉 부르주아지뿐이다. 근로자에게는 착취자의 반항을 억압하기 위해서만 국가가 필요한 것이다.』[55]

2) 비판과 대안

① 계급의 발생과 소멸에 대해서

유물사관의 이 같은 국가관이 정당화되기 위해서는 우선 왜 처음에 무계급 사회에 계급이 생기게 되었는가, 그리고 왜 공산주의사회가 되면 다시 계급이 없어지는가 하는 근본적인 이유가 밝혀지지 않으면 안 된다.

여기서 계급의 발생과 소멸에 관한 유물사관의 설명을 검토해 보기로 하자. 이미 말한 바와 같이 마르크스·엥겔스는 「도이치 이데올로기」에서 생산력의 발전에 의하여 분업이 생기고 그 결과 계급이 생겼다고 한다. 그러면 그렇게 해서 생긴 계급이 이번에는 어떻게 해서 소멸되는가? 엥겔스는 「반듀링론」에서 다음과 같이 설명하고 있다.

『사회가 착취하는 계급과 착취당하는 계급, 지배하는 계급과 억압받는 계급으로 분열한 것은 이제까지 생산의 발전이 낮았던 것의 필연적 결과였다.……그렇지만 위와 같이 계급에의 구분(계급의 발생)에는 어떤 역시적으로 정당한 이유가 있을지라도 그렇게 말할 수 있는 것은 일정한 기간, 일정한 사회조건에 대해서 뿐인 것이다. 이 구분은 생산이 불충분함에 기인하는 것이었으므로 근대적인 제 생산력의 충분한 발전에 의해서 그것은 일소되어질 것이다.』[56]

엥겔스는 처음에 생산력의 발전에 의해서 분업이 생기고, 다시 그것에 의해서 계급이 생겼다고 말하면서, 나중에는 생산력이 충분히 발전하면 계급은 소멸한다고 한다. 이것은 전후가 모순된 설명이다. 처음에는 「생산력의 발전」이 계급 발생의 원인이었는데, 나중에는 그것이 계급 소멸의 원인이 되어 있기 때문이다. 이와 같이 계급의 발생과 소멸에 대한 유물사관의 설명은 비논리적이다. 오늘날 공산주의사회에 있어서 계급이 소멸하기는커녕 새로운 지배계급(공산당)이 나타나서 프롤레타리아 독재의 이름 밑에 인민을 가혹하게 착취하며 억압하게 된 사실이 무엇보다도 이 주장의 허구성을 증명하고 있는 것이다. 계급의 발생과 소멸의 참된 원인은 다른 점에서 구하지 않으면 안 된다.

통일사상에 의하면 인간사회에 착취와 피착취의 적대적 관계가 생긴 것은 인간이 타락하였기 때문이며, 그 결과 인간의 기본적 욕구가 자기중심적인 욕망으로 되어 버렸기 때문이다. 즉 악의 주체인 사탄이 인간의 마음에 작용함으로써 인간에게 사심이 생기게 되었기 때문이다. 그 때문에 인간은 약탈·착취·억압에 의해서까지 자기의 욕망을 채우려 하며, 세력이 우세한 자는 착취하는 자가 되고 열세한 자는 할 수 없이 착취당하는 자가 되었던 것이다.

여기서 그와 같은 사탄적인 욕망은 반드시 물질적인 조건을 통해서 작용한다는 것에 유의하지 않으면 안 된다. 따라서 물질적 조건이 그다지 갖추어져 있지 않았던 고대의 씨족사회에서는 비록 인간의 욕망이 사탄적인 욕망이었다고 하여도 그것이 표면화되지 않았다고 보아야 할 것이다. 그러나 생산력의 발전과 함께 물질적 조건의 축적이 증대함으로써 점차로 표면화하게 되어서 강자가 약자를 약탈함으로써 거기에 적대적인 계급이 생기게 된 것이다.

인간이 만약 사심을 물리치고 본심의 작용에 따라 행동해 왔었다면, 비록 생산력의 발전하에 분업이 행해지게 되었다 하더라도 상호협조하는 공동체를 형성했을 것이다. 따라서 적대적인 계급관계는 분업에 의해서 생긴 것이 아니고, 사심의 작용에 의해서 생긴 것이다.

그러므로 생산력의 발전에 따라서 필연적으로 일어난다고 하는 사회주의 혁명에 의해서 계급이 소멸한다고 유물사관은 주장하고 있으나 인간의 사탄적인 욕망이 없어지지 않는 한 결코 그런 일은 있을 수 없다. 실제로 유물사관의 주장과는 정반대로 공산주의사회에서는 자본주의사회 이상의 독재, 착취, 억압이 행해지고 있는 것을 본다. 그것은 자본주의사회가 많은 병폐를 안고 있다고는 하지만, 기독교를 중심으로 한 종교의 영향에 의해서 지배계급의 사탄적인 욕망이 어느 정도 억제되어 온 데 반하여, 공산주의사회에서는 종교는 실질적으로 억압되어 있기 때문에 지배계급(공산당)이 사탄적인 욕망에 직접적으로 지배받고 있기 때문이다. 그러므로 밀로반 질라스(Milovan Djilas)가 「새로운 계급」 안에서 말한 바와 같이 혁명의 성공과 함께 공산주의자들은 그때까지 가지고 있었던 이상이나 도덕규율을 모두 팽개쳐 버리고 독재적인 성격을 드러냈던 것이다.[57]

② 국가관의 대안

이상 유물사관에 의한 계급의 발생과 소멸 이론의 잘못을 지적하였다. 그러므로 계급지배의 기관으로서 국가가 성립하였다고 하는 주장도, 그리고 공산주의사회가 되어서 일정한 단계에 이르면 국가는 사멸한다고 하는 주장도 당연히 그 근거를 상실하게 되는 것이다.

국가가 유물사관이 보는 바와 같이 적대계급으로 이루어진 계급국가가 아니라는 것은 계급의식이 민족의식을 능가할 수 없었던 것으로도 명백하다. 제1차 세계대전 때, 제2 인터내셔널의 사회주의자들은 각각 상대국의 프롤레타리아트와 협력하지 않고 자국의 정부를 지지하여 그 결과 제2 인터내셔널은 붕괴되어 버렸다. 또 1960년대 이후의 중소대립에서 볼 수 있는 바와 같이 공산주의 제국은 국제적인 단결을 이루지 않고 오히려 민족적 공산주의 노선을 추구하고 있다. 이것은 본래 민족의식이 계급의식보다 강하다고 하는 것, 따라서 계급의 대립관계가 국가의 본질이 아니라 민족의식, 동족의식의 형성이 국가의 본질이라는 것을 증명하고 있는 것이다.

통일사상에 의하면 국가란 본래 가정이 확대·연장된 것이다. 그러므로 국가의 수반은 가장, 즉 부모에 해당하며 국민은 가족에 해당하는 것이다. 타락이 없는 본연의 세계에 있어서는 전 세계는 하나의 통일국가를 이루었을 것이다. 그 국가의 중심은 인류의 부모인 하나님이며, 하나님을 중심으로 하여 모든 국민은 형제자매의 관계를 맺고서 창조본연의 수수작용을 행했을 것이다. 즉 거기에서는 사랑을 중심으로 한 윤리적 생활과 풍부한 경제활동이 함께 영위되었을 것이다.

타락한 인류역사에 있어서도 하나님의 섭리에 의하여 장래에는 이와 같은 통일국가가 실현된다고 본다. 그것은 곧 하나님의 나라이며, 지상천국이며, 천주주의국가(영계와 지상계가 하나로 된 국가)이며, 공생·공영·공의주의 국가이다. 그러나 오늘날까지의 인류역사에 있어서는 인간 타락의 결과, 인류는 부모인 하나님으로부터 떨어져서 인류는 형제자매의 윤리적 관계를 잃어버리고 말았다. 그 결과 자기중심적인 욕망에 따라서 물질 중심의 생활을 행하게 되고, 지배자는 착취 억압을 일삼게 되어서 국가는 억압의 기관으로 보여지기까지 변질해 버린 것이다.

보통 국가의 구성 요소로 주권·국민·영토의 세 요소를 들 수 있는데, 통일사상에 있어서도 특히 주권자와 국민은 국가의 기본적 구성요소로 간주되고 있다. 그러나 주권자와 국민과의 관계는 유물사관이 주장하는 것 같은 착취계급과 피착취계급의 관계로서가 아니라, 본래는 주체와 대상의 원만한 상대적 관계로 파악하는 것이다.

역사를 돌이켜 볼 때, 이 세 가지 요소 중에서 국가 성립의 결정적 요소는 주체인 주권자였다. 그 주권자의 의지를 통해서 하나님의 섭리 또는 사탄의 의도가 작용한 것이다. 그리고 역사가 증명하는 것처럼 주권자가 자기중심적인 욕망에 사로 잡혀서 사탄 쪽으로 기울어지면 그 국가는 비록 일시적인 번영을 보였더라도 머지않아 멸망하지 않을 수 없었던 것이다. 반대로 주권자가 하나님의 섭리와 일치하는 방향으로 행동하면 그 국가는 비록 일시적인 고난을 받았더라도 그 주권은 결국 번영했던 것이다.

(9) 사회의 제 형태

1) 유물사관에 의한 설명

유물사관에 의하면 일정한 생산관계로 특징 지워진 사회(사회구성체)[58]는 생산력의 발전에 따라서 변천하여 왔는데, 역사상에 나타난 것은 원시공동체사회, 노예제사회, 봉건제사회, 자본주의사회, 사회주의사회(공산주의사회)라고 한다.[59] 이들 사회의 제 형태에 관한 유물사관의 설명을 다음에 소개한다.

① 원시공동체사회

원시공동체사회는 원시공산제사회라고도 하는데[60] 그것은 채집, 수렵, 어로, 원시적인 목축이나 농경 등에 의해서 특징지워지는 생산력의 발전이 매우 낮은 사회여서, 거기서는 만인의 공동노동이 필요하며 생산수단의 사적 소유나 타인의 잉여생산물의 취득도 불가능하다. 따라서 그것은 계급도 착취도 없는 씨족공동체사회였다. 그런데 생산력의 지속적 발전과 함께 농업과 목축이 분리되고 나아가 금속기의 도구를 생산용구로 도입하면서부터 생산력은 한층 더 발전하여 수공업이 나타났다. 그에 따라서 공동체적인 생산은 생산력의 발전에 대하여 장해가 되게 되었다. 그리하여 씨족공동체는 분해하고 각 가족(대가족) 단위로 생산을 행하게 되었다. 그 결과 생산용구의 사적 소유가 발생하게 되어 빈부의 차가 증대되고 계급사회가 나타나게 되었다.

② 노예제사회

씨족사회에 있어서 빈부의 차가 증대하는 동시에 경제적으로 뒤떨어진 자는 점차로 씨족사회의 성원으로서의 지위를 잃고 노예가 되며 또 씨족사회끼리의 전쟁에서 패하여 포로가 된 자도 노예가 되었다. 여기서 노예소유자(귀족)와 노예라고 하는 지배·피지배의 두 계급이 생겼다. 노예는 「말하는 도구」로서 착취를 당하고 노예소유자 계급은 노예의 반항을 억압하는 지배체제를 견고하게 하기 위해 국가를 만들었다. 이리하여 노예제국가가 국가의 시작이 된 것이다. 이 노예제 아래에서 생산력은 더욱 발전하였다. 금속제의 생산용구가 널리 쓰이게 되어 농업이 발달하고, 분업은 더욱 진행되어 여러 가지 수공업이 나타났다. 또 대량의 노예 노동을 사용함으로써 도로, 수도, 대건축 등이 건설되었다.

그리스나 로마시대가 바로 노예제사회이며 그리스나 로마의 문화는 이와 같은 노예의 착취와 지배의 기반 위에 세워졌는 바, 노예를 비인간적으로 억압하는 노예제 하에서는 노동의 숙련도의 향상을 바랄 수 없고 생산력의 발전에 대하여 점차로 이 생산관계도 장해가 되었다. 그리하여 노예의 반란(계급투쟁)과 게르만민족의 침입에 의해서 노예제사회는 드디어 붕괴되고 말았다.

③ 봉건제사회

로마의 말기에 이르러 노예소유자가 몰락되자 노예는 해방되고, 대

토지 소유자가 그들을 농노로서 고용하게 되었다. 또 로마제국의 일부의 중산시민도 몰락해서 농노가 되었다. 그러나 농노는 노예와 같이 생살(生殺) 여탈을 자유로이 할 수 있는 하나의 물품으로서는 다루어지지 않았지만, 토지에 묶여서 영주에게 부역과 공납을 바치지 않으면 안 되었다. 이리하여 여기에 영주와 농노가 지배·피지배의 관계를 갖는 봉건사회가 출현하게 되고 이 봉건제 하에서 생산력은 현저하게 발달하였다. 농경기술의 개선, 철제농구의 보급에 의해 농업 생산력은 급속히 성장하고, 수공업과 상업도 한층 번성하여 도시가 발달하였다. 그래서 생산력의 향상에 따라서 드디어 매뉴팩처(공장제수공업)가 생기게 되자 노동의 공급원이 막혀져 있던 봉건제사회에서 드디어 생산력의 발전이 방해를 받게 되었다. 봉건제 하에서의 농민은 모두 영주에게 예속되어 있으므로 그들을 노동자로서 자유로이 고용할 수도 없고, 또 생산물을 자유로이 판매할 수도 없었기 때문이다. 그리하여 봉건제는 생산력의 발전에 대해서 질곡(桎梏)으로 화(化)하고 피지배계급인 농민의 반란, 매뉴팩처의 발생과 함께 대두한 부르주아지에 의한 시민혁명에 의해서 드디어 봉건제사회는 붕괴되었다.

④ 자본주의사회

농노를 토지와 영주로부터 해방하여 자유 노동자가 되게 함으로써, 그리고 산업혁명에 의한 기계나 동력의 개발에 의해서 매뉴팩처는 대규모의 기계제공업으로 발전하여 부르주아지(자본가계급)는 경제의 주도권을 쥐게 되었다. 노동자는 자유계약에 의해서 자본가에게 고용되었지만, 생산수단을 갖지 않은 노동자는 노동력을 팔고 자본가의 착취에 몸을 맡기지 않고는 살아갈 수 없었다. 이렇게 해서 자본가와 노동자가 지배·피지배 관계에 있는 자본주의사회가 성립되었다. 자본주의사회에서의 생산력은 비약적으로 발전하였다. 그러나 이 사회도 생산력의 발전이 어떤 단계에까지 도달하면 생산관계는 이에 대해서 질곡으로 화하게 된다. 생산은 사회적인데 대해 생산물의 취득이 사적이라는 사회적 모순이 커져서 노동자의 빈곤과 고통이 증대하기 때문이다. 그리하여 단결한 노동자들에 의해서 혁명이 일어나고 자본주의사회는 타도된다.

⑤ 사회주의사회

사회주의사회는 자본주의사회로부터 공산주의사회에 이르는 과도적인 단계이다. 혁명에 의해서 자본가 계급을 타도하고 생산수단을 사회적 소유로 함으로써 생산력은 아무런 장해를 받는 일 없이 자유로이 또는 충분히 발전하게 된다. 그러나 이 사회의 단계에서는 아직 국내에는 적성요소(敵性要素), 국외에는 적성국가(敵性國家)가 있기 때문에 국방력과 경찰력을 강화하지 않으면 안 되며 따라서 독재정치는 불가피하며, 생산력의 발전은 『각 사람은 그 능력에 따라서 일하고, 그 노동에 따라서 받는다.』[61]고 하는 상태에 머문다.

⑥ 공산주의사회

공산주의사회가 되면 일체의 계급차별은 소멸되고, 사회적 분업에 의해서 그 능력의 전면적 발전이 저해되고 있었던 인간은 완전히 자유의 몸이 되어서 각 사람은 스스로 이 능력을 자유로이 발휘할 수 있게 되며, 노동은 의무에 의해서가 아니고 기쁨에 의해서 하게 되며, 인간은 「필요에 따라」[62] 지급을 받게 된다. 인간이 생산수단과 생산물에 의해 지배되어 온 상태는 일소되어서 인간은 사회조직에 대한 완전한 지배자가 되고, 자연에 대한 개조 및 지배의 주인이 된다.

엥겔스는 다음과 같이 말하였다. 『오늘날까지 인간을 지배하고 인간을 둘러싸고 있는 생활조건의 외위(外圍, 바깥 둘레)는 이제야 인간의 지배와 통제하에 들어오며, 인간은 여기서 비로소 자연에 대한 참된 의식적인 주인이 된다. 이것에 의해서 인간은 자기 자신의 사회조직의 주인이 되기 때문이다.……그 후부터는 처음으로 인간이 움직이는 사회적 제 요인이, 주로 더 많은 인간이 희망하는 결과를 가져오게 된다. 그것은 필연의 왕국으로부터 자유의 왕국으로의 인류의 비약이다.』[63] 이렇게 해서 인간의 전사(前史)는 종말을 고하고 인간의 역사가 시작된다.[64](마르크스)

2) 비판과 대안
① 유물사관 공식의 오류

생산력의 발전에 조응하여 역사적으로 원시공동체제, 노예제, 봉건제, 자본주의, 사회주의(공산주의)의 생산관계가 나타난다는 것이 유물사관의 주장이었다. 그러나 그와 같은 다섯 가지 경제제도가 생산력의 발전과 함께 실제로 나타났느냐 하면, 반드시 그렇지는 않았다. 동독의 「마르크스주의 철학」에는 그 사실이 솔직하게 다음과 같이 쓰여 있다.

『말하자면 역사의 발전은 세계의 모든 부분에서 위에서 말한, 경제적 제 사회구성체의 제 시기(諸時期)를 모두 통과한 것은 아니었던 것이다. 예를 들면 서유럽 제 민족은 본질적으로는 소위 아시아적 사회구성체(원시공동체사회)를 통과하지 않았다. 한편 대개의 아시아적 민족은 그리스와 로마에 있어서의 그 고전적 형태라는 의미로는 노예제를 체험하지 않고 아시아적 생산형태로부터 극히 점차적으로 봉건제로 옮겨간 것이다. 또 잘 알려져 있는 바이지만, 소련 연방의 다수 민족이나 몽골·중국·북한·베트남의 제 민족의 예가 보여 주듯이, 오늘날에는 모든 민족이 반드시 발달한 자본주의적 사회형태를 통과한 후가 아니면 사회주의로 이행할 수 없다고 하는 뜻은 아닌 것이다.』[65]

마르크스가 주장하는 다섯 가지 사회형태(사회구성체)는 실제로는 그대로의 모양으로 나타나는 일은 없었던 것이다. 더구나 사회주의 혁명은 가장 생산력이 발전한 영국과 같은 선진 자본주의국가에서 일어나지 않고, 자본주의사회가 충분히 성숙하지 않은 러시아와 같은 후진국에서 일어났다고 하는 사실은 유물사관의 배리성(背理性)의 또 하나의 증거인 것이다. 스탈린은 그것을 레닌의 혁명이론을 해설하면서 다음과 같이 변명하였다. 『레닌의 혁명이론은 다음과 같이 이것을 반박한다. ―그렇지 않다. 반드시 공업이 한층 더 발전하고 있는 곳일 필요는 없다. 자본의 전선은 제국주의의 쇠사슬이 다른 곳보다 약한 곳에서 끊겨진다.』[66]

마르크스가 말하는 다섯 개의 사회형태가 순수한 모양으로 한 번도 나타난 일이 없었다고 하는 것은 마르크스가 주장하는 공식이 잘못임을 나타내는 것이다. 그러나 너그럽게 보아서 서구사회에 있어서의 원시공동체제는 예외로 하고 노예제, 봉건제, 자본주의 세 가지 사회의 이행이 어느 정도 있었다는 것은 인정할 수 있다. 그러나 생산력이 충분히 발달한 자본주의사회에서는 혁명이 일어나지 않고 러시아와 같은 「제국주의의 가장 약한 쇠사슬」인 전근대적 사회에서 오히려 혁명이 일어나서 사회주의사회(공산주의사회)가 될 수 있다고 하는 레닌이나 스탈린의 견해는 분명히 오류인 것이다. 어떠한 변명을 가지고도 그들의 견해를 정당화시킬 수는 없다. 그것은 마르크스의 다음과 같은 견해와 완전히 모순되고 있기 때문이다.

『하나의 사회 구성은 모든 생산 제력이 그 안에서는 이미 발전의 여지가 없을 만큼 발전하지 않는 동안은 붕괴하는 일이 결코 없으며, 또 새로운 보다 고도의 생산 제 관계는 그 물질적인 존재 제 조건이 낡은 사회의 태내(胎內)에서 부화를 끝내기까지는 낡은 것을 대신하는 일은 결코 없다.」[67]

이와 같이 마르크스의 예언(공식)은 하나도 적중되고 있지 않다.

② 통일사상에 의한 대안

통일사상에 의하면 인간시조의 타락에 의해서 인간은 사탄을 중심으로 한 자기중심적인 욕망을 가지고 살게 되었으며, 그 결과 인간에 의한 인간의 착취나 억압이 행하여지게 되었다. 그러므로 인류역사를 경제체제의 면에서 볼 때, 처음부터 인간사회에서는 크든 작든 착취하는 계급과 착취당하는 계급이 있었다. 따라서 착취가 전혀 없는 순수한「원시공동체제」라고 말할 만한 사회는 존재할 수 없었다고 보아야 할 것이다.

생산력의 발전에 따라 노예제사회, 봉건제사회, 자본주의사회가 세워졌지만(일단 사회발전 단계에 관한 마르크스의 설을 너그러이 인정하는 것으로 하고), 각각의 사회의 형성에는 주권자(정치가)의 의지가 주체적 역할을 다한 것이며, 주권자의 의지에는 하나님의 섭리와 그것을 방해하는 사탄의 반대역사가 작용하였다고 보는 것이다.

노예제에서 봉건제로, 봉건제로부터 자본주의로 경제체제가 진행한 것은 창조본연의 이상세계를 복귀하고자 하는 하나님의 섭리에 의한 것이었다. 그러나 그와 같은 경제체제의 변천이 비교적 전형적인 형태로 나타난 것은 서구에 한정되어 있었다. 그것은 예수님 이후 하나님의 섭리가 유럽 중심으로 행하여졌기 때문인 것이다.

정치면에서 볼 때, 서구사회는 봉건주의로부터 군주주의(절대주의)

로 옮겨졌지만, 그것은 본래 하나님 편의 주권의 판도를 유럽을 중심으로 해서 확대하고자 하는 하나님의 섭리에 따른 것이었다. 그러나 군주주의는 나중에 국왕이 하나님의 뜻에서 이탈하여 사탄을 중심으로 한 독재적 주권이 되어 버렸으므로 하나님은 군주주의 독재를 배격하고 민의에 따라서 하나님의 주권을 세우기 위하여 주권재민의 민주주의를 일으키신 것이다. 그런데 자본주의도 또한 하나님의 뜻에서 이탈되었다. 그리하여 소수의 대금융 자본가(재벌)가 탐욕적인 이윤 추구에 급급하여 드디어 해외의 식민지 쟁탈전을 일으키는 제국주의의 단계에까지 이르게 된다.

이때 하나님은 재산이 특정한 소수의 사람들(계급)에게 독점되지 않고, 인민에게 균등하게 소유될 수 있도록 새로운 경제 체제를 실현시킨다. 그것이 즉 사회주의이다.(여기서 말하는 사회주의란 유물사관이 말하는 사회주의가 아니고, 자본주의사회가 하나님의 섭리에 의하여 자율적으로—폭력에 의하지 않고— 변혁되어서 나타나게 되는 하나님 편의 사회주의를 말한다.)

이와 같이 하나님의 섭리에 따라서 자본주의(제국주의)는 사회주의로 이행되는데, 사회주의는 드디어 하나님의 창조의 이상이었던 대가족주의 사회인 「공생·공영·공의주의 사회」에 자리를 양보하게 된다. 공생·공영·공의주의 사회란 인간이 사랑으로 의식주의 생활을 하고, 공동으로 번영(문화생활)하고, 공동으로 정의(도의)의 생활을 하는 사회를 말한다.

이와 같은 하나님의 섭리에 반대하여 사탄은 자기를 중심으로 해서 하나님이 이상으로 하는 사회를 흉내낸 사회를 실현하려고 하였다. 그 때문에 사탄은 유물사관에 입각해서 사탄 편의 사회주의 혁명을 거쳐서 공산주의의 실현을 지향한 것이다.

마르크스는 공산주의사회를 참된 「자유의 나라」[69]로서, 이상사회로서 몽상하였던 것이다. 그런데 현실로 나타난 공산주의사회는 「자유의 나라」가 아니고 「자유 부재의 나라」이며, 인간성이 유린된 독재국가였다. 더구나 경제에 있어서는 생산성이 현저하게 정체된 사회였다. 공산주의사회는 참다운 이상사회가 아니라 하나님의 창조이상사회를 흉내 낸 거짓된 이상사회이며 사탄을 중심한 암흑사회인 것이다.

3. 유물사관 성립의 허구성

이상 유물사관의 제 법칙에 대한 비판과 그 대안을 제시하였는 바, 이제부터는 왜 그와 같은 비진리 체계인 유물사관이 형성되게 되었는가를 알아보면서 그 성립 근거의 허구성을 폭로하기로 한다. 그러기 위해서는 우선 헤겔 변증법의 마르크스에의 영향을 알아볼 필요가 있다. 헤겔의 역사관을 뒤집은 것이 마르크스의 유물사관이기 때문이다.

(1) 헤겔 변증법의 영향

마르크스가 공산주의의 도래를 그렇게도 열정적으로 강력히 주장하는 것은 마치 유대교도의 메시아 강림에 대한 신앙이나 기독교도의 그리스도 재림 및 그 후의 천년왕국에 대한 확고한 신앙을 방불하게 한다. 유대교도나 기독교도의 이와 같은 신앙이 마르크스에게 영향을 준 것같이 생각된다. 그렇지만 그보다도 헤겔의 「역사의 변증법적 발전의 필연성」의 사상적 영향이 더 컸던 것이다.

헤겔에 의하면 절대정신의 자기전개에 있어서 개념이 주관성 개념—객관성 개념—이념의 3단계를 거쳐서 절대이념에까지 높여진 후에 이념은 자기를 외화(外化)해서 자연이 되어서 역학—물리학—유기학의 3단계를 거친다. 다시 이념은 인간을 통해서 주관적 정신—객관적 정신—절대적 정신으로 발전한다. 이 절대적 정신의 단계에 이르러 자기전개의 첫 출발을 개시하였던 절대정신은 완전히 자기를 실현하여 자기에게 돌아온다는 것이다.

이 일련의 발전 단계 중에서 객관적 정신의 단계에 있어서의 이념의 발전이 역사이다. 즉 객관적 정신의 단계에 있어서의 이념은 법—도덕—윤리의 3단계 발전을 이루지만, 그중 윤리의 단계는 다시 가정—시민사회—국가의 3단계의 발전을 이루어 나간다. 정신(이성)의 본질을 자유라고 규정한 헤겔은 세계사의 목적은 자유가 최고도로 실현되는 국가이며,[70] 그것을 이성국가라고 하였다.[71] 이성국가는 입헌군주제의 국가 형태를 취한다고 되어 있으며,[72] 거기서 객관적 정신은 절대적 정신의 단계에 이른다고 되어 있다.

헤겔에 있어서 정(正)—반(反)—합(合)의 자기 발전의 과정은 어디까지나 필연적인 발전이며, 우연적인 것은 결코 아니다. 즉 정이 생기면 반드시 반이 생기며 다시 합으로서 결말을 맺는다. 따라서 이성국가도 우연히 나타나는 것이 결코 아니고 변증법적 발전의 필연성에 의해서, 즉 역사의 발전 법칙의 필연성에 의해서 반드시 나타나는 것으로 되어 있다.

자연과 역사와 정신의 제 발전이 동일한 궤도상에 있어서의 일련의 연속적이고 일관된 발전이라는 이론, 특히 모순에 의한 변증법적 발전이라는 헤겔의 이론을 그대로 받아들여서(단 헤겔의 관념론을 유물론으로 고쳐서) 마르크스는 자연이 모순의 변증법에 따라서 발전하는 것처럼[73] 역사도 생산력과 생산관계의 모순에 의해서(즉 계급투쟁에 의해서) 발전한다고 주장하였다. 이와 같은 역사관이 곧 유물사관인 것이다.

정―반―합의 연속적인 발전과정에서는 중단이나 결락이 있을 수 없다. 논리(이념의 세계)로부터 자연으로의 이행도 자연에서 정신으로의 이행도 연속적이다. 따라서 일단 절대정신의 자기전개가 개시되면 그것은 변증법에 따라서 불가피적으로 이성국가의 실현으로까지 연결되도록 되어 있었다. 그와 마찬가지로 마르크스에 있어서도 원시공산제사회로부터 일단 계급사회(노예제사회)가 형성되면 자연법칙(변증법)에 따라서 불가피적으로, 또 연속적으로 공산주의사회의 단계에까지 사회는 발전하도록 되어 있는 것이다.

그리고 그와 같은 사회발전의 법칙은 『철(鐵)의 필연성을 가지고 작용하며』,[74] 사회는 『자연적인 발전의 제 단계를 뛰어넘을 수도, 법령으로 제거시킬 수도 없다.』[75]는 것이다. 이와 같이 자연법칙(변증법)에 의한 역사의 발전과 공산주의사회의 도래의 필연성에 대한 마르크스의 확신은 대단히 강렬하였던 것처럼 보인다. 결국 마르크스는 헤겔의 영향에 의해서 법칙의 포로가 되어 버렸다고 해도 과언이 아니다.

그런데 위에서 말한 바와 같이 헤겔은 프러시아야말로 바로 이성국가라고 생각하고 있었는데,[76] 실제로 프러시아는 이성적인 것이 되지 못한 채 드디어는 소멸되고 말았다. 따라서 프러시아의 소멸과 함께 헤겔 철학의 유효성도 함께 소멸되고 말았던 것이다.

그와 마찬가지로 마르크스가 목표로 한 공산주의사회(사회주의사회)는 오늘날 러시아에서 실현될 것으로 되어 있었지만, 그것은 마르크스가 이상으로 한 「자유의 왕국」이 아니고, 자유가 유린된 독재국가로 되어 버렸다. 이 사실은 마르크스주의의 비진리성이 여실히 증명되었음을 의미한다. 동시에 그것은 마르크스주의의 소멸이 불가피하다는 것을 또한 의미한다. 헤겔의 관념론적 변증법적 역사관을 다만 「관념」을 「물질」로 바꿔 놓았을 뿐, 변증법은 그대로 계승한 것이 마르크스의 유물사관이므로, 마르크스주의도 헤겔주의와 같은 소멸의 운명을 걷지 않을 수 없는 것이다.

(2) 유물사관 정립의 사상적 과정

이미 「마르크스의 인간소외론」에서 본 바와 같이 마르크스는 헤겔의 사상을 비판적으로 받아들이면서 자유의 실현(인간적 본질의 실현)을 목적으로 하여 인간해방의 싸움을 전개한 것이었다. 마르크스는 그 목적을 어떻게 달성하는가 하는 과제에 착수하여 헤겔의 관료주의·국가주의에 반대하면서 포이엘바하의 자연주의·인간주의의 입장을 거친 후, 프랑스의 초기사회주의·공산주의의 영향을 받아서 드디어 「프롤레타리아트에 의한 사유재산의 지양」(프롤레타리아트 혁명)을 주장하기까지에 이른다.

파리 시대의 마르크스는 「경제학·철학초고」에서 『인간에 의한, 인간을 위한, 인간적 본질의 현실적인 획득으로서의 공산주의』[77]라고 말한 것처럼, 인간적 본질의 획득(인간해방)의 문제를 중심삼고 공산주의를 논하고 있었다. 따라서 인간적 본질을 획득하기 위한 것뿐이라면 그 방법은 평화적 수단에 의한 공산주의적 방법도 좋았을 것이며 또는 공산주의 이외의 다른 방법이라도 좋았을 것이다. 그런데 파리로부터 브뤼셀로 추방된 마르크스는 이미 제1장 「마르크스의 인간소외론」에서 말한 바와 같이 프러시아 정부에 대한 극심한 적개심 때문에 실천이 폭력성을 띠게 되어 폭력적인 사회혁명이 인간해방의 수단으로 되어 버렸으며, 드디어는 폭력혁명 그 자체가 현실의 투쟁의 목표가 되어 버렸던 것이다. 따라서 마르크스는 폭력혁명을 법칙화하고 합리화할 필요를 절감하게 되었으며, 브뤼셀 시절 이후 그는 엥겔스와 함께 오로지 그것을 위한 일에 매달렸던 것이다.

앞에서 엥겔스의 증언에 의하면, 마르크스는 유물사관의 줄거리를 파리시대에 이미 마무리해 놓고 있었다는 것을 소개했는데, 파리시대에는 역사가 계급투쟁 역사이며, 경제활동이 역사를 규정한다는 것을 밝혔을 뿐이었다. 유물사관을 법칙화(공식화)시켜서 혁명(폭력혁명)의 필연성을 주창한 것은 브뤼셀에 온 뒤부터이다. 그것은 마르크스 자신의 다음과 같은「경제학비판」(1859) 서언의 한 구절을 보아 알 수 있다.

『이 경제학의 연구를 나는 파리에서 시작하였지만 기조(Guizot)씨의 추방 명령에 의해서 브뤼셀로 옮겼으므로 거기서 더욱 연구를 계속하였다. 나에게 있어서 명백하게 되고 한번 이것을 얻고 나서는 나의 연구에 있어서 인도의 실(絲)로서 도움이 된 일반적 결론은 다음과 같이 공식화할 수가 있다.』[78] 그 공식화한 결론이란 다음과 같은 것이었다.

즉「인간은 사회생활에 있어서 인간의 의지로부터 독립한 일정한 생산관계를 맺는다.」,「생산관계는 생산력의 일정한 발전 단계에 대응한다.」,「생산관계가 토대이며 의식의 제 형태는 상부구조이다.」,「인간의 사회적 존재가 의식을 결정한다.」,「생산관계가 생산력의 발전에 대해서 질곡이 될 때 혁명이 일어난다.」 등이 그것으로서 이것들이 바로 유물사관의 공식인 것이다. 이들 공식에 의하여 마르크스는 혁명이 필연적이라는 것을 주장하였던 것이다. 그리고 마르크스는「도이치 이데올로기」에서『공산주의자에게 중요한 것은 현존하는 세계를 혁명하여 기성의 사물을 공격하여 변경하는 것이다.』[79]라고 하면서, 공산주의의 목표가 사회혁명이라는 것을 명언(明言)하였던 것이다.

브뤼셀로 온 뒤 얼마 안 되어 마르크스가 엥겔스와 함께 쓴 「도이치 이데올로기」는 마르크스의 사상이 인간적 본질의 획득으로서의 공산주의로부터 사회혁명으로서의 공산주의로 바뀌어가는 전환점이 되었던 것이다.[80] 여기서 주목해야 할 것은 마르크스는 인간해방이라는 목표로부터 출발하여 그 목표의 실현을 위한 사상을 마음속에서는 연역적으로 먼저 전개해 놓고서, 즉 마음속으로는 사회혁명을 현실적인 목표로서 먼저 세워 놓고 집필함에 있어서는 귀납적으로 이론을 전개하여서 사회혁명이라는 결론에 도달한 것처럼 가장하고 있다는 사실이다. 즉 마르크스는 『인간이 살기 위해 필요한 것은 무엇보다 우선 먹는 것과 마시는 것, 거처하는 것, 입는 것』이라고 하는 전제로부터 출발하여 경제학의 입장에서 사회를 객관적(귀납적)으로 연구한 결과, 자본주의사회의 붕괴와 공산주의사회의 도래가 필연적이라는 결론에 도달한 것처럼 가장하고 있는 것이다.

그리고 레닌도 마르크스(및 엥겔스)의 유물사관의 발견을 과학적(귀납적)인 노작(勞作)이라고 다음과 같이 말하고 있다. 『마르크스와 엥겔스는 사회주의란 몽상가의 착상이 아니고, 근대 사회의 생산력 발전의 종국적인 목표이며 필연적인 결과라는 것을 그 과학적 노작에 있어서 밝힌 최초의 사람들이었다.』[81]

그렇지만 실은 유물사관은 사회와 역사를 객관적인 입장에서 연구하여 얻어진 과학적이고 귀납적인 역사관이 아니고, 목적을 합리화하기 위해 교묘하게 구축한 합목적적인 연역적 역사관이었던 것이다. 그것은 위에서 말한 마르크스의 사상 형성의 과정에서 볼 때 부정할 수 없다.

(3) 역사법칙의 확대적용

유물사관에 의하면 노예제사회, 봉건제사회, 자본주의사회 등에는 항상 계급투쟁이 있었으며, 지배계급은 반드시 피지배계급에 의한 혁명에 의해서 쓰러진다고 되어 있다. 그러나 앞에서 말한 바와 같이 실제로는 그렇지 않았다. 로마제국(노예제사회)은 노예(피지배계급)의 반란에 의해서 넘어진 것이 아니었다. 실제로 노예의 반란이 자주 일어나기는 했으나, 로마제국이 결정적으로 무너진 것은 게르만민족의 침입과 기독교의 전파 때문이었다. 또 봉건사회도 농노(피지배계급)의 반란에 의해서 무너진 것은 아니다. 새로 일어난 중산계급(부르주아지)이 일으킨 혁명에 의해서 무너진 것이다. 즉 마르크스의 공식에 따라서 무너진 사회는 역사상에 하나도 없다.

따라서 유물사관의 법칙은 역사적인 사실을 근거로 해서 세워진 객관적인 법칙도 아니며 과학적 법칙도 아니다. 자본주의사회라고 하는 하나의 사회에서 그가 찾아낸 법칙(?)을 모든 시대에 타당하도록 무리하게 확대 적용한 깃에 불과한 것이다. 실세로 마르크스 자신이 「경제학비판」의 서설에서 그 사실을 자인하여 다음과 같이 말하고 있다.

『부르주아 사회는 가장 발전한, 또한 가장 다양한 생활의 역사적 조직이다. 그러므로 이 사회의 제 관계를 표현하는 여러 카테고리와 사회구조의 이해는, 동시에 또 이미 몰락해 버린 일체의 사회형태의 구조와 생산 제 관계를 통찰하는 것을 가능하게 한다.……요컨대 인간의 해부는 원숭이의 해부에 대한 하나의 열쇠이다. 이에 반해 저급한 종류의 동물에 있는, 보다 고급한 동물에의 암시가 이해될 수 있는 것은 이 고급한 것 그 자체가 이미 알려져 있는 경우인 것이다. 이리하여 부르주아 경제는 고대나 그 밖의 경제의 열쇠를 제시한다.』[82]

여기서 이미 몰락해 버린 사회형태란 노예제사회나 봉건제사회를 뜻하는 것임은 말할 나위도 없다. 「인간」에 대한 「원숭이」도 역시 「자본주의사회」에 대한 「노예제사회」 또는 「봉건제사회」를 비유한 말이다. 이 인용문은 부르주아사회의 카테고리나 법칙(마르크스가 세운 법칙)을 봉건사회·노예사회와 같이 이미 지나가 버린 사회에 그대로 적용할 수 있다는 의미이다. 다시 말하면 여기서 마르크스가 자본주의사회(역사적으로 가장 발달한 사회형태)를 분석해서 얻은 사회관을 과거의 사회(노예제사회, 봉건제사회)에 확대 적용하였음을 고백하고 있는 것이다.

「경제학비판」의 서설은 부록으로서 동서(同書)의 최후에 넣어져 있는 것인데, 동서의 처음에 있는 서언에서 마르크스는 『대충 쓰기를 끝마친 일반적 서설을 나는 보류하기로 한다.』[83]고 말하고 있다. 마르크스가 이 서설을 보류하려고 한 것은, 그가 한 사회에만 국한되는 사회관을 다른 사회에까지 부당하게 확대 적용하였다는 사실이 폭로될 것을 두려워했기 때문일 것이다. 그러나 마르크스의 그와 같은 염려에도 불구하고 그 원고를 찾아낸 편집자에 의해서 마르크스의 뜻에 반해서 나중에 그 서설이 첨가되어 버렸던 것이다.

이 마르크스 자신의 고백에 의해서, 그가 프롤레타리아 혁명이라는 목적의 달성에 맞도록 만들어낸 자본주의사회의 법칙(?)을 훨씬 이전에 몰락해 버린 사회형태인 봉건제사회나 노예제사회에까지 그대로 적용하여서 마치 그것이 보편적인 법칙인 것처럼 꾸민 것이 그의 유물사관이었던 것이다. 시드니 훅(Sidney Hook)도 이 사실을 다음과 같이 지적하고 있다. 『마르크스의 근본 오류는 그가 자본주의사회에서 관찰한 것을 모든 계급 사회에 확대시켰다는 것이다.』[84]

4. 통일사관의 개요

이상으로 유물사관 제 법칙의 비판과 그 대안을 제시하고, 또 유물사관 성립의 허구성까지도 폭로하였는 바, 마지막으로 유물사관을 대신하는 새로운 역사관으로서 통일사상의 역사관—통일사관—을 제시한다. 여기서는 그 개요를 소개하기로 한다.

1) 통일사관의 기본적 입장

통일사관은 역사는 첫째로 인간의 타락에 기인하는 「죄악역사」이며, 둘째로 인간의 타락에 의해서 미완성으로 끝나 버린 창조를 다시 되풀이하는 「재창조역사」이며, 셋째로 인류역사의 시초에 인간타락에 의해 상실된 창조이상의 세계를 되찾는 「복귀의 역사」[85]라고 본다.

오늘날까지 인류역사는 타락에 의해서 사탄의 주관하에 들어간 죄인들에 의해서 만들어져 왔다. 따라서 역사는 약탈, 살육, 착취, 억압, 증오 등의 많은 죄악으로 가득 찬 죄악역사였다. 또 한편으로는 재창조의 법칙에 의해서 문화적 경제적으로 일진일퇴를 거듭하면서 발전해 온 재창조의 역사이다. 다른 편에서는 하나님의 섭리에 의해서 하나님 편으로 분립된 선의 세력과 사탄 편으로 분립된 악의 세력과의 투쟁, 즉 선악의 투쟁을 통해서 점차로 보다 선한 방향으로, 즉 잃어버린 창조이상을 다시 실현하는 방향으로 전환해 온 복귀의 역사인 것이다.

이와 같은 역사의 전개에 있어서 역사의 목표와 방향은 이미 결정적이지만, 역사의 진행과정이나 기간은 비결정적이었다. 예를 들면 2천년 전 예수님이 오셨을 때 인간(유대인들)의 책임분담이 완수되었더라면 그때 창조이상세계는 실현되었을 것이며, 그 후는 가정윤리를 기반으로 한 일정한 불변의 생산관계 하에서 과학의 발전에 따라서 생산력은 부단히 향상되어 왔을 것이다. 그렇게 되었더라면 마르크스가 말한 이른바 계급사회, 즉 한 계급이 다른 계급을 착취하고 억압하는 계급사회는 예수님에 의해서 사라져 버리고, 그 후의 봉건사회와 자본주의사회는 성립할 수 없었을 것이다.

그러나 실제로는 이스라엘 민족이 책임분담을 완수하지 못하여 예수님을 중심으로 한 하나님의 섭리는 미완성으로 끝나 버렸으므로, 창조이상은 실현되지 않은 채 인류역사는 여전히 죄악역사, 재창조역사, 복귀역사로서 계속되어 온 것이다.

통일사관은 또 하나님의 섭리가 하나의 민족(선민)을 세워서 신앙훈련을 시킨 후에 그 민족에게 메시아를 보내서 먼저 민족적인 구원섭리를 하시고, 이어서 구원섭리의 범위를 전 인류에게까지 넓히시는 것으로 보는 것이다. 따라서 역사에는 선민사와 비선민사의 구별이 있게 된다. 구약시대는 이스라엘민족사가 선민사이며, 예수님 강림 이후는 기독교를 기반으로 한 서구의 역사가 선민사(단 영적인 선민사)가 되었다. 노예제―봉건제―자본주의제라는 사회발전의 단계적 과정이 서구사회에만 비교적 선명하게 나타난 것은 그 때문인 것이다. 한편 메시아의 재림을 위해서 하나님은 새로운 선민을 세워 영적인 선민사와 병행해서 실체적인 선민사를 꾸며 오셨다고 보는 것이다.

이상이 통일사관의 기본적 입장인 바, 통일사관은 역사의 변천에는 여러 가지의 법칙들이 작용해 왔다고 보는 것이다. 유물사관은 역사에는 물질적이고 객관적이며 인간의 의지로부터 독립된 필연적인 법칙이 작용하여 왔다고 말하고 있으나, 통일사관은 인간의 의지에 의한 책임분담의 수행 여하에 따라서 역사의 변천 과정이나 기간에 차이가 생기게 되었다고 보는 것이다. 역사에 작용된 법칙이란 섭리의 법칙을 말하는 것으로서, 여기에는 창조의 법칙과 복귀의 법칙이 있는 바, 이에 관하여 다음에 설명하기로 한다.

2) 창조의 법칙

하나님은 우주와 인간을 창조함에 있어서 일정한 법칙, 즉 창조의 법칙을 적용하셨다. 인류역사는 재창조역사이므로 역사 발전에도 같은 창조의 법칙을 적용하신 것이다. 창조의 법칙이란 ① 상대성의 법칙 ② 수수의 법칙 ③ 상극의 법칙 ④ 중심의 주관의 법칙 ⑤ 3단계 완성의 법칙 ⑥ 6수 기간의 법칙 ⑦ 책임분담의 법칙 등을 말한다. 이것들에 대해 아래에 간단히 설명하기로 한다.

① 상대성의 법칙

피조물의 모든 개체는 각각 내부와 외부에 있어서 주체와 대상의 상대적 관계를 맺음으로써 존재하며 발전하게 된다. 여기서 주체와 대상은 공통의 목적―창조목적―을 중심으로 해서 상호관계를 맺는다. 사회의 발전에 있어서도 마찬가지이다. 즉 사회가 발전함에 있어서는 먼저 상대적인 두 요소가 공통목적을 중심하고 주체와 대상의 관계를 맺게 된다. 역사에 있어서 상대적 요소(주체와 대상)란 성상(性相)과 형상(形狀)(정신적 측면과 물질적 측면), 또는 주적(主的) 개체와 종적(從的) 개체, 주요소와 종요소를 말한다.

그 예로서 정신과 육체, 이데올로기와 경제적 조건(물질적 조건), 정신적 문화와 물질적 문화, 정부와 국민, 경영자와 노동자, 노동자와 생산용구, 기계의 주요 부분과 종속 부분 등을 들 수 있다. 이와 같은 상대적 요소가 주체와 대상의 관계를 맺음으로써 문화, 경제, 과학 등 모든 분야의 활동이 성립하는 것이다.

② 수수의 법칙

사물의 내부에 있어서 또는 다른 사물과의 사이에 주체와 대상의 상대적 요소가 서로 상대관계를 가지면 일정한 요소 또는 힘을 주고받는 상호작용이 벌어지며, 그 작용에 의해서 사물은 존속하고 운동하며 변화하고 발전한다. 주체와 대상간의 이와 같은 상호작용을 수수작용(授受作用)이라고 한다. 따라서 역사에 있어서도 모든 분야에서 주체와 대상의 상대적 요소(상대물)가 상대기준을 조성한 터 위에서 공통목적을 중심하고 원만한 수수작용을 행할 때에 발전이 이루어진다.

예를 들면 하나의 국가가 존재를 유지하며 번영하기 위해서는 정부와 국민이 국가의 번영이라는 하나의 공통목적을 중심하고 주체와 대상의 관계를 맺어서 원만한 수수작용을 행하지 않으면 안 된다. 또 기업에 있어서는 기업의 번영을 공통목적으로 하여 자본가, 경영자, 노동자, 기술자, 기계 등이 서로 주체와 대상의 관계를 맺고 원만한 수수작용을 행하지 않으면 안 된다. 따라서 「상대성의 법칙」과 「수수의 법칙」은 표리일체(表裏一體)의 관계에 있으며, 이 두 법칙을 합쳐서 넓은 의미의 「수수의 법칙」이라고도 한다.

유물사관은 대립물의 투쟁에 의해서 사물은 발전한다고 주장하고 있으나, 투쟁은 발전을 위한 하나의 계기는 될 수 있어도 투쟁 그 자체에 의해서는 발전이 이루어지지 않는다. 투쟁이 행하여지는 동안은 투쟁의 성격 여하에 따라서 역사의 방향이 바뀌는 일은 있어도 사회의 발전 그 자체는 도리어 정지되거나 후퇴한다.

③ 상극의 법칙

수수작용은 주체와 대상의 상대적 요소 사이에 이루어지는데 한 주체와 다른 주체(또는 한 대상과 다른 대상)는 서로 배척한다. 이와 같은 배척현상을 상극작용이라고 한다. 상극작용은 자연계에 있어서는 본래 잠재적인 것이어서 상시에는 표면화되지 않으면서 주체와 대상의 수수작용을 강화 또는 보완하는 구실을 다한다. 예를 들면 자연계에 있어서 양전기와 양전기(또는 음전기와 음전기)는 서로 배척하는데, 이것은 주체(양전기)와 대상(음전기)의 수수작용을 강화 또는 보완하기 위한 작용인 것으로서 그것 자체는 표면화되지 않는다. 따라서 자연계에 있어서 평시에는 이와 같은 상극작용에 의해서 질서가 교란되는 일은 없다.

그런데 사회―타락한 사회―에 있어서는 오늘날까지 상극작용은 자주 주체와 주체 사이의 투쟁이라는 형태로 표면화되어서 사회나 국가의 질서에 혼란이나 피해를 주어 왔다. 내란이나 전쟁 등이 그 예이다. 그러나 비록 타락한 사회라 하더라도 상극작용은 그 본래의 수수작용의 보완성을 나타내는 경우도 또한 흔히 있었다. 예를 들면 두 국가 사이에서 문화적·경제적으로 평화적인 교류가 이루어지고 있는 경우가 그것이다. 그때 각국의 주권자(주체)와 국민(대상)은 애국심을 가지고 협력하지만, 양국의 주권자들이나 국민들 사이에는 일종의 배타적인 심리가 작용하는 경우가 많다. 그와 같은 배타적인 심리는 평상시에는 선의의 경쟁형태로 나타나서 주권자와 국민의 단결을 더욱 강화시키곤 하였던 것이다.

이것은 양국의 주권자끼리(또는 국민끼리)의 배타적 심리 때문에 도리어 한 국가 내의 주권자와 국민 간의 수수작용이 강화되기 때문이다.(그러나 그 배타적인 심리가 지나치게 높아질 때에는 양국은 전쟁 상태로 돌입하는 사례도 적지 않았다.)

그런데 이 「상극의 법칙」은 하나님의 섭리 역사에 있어서는 후술하는 바와 같이 「탕감의 법칙」 및 「분립의 법칙」과 함께 창조이상세계의 복귀를 위한 「전환의 법칙」 또는 「선악의 투쟁의 법칙」을 형성한다.

④ 중심의 주관의 법칙

사물의 내부에서는 반드시 수수작용을 하는 주체와 대상의 상대물이 있으며 외적으로도 한 사물은 타자와 주체, 대상의 상대적 관계를 맺고 수수작용을 한다. 그 때에 주체가 중심이 되며 대상은 주체의 주관을 받게 된다. 그 결과 대상은 주체를 중심으로 하여 원환운동을 하게 된다. 자연계에 있어서는 지구가 태양을 중심으로 돌고 전자가 핵을 중심으로 도는 것과 같은 물리적인 원환운동이 행해지고, 인간사회에 있어서는 대상이 주체의 의지에 따른다는 의미에서의 원환운동이 행해지고 있다.

특히 복귀역사에 있어서 하나님은 중심인물을 세워서 그를 통해서 하나님의 섭리에 일치하는 방향, 즉 선한 방향으로 사회를 이끄시는 바, 그 경우 사회 환경을 먼저 조성해 놓고서 그 후에 중심인물로 하여금 그 환경을 하나님의 섭리에 일치하는 방향으로 수습하게 한다. 그 때 그 중심인물에게는 그가 완수해야 할 책임분담이 부여되는 것이다. 이와 같이 중심인물이 환경을 주관하는 법칙을 「중심의 주관의 법칙」이라고 한다. 이것은 선민에는 물론 모든 민족이나 국가에도 적용되는 법칙이었다.

선민사(중심사)─구약시대의 이스라엘 민족사와 예수님 이후의 기독교를 중심으로 한 서양역사─에 있어서 하나님은 중심인물을 세워서 섭리하셨다. 구약시대의 노아, 아브라함, 모세, 열왕들, 예언자들, 그리고 신약시대의 교황이나 루터, 칼빈 등의 기독교 지도자나 프랑크 왕국의 찰스대제, 영국의 헨리 8세, 미합중국의 워싱턴, 링컨 등의 정치적 지도자들은 모두 각 시대의 중심인물의 예이다. 그리고 재림 때에는 이 법칙이 더욱 선명하게 적용되게 된다.

한편 하나님의 섭리에 대항하려고 하는 사탄도 자기를 중심으로 한 지배권을 확립, 유지하고자 사탄 편의 중심인물을 세워 그를 통해서 환경을 주관하려고 해 왔다. 범 게르만주의를 제창해서 세계를 제패하려고 한 카이저(빌헬름 2세)나 히틀러, 공산주의 사상을 확립한 마르크스, 공산주의 혁명을 지도한 레닌, 스탈린, 모택동 등이 모두 그와 같은 인물이었다. 그들의 사상이나 지도력 없이 전체주의의 대두나 공산주의 혁명은 결코 일어날 수 없었다.

유물사관은 정신보다도 물질을 중요시하는 유물론의 입장에서 인물(지도자)보다도 환경(사회환경)을 중시해서 지도자보다도 인민 대중이 사회 발전에 있어서 결정적 역할을 다한다고 하며, 지도자는 일정한 사회적(환경적) 조건하에서 활동할 뿐이라고 주장한다. 이것은 정신이 물질에서 발생함으로 물질이 정신보다 우선한다고 하는 유물론을 근거로 하여 세운 사고방식인 것으로서, 사회환경을 물질적 범주로서 중심인물(지도자)은 정신적 범주로서 취급하고 있다. 그러나 이것은 잘못된 견해다. 통일사상에서 볼 때 지도자가 주체요 인민 대중은 대상이며, 지도자는 그 종교적 또는 정치적인 사상이나 이념을 가지고 대중 또는 사회를 어떤 일정한 방향으로 이끄는 것이다. 마르크스 자신도 『공산주의자에게 있어서 중요한 것은 현존하는 세계를 혁명하고 기성의 사물을 공격하여 변경시키는 것이다.』[86]라고 하면서 내심으로는 지도자의 주체적인 역할을 인정하고 있는 것이다.

⑤ 3단계 완성의 법칙

모든 사물은 소생기, 장성기, 완성기의 3단계 과정을 거쳐서 완성한다는 것이 3단계 완성의 법칙이다. 따라서 재창조의 역사에 있어서도 3단계 과정을 거쳐서 하나님의 섭리가 행해진 일이 자주 있었다.

그 예로서 3차의 아담의 출현(제1아담─제2아담[예수님]─제3아담[재림주]), 복귀기대섭리시대에 있어서의 3단계의 가정적 섭리(아담가정─노아가정─아브라함가정), 메시아 재강림준비시대에 있어서의 3단계의 헤브라이즘 복고운동인 3차의 종교개혁(제1차 종교개혁[루터, 칼빈 등]─제2차 종교개혁[스페너, 웨슬러, 폭스 등]─제3차 종교개혁[재림주를 맞이하기 위한 종교운동]) 등을 들 수 있다. 이와 같이 하나님의 섭리는 제1단계에서 성공하였더라면 제2, 제3의 단계는 필요 없게 되는 것이다.

하나님 편의 3단계 완성의 법칙에 대항해서, 사탄도 역시 3단계를 통해서 하나님의 섭리를 방해하려고 한다. 그러나 하나님의 섭리가 3단계를 거쳐서 완성(성공)된다면, 사탄의 반대역사는 실패하지 않을 수 없게 된다. 따라서 하나님 편의 「3단계 완성의 법칙」은 사탄 편에 있어서는 「3단계 필멸의 법칙」이 되는 것이다. 그 예로서 헬레니즘의 복고운동인 인본주의운동을 들 수 있다.[87] 제1차 인본주의인 르네상스는 제2차 인본주의인 계몽사상을 거쳐 오늘날 제3차 인본주의인 공산주의로서 결실되었는데, 사탄 편의 완성급인 공산주의는 하나님 편의 3단계 헤브라이즘 복고운동의 완성에 의해서, 즉 제3차 종교개혁의 완성에 의해서 멸망될 수밖에 없는 운명에 놓여 있는 것이다.

⑥ 6수 기간의 법칙

성경에 의하면 하나님의 우주 창조에 있어서 아담의 창조까지 6수 기간(6일)이 걸렸다고 되어 있다. 즉 아담의 창조는 6수 기간을 앞세워 놓고 시작된 것이다. 따라서 이 6수 기간은 아담을 창조하기 위한 준비기간으로 남아지게 되었다.

그러므로 재창조역사에 있어서도 제2 아담인 예수님(메시아)이 강림하기 6수 기간, 즉 6세기 전부터 하나님의 섭리는 새로운 단계(준비의 단계)로 접어들었던 것이다. 기원전 6세기경에 그리스 문명이 일어나서 철학, 예술, 과학, 정치 등이 비약적으로 발전한 것도, 그리고 중국에 공자나 노자, 인도에 석가, 이스라엘에 예레미아나 말라기 등의 예언자들이 나타나서 인류의 도의정신의 고양에 기여한 것도 인류가 장차 메시아를 맞이하도록 하기 위한 준비로서의 섭리였다.

야스퍼스(Jaspers)는 기원전 500년 전후에 중국, 인도, 이란, 팔레스티나, 그리스 지역에서 상호 무관하게 정신적 지도자(종교의 개조나 철인)가 나타난 것에 주목하여 이 시대를 「추축시대(樞軸時代)」라고 불렀다.[88] 거의 같은 시대에 이러한 정신적 지도자들이 마치 서로 약속이나 한 듯이 세계 각지에 나타난 이유는 무엇일까. 야스퍼스는 그것을 역사적인 비밀이며, 수수께끼라고 하고 있는데[89] 이 시대의 의미는 6수 기간의 법칙을 이해함으로써 비로소 명백해지는 것이다.

그리고 제3 아담인 재림메시아를 맞이할 때에도 메시아 강림의 6수 기간 전부터 하나님은 메시아를 맞이하기 위한 준비로서의 섭리를 시작하신 것이다. 그것이 14세기경에 태동하기 시작하여 16세기 이후에 본격적으로 현실화된 르네상스(문예부흥) 및 종교개혁의 운동이었다. 복귀섭리의 역사에 있어서 하나님은 20세기에 메시아를 재강림시키게 되어 있었기 때문이다. 그래서 그 이후 오늘날까지 일어난 많은 역사적 사건은 어느 것이나 직접적 또는 간접적으로 재림주님을 보내기 위한 하나님의 준비(및 그것을 방해하려고 하는 사탄의 반대역사)

와 관련이 있었다고 보는 것이 통일사상의 입장이다.

⑦ 책임분담의 법칙

하나님의 창조에 있어서 인간(아담)은 하나님의 책임분담과 인간의 책임분담이 합해짐으로써 완성되게 되어 있었다.(그런데 인간 시조 아담과 해와는 그 책임분담을 다하지 못하고 타락해 버렸다.) 재창조의 섭리에 있어서도 마찬가지로 하나님의 책임분담과 인간(특히 섭리적인 중심인물)의 책임분담이 합해짐으로써 완성되게 된다. 여기서 인간의 책임분담이란 인간에게 주어진 사명을 인간이 자신의 자유의지와 책임감을 가지고 달성하는 것을 의미한다.

따라서 어떤 중심인물이 책임분담을 완수하지 못했을 때에는 그를 중심으로 한 섭리는 거기서 실패로 끝나 버리고 일정한 수리적 기간을 경과한 뒤에 다른 중심인물이 다시 세워져서 먼저의 인물의 책임분담의 바통을 그에게 인계시킨다. 이와 같이 하여 재창조의 역사는 연장에 연장을 거듭하면서 오늘날까지 계속되어 온 것이다.

예수님이 지상에 오셨을 때 세례 요한이나 제사장, 율법사들이 책임분담을 다했다면, 예수님은 십자가에 달리지 않고 창조이상사회를 그때에 실현하였을 것이다. 그러나 그들이 불신앙에 흘러서 하나님의 섭리에 역행하는 입장에 서 있었기 때문에 그 섭리는 실패로 끝나고, 그 결과 예수님의 사명은 2000년 후의 재림 메시아에게로 옮겨지게 된 것이다.

3) 복귀의 법칙

인류역사는 재창조의 역사인 동시에 타락에 의해서 잃어버린 창조이상세계를 회복하기 위한 복귀역사이며, 복귀의 과정에서는 선악의 투쟁이 행하여져 왔다. 여기에 상술한 창조의 법칙과는 다른 또 하나의 일련의 법칙이 역사에 작용되었다. 그것이 곧 복귀의 법칙이다. 이 법칙에는 ① 탕감의 법칙 ② 분립의 법칙 ③ 4수 복귀의 법칙 ④ 조건적 섭리의 법칙 ⑤ 거짓과 참의 선후의 법칙 ⑥ 종(縱)의 횡적(橫的) 전개의 법칙 ⑦ 동시성 섭리의 법칙 등이 있다.

① 탕감의 법칙

인간의 타락이란 본래의 위치와 상태를 상실한 것을 말한다. 그리고 복귀란 이 잃어버린 본래의 위치와 상태를 다시 되찾는 것이다. 그런데 본래의 위치와 상태를 상실한 데에는 일정한 동기(이유)와 경로가 있었던 것이다. 따라서 본래의 입장을 복귀함에 있어서도 그 반대의 방향을 향해 일정한 조건을 세워서 일정한 경로를 걷지 않으면 안 된다. 이같이 본래의 위치와 상태를 회복하기 위하여 그 반대방향으로 어떤 조건을 세우는 것을 탕감이라고 하며, 그 조건을 탕감조건, 그리고 이 조건을 세우면서 걷는 경로를 탕감노정이라고 한다. 그리고 이와 같이 탕감조건을 세움으로써 잃어버린 본래의 입장을 회복하는 것을 탕감복귀(蕩減復歸)라고 한다. 인간의 타락은 첫째로 성장함에 있어서 필수조건인 하나님의 계명에 대한 신앙을 유지하지 못했기 때문이며, 둘째로는 사탄의 유혹에 굴복한 때문이었다. 그러므로 타락한 인간이 세우지 않으면 안 되는 탕감조건은 첫째로 제물을 바쳐서 믿음의 기대를 조성하는 것이며, 둘째로는 예언자나 성현들의 말씀에 성의를 다하여 순순히 따름으로써 실체기대를 세우는 것이다. 이와 같은 탕감조건이 세워지면, 여기에 메시아를 맞이할 수 있는 기대가 준비되게 된다.[90]

그러나 일반적인 대중은 죄악사회의 인간들이기 때문에 선 편 지도자(예언자·성현·의인)의 가르침에 순종하지 않고 오히려 그들을 박해하는 것이 통례였다. 따라서 선 편 지도자 앞에는 불가피하게 수난의 노정이 놓여지게 되었다. 선한 편에 세워진 민족(선민)도 마찬가지로 주위의 다른 민족으로부터 박해를 받아 수난의 노정을 가지 않을 수 없게 된다. 따라서 성인이나 의인, 선민이 가는 이러한 길을 탕감의 길이라고 표현하는 것이다. 그들의 이와 같은 고난을 탕감조건으로 하여서 하나님은 죄악세계의 사람들을 조금씩 하나님 편으로 복귀해 오신 것이다.

예컨대 예수님의 십자가는 그 가장 전형적인 예인 것이다. 이스라엘 민족의 불신앙 때문에 사탄 편의 지배하에서 벗어날 수 없게 되어 버린 인류의 죄를 하나님은 예수님의 희생을 탕감조건으로 하여 용서하시고, 그 대신 인류를 선 편으로 복귀시켜 나오신 것이다. 그리하여 역사에 작용된 「탕감의 법칙」은 중심인물들에 있어서는 「고난의 법칙」이 되어 왔던 것이다.

② 분립의 법칙

창조주는 하나님 한 분이시기 때문에 창조 본연의 인간은 항상 하나님과만 관계를 맺도록 되어 있었다. 그러나 타락으로 인해서 인간은 하나님뿐만이 아니라 사탄과도 관계를 맺도록 되어 버렸다. 그 때문에 하나님이 인간을 상대하려고 하면 사탄도 인간을 상대하려고 한다. 즉 인간은 타락으로 두 주인을 대하게 되는 입장에 서게 되었다. 하나님은 이와 같은 인간을 상대로 해서는 섭리를 할 수가 없다. 그러므로 하나님은 하나님만이 상대할 수 있는 인간과 사탄만이 상대할 수 있는 인간으로 분립하지 않을 수 없었던 것이다. 그리하여 하나님은 아담가정에 있어서 아담의 두 아들을 하나님 편과 사탄 편으로 분립하셨던 것이다. 하나님 편으로 분립된 것이 동생인 아벨이며, 사탄 편으로 분립된 것이 형인 가인이었다. 그 결과 역사의 출발점에서 가인은 악의 시원이 되고, 아벨은 선의 시원이 되었다. 그런데 가인이 아벨을 쳐 죽임으로써 역사는 죄악역사로서 출발한 것이다. 그리하여 복귀섭리를 전개하기 위하여 하나님은 부득이 악의 세계로부터 아벨 편의 인물을 분립시켜서, 즉 악의 세계에서 선 편의 인물을 찾아 세워서 그를 통해서 인류를 신앙적 또는 도의적으로 훈련시키면서 섭리를 행해 오신 것이다.

하나님은 우선 하나님 편의 개인을 세우는 것으로부터 시작하여 하나님 편의 가정을 세우고 다시 순차로 씨족, 민족, 국가, 세계를 세우면서 점차로 하나님 편의 판도를 확대시켜 오신 것이다. 그런데 하나님의 섭리에 대항하는 사탄도 마찬가지로, 그리고 하나님보다 앞서 가면서 악한 편의 개인에서 시작하여서 가정, 씨족, 민족, 국가, 세계에로 악의 판도를 확대하면서 하나님의 섭리를 방해해 온 것이다.

통례로 선한 편은 하나님의 말씀을 악한 편의 대중에게 전하려고 하였지만, 악한 편은 이를 받아들이지 않고 무력을 가지고 공격을 가하곤 했다. 그래서 하나님 편에서의 투쟁은 악한 편의 공격에 응전하는 입장에서 전개되어 온 것이다. 그러므로 역사상에는 선한 편 개인과 악한 편 개인, 선한 편 가정과 악한 편 가정, 선한 편 씨족과 악한 편 씨족, 선한 편 민족과 악한 편 민족, 선한 편 국가와 악한 편 국가, 선한 편 세계와 악한 편 세계의 각각의 사이에 싸움이 전개되어 그것이 오늘날까지 계속되어 온 것이다. 이리하여 역사는 선악의 투쟁역사가 된 것이다. 여기서 선이나 악은 상대적인 개념이다. 복귀역사에 있어서는 완전한 선이나 완전한 악은 있을 수 없으며, 상대적으로 하나님의 섭리에 보다 가까운 편이 선 편으로 분립되고 보다 먼 쪽이 악 편으로 분립되었던 것이다.

　오늘날의 세계는 선 편 세계와 악 편 세계의 2대 진영으로 나누어지게 되었다. 그것이 곧 자유주의 진영과 공산주의 진영이다. 이 양진영의 투쟁에 있어서 하나님의 섭리에 의하여 선 편이 승리함으로써 전 세계는 하나님 편으로 복귀되어질 것이다. 그러나 선 편에 세워진 자유주의 진영이 승리하기 위해서는 자유주의 진영의 지도자들이 하나님의 섭리에 적합한 방향으로 정책을 수립·시행하지 않으면 안 된다. 만약 그렇지 않으면 공산주의 진영의 팽창에 의해서 막대한 희생을 치르게 될 것이다.

③ 4수 복귀의 법칙

　하나님의 창조목적은 가정적 사위기대를 기반으로 해서 하나님의 사랑을 실현하는 것이었다. 즉 아담과 해와가 하나님의 말씀에 따라서 성장하고 완성하였다면, 하나님을 중심으로 한 부부가 되어 합성일체화(合性一體化)해서 자녀를 번식하고, 하나님—아담(남편)—해와(처)—자녀로 이루어지는 가정적 사위기대가 형성되어서 거기에 하나님의 사랑이 실현되었을 것이었다. 그러나 아담과 해와의 타락으로 인하여 본연의 가정적 사위기대를 형성할 수 없게 되고, 그 결과 사탄을 중심으로 한 가정적 사위기대가 형성되게 되었다. 따라서 하나님을 중심으로 하는 본연의 가정적 사위기대를 복귀하는 것이 복귀역사의 첫째의 목표가 되었던 것이다.

　이 기대를 복귀하기 위하여 하나님은 우선 상징적으로, 예비적으로 4수를 복귀하는 섭리를 하셨다. 그러므로 4수의 복귀는 가정적 사위기대를 조건적으로, 수리적으로 되찾는 탕감조건이었다. 4수란 40일, 40년, 400년 등의 기간을 의미하는 바, 이 기간은 사탄에 의해서 혼란이 야기되는 기간이어서 하나님 편 인물들로서는 고난을 받는 기간이다. 그 예가 노아의 홍수 40일간, 모세의 바로 궁중 40년, 기독교에 대한 로마제국 박해시대 400년 등이다. 이러한 탕감 기간이 지나간 후에 하나님의 복귀섭리는 새로운 단계로 진입했던 것이다. 한편 하나님의 중심섭리뿐만이 아니라 주변 섭리에 있어서도 4수 복귀의 법칙이 적용되었던 것이다.

토인비(A. Toynbee)도 역사에는 400년간의 혼란기를 거친 후에 통일이 달성되는 예가 많이 있었다는 것을 지적하고 있다. 예를 들면 그리스의 펠로폰네소스 전쟁의 개시(431 B.C.)로부터 옥타비아누스에 의한 로마의 통일(31 B.C.)까지 400년간, 중국의 역사에서 후한이 3국으로 분열(220)하고 나서부터 당에 의한 통일(618)까지의 약 400년간, 일본역사에서 가마쿠라(鎌倉)시대의 시작(1192)에서 풍신수길(豊臣秀吉)에 의한 전국통일(1590)까지의 약 400년 등의 예가 그러하다. 그러나 토인비는 왜 그러한 4수의 기간이 나타나는가의 이유를 몰랐던 것이다.

그 밖에 한국의 역사에 있어서 일본의 지배기간 40년(1905년의 을사보호조약으로부터 1945년 한국의 해방까지)도 그 일례로 볼 수 있다.

④ 조건적 섭리의 법칙

조건적 섭리의 법칙이란 섭리적인 어떤 사건에 있어서 중심인물이 하나님의 뜻에 합당하도록 그 책임분담을 완수하느냐 못 하느냐에 따라서 다음 시대의 일정한 섭리가 조건지워진다는 것을 말한다. 섭리적인 사건은 복귀섭리의 과정에 있어서 그 자체로서 중요한 의미를 갖는 동시에 나중에 일어날 섭리적인 사건의 성격을 결정짓고 조건지우는 것이다. 즉 이런 경우 나중의 사건은 앞의 사건에 의해서 그 성격이나 경로가 크게 좌우된다.

예를 들면 모세가 광야에서 반석을 두 번 쳐서 물이 나온 사건이 있었다(민수기 20장). 그 모세의 행위에는 그 자체로서 그때의 사정상 현실적인 필요성, 즉 광야에서 목마른 백성에게 물을 마시게 한다는 필요성에 의한 행위임은 물론이지만, 동시에 미래에 예수님이 강림하실 때의 하나님의 섭리를 상징적으로 조건짓는 행위이기도 하였던 것이다. 통일원리에 의하면 반석은 아담을 상징하는 것이어서 모세가 치기 전의 반석은 제1 아담을, 그리고 모세가 한 번 친 반석은 제2 아담인 예수님을 상징하고 있었던 것이다. 왜냐하면 물은 생명을 상징하며, 제1 아담은 타락하여 죽었기(즉 생명을 잃었기) 때문이다.

그래서 비유로 말하면 제1 아담은 물을 내지 않는 먼저의 반석으로 비유되며, 제2 아담인 예수님은 물을 낸 뒤의 반석으로 비유된다. 그것은 예수님은 죽은 사람들을 살리시기 위해서 오실 것으로 되어 있기 때문이다. 그런데 모세는 불신하는 이스라엘 민족에 대한 분노로서 반석을 또 한 번 쳤다. 이 때문에 예수님이 오셨을 때 이스라엘 민족이 불신에 빠진다면, 사탄은 반석의 실체인 예수님을 칠 수 있다고 하는 조건이 성립되었다. 그리고 실제로 모세의 반석 2타는 예수님이 이스라엘 민족의 불신앙 때문에 십자가에 달리는 원인(遠因)이 되었던 것이다.

이것은 구약성경에 기록되어 있는 사관(史觀)의 한 예이지만, 그 밖에 섭리적으로 의의가 있는 다른 역사적인 사건에도 마찬가지로 이 법칙이 작용되었던 것이다. 즉 일정한 섭리적인 사건은 그때만의 우발적인 사건이 아니고, 그 이전의 여러 가지 요인(사건)에 의해서 어느 정도 조건지워져 있었던 것이며, 또 그 사건이 앞으로 어떻게 전개되는가에 따라서 그것이 그 이후의 역사적 사건의 전개에 영향을 미쳤던 것이다.

⑤ 거짓과 참의 선후의 법칙

이것은 참된 것이 나타나기 전에 거짓된 것이 먼저 나타난다고 하는 법칙이다. 사탄은 인간시조를 타락시킴으로써 하나님이 창조하신 피조세계를 점유하였으므로 사탄이 하나님에 앞서서 하나님의 섭리를 흉내 내면서 원리형의 비원리세계를 만들려고 하였는 바, 이때 하나님은 그것을 허락하시지 않을 수 없었다. 그 대신 하나님은 사탄의 뒤를 쫓으면서 사탄이 만들어 놓은 비원리세계를 원리세계로 돌려놓기 위한 섭리를 해 오신 것이다. 사탄에 의한 비원리사회는 비록 번영을 보인 때가 가끔 있으나, 그것은 거짓된 것이기 때문에 일시적이어서 하나님의 섭리의 진전과 함께 머지않아 붕괴되곤 하였다. 한편 선 편에 분립된 사회도 지도자의 노력과 하나님의 섭리에 의해서 번영을 보인 때가 있었으나, 지도자의 책임분담의 실패와 사탄의 방해로 인하여 역시 머지않아서 쇠퇴하곤 하였던 것이다.

복귀섭리의 궁극적인 목적은 지상에 하나님을 중심으로 한 창조이상이 실현된 세계, 즉 전 세계가 하나로 통일된 국가를 실현하는 것이다. 이 국가는 하나님을 최고의 주권자로 하는 하나님의 나라이며, 지상천국인 것이다. 이와 같은 국가는 메시아가 강림함으로써 비로소 실현되는 것이다. 그러나 사탄은 이와 같은 하나님의 섭리를 잘 알고 있기 때문에 그 섭리의 내용을 선취(先取)하여 메시아의 강림(또는 재강림) 이전에 먼저 사탄 편으로 그와 같은 국가를 만들고자 기도해 온 것이다. 그 때문에 참 메시아와 참 통일국가가 나타나기 전에 거짓 메시아와 거짓 통일국가가 먼저 나타난 것이다.

예수님이 오시기 전에 나타난 로마제국이 그 좋은 예이다. 로마에 줄리어스 시저(Julius Caesar)가 나타나서 전(全) 갈리아(Gallia)를 정복한 후 속주(屬州)로 가입시켜 로마의 통일을 성취하였다(45 B.C.). 그가 암살된 후 옥타비아누스(아우구스투스)는 로마의 내란을 수습하고(31 B.C.), 전 지중해를 통일하여 문자 그대로 세계제국을 실현하였다. 로마제국의 번영은 「로마의 평화」(팍스 로마나)라고 하며 약 2세기간 계속되었던 것이다. 줄리어스 시저 및 옥타비아누스는 사탄 편의 메시아적 인물이었다. 사탄은 그들을 통하여 참된 메시아(예수님)가 강림하여 영원한 사랑과 평화와 번영의 대통일세계를 이루시는 데 앞서서 그것을 모방하여 거짓된 평화와 번영의 통일세계를 만들어낸 것이다. 그러나 예수님은 사명을 미완성하신 채로 십자가에 달려 돌아가셨으므로 참된 통일세계, 참된 이상세계는 실제로는 나타나지 않았던 것이다.

재림 때에도 이 법칙에 따라 거짓 메시아와 거짓 통일세계가 참 메시아의 재림에 앞서서 나타난다. 그것이 스탈린과 공산주의 세계였다. 사실 스탈린은 당시 공산주의 세계에서는 인류의 태양으로서 메시아와 같이 숭상되면서 공산주의에 의한 세계통일을 지향하였던 것이다. 스탈린은 1953년에 죽었는데 섭리적으로 보면, 그때가 재림섭리의 공식적 노정이 출발하는 때였다. 국제공산주의의 그 후의 분열은 거짓 통일세계의 붕괴와 참된 통일세계의 출발을 전조로서 보이고 있는 것이다.

⑥ 종의 횡적 전개의 법칙

이것은 종적(縱的)인 것을 복귀역사의 종말기에 있어서 횡적(橫的)으로 전개시킨다고 하는 법칙이다. 종이란 시간의 흐름을 말하며, 횡이란 공간적 넓이를 말한다. 다시 말하면 종은 역사이며, 횡은 현실세계를 의미한다. 따라서 종의 횡적 전개란 하나님이 역사상의 모든 섭리적인 사건과 인물을 종말시대에 세계적으로 재현시켜 놓고 섭리하심을 말한다. 그렇게 함으로써 하나님은 그때까지 역사상에 있었던 섭리적 인물들의 실패 때문에 미해결로 끝난 여러 가지 문제(사건)를 한꺼번에 해결하고자 하시는 것이다.

예를 들면 아담으로부터 아브라함까지의 2천년간의 복귀섭리에 있어서 사탄에게 침범되어 버린 복귀기대를 아브라함과 이삭과 야곱의 3대를 거쳐서 탕감복귀하였다. 또 예수님 시대에 하나님은 아담으로부터 예수님까지의 4천년의 역사에 있어서 사탄의 침입에 의해서 실패로 끝난 여러 섭리적 사건들을 횡적으로 전개하여 그것들을 한꺼번에 탕감복귀하려고 하셨다. 그런데 섭리적 인물들의 불신으로 인하여 완성되지 못하였던 것이다. 그리고 재림의 섭리 때에도 아담 이후의 6천년의 역사에 있어서 사탄에게 침범당한 모든 사건을 횡적으로 다시 전개시켜 놓고 재림주를 중심으로 하여 탕감복귀의 섭리를 하시게 된다.

예를 들면 오늘날 이스라엘과 아랍 제국이 대립하여 싸우고 있는데 이것은 구약시대의 이스라엘 민족과 주변 민족과의 싸움이 재현(재전개)된 것이다. 오늘날은 종말의 때이기 때문에 여러 가지 예기하지 않은 사태가 속발(續發)하여서 세계는 혼란에 빠지고 있는데, 이것은 종의 횡적 전개의 법칙이 작용함으로써 과거의 역사상 여러 가지 미해결된 문제가 현재에 다시 전개되고 있기 때문이다. 그리고 이와 같은 혼란은 재림주를 중심으로 하여 비로소 근본적인 해결을 보게 되는 것이다.

하나님이 이와 같이 역사의 여러 사건을 종말 시에 재현시켜 그것들을 근본적으로 해결하도록 섭리를 하시는 것은 역사상의 수많은 미해결 문제를 한꺼번에 해결하여 6천년 죄악 역사를 인간의 타락 없이 발전해 온 역사로서 조건지워 역사상의 수많은 비참한 사건의 기억을 영원히 불식하시기 위해서이며, 또 사탄의 참소조건을 일소시켜 사탄을 완전히 굴복시키기 위해서인 것이다.

⑦ 동시성 섭리의 법칙

과거의 어떤 시대에 행하여진 일정한 섭리가 다음 시대에 반복되는 것을 동시성 섭리의 법칙이라고 한다. 동시성의 관계에 있는 두 개의 섭리적 시대는 중심인물, 사건, 수리적 기간 등에 있어서 매우 비슷한 양상을 나타낸다. 이것은 복귀역사에 있어서 어떤 섭리적 중심인물들이 그 책임분담을 다하지 않았을 때, 그 인물을 중심으로 한 섭리의 한 시대는 끝나 버리고 일정한 기간을 거친 후에 다른 인물이 세워져서 전(前) 시대의 역사노정을 탕감복귀하도록 섭리하시기 때문이다. 그때에 복귀섭리의 연장과 더불어 탕감조건이 점차 보태어짐으로써 전 시대를 완전히 그대로 반복하는 것이 아니고 차원을 높인 형태로서 반복되는 것이다. 그 결과 역사는 나선형을 그리면서 발전하게 된다.

그러면 동시성 섭리의 법칙은 어떻게 역사에 작용하였는가. 아담으로부터 아브라함까지의 2천년간의 가정을 중심으로 한 복귀섭리(복귀기대 섭리시대)에 있어서 섭리의 미완성 때문에 메시아가 강림할 수 없었으므로 그것에 대한 동시성 섭리로서 아브라함으로부터 예수님까지의 2천년간의 이스라엘 민족을 중심으로 한 섭리(복귀섭리시대)가 나타나게 되었다. 또 아브라함으로부터 예수님까지의 2천년간의 이스라엘 민족을 중심으로 한 섭리가 예수님의 십자가에 의해서 미완성으로 끝났으므로 예수님 이후 다시 오늘날까지의 2천년간의 기독교를 중심으로 한 서양역사(복귀섭리 연장시대)가 그것에 대한 동시성 섭리로서 나타난 것이다. 여기서 아브라함으로부터 예수님까지의 2천년간과 예수님으로부터 오늘날까지의 2천년간의 두 시대에 있어서의 동시성의 내용을 정리하면 표 4-1과 같이 된다.

복귀섭리시대	복귀섭리연장시대
이집트고역시대(400년)	로마제국박해시대(400년)
사사시대(400년)	교구장제기독교회시대(400년)
통일왕국시대(120년)	기독왕국시대(120년)
남북왕조 분립시대(400년)	동서왕조 분립시대(400년)
유대민족포로시대(70년) 유대민족귀환시대(140년)	교황포로시대(70년) 교황귀환시대(140년)
메시아 강림준비시대(400년) 　신앙의 쇄신 　그리스문명	메시아 재강림준비시대(400년) 　종교개혁 　문예부흥(르네상스)

표 4-1 복귀섭리시대와 복귀섭리연장시대에 있어서의 섭리적 동시성

4) 역사의 변천

위에서 든 창조의 법칙과 복귀의 법칙은 모두 역사의 변천에 작용한 법칙들인데, 그중에서도 특히 중요한 것은 수수의 법칙, 상극의 법칙,[91] 탕감의 법칙, 분립의 법칙 등이다. 그중 수수의 법칙은 역사의 변천에 있어서는 「발전의 법칙」이 되고, 다른 셋은 합쳐서 「전환의 법칙」이 된다.(「전환의 법칙」은 이하에 말하는 「선악의 투쟁의 법칙」을 말한다.)

역사가 수수작용에 의해서 발전해 온 것은 이미 말한 대로이다. 즉 정신과 물질, 인간과 환경(자연·사회), 정부와 국민, 단체와 단체, 개인

과 개인, 인간과 기계 등의 여러 가지 주체와 대상의 수수작용이 원만하게 행하여짐으로써 정치, 경제, 문화 등 모든 분야의 발전이 이루어져 온 것이다.

발전이란 성장, 발육, 향상 등을 말하며 새로운 질(質)의 출현인 것이어서, 이것들은 모두 비가역적(非可逆的)인 전진운동인 것이다. 그것은 주체와 대상의 상대적 요소가 공통목적을 중심으로 하여 조화적인 수수작용을 할 때에 나타나는 현상이다. 대립물의 투쟁에 의해서는 파괴 또는 정체만이 나타날 뿐이어서 발전은 결코 이루어지지 않는다. 역사상에 나타난 어떠한 종류의 발전도 예외 없이 수수의 법칙에 의해서 이루어진 것이다.

한편 이미 말한 바와 같이 주체와 주체는 상극의 법칙에 따라서 서로 반발하는 것이며, 그 반발 현상은 역사에 있어서는 지도자와 지도자의 대립으로서 나타났다. 예를 들면 프랑스혁명 때의 루이 16세를 중심으로 한 왕당파 귀족들과 중산 시민층(부르주아지)의 지도자, 즉 구(舊) 지도자와 신(新) 지도자와의 투쟁이 그것이다. 그때 분립의 법칙에 따라 상대적으로 한쪽은 선한 편(하나님의 섭리에 일치하는 입장), 다른 쪽은 악한 편(하나님의 섭리를 방해하는 입장)으로 나누어진 것이다. 그리고 두 주체가 각각 대상인 대중의 일부씩을 서로 자기 편으로 끌어들임으로써(따라서 대중이 둘로 나뉘어서) 선한 편 진영과 악한 편 진영을 형성하여 싸운 것이다. 그리고 두 지도자 중 어느 쪽이 선하고 어느 쪽이 악한가는 하나님의 섭리에 얼마나 가까운가에 따라서 결정되는 문제인 것으로서, 프랑스혁명의 경우에는 낡은 사회의 지도자가 자기중심적인 욕망에 기울어져 전제적 지배를 행하였기 때문에 하나님은 그들을 악 편에 세우고 새로운 지도자를 선 편에 세워서 새 지도자들을 통하여 섭리를 하였던 것이다.

이 경우의 선악이란 이미 말한 바와 같이 상대적 개념이어서 하나님 편의 입장은 물론 선이지만, 사탄 편의 새 지도자라도 부정하고 부패한 구 사회의 지도자에 비하면 상대적으로 선인 경우가 있다. 예를 들면 러시아혁명에 있어서 레닌은 그 당시의 니콜라이 2세라든가 임시정부 수상인 케렌스키에 비하면 상대적으로는 선이었다고 말할 수 있는 것이다.(그러나 그러한 선은 엄밀히 말해서 선의 입장을 가장한 위장 선인 것이다.)

선악의 투쟁에 있어서 선한 편이 이기면 역사가 진행하는 방향은 보다 선한 방향으로 방향전환한다. 그 후 역사가 다시 일정한 새로운 단계에 도달하면 또다시 더 선한 새로운 지도자가 나타난다. 그러면 그때까지의 지도자는 상대적으로 악한 편에 세워지게 되며, 이리하여 다시 선악의 투쟁이 벌어진다. 이 때 다시 선한 편이 이기면 역사의 방향은 더욱 선한 방향으로 전환된다. 그리하여 드디어는 완전한 선의 단계, 즉 창조이상 세계의 단계에까지 이르게 되는 것인 바, 그때가 되어서 비로소 선악의 투쟁이 끝나는 것이다.

선악의 투쟁에 있어서 선한 편의 책임분담이 충분히 이루어지지 않고서 악한 편이 승리를 거둘 경우도 물론 있는 바, 그런 때에는 역사는 선한 방향으로 전환되지 않음은 물론이다. 그러나 그런 때에도 어떤 일정한 기간이 경과하면, 하나님은 다시 보다 선한 지도자를 세워서 악한 편과 싸우게 하는 동시에 승리케 하여 결국은 선한 편으로 방향이 전환되도록 섭리하신다. 그러므로 오늘날까지의 역사는 계급투쟁의 역사가 아니라 선악의 투쟁의 역사였던 것이다.

이와 같이 해서 역사는 주체와 대상의 수수작용에 의해서 발전하며, 일정한 시점에 있어서의 선악의 투쟁에 의해서 방향이 전환되며 전환된 뒤에는 다시 주체와 대상의 수수작용에 의해서 발전한다. 이

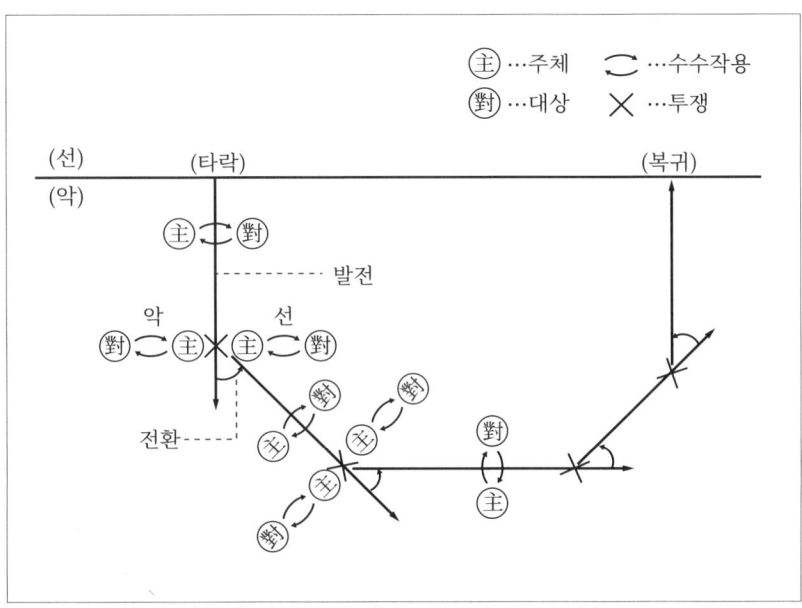

그림 4-3 수수작용 및 선악의 투쟁에 의한 역사의 변천

와 같이 발전과 전환의 과정을 되풀이하면서 역사가 변천하여 온 것이다. 역사변천의 과정을 도형적으로 표현하면 그림 4-3과 같이 된다.

이상으로 역사는 두 가지 방향을 향해서 변천하여 온 것임을 밝혔다. 하나는 발전의 방향이며 다른 하나는 전환해서 회전, 즉 복귀하는 방향이다. 발전이란 과학이나 경제나 문화 등의 발전을 의미하며, 복귀란 잃어버린 창조이상세계—사랑과 평화의 세계—를 회복하는 것을 의미한다. 복귀는 선악의 투쟁에 의한 전환이 거듭되면서 이루어진다. 그러나 그것은 반드시 무력적인 투쟁을 의미하는 것은 아니다. 악한 편이 선한 편에 순종하여 굴복하면 평화적인 전환이 이루어지는 것도 가능한 것이다.

이와 같이 역사는 발전과 복귀라는 두 가지 방향을 더듬으면서 변천하여 온 것인데, 발전은 영원히 계속하는 것임에 대하여 복귀는 창조이상세계(선의 세계)가 회복되면 그것으로 끝나게 된다. 그 이후는 창조이상세계가 영원히 계속하게 되는 것이다.

미르크스의 유물사관은 인류역사가 공산주의사회에까지 발전한다고만 말하고 그 후에는 어떠한 사회가 도래하는가에 대해서는 아무런 언급도 하지 않았다. 그의 변증법에 따르기로 한다면, 공산주의사회도 다시 모순(대립물의 투쟁)에 의해서 다음의 새로운 사회로 발전해 가지 않으면 안 되며, 또 발전을 위해서 투쟁은 영원히 계속되어야 한다. 그러나 그는 그 이상 아무 말도 남기지 않았다. 이것은 헤겔에 있어서 인류역사는 변증법적으로 발전한다고 하면서 이성국가의 단계에 이르러서 변증법적 발전이 정지되는 이유가 논리적으로 설명되고 있지 않는 것과 마찬가지이다.

역사를 투쟁의 역사로 보는 유물사관의 이러한 난점(아포리아)은 역사가 투쟁(선악의 투쟁)의 역사일 뿐만 아니라 복귀의 역사이기도 하다는 통일사관(복귀사관)에 의해서 비로소 풀리게 된다. 즉 선한 세계가 온전히 복귀되어 모든 악한 요소가 지상에서 사라져 버리면 그때부터 투쟁은 흔적도 없이 사라져 버리고 평화, 사랑, 행복의 세계만이 영원히 계속하게 되는 것이다.

제5장
마르크스주의 인식론의 비판과 그 대안

　인간은 어떻게 해서 진리를 얻을 수 있는가 하는 인식(認識)의 문제, 즉 인식의 기원은 무엇인가, 인식의 대상의 본질은 무엇인가, 인식의 방법은 무엇인가 하는 문제는 관념론(觀念論)인가 유물론(唯物論)인가 하는 본체론(本體論)의 문제와도 밀접하게 결부되어 있어서 오늘날까지 많은 철학자들에 의해서 연구되어 왔다. 마르크스주의도 인식론을 중요시하여 유물변증법의 입장에서 인식론을 제시하면서 종래의 관념론적 인식론을 극복하였다고 주장하고 있다.

　마르크스주의의 인식론은 자연계에 대한 인식이 어떻게 해서 이루어지는가 하는 면을 다루고 있을 뿐만 아니라 사회의 발전에 관한 인식, 즉 역사발전법칙의 발견에 관한 인식도 다루고 있다. 또 마르크스주의 인식론에 의하면 인식은 실천을 위해서 존재하며, 실천에 의해서 인식은 깊어져 간다고 되어 있다. 여기서 실천이 개인적 실천을 포함해서 생산활동을 비롯한 모든 영역의 사회적 실천을 뜻하지만, 특히 계급투쟁(혁명)을 가리키는 때가 많다. 예컨대 모택동은 『인간의 사회적 실천은 생산활동이라는 하나의 형태에 한정되어 있지 않으며……, 그 외에도 많은 형태, 즉 계급투쟁, 정치생활, 과학 활동, 예술 활동 등이 있으며……. 그중에서도 여러 가지 형태의 계급투쟁은 인간의 인식의 발전에 깊은 영향을 준다. ……모든 사상은 계급적 낙인이 찍혀 있다.』[1] 고 말하고 있다.

이와 같이 마르크스주의 인식론은 혁명(계급투쟁)과 밀접하게 결부하고 있어서 마르크스주의 이론의 중요한 한 분야를 차지하고 있다. 따라서 마르크스주의를 극복하기 위해서는, 부득이 마르크스주의 인식론을 비판하고 그에 대한 대안으로 새로운 인식론을 제시할 필요가 있게 되는 것이다.

1. 종래의 인식론

오래전부터 인식은 무엇에 의해서 이루어지는가라는 인식의 기원에 관한 논쟁과, 인식의 대상은 무엇이며 그것은 실재하는가 아닌가 하는 인식의 본질에 관한 논쟁이 있어 왔다. 그리고 이것은 두 가지 입장, 즉 인식의 기원에 관해서는 경험론과 합리론(이성론)이, 그리고 인식의 대상의 본질에 관해서는 실재론(實在論)과 관념론이 각각 형성되었던 것이다.

(1) 인식의 기원

인간의 인식 능력에는 감성, 오성, 이성이 있지만, 그중 어느 단계에서 인식이 결정되는가 하는 것이 인식의 기원의 문제이다. 감성의 단계에서, 즉 감각에 의해서 인식이 이루어진다는 것이 경험론의 주장이며, 오성 또는 이성의 단계에서 이루어진다는 것이 합리론(이성론)의 주장이었다. 즉 전자는 경험에 의해서 인식이 얻어진다는 것이므로 경험론이며, 후자는 이성에 의해서 인식이 얻어진다는 것이므로 이성론(합리론)이다.

1) 경험론
① 베이컨

경험론의 대표는 로크(J. Locke)이지만, 로크가 나타나기 전에 경험론의 기초를 쌓은 사람이 프란시스 베이컨(Francis Bacon, 1561~1626)이었다. 그는 전통적인 학문이 무용한 말의 논쟁에 지나지 않으며 내용적으로는 공허라고 하면서, 올바른 인식은 자연의 관찰과 실험에 의해서 얻어진다고 주장하였다. 그때 올바른 인식을 얻기 위해서는 우선 선입적 편견을 버리지 않으면 안 된다고 하면서, 편견으로서 네 가지의 우상(idola)을 들었다.

즉 자연의 의인화와 같이 인간이 일반적으로 빠지기 쉬운 편견으로서의 종족의 우상(idola tribus), 개인의 독특한 성질이나 습관에 의해서 생기는 편견으로서의 동굴의 우상(idola specus), 언어에 의하여 인식이 영향을 받는 데서 오는 편견으로서의 시장의 우상(idola fori), 권위나 전통을 맹목적으로 믿는 데서 오는 편견으로서의 극장의 우상(idola theatri) 등이 그것이다.

베이컨은 이와 같은 네 가지 우상을 제거한 다음 자연을 관찰하여 개개의 현상 안에 있는 공통의 본질을 찾아내지 않으면 안 된다고 하면서 귀납법을 제시하였다.

② 로크

로크(J. Locke, 1632~1704)는 「인간오성론(人間悟性論)」을 저술

하여 인식에 있어서의 경험론의 사고방법을 체계화하였다.

로크는 인간의 마음은 본래 아무것도 씌어 있지 않은 백지(tabula rasa)와 같은 것이며, 모든 관념은 경험에서 생긴다고 생각하였다. 경험에는 외적인 경험과 내적인 경험, 즉 감각(sensation)과 반성(reflection)이 있으며, 경험에 의해서 얻어지는 관념에는 단순관념(simple idea)과 복합관념(complex idea)이 있다고 했다. 단순관념이란 감각과 반성에 의해서 얻어지는 것이며, 그것들이 오성의 작용에 의해서 복합되어짐으로써 보다 고차의 관념으로 변화된 것이 복합관념이라고 한다.

단순관념에는 두 가지 성질이 있는 바 하나는 고체성(solidity), 연장(extension), 형상(figure), 운동(motion), 정지(rest), 수(number) 등 대상 그 자체가 가지고 있는 객관적인 성질이다. 또 하나는 색, 냄새, 맛, 소리 등 대상에게서 우리가 느끼는 주관적인 성질이어서, 로크는 전자를 제1 성질, 후자를 제2 성질이라고 불렀다.

로크는 인식이란 관념의 상호의 결합, 일치를 지각하는 것, 또는 불일치, 모순을 지각하는 것에 지나지 않는다고 주장하였다.

③ 버클리

버클리(G. Berkeley, 1685~1753)는 로크가 말하는 물체의 제1 성질과 제2 성질의 구별을 부정하고, 제1 성질도 제2 성질과 마찬가지로 주관적인 것이라고 주장하였다. 예를 들면 거리의 관념은 어떤 대상을 먼저 눈으로 보고 다음에 그곳까지 걸어가서 손으로 만져 봄으로써 얻어지는 것이므로 눈에 의한 시각과 발바닥과 손에 의한 촉각에 의한 것이어서 결코 연장으로서의 거리를 그대로 보고 있는 것이 아니라고 보았던 것이다.

④ 흄

경험론을 궁극에까지 추구한 사람이 흄(D. Hume, 1711~1776)이었다. 그는 인과성이나 실체성에 관한 지식은 다만 경험적인 것에 지나지 않으며 확실성이 없다고 하였다.

예를 들면 인과성의 경우 번개 후에 우레소리를 듣게 되는데, 보통사람은 번개가 원인이고 우레소리는 그 결과라고 생각하지만 단순한 인상으로서의 양자를 원인과 결과로서 결부시키는 근거는 아무 데도 없다고 하면서, 그는 인과성의 관념은 주관적인 신념에 의해서 성립하는 것이라고 주장하였다. 이렇게 해서 흄에 이르러 경험론은 회의론에 빠져 버렸던 것이다.

2) 합리론

이와 같은 영국의 경험론에 반해서, 감각에 의해서는 올바른 인식은 불가능하며, 이성에 의한 연역적, 논리적인 추리에 의해서만 올바른 인식이 얻어진다고 생각한 것이 데카르트, 스피노자, 라이프니쯔 등의 대륙의 합리론이었다.

① 데카르트

합리론의 시조가 되는 데카르트(R. Descartes, 1596~1650)는 참된 인식에 이르기 위해서는 일부러 모든 것을 의심하는 것으로부터 출발하였던 바, 그것이 소위 방법적 회의(methodical doubt)인 것이다. 그는 감각은 우리들을 속인다고 생각하고 모든 감각적인 것의 확실성을 의심하였다. 그러나 내가 의심한다(사유한다)고 하는 사실만은 의심할 수 없다고 하면서, 『나는 생각한다. 그러므로 나는 존재한다.』(cogito, ergo sum)라는 명제에 도달하였다.

이 명제를 데카르트의 제1의 원리라고 하는 바, 이 명제가 확실하다는 것은 이 인식이 명석(clear)하고 또한 판명(distinct)하기 때문이라고 한다. 이 명제로부터 다음에 유도되는 것이 『명석하고 또한 판명하게 이해되는 것은 모두 진리이다.』라고 하는 일반적인 진리의 기준이다. 그런데 여기에 명석, 판명한 인식이 확실하다는 것이 보증되기 위해서는 하나님의 존재가 필요하게 된다고 그는 생각하였다. 그렇게 되면 하나님은 성실하기 때문에 그 하나님이 인간을 속인다는 일은 있을 수 없으므로 인식에 잘못이 생길 리가 없다는 것이다.

데카르트는 이와 같이 명석, 판명한 인식이 확실하다는 것을 논증하였는 바, 그는 그것에 의해서 수학적 방법에 의한 이성적인 인식의 확실성을 주장하고자 하였던 것이다.

② 스피노자

스피노자(B. de Spinoza, 1632~1677)도 데카르트와 마찬가지로 이성에 의해서 일체의 진리를 인식할 수 있다고 생각했다. 특히 기하학적 방법을 철학에 사용해서 논리적인 인식을 시도하였다.

③ 라이프니쯔

라이프니쯔(G.W. Leibniz, 1646~1716)는 인식되는 진리로서 첫째로 순수하게 오성에 의해서 논리적으로 발견되는 것, 둘째로 경험에 의해서 얻어지는 것의 둘로 나누었다. 전자를 영원한 진리 또는 이성의 진리라고 부르고, 후자를 사실의 진리 또는 우연의 진리라고 불렀는데, 그중 이성적 인식을 고차적인 것으로 생각하였다.

이와 같은 대륙의 합리론은 사실에 관한 인식을 경시하고, 일체를 합리적으로 이성에 의해서 인식할 수 있다고 생각하게 되어 드디어는 독단론에 빠지게 되었다. 합리주의적 독단론의 대표로 불리는 사람이 볼프(C. Wolff, 1679~1754)이다.

(2) 인식 대상의 본질

다음은 인식 대상의 본질을 무엇으로 보는가 하는 문제이다. 인식의 대상이 객관세계에 주관과는 독립하여 존재하고 있다는 것이 실재론이며, 인식의 대상은 객관세계에 있는 것이 아니고 인간의 마음속에 관념으로서만 있다고 하는 것이 주관적 관념론이다.

1) 실재론

실재론에는 몇 가지 종류가 있다. 우선 소박실재론(素朴實在論)이 있다. 이것은 물질로 되어 있는 대상은 주관에 대해서 독립해 있으며, 또한 우리들이 보는 대로 있다고 하는 상식적인 견해를 말하는 것으로서 일반인이 갖고 있는 인식관이다. 다음에 과학적 실재론이 있다. 이에 따르면 대상은 주관과 독립하여 존재하고 있지만 감각적 인식은 그 자체가 객관적 인식이 될 수 없으며, 감각을 초월한 오성의 작용에 의해서 대상으로부터 얻은 경험적 사실에 과학적인 반성을 가함으로써 실재를 올바로 알 수 있다고 한다.

그다음에 관념론적 실재론이 있는 바 이것은 객관적 관념론이라고도 한다. 이것은 세계의 근원, 즉 대상의 본질은 인간의 마음과는 독립해서 존재하는 정신(또는 관념)이라고 보는 견해를 말한다. 예컨대 플라톤(Platon)은 사물의 본질인 이데아(idea)를 참된 실재라고 생각하여 세계는 이데아계의 그림자에 지나지 않는다고 하였으며, 헤겔은 세계는 절대정신의 자기전개라고 주장하였다.

마지막으로 공산주의 실재론이라고 할 수 있는 실재론이 있다. 공산주의는 대상은 의식으로부터 독립해서 존재하면서 의식에 반영되는 객관적 실재라고 한다. 그러나 대상이 의식에 반영되는 것만으로는 대상의 인식은 불충분하며, 실천을 통해서 검증함으로써 참된 인식을 얻을 수 있다고 주장한다.

2) 주관적 관념론

객관세계는 인간의 의식으로부터 독립해서는 존재하지 않으며 인간의 의식에 나타나는 한에 있어서만 그 존재가 인식된다고 주장한다. 버클리가 그 대표이며 그는 『존재는 곧 지각이다.』(esse ist percipi)라고 말했다. 또 자아의 행위를 떠나서 비아(非我, 대상)가 존재하는가 어떤가는 전혀 말할 수 없다고 한 피히테(J.G. Fichte)나 『세계는 나의 표상이다.』(Die Welt ist meine Vorstellung)라고 말한 쇼펜하우어(A. Schopenhauer)도 똑같은 입장이다.

(3) 칸트의 선험적 방법

영국의 경험론은 나중에 회의론에, 대륙의 합리론은 독단론에 빠졌지만, 이 두 입장을 종합해서 새로운 견해를 세운 사람이 칸트(I. Kant 1724~1804)였다. 칸트는 경험론은 인식의 기원을 경험에 두고 이성의 작용을 무시함으로써, 그리고 합리론은 이성을 만능의 것으로 간주함으로써 양자 모두 잘못을 범하였다고 생각하였다. 칸트는 올바른 인식을 얻기 위해서는 경험이 어떻게 해서 인식이 될 수 있는가 하는 데 대한 분석으로부터 시작하지 않으면 안 되며 그러기 위해서는 이성의 작용의 검토, 즉 이성의 비판을 하지 않으면 안 된다고 생각하였다.

그리하여 그는 「순수이성비판」을 저술하였는데, 여기서 칸트가 찾아낸 가장 중요한 것은 인식하는 주관 속에 선천적 또는 선험적(a priori)인 인식의 형식(개념)이 존재한다는 것이며, 대상으로부터 오는 감각적 내용(색, 냄새, 모양, 소리 등)이 주관의 선천적 형식에 의해서 질서가 세워짐으로써 인식의 대상이 구성된다는 것이었다. 즉 대상으로부터 오는 감각적 내용이 직관형식을 통해서 직관되어져 사유형식(카테고리)과 결합해서 인식의 대상으로 구성됨으로써 비로소 인식이 가능하게 된다고 주장하였다. 칸트는 사유형식으로서 다음의 12가지 형식을 들었다.

① 분량 - 총체성, 수다성, 단일성
② 성질 - 실재성, 부정성, 제한성
③ 관계 - 실체성, 인과성, 상호성
④ 양상 - 가능성, 현실성, 필연성

종래의 철학이 어느 것이나 대상을 직접적으로 파악한다고 한 데 대해서 칸트는 인식의 대상이 주관에 의해서 구성된다고 하였으며, 이 착상을 그는 『코페르니쿠스적 전회(轉回)』라고 자찬하였다. 칸트의 인식론은 이와 같이 대상 그 자체의 인식을 목표로 삼지 않고 대상에 대한 선천적인 인식이 어디까지 가능한가를 추구하는 것이어서, 이것을 선험적 방법이라고 불렀다(초월적 방법이라고도 한다).

이와 같이 현상계(자연계)에 있어서의 인식이 어떻게 하여서 성립할 수 있는가 하는 것을 논한 후에 칸트는 형이상학—영혼이나 하나님의 인식—이 과연 가능한가 어떤가를 검토하고 나서 감각적 내용이 없는 영혼이나 하나님은 직관의 대상이 될 수 없고, 따라서 인식할 수 없다고 하였다. 즉 우리들의 인식은 현상계에 한정되는 것이며 현상계의 배후에 있는 물자체(物自體)의 세계(叡智界)를 인식할 수 없다고 하였다. 그러나 칸트는 물자체의 세계(예지계)를 부정한 것이 아니며 「실천이성비판」에 있어서, 실천이성의 요청으로서 그 존재를 긍정하려고 하였다.

2. 마르크스주의 인식론

(1) 반영론(모사설)

마르크스주의는 인식이란 객관적 실재가 의식에 반영(모사)됨으로써 이루어진다는 반영론(모사설)을 주장한다. 그것을 엥겔스는 『우리들은 현실의 사물을 절대적 개념의 여러 단계의 모사라고 보지 않고, 우리들의 두뇌 속의 개념을 다시 유물론적으로 현실 사물의 모사라고 이해하였다.』[2]고 하였으며, 레닌은 『불변적인 것은 인간의 의식이(인간의 의식이 존재하고 있는 경우에) 그것으로부터 독립해서 존재하고 또 발전하고 있는 외계(外界)를 반영한다는 것이다.』[3]라고 하였다.

콘포스에 의하면 이 반영론에는 다음과 같은 특징이 있다.[4]

① 물질적 실재가 제1차적이며, 정신적 반영은 제2차적인 것이다.

② 물질적 실재는 뇌수 안에서 지각과 사유라는 형태로 의식 속에 재생산, 즉 반영된다.

③ 반영은 의식을 갖는 주체가 그 외부의 대상과의 사이에 능동적인 관계(상호작용)를 맺음으로써 일어난다.

④ 의식에 있어서의 반영은 생산활동의 산물이다.

(2) 감성적 인식, 이성적 인식, 실천

인간의 의식에 있어서의 객관적 세계의 반영은 일회뿐인 것은 아니다. 레닌은 『생생한 직관으로부터 추상적 사고로, 그리고 이것에서 실천으로—이것이 진리의 인식, 즉 객관적 실재의 인식의 변증법적인 과정이다.』[5]라고 했으며, 모택동은 『인식은 실천에 의해서 얕은 것으로부터 깊은 것으로 나아간다는 것이 인식의 발전과정에 관한 변증법적 유물론의 이론이다.……즉 인식은 낮은 단계에서는 감성적인 것으로서 나타나며, 높은 단계에서는 논리적인 것으로서 나타나지만, 어느 단계든지 하나의 통일적인 인식 과정 속의 단계이다. 감성과 이성이라는 두 가지 것의 성질은 다르지만, 그렇다고 해서 그것들은 서로 분리된 것은 아니고, 실천의 기초 위에서 통일되어 있는 것이다.』[6]라고 하였다.

그런데 실천이라고 할 때, 일반적으로는 인간의 자연에 대한 작용, 즉 개인적 실천이라든가 인간의 여러 가지 사회 활동, 즉 사회적 실천을 말하지만, 마르크스주의 인식론의 경우에는 그중에서도 특히 혁명을 주요한 실천으로 다루고 있는 것이다.[7] 그리하여 인식의 최종적인 목적은 혁명적 실천에 있다 한다. 모택동은 다음과 같이 말하고 있다. 『인식의 능동적 작용은 감성적 인식으로부터 이성적 인식으로의 능동적인 비약에 나타날 뿐만 아니라, 더 중요한 것은 그것이 더욱 이성적 인식으로부터 혁명적 실천으로라는 비약에도 나타나지 않으면 안 된다는 것이다.』[8]

뿐만 아니라 마르크스주의 인식론은 실천—결국은 혁명적 실천[9]—이 진리의 규준(規準)이라고 주장한다. 즉 인식(사고·이론)이 참인가 아닌가는 실천을 통해서 현실과 비교하여 인식이 현실에 일치하고 있는가 어떤가를 확인하면 된다는 것이다. 그것을 마르크스는 『실천 속에서 인간은 그 사고의 진리를, 다시 말하면 그 사고의 현실성이라든가 차안성(此岸性)을 증명하지 않으면 안 된다.』[10]라고 표현하였으며, 모택동은 『마르크스주의자는 사람들의 사회적 실천만이 외계에 관해서 사람들의 인식이 진리인가 아닌가의 기준이라고 생각한다.』[11]고 하였다. 그리고 레닌은 사회적 실천(혁명적 실천)을 행한 결과, 『최근의 수십 년간의 모든 자본주의국가의 발전 경과는……일반적으로 이 이론(마르크스의 이론)의 전체가 객관적 진리라는 것을 오로지 증명하고 있다.』[12]고 하면서, 마르크스주의야말로 현실에 일치한 진리라는 것을 주장한 것이다.

이와 같이 마르크스주의에 있어서, 인식론은 유물론이나 변증법이나 유물사관의 경우와 마찬가지로 혁명을 합리화하기 위한 이론으로 구성해 놓은 것이다.

여기서 논리적 인식에 있어서의 사유형식에 대해서 언급하기로 한다. 논리적 인식은 개념을 매개로 한 판단, 추리 등의 사유활동을 말하지만, 그때 사유형식은 중요한 역할을 다하고 있다. 반영론을 주장하는 마르크스주의 인식론은 사유형식이 객관세계에 있어서의 제 과정의 의식에의 반영, 즉 실재형식의 의식에의 반영이라고 보고 있다. 소련의 「마르크스·레닌주의 철학의 기초」에 의하면 마르크스주의 인식론에 있어서의 카테고리(실재형식·사유형식)는 다음과 같은 것으로 되어 있다.[13]

물질
운동
공간
시간

의식

유한과 무한

양

질

한도

모순

개별과 보통

원인과 결과

필연성과 우연성

가능성과 현실성

내용과 형식

본질과 현상

(3) 절대적 진리와 상대적 진리

마르크스주의 인식론은 객관적 실재를 정확하게 반영한 것이 진리라고 한다. 즉 『우리들의 감각, 지각, 표상, 개념, 이론이 객관세계에 일치하며 그것을 올바로 반영한다면, 그것들을 참(眞)이라고 한다. 또 참된 언명, 판단 또는 이론을 진리라고 부른다.』[14]

그리고 어떤 특정한 시대의 지식은 부분적이며 불완전해서 상대적 진리에 머물지만 과학의 발전에 의해서 지식은 절대적 진리에 한없이 가까워진다고 하면서 절대적 진리의 존재를 승인한다. 또 상대적인 진리 안에 절대적으로 참인 몇 가지의 내용이 들어 있어서 그것들이 부단하게 축적되었을 때 절대적 진리가 된다고도 말한다. 이에 관하여 레닌은 다음과 같이 말하고 있다.

『이와 같이 해서 인간의 사고는 그 본성상 상대적 진리의 총화로 성립하고 있는 절대적 진리를 우리들에게 줄 수 있으며 또 주고 있다. 과학의 발전에 있어서의 각 단계는 절대적 진리라고 하는 이 총화에 새로운 알맹이를 첨가한다.』[15]

『객관적 절대적 진리에의 우리들의 접근의 한계는 역사적으로 조건지워져 있다. 그러나 이 진리의 존재는 무조건적이며 우리들이 그것에 접근해 가는 것도 무조건적이다.』[16]

그러면 어떻게 해서 진리의 기준이 높아져 가는 것일까? 모택동은 실천과 인식이 되풀이됨으로써 높아져 간다고 다음과 같이 말한다. 『실천, 인식, 재실천, 재인식이라는 형식이 순환왕복하고 무한히 되풀이되어, 그리고 각 순환마다 실천과 인식의 내용이 한층 높은 단계로 나아간다.』[17]

칸트는 대상을 주관이 구성하는 한에 있어서만 인식이 이루어지는 것이어서 「물자체(物自體)」는 인식이 불가능하다고 함으로써 불가지론(不可知論)을 주장하였는데, 이에 대해서 마르크스주의 인식론은 실천을 진리의 규준으로 삼는 입장에서 인간은 실천에 의해서 물자체를 인식할 수 있다고 주장한다. 엥겔스는 불가지론에 반대하여 다음과 같이 말하였다.

『칸트의 시대에는 자연의 물체에 관한 우리들의 지식이 극히 단편적이었으므로 칸트도 그 자연물에 대해서 우리들의 얼마 안 되는 지식의 배후에 무엇인가 아직 신비한 「물자체」가 있는지도 모른다고 했을 것이다. 그러나 과학의 굉장한 진보에 의해서 이러한 알기 어려웠던 것들이 차례차례로 파악되고 분석되었던 것이다. 뿐만 아니라 재생산(reproduce)되기까지 한 것이다. 적어도 우리들이 만들 수 있는 것을 우리들이 인식할 수 없다고는 생각되지 않는다.』[18]

(4) 필연성과 인간의 자유

이성적 인식(논리적 인식)에 있어서 인간은 자연 및 사회의 제 법칙을 인식하며 사물의 필연성을 이해하게 되지만, 이들의 제 법칙에 의하여 행동을 함으로써 자유를 얻을 수 있게 된다고 한다. 엥겔스는 다음과 같이 설명하고 있다.

『자유는 자연의 제 법칙으로부터의 독립이라고 하는 몽상 안에 있는 것이 아니고 이들의 법칙의 인식 안에, 그리고 그것에 의해서 주어지는 가능성 속에, 즉 그것들의 법칙을 특정한 목적을 위해서 계획적으로 작용시키는 가능성 속에 있는 것이다.……그러므로 자유란 자연의 필연성의 인식에 의거해서 우리들 자신 및 외적 자연을 지배하는 것이다.』[19]

그리고 인간이 자연 법칙과 사회 법칙을 충분히 인식하여 그것들을 인간의 이익이 되도록 이용하게 될 때, 『필연의 나라로부터 자유의 나라에로의 인류의 비약』[20]이 달성된다고 말한다.

3. 통일인식론

마르크스주의 인식론을 비판함에 있어서, 우선 대안인 통일사상에 의거한 통일인식론을 제시한다. 그것은 효과적으로 마르크스주의 인식론을 비판하며 극복할 수 있기 때문이다.

(1) 인식의 기원

통일사상에 의하면 인간과 만물은 모두 피조물인 바 주체와 대상의 관계에 있다. 즉 인간은 만물의 주관주이며 만물은 인간에게 기쁨을 주는 대상이다. 그러므로 인식의 주체(인간)와 인식의 대상(만물)은 우연적인 것이 아니고 애초부터 필연적인 관계에 있는 것이다.

오늘날까지의 인식론은 그와 같은 인간과 만물의 관계를 몰랐기 때문에, 합리론(이성론)은 인식의 주체에 중점을 두고서 이성(또는 오성)이 추론하는 대로 인식이 이루어진다고 주장하며, 경험론은 대상에 중점을 두고서 감각을 통해서 대상을 그대로 받아들임으로써 인식이 이루어진다고 주장하였던 것이다.

이에 대해서 인간과 만물을 필연적인 관계에 있다고 보는 통일인식론은 인식의 기원은 경험과 이성(오성)의 통일이라고 주장한다. 경험에 의하여 얻어진 대상의 관념(대상의 정보가 뇌에 도달해서 거기서 관념화된 것)과 주체가 이미 내부에 가지고 있는 관념(원형……후술)이, 오성에 의해서 조합(照合)됨으로써 판단되어져서 인식이 이루어진다. 그러므로 통일인식론에 있어서 경험론과 이성론은 통일되어 있는 것이다.

(2) 인식의 대상의 본질

통일사상은 우선 만물은 인간의 외부에 존재(실재)하고 있는 것, 즉 실재론을 인정한다. 인간은 창조성을 가지고 만물을 주관―만물을 취급, 가공 또는 사육 등―하는 것이며, 그러기 위해서는 만물은 주관의 대상으로서 인간의 외부에 인간과 독립하여 존재하고 있지 않으면 안 되는 것이다.

통일사상은 또 인간이 만물의 총합실체상이며, 우주의 축소체(소우주)이며, 그러므로 인간은 모든 만물의 구조, 요소, 소성을 모두 갖추고 있다고 본다. 다시 말하면 인간을 표본으로 하여 상징적으로 인간과 비슷하게 창조된 것이 만물이다. 따라서 주체(인간)와 대상(만물)은 상사성(相似性)을 지니고 있는 것이다.(즉 서로 닮고 있는 것이다.)

후술하는 바와 같이, 인간의 마음은 잠재의식 속에 자신의 육신에 관한 모든 관념(정보)을 가지고 있다. 그러므로 인간의 마음속에 있는 관념은 인간의 육신의 내용을 닮아서 그것과 상사성을 이루고 있다. 그런데 인간의 육신은 다시 외계의 만물과 상사성을 이루고 있는 것이다. 따라서 통일인식론은 외계에 만물이 존재하는 동시에 인간의 마음 안에는 그 만물과 상사적인(즉 만물을 닮은) 관념이 존재한다고 보는 것이다.

인식은 반드시 판단을 동반하는데 판단이란 일종의 측정작용(또는 대조작용)이라고 간주할 수 있다. 그런데 측정에는 기준(척도)이 필요한 바, 인식에 있어서 기준이 되는 것은 주체 안에 있는 관념이다. 이것을 원형(原型)이라고 부르며 내부에 형성된 일종의 영상(내적 영상)이다. 이 원형(내적 영상)과 외계의 대상으로부터 오는 영상(외적 영상)이 조합(照合)되어서 양자의 일치·불일치가 결정되는 것이 판단이며 인식인 것이다. 그러므로 통일인식론에 있어서 실재론과 관념론(주관적 관념론)은 통일되어 있는 것이다.

(3) 인식의 요건

1) 내용과 형식

칸트는 외부의 대상으로부터 오는 감각적 내용이 주체 안에 있는 선천적인 형식과 결합되어서 비로소 인식된다고 말하며, 내용은 대상으로부터만 주어진다고 하였다. 그러나 통일인식론은 주체 안에도 대상의 내용과 서로 비슷한 내용이 영상으로서 갖추어져 있다는 것을 주장한다. 예를 들면 장미꽃을 판단할 때 주체는 칸트가 말하는 형식만 가지고는 판단이 불가능하다. 장미꽃의 내용도 영상으로서 주체가 이것을 지녔을 때 비로소 판단이 가능해지는 것이다.

형식에 관해서는 칸트가 주체 안에 선천적인 사유형식(悟性形式)이 있다고 주장한 것에 대하여 마르크스주의는 형식은 선천적인 것이 아니고 물질적인 것, 즉 물질의 존재형식(실재형식)이라고 하면서 형식이 내부에 있지 않고 외부에 있다는 것을 주장하였다. 이에 대해서 주체와 대상의 상사성을 주장하는 통일인식론은 대상의 존재형식, 즉 외부의 형식과 주체의 사유형식, 즉 내부의 형식의 양쪽을 인정할 뿐만 아니라 양자는 상사적인 대응관계에 있다고 보는 것이다.

결국 통일인식론은 주체에도 내용과 형식이 있고 대상에도 내용과 형식이 있으며, 양자가 조합·통일될 때에 인식이 성립한다고 보는 것이다.

2) 원리의 자율성과 원의식

통일원리는 생물은 원리의 자율성에 의해서 성장한다고 설명하는 바, 이 경우 원리의 자율성이란 생물체에 잠재하고 있는 의식을 말하며 그것은 생명과 다를 바 없다. 이와 같은 잠재의식 중에서 특히 세포의 차원의 잠재의식을 원의식(原意識)이라고 한다. 그것은 우주에 골고루 충만해 있는 우주의식이 세포 안에 들어가서 개별화된 것이다. 우주의식이란 우주에 충만해 있는 하나님의 마음(性相)인 것이지만, 그것은 하나님의 능동적인 창조심 또는 구상심(構想心)이 아니고 창조 이전의 정적 상태의 마음, 즉 정적 상태에 있는 지정의(知情意)의 기능과 관념, 개념 등인 것이다. 이와 같은 우주의식이 피조물(예를 들면 인간)에 침투할 때, 몸의 여러 가지 차원의 구성 부분, 예를 들면 세포, 조직, 기관, 감각기관, 뇌 등에 들어가서 각각 개별화된 의식으로서 나타나는 것이다.

우주의식은 그것이 마음이기 때문에 감지성(感知性)을 가지고 있으며, 따라서 세포 속으로 들어가면 그 의식은 세포에 대한 지식(정보)을 얻는 것인 바, 그것은 세포 내의 DNA가 가지고 있는 정보를 읽어내는 것을 의미한다. DNA의 정보란 아데닌(adenine), 구아닌(guanine), 티민(thymine), 사이토신(cytosine)의 4개의 염기분자(鹽基分子)의 배열방식에 지나지 않는다고 알려지고 있다.

통일사상의 입장에서 본다면 그것은 하나님이 로고스에 의해서 만물을 창조하는 동시에, 생물이 계대에 의해서 그 영원성을 유지할 수 있도록, 즉 종족을 보존할 수 있도록 그 개체의 모든 정보(로고스)를 물질적 형태의 기록으로서 세포나 조직 안에 짜 넣어 둔 것에 지나지 않는다. 그리고 우주의식이 세포에 들어갔을 때 그 DNA의 정보를 판독함으로써 원의식은 그 정보(로고스)에 따라서 일하게 되는 것이다.

정보를 판독한다 함은 원의식(또는 원의식층)에 내용이 투영되어서 해독됨을 말한다. 즉 세포 그 자체나 세포로 되어 있는 조직이나 기관의 성분이나 구조 등의 내용이 모두 투영되는 동시에 의미가 해독됨을 뜻한다. 원의식에 투영된 영상을 원영상(또는 內容像)이라고 말한다. 따라서 원영상은 원의식이 가지고 있는 영상(관념이나 개념)이다.

원의식은 말초신경을 통해서 하위중추(下位中樞)에 있는 잠재의식과 연결되어 있다. 따라서 하위중추의 잠재의식은 그 중추의 지배하에 있는 모든 부분의 구조나 기능에 대한 정보(즉 원영상)를 복합적으로 가지고 있는 것이다. 하위중추에 있어서 복합된 원영상을 특히 내용상이라고 한다. 그리고 그 내용상이 인식에 있어서 형식상(후술)과 더불어 인식의 원형을 형성하는 것이다.

3) 형식과 범주

통일인식론은 원영상(내용상)이 경험과는 관계없이 내계(內界)에서 형성되는 것처럼 사유형식도 경험과는 관계없이 내계에서 형성된다고 본다. 이것을 다음에 설명한다.

세포, 조직, 기관 등의 내계의 여러 요소는 각각 개성진리체 및 연체(聯體)로서, 내계에 있어서 내적 또는 외적인 수수작용을 행함으로써 존재하고 작용하며 성장한다. 내적 수수작용이라 함은 어떤 하나의 세포의 경우 그 세포 내의 제 요소(예를 들면 핵과 세포질)의 수수작용을 말하며, 외적 수수작용이라 함은 그 세포와 다른 세포 사이의 수수작용을 말한다. 이때 내외의 수수작용의 형식이 곧 존재형식인 것이다.

그 존재형식이 원의식(또는 원의식층)에 반영되어서 영상이 되는 것이지만, 존재형식의 영상을 형식상(形式像) 또는 관계상(關係像)이라고 부른다. 형식상도 말초신경을 통해서 하위중추에 있어서의 잠재의식에 연결된다. 따라서 하위중추의 잠재의식은 체내의 모든 부분에 있어서의 원영상(내용상)과 관계상(형식상)을 가지고 있는 것인 바 그 양자를 합한 것이 원형인 것이다.

그런데 이 잠재의식에 있어서의 형식상이 사고에 일정한 제한성(짜여진 틀)을 준다.(즉 사고의 양식을 규정한다.) 이 사고에 대한 제약성이 곧 사유형식 또는 범주인 것이다. 따라서 통일사상은 존재형식과 사유형식이 대응관계에 있다고 보며, 통일사상에 있어서 가장 기본적인 존재형식과 사유형식을 제시하면 다음과 같다.

a. 존재형식	b. 사유형식
1. 자존성과 원력	1. 존재와 힘
2. 성상과 형상	2. 성상과 형상
3. 양성과 음성	3. 양성과 음성
4. 주체성과 대상성	4. 주체와 대상
5. 위치성과 정립성	5. 위치와 정립
6. 관계성과 인연성	6. 관계와 인연
7. 작용성과 번식성	7. 작용과 번식
8. 시간성과 공간성	8. 시간과 공간
9. 수리성과 원칙성	9. 수리와 원칙
10. 무한성과 유한성	10. 무한과 유한

칸트가 주장하는 것같이 사유형식이 존재와 무관한 것이 아니고, 또 마르크스주의 인식론이 주장하는 것같이 외계의 실재형식이 반영해서 사유형식이 되는 것도 아니다. 인간 자신이 원래부터 시간성과 공간성을 갖춘 존재이기 때문에 처음부터 사유형식, 예컨대 시간과 공간의 사유형식을 갖고 있으며, 원래부터 주체성과 대상성(예를 들면 세포의 핵과 세포질, 신경과 근육 등)을 갖춘 존재이기 때문에 처음부터 주체성과 대상성의 존재형식과 더불어 주체와 대상의 사유형식을 가지고 있는 것이다.(여기서는 각각의 형식에 대한 설명은 생략한다. 상세한 것은 통일사상의 인식론을 참조할 것.)

(4) 인식의 방법

1) 수수작용에 의한 사위기대 형성

통일사상에 의하면 주체와 대상의 수수작용에 의해서 생존, 번식

(증식, 발전, 생성), 작용(운동, 변화, 반응) 등이 이루어진다. 인식이란 요컨대 지식의 증식, 즉 관념이나 개념의 증식을 뜻한다. 따라서 인식 노 역시 수수작용에 의해서 이루어지는 것이다.

그때 주체(인간)는 대상에 대한 관심을 갖는 것과 대상에 상응하는 원형(相應性原型 또는 相似性原型이라고 한다)을 갖추고 있음이 필요하다. 주체 안에 원형이 형성되는 데 대해서는 이미 설명하였지만, 주체는 왜 대상에 관심을 갖지 않으면 안 되는 것일까? 그것은 주체와 대상의 수수작용에 회로의 형성이 필요하기 때문이다. 만약 주체가 대상에 대해서 관심을 갖지 않으면 수수의 회로가 형성되지 않으므로 비록 주체와 대상이 존재하여도 거기에는 수수작용이 이루어지지 않으며 따라서 인식이 성립되지 않는다.

예컨대 어떤 사람이 무언가를 골똘히 생각하면서 길을 걷고 있다가 친구와 마주쳤다고 할 때 그 친구를 감지하지 않고 지나쳐 버리는 수가 있다. 그 순간 관심이 딴 곳으로 향하고 있었기 때문이다. 또 등대지기의 아내는 파도 소리보다도 작은 어린아이의 울음소리에 쉽게 잠을 깬다. 이것은 파도 소리에는 관심이 없고 어린아이 울음소리에는 관심이 있기 때문이다.

한편 대상(만물)은 내용(속성)과 형식(존재형식)을 갖추고 있는 바, 이와 같은 대상과 그것에 대한 상응성원형을 지닌 주체가 수수작용을 하게 되면 그 결과로서 인식이 이루어진다. 그때 수수작용의 중심(동기)이 되는 것이 목적(창조목적)이다. 따라서 인식이란 구조적으로 보면 사위기대 형성이며, 과정적으로 보면 3단계의 정분합작용(正分合作用)이다.(그림 5-1)

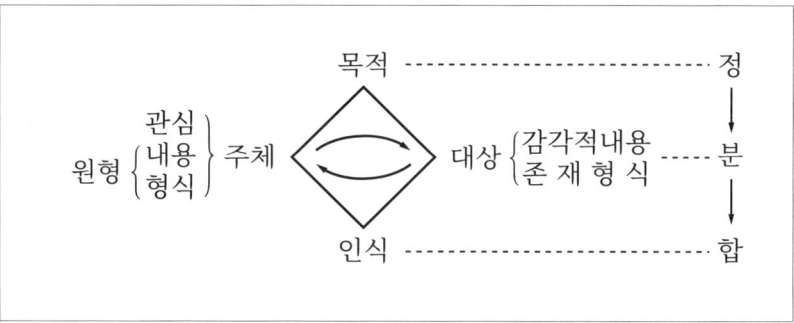

그림 5-1 인식에 있어서의 사위기대 형성과 정분합작용

2) 인식의 과정 및 인식의 발전

인식은 창조의 소생·장성·완성의 3단계 완성의 법칙과 같이 감성적 단계, 오성적 단계, 이성적 단계의 3단계를 거쳐서 완전한 것이 된다. 감성적 단계에서는 외계로부터의 감각적 내용과 개별적인 존재 형식에 관한 정보가 지각신경(知覺神經)을 통해서 뇌에 이르러 관념화(表象化)됨으로써 단편적인 관념(표상)이 된다고 생각된다. 이 단계에서는 단편적인 인식으로서의 감각을 얻을 뿐이고, 통일적인 인식은 되지 않는다. 다음에 오성적 단계에서는 감성적 단계에서 형성된 단편적인 표상이 복합 또는 통일되어서 외적 영상(內容像 및 形式像)이 되며, 그것에 상응하는 내적 영상(내용상 및 형식상), 즉 주체의 내계에 형성된 상응성원형과 조합된다. 여기에 있어서 인식은 일단 완료된다. 그리고 이성적 단계에서는, 외계의 대상의 조건에는 구애됨이 없이 그때까지의 경험에 의해서 축적된 여러 가지 관념이나 개념을 복합, 연합하면서 자유로이 추리하고 사고를 진행시켜서 보다 더 깊은 지식을 얻는다.

그런데 인식은 요컨대 기쁨을 얻고자 하는 욕망(창조목적 실현을 위한 욕망)을 충족시키기 위해서 행하여지는 것이다. 이 창조목적 실현을 위한 욕망에 따라 인간은 일회의 인식으로는 만족하지 않고, 더욱 정확한 인식 또는 더 새로운 인식을 얻고자 하는 경우가 많다. 그렇기 때문에 대상에 대해서 실천(실험, 관찰, 경험)을 행하는 것이다. 이와 같이 인식과 실천의 수수(授受)의 회로를 되풀이하면서 지식은 발전해 가는 것이다.

3) 원형의 선재성과 그 발달

칸트는 인식의 주체가 갖는 형식은 선천적(a priori)이라고 주장하였지만 통일사상에 있어서는 인식 주체가 갖는 원형은 선천적인 것과 경험을 통해서 얻어진 관념이나 개념이 합쳐진 것이어서 이것을 원형의 선재성(先在性, priority)이라고 한다. 선천적인 것이란 인간이 출생하면서부터 가지고 있는 원형을 말하며, 그것은 원의식이 가지고 있는 원영상 및 형식상에 지나지 않는다.

그러므로 어떤 시점에 있어서의 인식에는 선험적(先驗的)인 원형과 그가 그 시점까지의 경험을 통해서 얻은 원형(경험적 원형) 중 외적 영상에 대응하는 원형이 동원되어서 인식을 위한 상응성원형이 되는 것이다. 이와 같은 원형을 선재성(先在性) 원형이라고 한다.

그런데 인간이 출생하면서 가지고 있는 원형(원영상)은 출생 직후의 유아의 경우 신경이나 감각기관의 미발달 때문에 아직 불완전한 것이다. 따라서 인식은 불명료한 것이 될 수밖에 없다. 그러나 유아가 성장해 가면서 신경이나 감각기관이 발달하며 이에 따라서 원영상은 점차로 명료해진다. 여기에 그 후의 경험에 의해서 얻어지는 새로운 관념이나 개념이 성장과 더불어 점점 더 많이 부가되어지며 원형은 질적으로나 양적으로 발달하게 된다.

인식 주체가 미지의 대상을 새로이 인식하는 경우, 대상으로부터의 정보(외적 영상)에 대응하는 원형을 인식 주체는 당장에는 물론 갖고 있지는 않다. 그런 때에는 주체 내에 이미 있는 제 관념이나 제 개념(선재성 諸原型)을 복합(compose) 또는 연합(associate)함으로써 대상으로부터 오는 정보에 상응한 원형(상응성원형)을 형성할 수 있으며, 이것과 외적 영상과의 조합에 의해서 새로운 인식이 가능하게 된다. 학습이란 이와 같이 관념의 복합·연합을 되풀이하면서 부단히 원형을 다양화 또는 심화시켜 가는 인식작용의 과정이라고 말할 수 있는 것이다.

(5) 인식작용과 신체적 조건

1) 마음과 뇌수

마르크스주의는 정신은 물질(腦)의 산물이며, 물질(腦)은 정신보다도 선차적(先次的)이라고 주장한다. 그러나 통일사상은 마음과 뇌는 상대적인 관계에 있으며, 양자에 선후 관계는 없다고 본다. 마음과 뇌가 수수작용을 행할 때에, 그 결과로서 나타나는 것이 정신현상(의식현상)인 것이다. 따라서 정신현상에는 반드시 심적 과정(의식과정)과 생리적 과정이 병행하는 것이다. 이것은 의식이 표면화하고 있지 않은 잠재적인 의식 현상의 경우에도 말할 수 있는 것이다.

인식에는 이미 말한 바와 같이 감성적 인식, 오성적 인식, 이성적 인식의 3단계가 있는 바, 칸트를 비롯하여 과거의 많은 철학자들은 인식을 순수하게 심적 과정(심리현상)으로만 다루었다. 그러나 통일사상에서 본다면 심적 과정의 배후에는 반드시 물질적인 과정(생리적 과정)이 대응하고 있지 않으면 안 된다. 인간은 마음과 몸 또는 영인체와 육

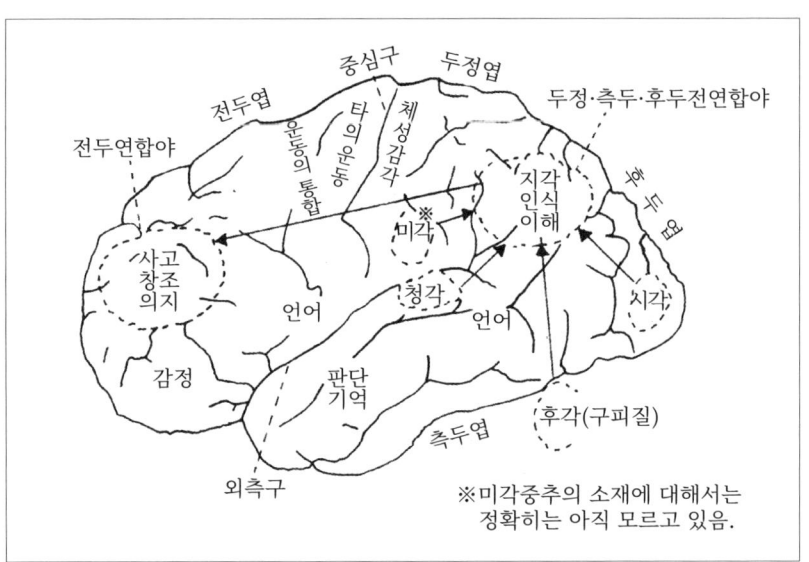

그림 5-2 인간의 대뇌피질의 분업체제, 좌편 대뇌반구의 외측면

신의 통일체이기 때문이다. 따라서 인식의 3단계는 대뇌에 각각 이에 대응하는 생리적 과정을 갖고 있다고 보는 것이다.

우선 빛, 소리, 맛, 향기 등의 정보가 말초신경을 통해서 각각 시각중추, 청각중추, 미각중추, 후각중추 등의 감각야(感覺野)로 전해진다. 그리고 각각의 중추에 있어서 정보는 관념화되어 감성적 인식(감각)이 이루어진다.

다음에 감성적 인식에서 얻어진 이들의 정보(관념)는 연합야(頭頂·側頭·後頭前聯合野)에 집합되어서 통일적인 관념, 즉 외적 영상이 형성되는 바 여기서 그 관념과 그것에 대응하는 내계의 원형(상응성원형)이 조합됨으로써 대상의 인식(판단)이 이루어지는데 이것이 오성적(悟性的) 인식이다. 다음 이성적 인식은 의지, 창조, 사고, 추리 등을 담당하는 전두엽의 연합야(전두연합야)에서 이루어진다. 여기서는 앞의 두 단계에서 얻어진 지식(관념)을 소재로 하여 자유로운 추리 또는 사고가 행하여진다. 이와 같이 인식의 3단계에는 각각 대뇌의 생리적인 과정이 대응하고 있는 것이다(그림 5-2).

2) 사이버네틱스와 원의식

사이버네틱스(cybernetics)는 생물이나 기계에 있어서의 정보의 전달과 제어에 관한 과학을 말하는 바, 1948년에 노버트 위너(Norbert Wiener)가 「사이버네틱스」라는 서적을 저술함으로써 체계화되었다.

생물(예를 들면 동물)에 있어서는 감각기관을 통해서 정보를 받아들이고, 중추신경이 그것을 종합해서 적절한 지령을 효과기(근육)로 보내는데 그것은 바로 생물에 있어서의 사이버네틱스의 현상이다.

인체에는 자율적으로 내부 제 기관을 제어하고 있는「자율신경계」가 있는 바, 자율신경계에는 교감신경과 부교감신경의 두 종류가 있다. 그것들은 쌍(雙)이 되어서 내장에 분포하고 있으며 대체로 서로 반대의 작용을 하고 있다. 이 자율신경계를 통해서 내장의 여러 정보가 척수(脊髓)나 뇌로 전달된다. 그런데 그 정보가 척수에서 조절되는 경우와, 간뇌(視床下部)나 연수(延髓)에서 조절되는 경우가 있다. 한편 외계로부터의 정보를 받아서 이에 반응하는 경우, 즉 체성신경계(體性神經系)에 의한 조절의 경우에는 골수, 연수, 중뇌(中腦) 등이 반사중추(反射中樞)가 되어서 반사적으로 반응(행동)이 조절되는 경우와 대뇌피질(大腦皮質)에서 의식적으로 행동이 조절되는 경우가 있다.

이와 같이 여러 가지의 높이의 중추 부위에 있어서, 내부(내장)나 외부로부터 들어온 정보가 판독되어 각각의 정보에 대한 반응으로서 적절한 명령이 발(發)해지는 것이다. 이것은 차원의 차가 있을지언정

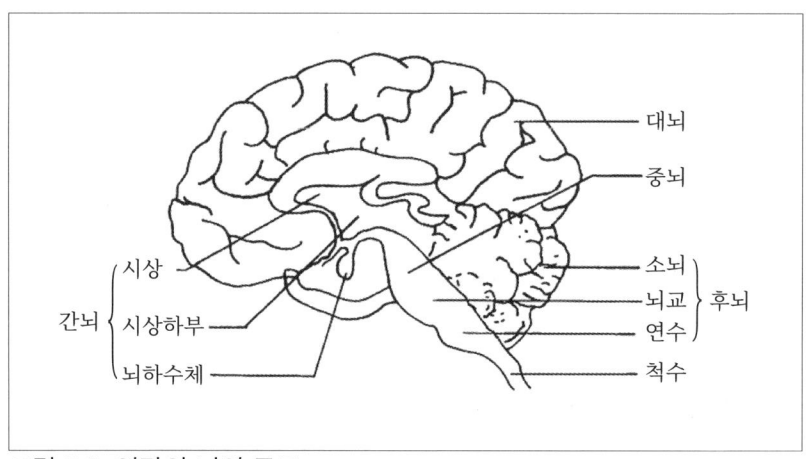

그림 5-3 인간의 뇌의 구조

중추의 각 높이의 위치에서 의식이 작용하고 있음을 나타내고 있다. 대뇌피질에 있어서는 현재적(顯在的)인 의식, 즉 명료한 의식이 작용하고 있지만, 중추가 하위로 내려감에 따라서 본능으로서의 의식(본능성)이나 잠재적인 의식, 즉 자율성(생명)이 작용하고 있다고 보는 것이다.

한 개의 세포에 있어서도 그 내부에 사이버네틱스의 현상을 볼 수 있다. 즉 세포질로부터의 핵에의 정보의 전달과 이에 대한 핵의 반응이 끊임없이 되풀이되면서, 세포의 생존·증식 등이 행해진다. 따라서 한 개의 세포에서도 자율성을 발견할 수가 있다. 이 세포의 자율성(생명)이 바로 원의식(原意識)인 것이다.

동공축소근(瞳孔縮小筋)은 의지로써 통제할 수 없는 불수의근(不隨意筋)이지만 훈련에 의해서 수의적으로, 즉 의도적으로 이것을 지배하는 현상이 알려지고 있다. 이와 같은 현상을 유의통제(有意統制)라고 한다. 이것은 현재적인 의식과 잠재적인 의식이나 자율성이 서로 차원을 달리하면서도 연속적으로 연결되어 있음을 나타내고 있다.

앞면의 참고를 위하여 중추신경의 각 부분을 나타내는 인간의 뇌의 구조도를 제시하였다.(그림 5-3)

3) 원형과 생리학

원형이란 요컨대 인식에 있어서 주체가 미리 가지고 있는 관념이나 개념을 말하는 바, 이것을 다른 말로 기억이라고 말할 수 있다. 앞에서 인간은 선험적인 원형과 경험적인 원형을 가지고 있다는 것을 설명하였는데, 이것은 생리학자의 표현을 빌리면 「유전적 기억」과 경험에 의한 「획득한 기억」에 해당한다 하겠다.[21] 생물체(biological body)로서의 인간의 세포, 조직에 관한 정보로서의 「유전적 기억」은 원의식층으로부터 말초신경을 통해서 대뇌변연계(大腦邊緣系) 등의 하위중추에 전달되어서 거기에 축적된다고 생각되는데 근원적으로는 DNA의 분자배열과 관련이 있다고 보여진다.

다음에 「획득한 기억」은 생리학적으로 볼 때 어떻게 해서 어디에 축적되는가, 그리고 어떻게 해서 그 기억이 호출되는가 하는 것이 문제가 된다. 이 문제는 오늘날 한창 연구되고 있으며 어느 정도 그 기구가 해명되고는 있지만 아직 명확한 결론은 나와 있지 않은 것 같으며, 금후의 생리학자들의 연구를 기다려야 할 것이다.[22]

인식에 있어서, 이와 같은 기억(축적되어 있는 지식)이 감각기관을 통해서 새로이 들어온 외계로부터의 정보와 조합되어서 판단된다는 것을 A. 구도 페로(Andrée Goudot-Perrot)는 다음과 같이 말하고 있다. 『감각수용기(感覺受容器)에 의해서 받아들여지는 정보는 대뇌피질 감각중추에 의해서 획득되어 「기억」 안에 축적되어 있는 지식과 조합되어 판단된다.』[23]

이것은 외계로부터 들어온 정보(외적 영상)가 원형(내적 영상)과 조합되어서 일치·불일치가 판단되는 것이 바로 인식이라고 하는 통일인식론의 주장을 뒷받침하는 견해라 할 수 있을 것이다.

4) 관념의 기호화와 기호의 관념화

하나님은 창조에 있어서 피조물 하나하나의 관념 또는 로고스를 가지고 창조하셨는데, 이미 설명한 바와 같이 생물의 창조에 있어서는 생물 개체의 성장과 번식과 영원성의 유지(계대)를 위하여 그것들에 관한 정보(관념이나 로고스)를 기호화하여서 물질의 형태로서 세포 안에 짜 넣었던 것이다. 그 물질 형태로 기호화된 정보가 곧 DNA에 있어서의 4종류의 분자의 특수한 배열이라고 통일인식론은 보고 있다. 그리고 이와 같은 정보의 물질적 기호화의 과정을 통일인식론에서는 「관념의 기호화」라고 부른다.

우주에 충만한 하나님의 성상(性相, 마음)인 우주의식이 세포에 들어갈 때 원의식(原意識)이 되어서 이 DNA의 기호를 판독한다는 것은 이미 설명한 대로이지만, 원의식은 DNA에 짜 넣어진 기호(암호)를 읽어내서 세포, 조직, 기관, 기타 생물체에 관한 모든 지식을 얻는다. 원의식이 기호로부터 정보를 읽어낸다는 것은 바로 기호가 관념화되는 것을 의미한다. 즉 「기호의 관념화」에 의해서 원의식은 DNA의 정보를 지각한다.

이와 같은 기호의 관념화와 관념의 기호화는 인간이 외계를 인식하고 실천하는 경우에도 마찬가지로 행하여진다고 볼 수 있다. 외계의 정보는 감각기관에 달하면 임펄스(impulse)가 되어서 지각 신경에 전달되어 상위중추에 도달한다. 대뇌피질의 시각중추, 청각중추, 미각중추 등에서 임펄스(일종의 기호)는 관념화되어 의식에 일정한 이미지(image, 표상 또는 관념)로서 비춰진다. 이것은 「기호의 관념화」이다. 이에 대해서 실천의 경우 일정한 관념(의사)에 의해서 행동이 행하여지는 바, 이번에는 관념이 기호화되어(관념의 기호화) 그 기호(impulse)가 운동신경을 통하여 전달됨으로써 말단의 효과기(근육)를 움직이는 것이다.

오늘날의 대뇌 생리학에 의하면 인식에서 생긴 관념이 기억으로서 뇌의 일정한 장소에 저장될 때에는 그 관념은 뉴론(neuron)의 특수한 결합 양식의 형태로 기호화되고, 또 그 기호화된 기억이 필요에 따라서 상기(호출)될 때에 의식은 그 기호를 해독하게 되고 관념으로서 이해한다고 한다. 즉 기억의 저장과 상기에 있어서도 「관념의 기호화」와 「기호의 관념화」가 행하여지고 있다고 볼 수 있는 것이다. 예를 들면 대뇌 생리학자 가자니가(M.S. Gazzaniga), 레두(J.E. LeDoux) 등은 다음과 같이 말하고 있다.

『우리들의 경험은 매우 많은 특징을 가지고 있으므로, 경험의 개개의 특징이 뇌 안에서 각각 특이적으로 부호화된다고 간주된다.』[24]

『기호의 저장과 부호화 및 부호의 해독이 다면적인 과정에서 뇌 속에서 다중적으로 조정되고 있다고 하는 사실은 금후에 더욱 명백하여질 것이다.』[25] 이 같은 대뇌 생리학자들의 소견은 통일인식론의 「관념의 기호화와 기호의 관념화」, 즉 관념과 기호의 상호전환의 사실을 학술적으로 뒷받침하는 것이라 할 수 있을 것이다. 「관념」과 「기호」의 상호전환은 마치 전자감응에 있어서 1차 코일에 감응(유도)되어서 2차 코일에 전류가 생기는 것같이, 「관념」을 지니고 있는 성상적인 심적 코일과 「기호」를 지니고 있는 형상적인 물질적 코일(뉴론)과의 사이에 생기는 일종의 감응 현상이라고 볼 수 있을 것 같다. 이리하여 「관념」과 「기호」의 상호전환은 인식작용이 심적 과정과 생리학적 과정의 수수작용에 의해서 이루어지고 있다는 또 하나의 증거인 것이다.

4. 마르크스주의 인식론의 비판

(1) 반영론의 비판

마르크스주의 인식론은 뇌의 산물 또는 기능인 정신(의식)에 외계가 반영하는 것이 인식이라고 주장하지만, 정신이 과연 뇌의 산물 또는 뇌의 기능인가에 대한 비판은 제2장의 제4 「관념론과 유물론」의 항목에서 이미 언급한 대로이다.

여기서는 뇌의 산물(기능)인 의식이 외계를 반영한다고 하는 견해를 비판하기로 한다. 과연 마르크스주의 인식론이 주장하는 바와 같이 의식이 외계를 반영하는 것만으로 인식은 가능한 것인가?

이미 앞에서 설명한 바와 같이 아무리 외계가 의식에 반영한다고 하더라도 판단의 기준(척도)으로서 인식 주체 안에 외계에 대응하는 원형이 없으면 인식은 성립할 수가 없다. 또 의식 자체가 조합(照合)의 능력, 판단의 능력을 가지고 있지 않고서는 인식은 성립할 수 없다. 더욱이 인식은 주체와 대상의 수수작용에 의해서 이루어지는 것이므로 주체가 대상에 관심을 갖는 것이 필요하다. 외계의 대상이 주체의 의식에 반영되었다고 하더라도 주체가 대상에 관심을 가지고 있지 않으면 인식은 성립되지 않는다. 즉 반영이라는 수동적인 물질적 과정만으로는 인식은 성립하지 않으며 적극적인 심적 과정(대상에의 관심이나 조합의 기능)이 관여함으로써 비로소 인식은 가능하게 되는 것이다.

(2) 감성적 인식, 이성적 인식 및 실천에의 비판

마르크스주의 인식론에서의 인식 과정은 감성적 인식, 이성적 인식(논리적 인식), 그리고 실천(혁명적 실천)의 3단계로 되어 있는데, 마르크스주의에 있어서의 이성적 인식이란 통일사상에 있어서의 오성적 인식과 이성적 인식을 합한 것과 같은 것이다.

여기서 우선 문제가 되는 것은 첫째로 뇌의 산물 또는 기능이란 구체적으로 무엇인가 하는 것이며, 둘째로 객관적 실재를 반영한다고 되어 있는 의식이 어떻게 해서 논리적인 인식(추상, 판단, 추리 등)을 행할 수 있으며, 또 어떻게 하여서 실천을 지령할 수 있는가 하는 것이다. 마르크스주의는 이에 대한 아무런 언급도 하지 않고 있다. 특히 외계를 반영하는 수동적인 과정과 논리적인 인식이나 능동적 실천의 과정에는 매우 큰 갭이 있음에도 불구하고 이것에 대해서 아무런 합리적인 설명이 되어 있지 않은 것은 논리의 비약이라고 아니할 수 없다.[26]

통일사상에서 본다면 논리적인 인식이나 실천은 뇌수에 있어서의 생리적 과정만으로는 결코 되지 않는다. 인식작용은 마음(정신)과 뇌수(腦髓)의 수수작용에 의해서 이루어지는 것이기 때문이다. 즉 논리적인 인식이나 실천은 처음부터 오성과 이성의 작용을 가진 마음과 뇌수가 수수작용을 함으로써 이루어지는 것이다.

다음에 문제가 되는 것은 인식에 있어서의 실천의 역할이다. 레닌은 인식이 실천으로 이행한다고 하였으며 모택동은 인식과 실천의 불가분성을 주장하였는데 그 점에 관해서 통일사상은 아무런 이론도 없다. 만물은 인간의 기쁨의 대상으로서 창조된 것이며, 또 인간은 창조목적에 따라 만물을 주관(실천)하도록 되어 있으므로 이 기쁨이나 주

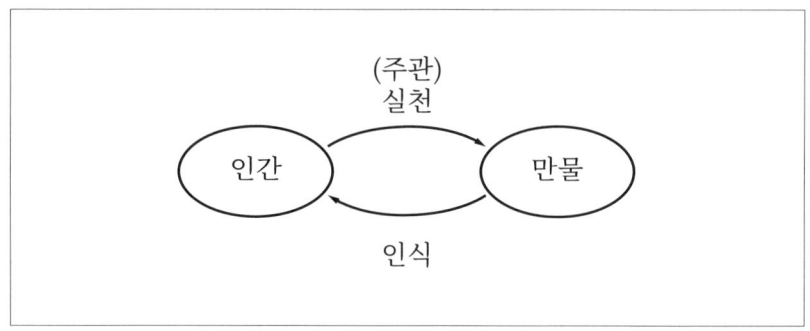

그림 5-4 인식과 실천의 상대성

관(실천)을 위해 만물을 인식하는 것이다. 인식과 실천은 인간과 만물의 수수작용의 상대적인 회로를 이루고 있어서(그림 5-4) 실천(주관)을 떠난 인식은 없고 인식을 떠난 실천(주관)도 없는 것이다.

그런데 마르크스주의 인식론이 주장하는 실천은 최종적으로는 혁명을 위한 것이었다. 그러나 통일인식론은 인식도 실천도 결코 혁명을 위한 것이 아니며 모두 창조목적의 실현을 위한 것임을 주장한다. 창조목적의 실현이란 대상을 사랑함으로써 대상을 기쁘게 하면서 주체도 기뻐하는 세계의 실현을 뜻한다. 다시 말하면 하나님은 피조물(특히 인간)을 사랑하여 기쁨을 얻으시고 인간은 하나님과 사람(타인)을 사랑하고 또 만물을 사랑으로 주관함으로써 기쁨을 얻는 그러한 세계의 구현인 것이다. 그러므로 인식이나 실천도 사랑에 의해서 자타(自他)의 기쁨을 실현하기 위하여 행해져야 하는 것이다.

(3) 절대적 진리와 상대적 진리에 대한 비판

레닌과 모택동은 절대적 진리의 존재를 승인하면서, 인간은 인식과 실천을 되풀이함으로써 절대적 진리에 한없이 가까워진다고 하였다.

그러나 그들에게 있어서는 절대적 진리에 있어서의 「절대」의 개념이 애매하다. 레닌은 상대적 진리의 총화가 절대적 진리라고 하였다. 그러나 상대적 진리를 아무리 총화하여도 그것은 종합된 상대적 진리일 뿐 절대적 진리는 될 수 없다. 절대란 보편적이고 또한 영원한 것이 아니면 안 되기 때문이다. 즉 절대적 진리란 시간과 공간을 초월한 보편적 영원적인 진리를 말하는 것이다. 따라서 절대의 개념은 절대자를 기준으로 하지 않으면 성립하지 않는다.

통일사상에서 본다면 절대적 진리란 절대자의 진리, 즉 하나님의 말씀(진리)인 것이다. 즉 하나님의 속성이나 창조 및 섭리에 관한 하나님의 가르침이 절대적 진리인 것이다. 하나님은 특수한 섭리적인 인물을 통해서 그 가르침을 인간에게 전해 왔다. 또 인간은 신앙생활을 하면서 그 심정이 하나님의 심정과 하나가 되어 가치관이 하나님 중심의 가치관과 하나가 되었을 때에도 절대적 진리에 도달할 수 있다. 그러므로 하나님을 부정하고는 아무리 상대적 진리를 총화한다 하더라도 절대적 진리에 도달할 수는 없는 것이다.

마르크스주의 인식론은 실천 또는 실험에 의해서 사물의 「물자체(物自體)」도 인식이 가능하다고 하면서 칸트의 불가지론(不可知論)을 비판하는데, 이 점은 통일사상도 동의한다. 그러나 마르크스주의 인식론은 실험에 의해서 왜 「물자체」가 인식이 가능한가를 밝히고 있지 않다. 통일사상은 인식 주체인 인간의 성상 및 형상과 대상(만물)의 성상 및 형상이 상사성(相似性)을 이루고 있다는 것(즉 서로 닮았다는 것), 그리고 인간은 만물의 총합실체상이어서 인간은 만물의 주관주라는 것, 또 사물의 「물자체」란 사물의 성상에 지나지 않으며 형상을 통해서 그 성상이 나타난다는 것, 따라서 형상은 성상의 현상형태(現象形態)라는 것 등의 사실에 의해서 실험에 의한 「물자체」의 인식이 가능하다고 보는 것이다. 이와 같이 통일사상은 「물자체」의 인식도 일정한 철학적 근거를 가지고 설명하고 있다. 따라서 인간과 만물이 주체와 대상의 관계에 있어서 상대성을 이루고 있다는 철학적 보장이 없이는 인간이 아무리 실천하였다고 하더라도 만물을 완전히 인식하였다고는 말할 수 없는 것이다. 그런 의미에 있어서도 마르크스주의 인식론은 잘못된 이론이라고 하지 않을 수 없다.

(4) 필연성과 인간의 자유에 대한 비판

마르크스주의 인식론은 자연 및 사회의 제 법칙을 충분히 인식함으로써 자유를 얻을 수 있다고 주장한다. 그러나 자연의 제 법칙의 경우는 차치하고, 사회의 제 법칙의 경우 종래에는 법칙과 자유는 이율배반적인 관계에 있다고 생각되어 왔다. 즉 법칙에 따르면 자유가 구속되고 자유를 추구하면 법칙이 무시된다고 생각되었던 것이다. 따라서 법칙을 앎으로써 자유가 얻어진다고 한다면 양자가 어떻게 해서 양립할 수 있는가가 설명되지 않으면 안 된다. 그러나 마르크스주의 인식론은 이점을 명확히 하지 않고 있다. 실제로 마르크스주의자는 사회의 제 법칙을 발견(?)해서 그 법칙에 따라서 혁명을 일으켜서 공산주의사회를 만들었음에도 불구하고 거기에 자유가 실현되기는커녕 오히려 구속되고 있는 것이다.

통일사상에서 볼 때 참된 자유는 원리를 떠나서는 있을 수 없다. 즉 자유는 원리를 통해서 비로소 실현되는 것이다. 여기서 말하는 원리란 하나님이 인간과 만물을 만드셨을 때의 원리를 뜻하지만, 자연계의 제 법칙과 인간 사회의 윤리법칙도 원리의 범주에 속하며, 동양사상에 있어서의 천도(天道)도 하나님의 원리였던 것이다.

하나님의 원리는 사랑(심정)을 기반으로 하고 작용하고 있으므로 원리에 따를 때 사랑이 실현되어서 자유가 얻어진다. 본래 자유란 사랑을 실현하기 위한 자유이기 때문이다. 그리하여 자발적으로 원리를 따르면 자연히 사랑을 실현하기 위한 자유가 얻어지는 것이다. 만일 원리(법칙)에 따르지 않고 제멋대로 행동하면 방종이 되어서 머지않아 파멸을 초래하지 않을 수 없게 된다.

하나님은 로고스에 의해서 우주를 창조하셨는데, 로고스는 통일사상에 의하면 심정을 중심으로 한 이성과 법칙의 통일체, 즉 「이법(理法)」이다. 그런데 이성의 본질은 자유이므로 이법(원리)에 따를 때 자유가 나타나는 것은 당연하다. 즉 자유는 법도(원리) 안에서의 자유인 것이다. 이와 같이 자유성과 법칙성의 통일은 하나님의 우주 창조에 있어서의 로고스가 이성과 법칙의 통일체라고 하는 사실로써 비로소 설명이 되는 것이다.

제6장
마르크스 경제학의 비판과 그 대안

「도이치 이데올로기」에서 브루노 바우어나 포이엘바하 등을 비판하고 헤겔 학파와 완전히 결별한 마르크스는 계속해서 「철학의 빈곤」(1847)을 써서 프랑스의 사회주의자 프루동(P.J.Proudhon, 1809~1865)을 비판하였다.[1) 마르크스는 파리 시대에 이미 경제학의 연구―자본주의 경제의 비판―를 시작하고 있었지만, 프루동의 비판을 통해서 그 연구의 성과를 더욱 진전시켰다. 그 후 마르크스는 「경제학비판」(1859)을 저술하고, 나중에 드디어 「자본론」을 출판함으로써 공산주의 경제학을 완성시켰던 것이다.(제1권은 1867년에 발행되고, 제2권, 제3권은 마르크스의 사망 후 엥겔스의 편집에 의해서 각각 1885년, 1894년에 출판되었다.)

이미 말한 바와 같이, 인간의 소외 문제를 해결하기 위하여 마르크스가 목표한 것은 인간의 유적 존재(類的 存在)의 회복이며 자유의 실현이었는데, 그러기 위해서는 사유재산제를 부정하여서 노동생산물을 노동자에게로 빼앗아 돌려주어야 한다고 생각한 것이다. 그렇게 하기 위해서 그는 자본주의를 타도하는 이론 수립에 정력을 기울였던 것이다.

자본주의를 타도하기 위해서는 모든 노동자를 단결시켜서 혁명을 일으키지 않으면 안 되었다. 그러나 노동자를 단결시키기 위해서는 자본주의를 타도하지 않으면 안 되는 합리적인 이유와 정당한 명분을 찾아내지 않으면 안 되었다. 그는 자본가들이 앞으로 양심적으로 노동자의 임금을 인상한다든지 노동시간을 단축하는 등 노동조건을 조금씩 개선해 가면 노동자들이 이와 같은 일시적인 정책에 속아서 폭력혁명을 거부할 것이 아닌가 하고 걱정하였을 것임에 틀림없다. 그래서 그는 노동자를 자본가나 정부의 어떠한 감언이나 설득에도 속지 않고, 반드시 꼭 혁명 과업을 달성하도록 이끌어 줄 필요가 있었다. 그러기 위해서는 자본주의를 반드시 타도하지 않으면 안 되는 불가결의 이유를 찾지 않으면 안 되었던 것이다.

이것을 비유하면 재판관이 죄인을 투옥시키기 위해서는 만인이 인정할 수 있는 죄상을 명백히 하여 형량을 언도하는 것이 필요한 것과 마찬가지이다. 자본주의사회를 타도하는 데에도 만인이 납득할 수 있는 자본가의 죄상을 찾아내어 폭로하지 않으면 안 되었다. 그러나 자본가가 노동자를 혹사한다든가 노예 취급을 하는 등의 사실만으로는 자본주의를 개혁하기 위한 이유는 될지언정 반드시 타도하지 않으면 안 되는 구실은 되지 않는다. 왜냐하면 노동자의 여러 가지 악조건은 정부의 입법조치나 자본가의 일시적인 선심에 의해서 어느 정도는 개선될 수 있기 때문이다.

그러나 이와 같은 개선은 일시적인 응급 처치에 지나지 않으며, 노동자를 해방하는 것으로는 결코 될 수 없다. 따라서 어떻게 해서라도 자본주의(사유재산제)를 타도하지 않으면 안 된다고 본 마르크스는 자본주의의 근본적인 죄상(모순)을 발견하지 않으면 안 되었던 것이다. 그러한 목적을 가지고, 즉 자본주의의 타도라고 하는 목적을 먼저 세워 놓고 마르크스는 경제학을 연구하였던 것이다.

그리고 그는 드디어 그와 같은 근본 모순을 발견하였음을 공언하였나. 그 발견을 이론적으로 정리한 것이 소위 그의 가치론인 바, 그것이 곧 「자본론」의 기초 이론이 되어 있는 것이다. 마르크스의 가치론은 노동가치설과 잉여가치론의 둘로 되어 있다. 그리하여 다음에 그 각각에 대해서 요점을 소개하고 비판한 다음, 다시 그것을 극복할 수 있는 대안을 제시하기로 한다. 마르크스는 또 이 가치론을 기반으로 하고 자본주의가 필연적으로 멸망하지 않을 수 없다고 하는 이른바 자본주의 붕괴론을 세웠으므로, 마지막으로 그 비판도 함께 시도하기로 한다.

1. 노동가치설과 그 비판과 대안

(1) 노동가치설

마르크스는 자본론 제1권의 첫머리에 자본주의사회의 부의 기본 형태가 상품이라는 것을 지적하고, 자본주의 경제의 연구는 상품의 분석으로부터 시작한다고 전제하면서 상품의 본질의 분석에 착수하였다. 그리하여 먼저 세운 것이 노동가치설이다.

1) 사용가치와 「가치」 및 노동의 이중성

마르크스에 의하면 상품은 유용성, 즉 인간의 어떠한 욕망을 채울 수 있는 성질을 가지고 있는 바 그 유용성을 가치로서 표현한 것이 「사용가치」이다. 예를 들면 양복이나 빵이나 주택은 각각 의식주에 대한 욕망을 채우는 성질을 가지고 있는 바, 그러한 성질이 양복이나 빵이나 주택의 사용가치이다. 그러나 상품은 사용가치뿐만 아니라 그 밖에 또 하나의 가치를 갖는다고 하며, 마르크스는 이것을 「교환가치」 또는 다만 「가치」라고 하였다.[2] 교환가치는 상품을 고립적으로 고찰할 때에는 나타나지 않고 『항상 다만 제2의 이종(異種)의 한 상품에 대한 가치관계 또는 교환관계 안에서만 이 형태를 갖는다.』[3]고 한다.

이와 같은 상품이 갖는 이중성은 노동의 이중성이 그 원인으로 되어 있다. 노동의 이중성이란 상품의 사용가치를 산출하는 구체적 노동(유용노동)과 「인간의 뇌나 근육이나 신경이나 손 등의 생산적 지출」[4]이라는 의미로서의 추상적 인간노동을 말한다. 즉 구체적 노동이란 도작노동, 방적노동, 나무를 자르는 노동과 같이 각각 특정한 사용가치를 산출하기 위한 특색 있는 노동을 말한다. 추상적 인간노동이란 머리를 쓰거나 근육을 쓰거나 신경을 쓰는 것과 같은, 어떠한 종류의 노동에도 두루 공통되는 노동, 즉 노동 일반을 말한다. 그리고 구체적 노동은 상품의 사용가치를 생산하는 노동이며, 추상적 인간노동은 「가치」를 형성하는 노동이라는 것이다.[5]

마르크스는 상품에는 사용가치와 가치(교환가치)가 있는 바 사용가치는 질적인 차이를 나타낼 뿐이므로 양적으로 비교할 수 없으며, 이에 대하여 교환가치는 양적인 차이를 나타내고 있어서, 따라서 상품은 교환가치로서는, 즉 가치의 교환이라는 점에서는 『한 분자의 사용가치도 포함하고 있지 않는다.』[6]는 것이며, 그리하여 그는 상품의 『사용가치를 문제로 하지 않는다.』[7]고 말하고 『사용가치를 사상(捨象)한다.』[8]고 언명하였다. 그리고 그는 상품의 가치의 본질은 추상적 인간노동이며, 상품의 가치의 크기는 그 상품을 생산하기 위하여 소비된 노동의 양이며, 노동의 양은 노동시간에 의해서 결정된다고 다음과 같이 말하였다.

『그러므로 어떤 사용가치 또는 재화가 가치를 갖는 것은 다만 추상적 인간노동이 그것에 대상화 또는 물질화되어 있기 때문인 것이다. 그러면 그것의 가치의 크기는 어떻게 잴 수 있는 것일까? 그것에 포함되어 있는 「가치를 형성하는 실체」의 양, 즉 노동의 양에 의해서이다. 노동의 양 그 자체는 노동의 계속시간으로 재어지며, 노동시간은 또한 시간이라든가 하루라든가 하는 따위의 일정한 시간 부분을 그 도량표준으로 하고 있다.』[9]

이상을 요약하면 상품에는 사용가치와 가치(교환가치)가 있는 바, 그중 교환(매매)에 있어서 문제가 되는 것은 가치(교환가치)이며, 가치는 노동량에 의해서, 그리고 노동량은 노동시간에 의해서 결정된다는 것이다. 마르크스는 결론으로서 『가치로서는 모든 상품은 다만 일정한 크기의 응고된 노동시간에 불과하다.』[10]라고 하였다.

2) 사회적 필요노동시간

여기서 상품의 생산에 있어서 게으름(나태), 또는 미숙련된 노동자의 경우는 당연히 노동시간은 길어지는데, 이때 그가 만든 상품은 그만큼 가치가 클 것인가 하는 의문이 생긴다. 이에 대해서 마르크스는 상품의 가치는 각 개인의 노동(개별적 노동)에 의해서 형성되는 것이 아니고 『평균적으로 필요한, 또는 사회적으로 필요한 노동시간』[11]에 의해서 결정되는 것이며 『사회적으로 필요한 노동시간이란 현존의 사회적으로 정상적인 생산조건과 노동의 숙련 및 강도의 사회적 평균도를 가지고, 어떠한 사용가치를 생산하기 위하여 필요한 노동시간이다.』[12]라고 하였다. 이것은 사회 전체에 있어서 어떤 상품을 생산하는 데에 필요한 총 노동시간을 그 상품의 총생산량으로 나눈 것이 사회적 필요노동시간이라는 의미이다.

3) 복잡노동의 단순화

다음에 마르크스는 단순노동과 복잡노동의 구별에 대해서 말하고, 복잡노동은 단순노동으로 환산해서 비교하지 않으면 안 된다고 하였다. 즉 마르크스에 의하면, 단순노동이란 『평균적으로 누구든지 보통의 인간이 특별한 발달 없이 자기의 육체 속에 가지고 있는 단순한 노동력의 지출』[13]이며 복잡노동은 『몇 제곱된 단순노동 또는 오히려 몇 배 된 단순노동일 뿐이라고 간주되며, 따라서 보다 작은 양의 복잡노동이 보다 큰 양의 단순노동과 같다.』[14]고 한다.

예를 들면 라디오를 만드는 노동을 단순노동이라고 하면 텔레비전을 만드는 노동은 복잡노동이라고 말할 수 있다. 이때 라디오를 만드는 노동과 텔레비전을 만드는 노동의 숙련도가 1대 10이라고 하면, 실제로 라디오 한 대의 생산에 소비된 노동시간이 10시간이며 텔레비전

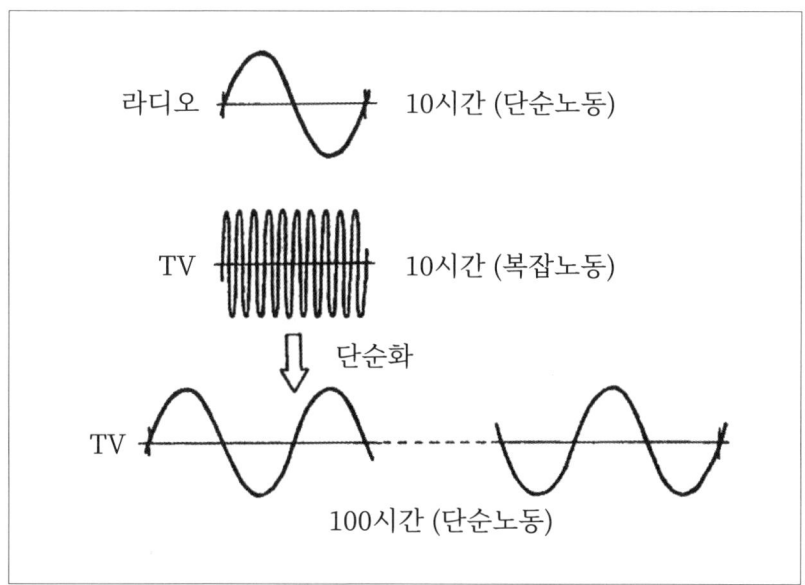

그림 6-1 복잡노동의 단순화

제6장 마르크스 경제학의 비판과 그 대안 283

한 대의 생산에 소비된 노동시간도 10시간이라고 하더라도 텔레비전 한 대를 만드는 노동은 라디오 한 대를 만드는 노동의 10배의 노동, 즉 100시간 분의 단순노동에 해당한다는 결론이 된다.(그림 6-1 참조)

4) 가격과 가치

이와 같이 상품의 가치(교환가치)는 그 상품의 생산에 소비된 노동량에 의해서 형성된다는 것이 마르크스의 주장인 바, 그 상품의 가치는 교환에 있어서, 즉 다른 상품과는 비교를 통해서 나타난다고 한다.

일찍이 한 상품은 한 마리의 양이 두 자루의 도끼와 교환되었듯이 다른 상품과 직접적으로 교환되었던 것이다. 그러나 사회적 분업의 발달과 더불어 가축, 모피, 순금, 구리, 철과 같은 가장 잘 사용되는 상품이 일반적 등가물의 역할, 즉 교환의 매개물로서의 상품의 역할을 다하기에 이르렀다. 이어서 은이나 금과 같은 귀금속이 일반적 등가물의 지위를 차지하여 모든 상품의 교환에 봉사하는 특수한 상품인 화폐로서 나타나게 되었다.(그리고 화폐로서의 금화나 은화는 차차로 동화나 지폐로 바뀌게 되었다.) 그 결과 모든 물물교환은 「상품(W)=화폐(G)=상품(W)」이라는 형식의 상품유통으로 바뀐 것이다.[15] 상품은 화폐의 일정량과 교환되게 되었으며, 화폐가 상품가치의 척도가 된 것이다. 따라서 마르크스에 의하면 가격이란 『화폐로 나타낸 교환가치』[16]였다.

그러므로 마르크스에 의하면 한 상품의 시장가격은 생산과정에 있어서 투입된 노동량에 의해서 이미 결정되고 있어서, 그것은 언제 어디서나 항상 일정한 값을 유지한다는 말이 된다. 그러나 실제는 수요가 공급을 상회하면 가격은 올라가고, 공급이 수요를 상회하면 가격이 내려간다. 즉 수요 공급의 변동에 의해서 가격은 끊임없이 변화하

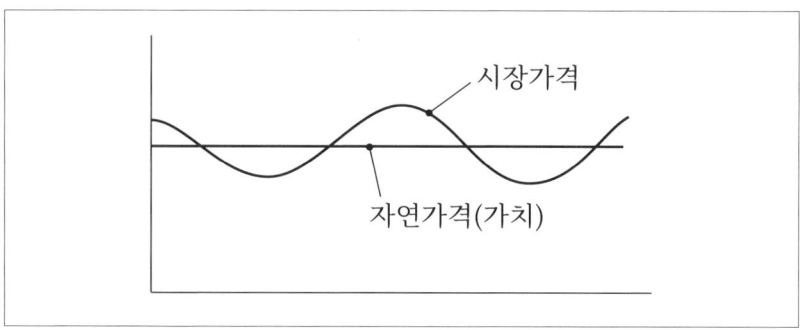

그림 6-2 가치를 중심으로 한 상품의 가격의 변동

고 있는 것이다.

이 사실에 대해서 마르크스는 다음과 같이 변명하고 있다. 『만약 여러분이 ……비교적 장기에 걸친 시장가격의 움직임을 분석하여 보면 시장가격의 변동, 가치로부터의 그의 괴리, 그 등귀와 하락은 서로 중화하고 서로 상쇄하는 것으로서, 따라서 독점의 작용 또는 그 외의, 여기서는 그냥 지나쳐야 할 몇 가지의 수정을 제외하면 모든 종류의 상품은 평균해서 저마다의 가치, 말하자면 자연가격으로 팔린다는 것을 알 수 있을 것이다.』[17] 요컨대 그림 6-2에 보인 바와 같이 각각의 순간에 있어서의 상품의 가격은 가치로부터 떨어지는데 오랜 시간을 두고 보면 그 평균적인 가격은 가치와 일치한다는 것이다. 그리고 마르크스는 자연법칙 또는 가치법칙이라는 표현을 가지고 그 사실을 강조하였다.[18]

(2) 노동가치설의 비판

1) 과연 상품의 가치는 노동량에 의해서 형성되는가

마르크스는 상품에는 사용가치와 「가치」(교환가치)가 있다고 하였는데, 상품에 사용가치와 「가치」가 있다고 하는 표현은 엄밀하게 말해서 비논리적이다. 사실은 「상품의 가치에는 사용가치와 교환가치가 있다.」고 해야 바른 표현이 될 것이다. 그럼에도 불구하고 「상품에 사용가치와 가치가 있다.」고 표현했다는 것은 사용가치를 무시하고 상품의 가치는 노동량에 의해서만 결정된다는 인상을 주려는 의도가 거기에 숨겨져 있다고 보지 않을 수 없다. 그러면 과연 마르크스가 주장하는 것같이 상품을 생산하기 위하여 투입된 노동량에 의해서 그 상품의 가치가 결정되는 것일까? 이에 대한 비판을 다음에 적기로 한다.

첫째로, 마르크스는 물건은 노동량이 들어가서 비로소 상품으로서 가치를 갖는다고 하였지만, 실제로는 상품 속에 노동량이 들어 있다고 생각할 수 없는 것이 얼마든지 있다. 예를 들면 자연물인 다이아몬드, 석탄, 석유, 천연가스, 어류 등이 그러하다. 노동가치설에 의하면 투입된 노동량에 의해 상품의 가치가 형성된다고 하는데 그렇다면 이들 자연물은 어떤 노동에 의해서 상품이 되었을 것인가?

여기서 고려되는 것은 채굴이나 포획을 위한 노동 및 수송노동이다. 석유나 천연가스의 경우를 생각하여 보자. 이것들은 한 번 채굴되면 다음은 다만 수송될 뿐이다.(채굴의 경우는 대부분 기계가 행하는 것이어서 노동력의 관여는 미미한 것이다.) 따라서 이것들은 수송하는 것만으로도 상품이 된다고 볼 수 있다. 그런데 마르크스에 의하면 수송노동은 가치 형성을 위한 본질적인 노동이 아닌 것이다.[19] 그 위에 석유나 천연가스의 경우 수송한다고 하더라도 인력으로써 행하는 것이 아니고 탱커라든가 파이프로써 행하는 것이어서, 거기에는 노동력이 차지하는 비중은 대단히 적은 것이다. 결국 석유나 천연가스의 경우 노동량이 들어가서 상품이 되었다고는 결코 말할 수 없는 것이다.

그러면 석유나 천연가스는 어떻게 해서 상품으로서의 가치를 갖게 되는 것일까? 여기서 우리는 석유나 천연가스가 되기 이전의 자연적 과정에 주목할 필요가 있다. 자연의 힘에 의해서 이것들은 이미 상품이 될 수 있는 가치를 가지고 있었다고 생각되기 때문이다.

실제로 마르크스도 자연적 과정도 생산과정으로서 인정하지 않을 수 없다는 것을 자인하고 있다. 그것은 다음과 같은 그의 설명에서 명백하다.『생산과정 그 자체가 노동과정, 노동 기간의 중단을 필요조건으로 하는 수가 있다. 즉 노동 대상에 그 이상으로 인간 노동이 가해지지 않고, 자연적 과정의 작용에 맡겨져 있는 중간 기간이 그것이다. ……예를 들면 밭에 심은 곡식물, 양조장에서 발효하고 있는 포도주, 여러 가지의 제조 공업, 예를 들면 가죽 다루는 법 등에서의 화학적 과정에 맡겨져 있는 노동 재료가 그러하다.』[20] 이와 같이 중간 기간에 있는 자연적 과정을 생산과정으로서 인정한다고 하면, 전 기간이 자연적 과정인 경우도 이를 생산과정이라고 인정하지 않을 수 없는 것이다. 따라서 석유나 천연가스는 노동력을 가하지 않더라도 이미 자연의 힘에 의해서 상품이 될 수 있는 가치―교환가치의 소재―를 가지고 있다고 볼 수 있는 것이다.

다이아몬드나 석탄이나 어류의 경우도 마찬가지이다. 그것들은 광부나 어부에 의한 채굴이나 포획의 노동을 필요로 하고 있지만, 그와 같은 노동이 가해졌기 때문에 상품으로서의 가치를 갖게 된 것이 아니고 이미 자연의 힘에 의해서 상품이 될 수 있는 가치를 가지고 있었던 것이다. 그렇기 때문에 인간은 그것들을 채굴 또는 포획하는 것이다. 광부나 어부의 노동은 생산과정의 보조 부분에 지나지 않는 것이며, 이미 잠재적으로 있었던 상품의 가치를 다만 보충하는 역할을 하였을 뿐인 것이다.

둘째로, 기념우표, 골동품, 위스키, 미술품과 같이 새로이 노동을 가하지 않았음에도 불구하고 보관하는 것만으로도 오래된 것일수록 가치가 커지며, 생산되었을 때에 비해서 가치가 수백 배, 수천 배나 되는 상품이 있는 것이다. 이 경우도 노동가치설로써는 설명이 되지 않는다. 공산주의자는 보관비(보관을 위한 설비비용과 노동력)가 가치를 생기게 했다고 반론할지 모르나, 마르크스에 의하면 보관비는 전적으로 공비여서 가치를 형성하는 것은 아닌 것이다.[21] 따라서 마르크스의 관점에서 보더라도 이것들은 보관비와는 관계없이 가치가 증대하는 것으로 보지 않을 수 없다. 이들 상품의 가치가 증대한 것은 실은 때와 함께 희소성이 증가하였기 때문인 것이다.

셋째로, 아이디어나 정보나 지식 등도 오늘날에는 매우 고가의 상품으로 취급되고 있는데[22] 그것들은 전혀 노동량으로는 측정할 수 없다. 음악의 연주회나 강연회의 티켓 등도 마찬가지이다.

이와 같이 마르크스가 주장하는 노동가치설로는 설명이 되지 않는 상품이 너무나 많은 것이다. 그럼에도 불구하고 마르크스가 모든 상품에는 반드시 노동이 들어가 있다고 고집하는 이유는 무엇일까? 그것은 상품의 가치는 모두 노동자가 생산한 것이며 따라서 상품가치(잉여가치)의 착취는 바로 노동자의 착취라는 주장을 세워서, 그것으로 자본가의 죄상을 삼아서 그의 폭력혁명론을 합리화하기 위해서였던 것이다. 즉 만일 노동이 들어 있지 않은 상품도 존재한다고 하는 것을 인정한다면 상품의 가치가 노동량에 의해서 결정된다고 하는 그의 노동가치설이 파괴된다. 따라서 상품을 가지고 자본가가 이윤을 얻어도 그것은 결코 노동자에 대한 착취가 아니라고 하는 논리가 성립되어 그의 폭력혁명론은 근거를 잃어버리는 것이다.

그리고 노동량이 상품가치의 본질이라고 하는 마르크스의 주장은 다음과 같은 점에 있어서도 모순을 드러낸다. 즉 그는 『어떤 물건도 사용 대상이 됨이 없이는 가치가 될 수 없다. 물건이 무용하다면, 그것에 포함되어 있는 노동도 무용이며 그런 노동은 노동으로 간주되지 않으며 따라서 가치를 형성하지 않는다.』[23]라고 하였는 바, 이것은 노동이 물건에 포함되어 있더라도 사용가치가 없으면 그 물건은 상품이 되지 않는다는 뜻이다. 이 말은 상품가치의 본질이 다름 아닌 사용가치라는 말과 조금도 다를 바 없다. 왜냐하면 『물건이 무용이라면(즉 사용가치가 없다면) 그것에 포함되어 있는 노동은 가치를 형성하지 않는다.』고 말할 수 있다면 『물건이 그다지 유용』하지 않으면, 그 안에 포함되어 있는 노동이 아무리 많더라도 『그것 또한 그다지 유용하지 않으며, 따라서 약간의 가치밖에 형성하지 않는다.』고도 말할 수 있으며,[24] 결국 상품의 가치는 유용성(사용가치)에 의해서 결정된다는 말이 되기 때문이다.

그럼에도 불구하고 사용가치가 상품가치의 본질이라고는 결코 말하지 않고 있으며, 역시 노동만이 가치를 형성한다고 강변하고 있다. 이것은 심한 궤변이다. 그는 노동만이 상품가치의 본질이라고 하는 노동가치설을 그의 경제학의 기초로 세워서 그것으로써 대중에게 혁명의 필요성을 인식시키려 했던 것이다. 그 이론이 실제와 맞지 않는다는 것이 밝혀질 듯하면 그때그때 임기응변책을 쓰기만 하면 되었던 것이다. 그래서 그는 「사용 대상이 됨이 없이는 가치가 될 수 없다.」든가 「물건이 무용이라면 그것에 포함되어 있는 노동은 가치를 형성하지 않는다.」 등 표현의 기교로써 얼버무려 놓고, 「사용가치가 상품가치의 본질이다.」라고 하는 표현만큼은 최후까지 회피하였던 것이다. 이와 같이 마르크스의 노동가치설은 궤변과 책략에 의해서 구축되고 있는 것이다.

일찍이 상품의 교환을 순수하게 노동량 = 노동시간에 의거해서 행하고자 시도한 유명한 예로서 로버트 오웬(Robert Owen)의 「노동교환은행」이 있었다. 그것은 노동시간을 표시하는 노동 화폐(시간권)를 내개로 하는 상품교환소였는 바, 은행의 개업 후 유용성이 높은 상품은 곧 없어지고 무용물이나 유행에 뒤선 상품만 남게 되어서, 드디어 1년 반 만에 은행은 폐쇄 상태가 되어서 오웬의 시도는 완전히 실패하고 말았다.[25] 이것은 상품의 가치가 노동량과 같다고 하는 노동가치설의 잘못을 실증하는 예의 하나였다. 오늘날 사회주의 경제, 특히 소련 경제에 있어서 많은 노동량을 투입했음에도 불구하고 팔리지 않는 불량품의 체화(滯貨)가 문제로 되어 있는데 이것 또한 노동량이 가치를 결정한다고 하는 노동가치설의 잘못을 실증하는 예인 것이다.

2) 사회적 필요노동시간 및 복잡노동의 단순화의 비판

마르크스에 의하면, 어떤 상품을 생산하는 데에 필요한 사회적인 총 노동시간을 그 상품의 총생산량으로 나눈 것이 사회적 필요노동시간이라고 한다. 그리고 그것이 상품의 가치와 같다는 것이다. 그러나 이것은 독단이다. 우수한 생산 조건하에서 만들어진 상품의 경우 한 개당 소요된 노동시간은 짧더라도 가치는 높고, 나쁜 생산 조건하에서 만들어진 상품의 경우는 한 개당 소요된 노동시간은 길더라도 가치는 낮다고 하는 것이 일반적 사실이어서 그것들을 평균한 것을 상품의 가치로 삼는 것은 무의미한 것이다. 이것은 뵘 바베르크(Böhm-Bawerk)가 지적한 것같이 평균 개념의 남용에 지나지 않는다(후술).

마르크스는 또 복잡노동은 단순노동으로 환원되지 않으면 안 된다고 하였지만, 한 상품을 만드는 노동이 어떠한 숙련도를 갖는 노동인가, 즉 그 노동이 복잡노동인가 단순노동인가를 결정지을 만한 명백한 기준은 아무 데도 없는 것이다.

이 단순화(換算)에 대해서 마르크스는 다음과 같이 답하고 있다. 『여러 가지의 노동 종류가 그 도량단위로서의 단순노동으로 환산되는 여러 가지의 비율은 하나의 사회적 과정에 의하여 생산자의 배후에서 확정되며 따라서 생산자들에게는 관습에 의해서 주어진 것처럼 느껴진다.』[26] 그리고 엥겔스는 『복잡노동의 이와 같은 환산은 생산자들의 배후에서 일정한 사회적 과정을 통해서 행하여진다. 그 과정은 가치론을 전개하고 있는 이 경우에 있어서는 다만 진술할 수 있을 뿐이며 아직 설명할 수는 없는 것이다.』[27]라고 하였다.

여기서 「환산이 사회적 과정에 의해서 생산자의 배후에서 확정된다」는 것은 시장에서 상품이 일정한 비율로 교환될 때에 환산이 이루어지는 것을 의미하며, 따라서 시장가격을 보아서 복잡노동량이 몇 배의 단순노동량으로 환산되었는가를 알 수 있다는 결론이 된다. 예컨대 같은 10시간에 생산된 복잡노동의 생산물(텔레비전)과 단순노동의 생산물(라디오)이 있다고 할 때, 이것이 시장에 나가서 교환될 때(즉 팔릴 때) 텔레비전은 40만 원에 팔리고 라디오는 4만 원에 팔렸다고 하면 텔레비전을 생산한 복잡노동은 라디오를 생산한 단순노동의 10배로 환산되었다는 결론이 된다. 그런데 가격은 교환가치, 즉 노동량의 화폐적 표현이며 가격이 정해지기 전에 먼저 교환가치인 노동량이 정해진다는 것이 노동가치설이었다. 즉 노동가치설에 의하면 상품은 시장에 나오기 전에 생산과정에서 노동량에 의해서 그 가치(교환가치)가 결정되며 나중에 시장에서 그 가치를 화폐로 표현한 것이 가격이라고 되어 있다. 따라서 시장에서 상품이 교환되기 전에 가치는 이미 결정되어 있어야 한다.

그런데 복잡노동의 단순화의 이론에 의하면 상품(텔레비전과 라디오)의 가치(노동량)는 시장에서 교환될 때에 그 가격차(비율)를 보고서 비로소 텔레비전은 라디오의 10배의 노동량에 해당함을 알게 된다는 것이다. 이처럼 노동가치설로는 노동량에 의해서 상품의 가치(가격)가 설성된다고 하면서 단순화 이론으로는 상품의 교환(가격)에 의해서 노동량이 결정된다고 하니, 이것은 바로 「순환론법」[28]이어서 궤변에 불과한 것이다.

사회적 필요노동시간의 계산에 관해서 소련의 「경제학교과서」는 다음과 같이 말하고 있다. 우선 『사회주의적 계획경제하에서의 수학과 전자계산기의 현재의 발전 수준은 사회적 노동의 계산을 가치에 대해서뿐만 아니라 직접으로 노동시간에 있어서도 될수록 정확하게 행하는 것을 가능하게 하고 있다.』[29]고 단정하면서도, 『이 복잡한 과제를 풀기 위해서는 우리들의 경제에 있어서의 생산물의 생산에 대한 총노동지출을 계산하는 방식론에 더욱 고안을 가할 필요가 있다. 복잡노동을 단순노동으로 환산하는 데 대해서 말한다면, 이 문제의 해결에는 여러 가지 기술 자격의 노동에 대한 지불의 연관을 규정하는 임율체계(賃率體系)의 경험을 이용할 수 있을지도 모른다.』[30]고 말하고 있다. 이것은 전자계산기를 가지고 하여도[31] 아직 사회적 필요노동시간의 계산은 곤란하다고 하는 자기 고백인 것이다. 더구나 마르크스 시대에 사회적 필요노동시간을 계산할 수 있었을 리가 없다.

그럼에도 불구하고 마르크스는 한 상품의 가치는 사회적 필요노동시간에 의해서 결정된다고 단언하고 있는 것이다. 거짓말도 너무하다고 하지 않을 수 없다. 상품의 가치는 결코 노동시간으로 결정되는 것이 아니다. 사회적 필요노동시간은 날조된 개념에 불과하다. 따라서 앞으로 아무리 전자계산기가 발전한다고 하더라도 그 계산은 절대적으로 불가능한 것이다.

3) 가격과 가치의 비판

마르크스는 상품의 가격은 그 상품의 교환가치(노동량)의 화폐적 표현이라고 말하였다. 그러나 먼저 말한 바와 같이 채굴이나 포획만으로 생산노동 없이 상품이 될 수 있는 자연물의 예나, 노동을 가하지 않고 보관해 두는 것만으로도 가치가 증대해 가는 상품이나, 노동력과는 분명히 관계가 없는 지식이나 기능과 같은 상품 등의 예가 얼마든지 있다. 그와 같은 상품의 경우 결코 노동량을 척도로 가격을 결정할 수는 없다.

그리고 이것은 실제로 사회주의 경제에 있어서 잘 볼 수 있는 현상인 것으로서, 아무리 많은 노동력을 가해도 조악품이거나 소비자의 기호에 맞지 않아서 상품이 될 수 없는 것들이 생산되는 경우가 흔히 있다. 그런 물건을 시장에서 팔기 위해서는 오히려 가격을 내리지 않으면 안 된다. 그리고 또 선택의 자유가 없기 때문에 소비자는 결정된 가격—노동량에 의해서 결정되어진 것이 아닌 가격—으로 살 수밖에 없다. 이와 같이 상품의 가격이 노동량과 같다는 주장은 전혀 사실과 맞지 않는 것이다.

마르크스는 시장가격은 변동하더라도 평균해 보면, 상품은 자연가격(가치를 화폐로 표현한 것)으로 팔리고 있다고 하였다. 그러나 가격의 변동이 어떤 선을 중심으로 해서 올라간다든지 내려간다든지 하는 것은 자유방임주의 시대에 있었던 현상이며, 오늘날에는 오히려 가격은 일반적으로 끊임없이 상승하는 경향에 있는 것이다. 또 가격은 수요·공급·통제·계획·협정·독점 등에 의해서도 좌우되고 있다. 따라서 마르크스가 주장하는 바와 같이 상품의 가격은 자연가격에 얽매어져 있는 것은 아니다.

마르크스는 또 개개의 상품은 그 가격 이상으로 또는 이하로 팔리는 경우가 있더라도 모든 생산부문의 상품을 고려에 넣는다면 『생산된 상품의 생산 가격의 총계는 상품가치의 총계와 같다.』[32]고 하는 가격 법칙은 개개의 상품에는 맞지 않는다 하더라도 『평균으로서만, 일반적인 법칙은 지배적인 경향으로서 일관된다.』[33]고 한다. 그러나 이것은 뵘 바베르크가 「평균 개념의 남용」이라고 비판한 것처럼[34] 아무 근거도 없는 주장인 것이다.

그리고 마르크스는 「자본론」 제3권의 「평균적 이윤율과 생산가격」에서 시장에서는 상품은 수요 공급 관계에 의해서 결정되는 「생산가격」에 의해서 교환된다는 사실을 인정하고 있는데, 이것은 상품은 실제로는 사회적 필요노동시간으로 표시되는 「가치」대로는 교환되지 않는다는 것을 자인한 것이다. 다시 말하면 「가치 법칙」은 실제로는 적용되고 있지 않음을 마르크스 자신이 암암리에 인정하고 있는 것이다.[35]

이와 같이 마르크스의 노동가치설이 많은 모순을 안고 있음에도 불구하고 마르크스가 이토록 끈질기게 가격은 노동량의 화폐적 표현이라고 주장하지 않으면 안 되었던 이유는 무엇일까? 그것은 마르크스가 상품은 모두 피와 땀의 결정이며 자본가는 상품의 생산에는 아무것도 기여하지 않는다는 것을 어떻게 해서라도 합리화하고 싶었기 때문이다. 그렇게 되면 상품을 팔아서 얻어지는 이윤은 모두 노동자에게 돌아가야 함에도 불구하고 자본가가 이것을 수탈하고 있다는 논리가 성립되게 되어 자본주의사회는 타도되지 않으면 안 된다는 결론이 세워지기 때문이다. 즉 마르크스는 폭력혁명이라는 목적을 달성하기 위해서 어디까지나 상품의 가격은 교환가치(노동량)의 화폐적 표현이라는 주장을 고집하였던 것이다.

(3) 노동가치설의 대안—효과가치설

1) 본연의 사회에 있어서의 매매의 방식

통일사상에 의한 새로운 가치론은 타락한 현실의 사회에 있어서가 아니라 본래의 사회에 있어서 상품의 매매는 어떻게 되어야 하는가 하는 관점에서 고찰을 시작하는 것이다. 올바른 가치론을 모색하기 위해서이다.

통일사상에서 본다면 인간은 영육체(靈肉體), 즉 성상과 형상의 통일체이기 때문에 성상적 가치에 대한 욕망(성상적 욕망)과 형상적 가치에 대한 욕망(형상적 욕망)을 가지고 있다. 성상적 가치란 진·선·미의 가치 즉 정신적 가치이며, 형상적 가치란 의식주의 가치 즉 물질적 가치이다. 그중 상품가치의 경우는 주로 후자에 관한 것이다. 더욱이 가치에 대한 욕망에는 가치실현욕과 가치추구욕이 있는데 전자는 전체목적을 지향하는 것이며 후자는 개체목적을 지향하는 것이다.(전체목적이란 타인이나 사회, 국가, 인류 등 타인이나 전체의 발전이나 복지의 실현에 봉사하고자 하는 것을 말하며, 개체목적이란 자기 개인의 발전이나 행복의 실현을 꾀하는 것을 말한다.) 여기에 전체목적을 먼저 세우고 개체목적을 제2차적으로 하는 것이 원리적(본래적)인 자세인 것이다. 따라서 가치실현욕을 우선으로 하고 가치추구욕을 다음으로 하는 것이 원리적인 자세이다. 그러한 입장에서 상품가치에 대하여 생각해 보기로 한다.

생산자는 우선 소비자(전체)를 위해서 상품, 즉 사용가치를 만드는데 그것은 가치실현욕에 의거한 창조활동이다. 생산자는 또 자신을 위하여 상품을 판매해 이윤을 얻고자 하는데 그것은 가치추구욕에 의거한 행위이다. 그러므로 생산자는 될수록 효용성이 높은 상품을 생산하여 소비자를 기쁘게 하면서 이윤을 추구하려고 하는 것이다. 소비자도 마찬가지로 가치추구욕과 가치실현욕에 의거해서 행동한다. 즉 소비자는 가치추구욕에 의거해서 자신을 위하여 상품의 효용성을 추구하면서도 가치실현욕에 의거해서 생산자(타인)가 자기를 위하여 가치를 창조하여 준 것에 대해서 감사하며 보수를 주는 것이다.

그런데 타락한 사회에 있어서는 생산자는 소비자를 기쁘게 하는 것보다도 주로 먼저 이윤의 추구를 생각하고, 소비자는 생산자에 대한 감사나 배려를 하는 일 없이 오로지 상품의 효용성만을 추구하고 있어서 그 때문에 여러 가지 문제가 생겨나는 것이다.

2) 상품의 가치

상품이란 생활자료 또는 생활수단인 것으로서, 그것은 소비자와 생산자(또는 판매자)의 욕망을 채워주는 성질을 가지고 있다. 여기서 소비자의 욕망이란 주로 의식주의 생활자료의 가치에 대한 욕망, 즉 상품의 효용에 대한 욕망을 말하며 생산자의 욕망이란 수익에 대한 욕망을 말한다. 그리고 소비자의 욕망을 채우는 상품의 성질을 효용성이라고 하며 생산자의 욕망을 채우는 상품의 성질을 수익성이라고 한다.

물건은 이와 같은 효용성과 수익성의 두 가지 성질을 갖춤으로써 비로소 상품이 된다. 이 두 가지 성질을 갖지 않으면 매매되지 않기 때문이다. 실제로 효용성이 크더라도 수익성이 없는 공기나 일광과 같은 자유재는 상품이 될 수 없으며, 또 생산자가 아무리 수익을 올리고 싶더라도 소비자의 기호에 맞지 않는 것, 즉 효용성이 없는 물건은 역시 상품이 될 수 없는 것이다.

그러면 상품에 이와 같은 효용성과 수익성을 주는 근거는 무엇일까? 그것은 상품의 유용성이다. 유용성이란 인간의 욕망을 채우는 성질인 바, 그것은 개개의 인간의 주관과는 관계가 없는 객관적인 것이다. 상품의 사용가치란 바로 이 유용성을 말하는 것이다. 이 유용성이 객관적인 성질인 데 대해서 효용성과 수익성은 둘 다 주관적인 성질이다. 즉 일정한 유용성(사용가치)을 갖는 한 상품을 한 소비자가 볼 때 그것은 하나의 효용성으로서 나타나며, 한 생산자가 볼 때 그것은 하나의 수익성으로서 나타나는 것이다.

예를 들면 빵은 식량으로서 인간의 식욕을 채워주는 성질을 가지고 있으며, 그것은 사람, 때, 장소에 관계없이 항상 불변인 것이다. 그것이 곧 빵의 유용성이며 사용가치인 것이다. 그런데 빵을 좋아하는 사람과 쌀을 좋아하는 사람이 있을 경우 빵이 두 사람에게 주는 욕망의 충족감(효용)은 같지 않다. 또한 소비자에게 있어서도 배고픈 때와 배부른 때와는 빵에서 얻는 만족감이 같지 않다. 또한 소비자가 같은 하나의 빵에서 얻는 만족감은 그가 이미 가지고 있는 빵의 수량에 의해서도 다른 것이다.[36] 이와 같이 상품이 소비자에게 주는 주관적인 가치가 효용성이다. 생산자의 경우도 마찬가지이다. 같은 유용성을 갖는 상품을 생산한다고 하더라도 거기서부터 얻어지는 만족감은 생산자에 따라서 다르다. 또한 생산자가 같은 상품으로부터 얻는 만족감도 경기의 변동이라든가 시장에서의 그 상품의 수량 등에 의해서 달라지는 것이다.

3) 이성성상에서 본 상품과 노동의 이중성

통일사상에서 보면 상품은 하나의 개성진리체여서 성상과 형상의 이성성상을 가지고 있다. 성상이란 보이지 않는 내적인 기능, 성질 등을 말하며 형상이란 보이는 외적인 구조, 형태, 재질, 중량 등을 말한다. 상품의 사용가치(유용성)는 바로 상품의 성상인 것이다. 그리고 상품의 형상은 사용가치의 담하체(擔荷體)로서의 형태, 구조 등 상품의 유형 부분인 것이다.

그런데 마르크스는 상품에는 사용가치 외에 교환가치(노동량)가 있다고 하였다. 그러나 상품의 생산에 있어서 노동력이 일단 투입되면, 그것은 상품의 성능(성상)과 형태·구조(형상)로 전화(轉化)해 버리는 것이어서 노동량이 상품 속에 보존되는 것은 아니다. 이것을 비유한다면 마치 방송국으로부터의 전자파가 라디오로 들어가면 음파로 바뀌어 버리는 것과 마찬가지이다. 음파로 바뀐 후에도 그 전파가 라디오 안에 보존되는 일은 절대로 없다. 그것과 마찬가지로 노동에 의해서 일단 상품(사용가치)이 생산되면 상품 안에 노동량이 보존되는 일은 있을 수 없다. 즉 상품의 성상에도 형상에도 노동량을 표시하는 요소는 아무것도 없는 것이다. 즉 상품의 가치는 사용가치(유용성)뿐인 것이다.

마르크스는 다시 상품의 사용가치와 「가치」는 유용노동과 추상적 인간노동이라는 노동의 이중성에 기인한다고 주장하였는데, 통일사상에서 본다면 노동에 두 종류가 있는 것이 아니고, 하나의 노동에 성상과 형상의 두 측면이 있는 것이다. 노동자가 가지고 있는 창조성(기술)이 노동의 성상이며 그가 가지고 있는 물리적인 힘, 즉 체력이 노동의 형상이다. 양자는 일체가 되어서 창조력 또는 기술력으로서 작용하는 것이며, 결코 나눌 수는 없다. 즉 노동력은 창조력이며 기술력인 것이다. 그러므로 하나의 창조력(기술력)의 작용이 성상(성능)과 형상(형태·구조)을 가진 상품을 만드는 것이다.(그러나 노동력 단독으로는 상품을 생산할 수 없으며 다른 생산요소들과의 수수작용에 의해서 비로소 상품을 생산한다. 이에 관해서는 「잉여가치설」의 항목 참조)

마르크스는 상품가치의 형성에 관해서 노동의 형상면인 체력의 소비라고도 할 수 있는 추상적 인간노동(육체적 지출)만을 문제로 하였는데 체력은 창조성을 나타내기 위한 수단에 지나지 않는 것이다. 그러므로 노동량은 많든지 적든지(노동시간이 길든지 짧든지), 요컨대 노동력의 창조성(성상)이 발휘되어서 사용가치를 지닌 상품이 생산된다고만 설명이 되면 그것으로 족한 것이다. 수단에 지나지 않는 노동의 형상면(노동량)에만 집착하여서 그것이 그대로 상품 안에 들어가 있다고 주장한 데에 마르크스의 잘못이 있었던 것이다.

4) 교환가치의 본질

상품이 매매되기 위해서는 그 가치가 양적으로 비교되지 않으면 안 된다. 여기서 양적으로 표현되는 상품의 가치가 문제가 되는데, 마르크스에 있어서는 그것이 교환가치이다.

마르크스는 사용가치(유용성)는 서로 비교할 수 없다고 해서 이것을 제외하고 상품의 가치를 양적으로 비교할 수 있는 것으로서 노동량(노동시간)을 들고 나와 그것이 교환가치의 본질이라고 주장하였다. 그러나 노동이 들어 있지 않은 상품이 얼마든지 있다고 하는 사실로부터, 노동량이 상품의 교환가치로는 될 수 없다는 것은 이미 비판한 대로이다.

그러면 교환가치의 본질이 되고 있는 것은 과연 무엇일까? 교환가치란 실제로 시장에서 상품이 매매될 때에 결정되는 현실적인 것이며 현장적인 것이다. 따라서 교환가치의 결정에 대해서는 상품가치의 현실적인 면을 다루지 않으면 안 된다. 다시 말하면 매매되는 현장에 있어서의 가치의 성격을 다루지 않으면 안 되는 것이다.

상품이 객관적으로 가지고 있는 가치는 이미 논한 바와 같이 사용가치(유용성)뿐이었다. 사용가치 그 자체는 양적으로는 측정될 수 없으나 그것에 의거해서 상품의 교환이 행하여지고 있으므로, 즉 사용가치 없는 상품이 교환되지 않으므로 사용가치는 교환가치의 근거가 되고 있으며 따라서 양적 비교에 연결되는 것이다. 그러면 사용가치가 어떻게 해서 양적 비교와 연결되는 것일까? 그것을 알기 위해서는 상품이 갖는 사용가치가 생산자와 소비자, 또는 파는 사람과 사는 사람에게 주는 만족의 정도(만족량)를 다루면 되는 것이다.

예를 들면 A, B가 물건과 물건을 교환하는 경우를 생각해 보자. A가 여기에 쌀을 2되, B가 구두를 한 켤레 소유하고 있다고 하자. A는 쌀 2되를 그대로 계속 가지고 있음으로써 얻어지는 만족량—2되의 쌀의 사용가치가 그에게 주는 만족량—과 새로이 구두 한 켤레를 얻음으로써 얻어지는 만족량—한 켤레의 구두의 사용가치가 그에게 주는 만족량—을 비교해서 후자의 쪽이 크다고 느껴지면 구두 한 켤레와 교환하려는 의사를 표명할 것이다.

B도 마찬가지로 구두 한 켤레를 그대로 계속 소유함으로써 얻어지는 만족량과 쌀 2되를 새로이 자기의 것으로 함으로써 얻어지는 만족량을 비교하여 후자의 쪽이 크다고 보여지면 그 교환에 응할 것이며, 쌀 2되로는 부족하다고 느껴지면 교환을 거절하든가 또는 나중에 5홉 정도 여분으로 더 내면 교환에 응한다고 하는 식으로 구두의 값을 올리려 할 것이다.

이와 같이 해서 A, B 어느 쪽도 자기가 소유하는 것을 그대로 계속해서 가짐으로써 얻어지는 만족량보다도 타인의 소유하에 있는 것과 교환함으로써 얻어지는 만족감이 크다(적어도 작지 않다)고 판단되었을 때에 그 교환이 성립하는 것이다. 그때 일정한 비율로 교환이 성립된다는 것은 각 상품의 교환가치가 결정되는 것을 의미한다. 이와 같이 사용가치가 주는 만족효과(만족의 정도)는 서로 양적으로 비교되는 것이다.

이것은 물물교환의 예이지만 A, B의 어느 한 편이 소유하는 물건을 화폐로 치환하면 매매가 된다. 따라서 일반 상품의 매매의 경우도 원리적으로는 완전히 동일한 설명이 가능한 것이다. 즉 소비자와 생산자는 한 상품이 그들에게 주는 만족량과 일정량의 화폐가 그들에게 주는 만족량을 비교하면서 매매를 하는 것이다.

이미 말한 바와 같이 생산자는 수익에 대한 욕망을 가지며 소비자는 상품의 효용에 대한 욕망을 가지고 있다. 상품의 사용가치가 양자의 이와 같은 욕망을 충족시키면서 각자에 일정한 만족(기쁨)을 주는 것이다. 상품의 사용가치가 생산자에게 주는 만족의 정도(만족량)를 수익효과량[37]이라고 말하며, 소비자에게 주는 만족의 정도(만족량)를 효용효과량이라고 한다. 만족이란 사용가치를 근거로 해서 생긴 심리적 효과이므로 만족량은 심리적 효과량 또는 간단히 효과량이라고 표현할 수 있는 것이다.[38]

이와 같은 수익효과량과 효용효과량에 의거해서 생산자와 소비자는 상품을 일정한 금액으로 매매하는 것이다. 결국 교환가치의 본질은 노동량이 아니라 심리적인 만족량 또는 효과량인 것이다.

5) 교환가치의 결정

생산자의 수익효과량이나 소비자의 효용효과량은 모두 주관적인 심리적 효과량이다. 그러나 이 주관적인 양은 매매(교환)에 있어서 교환가치로서 객관적으로 결정되지 않으면 안 된다. 그러면 어떻게 해서 그것이 객관적으로 결정되는 것일까?

만족량은 제3자는 모른다 하더라도 생산자나 소비자 본인은 자기의 만족량을 잘 알고 있다. 따라서 그것을 금액으로 표시할 수 있는 것이다. 예를 들면 사회생활에 있어서 사람은 타인으로부터 받은 서비스에 대해서 감사의 양(주관적인 양)을 금액으로 표시해서 사례금으로서 주는 일이 흔히 있는데, 그것과 마찬가지로 심리적인 수익효과량이나 효용효과량도 본인 자신은 금액(화폐)으로 표현할 수 있는 것이다.[39] 그런데 생산자(또는 상인)의 효과량의 화폐적 표시와 소비자의 그것과는 반드시 일치한다고는 할 수 없다. 교환되려면 양쪽의 화폐적 표시액이 일치하여야 한다. 그러면 양자를 어떻게 해서 일치시킬 수 있을 것인가? 여기에 쌍방의 화폐적 표현의 조정이 필요하게 되는데, 이것을 다음에 설명한다.

어떤 상품을 생산자(또는 상인)와 소비자가 매매한다고 하자. 그 상품의 생산자에게 주는 수익효과량(예상효과량)의 화폐적 표시액을 15,000원으로 하고 소비자에게 주는 효용효과량(예상효과량)의 화폐적 표시액을 13,000원이라고 한다면 여기서는 매매가 성립할 수 없든가, 또는 화폐적 표시의 조정이 필요하게 된다. 즉 생산자나 소비자는 자신의 의지(또는 욕망)에 의해서 그 자신의 만족량의 화폐적 표시액을 변화시킬 수 있는 것이다.

일반적으로는 생산자는 생산비를 상회하는 선에서 표시액을 크게 하려고 하며, 한편 소비자는 될수록 작게 하려고 하는 경향이 있다. 생산자는 그 개체목적인 이윤욕에 의거해서, 소비자는 그 개체목적인 소유욕에 의거해서 표시하고자 하기 때문이다.

그러나 쌍방 또는 일방의 종교적·도덕적인 동기 또는 환경의 상황 여하에 따라서는 반드시 이와 같은 경향이 나타난다고는 할 수 없다. 경우에 따라서는 생산자가 표시액을 작게 하려고 하는 경우도 있으며, 소비자가 표시액을 크게 하려고 하는 경우도 있다.(종교적·도덕적인 동기란 소비자를 기쁘게 하려고 생산자가 전체목적을 우선시키는 것, 생산자에게 보다 더 감사하고자 하는 소비자가 전체목적을 우선시키는 것 등을 말한다.) 그러나 타락한 사회에서는 일반적으로 각각 개체목적을 우선시키고 있기 때문에 생산자는 화폐적 표시를 되도록 높게 하고자 하며, 소비자는 되도록 낮게 하고자 한다.

그리하여 한 편이 다른 편을 따르든가, 또는 양자가 서로 양보함으로써 비로소 금액을 일치시킬 수 있게 된다. 예를 들면 위의 예에서는 생산자와 소비자가 서로 양보해서 14,000원으로 합의된다면 그것이 상품의 가격이 되는 것이다. 그때 이 가격에 대응하는 만족량(효과량)이 바로 교환가치이다. 즉 생산자의 만족량이 생산자의 편에서 본 교환가치이며, 소비자의 만족량이 소비자가 본 교환가치이다. 그러므로 가격에 대응하고 있는 쌍방의 만족량 그 자체는 반드시 일치한다고는 말할 수 없다. 다만 만족량의 표시액이 일치할 뿐이다. 이와 같은 교환가치의 이론을 효과가치설이라고 부르기로 한다.

이와 같이 하여 생산자와 소비자가 각각의 만족량의 표시액을 조정함으로써 가격이 결정되는 바, 1대 1의 매매일 때라면 몰라도 시장에 있어서 이미 시장가격이 정해져 있는 경우는 이와 같은 가격결정의 원칙이 과연 맞을 것인지 의심이 갈는지 모른다. 그러나 그 경우에도 생산자는 시장가격이 그가 예상하는 수익효과량(만족량)에 일치할 때에만 상품을 생산하려고 하며, 한편 소비자는 그 가격이 그가 예상하는 효과량(만족량)과 일치한다고 판단될 때에만 구입하는 것이므로 시장가격이 이미 결정되고 있는 경우에도 역시 이 원칙은 그대로 성립하는 것이다.

이 원칙은 그 밖에 다른 어떠한 상황에 있어서도 불변이다. 사회주의사회에서는 생산자 편의 만족량에 의거한 화폐적 표시는 국가(공산당)가 일방적으로 행하는데 그 경우라도 소비자는 자기의 만족량과 일치하지 않으면 사지 않을 것이다. 그러나 통제가격이기 때문에 품질이 나쁘다든지 가격이 높다든지 하더라도 소비자는 그 이외의 상품이 없기 때문에 부득이 효용효과량의 표시액을 올리지 않을 수 없으며, 결국 결정된 가격으로 그 상품을 구입하는 것으로서 만족할 수밖에 없는 경우도 있을 것이다. 따라서 효과량의 공통 표시액에 의한 가치 결정의 원칙은 사회주의사회에도 그대로 통용되는 것이다.

오늘날 유통과정이 날로 장거리화하고 있어서 생산자와 소비자가 직접 얼굴을 맞댄다는 일은 거의 없어졌다. 상품은 생산자의 손으로부터 몇 단계의 중간상인의 손을 거쳐서 소비자의 손으로 들어간다. 그러나 이 경우에도 이상과 같은 가격결정의 방식이 유통과정의 각 단계에 있어서 행하여지고 있는 것이다. 다만 사는 사람이 상인인 경우 그의 만족량은 역시 사용가치에 의거한 효과량이기는 하지만, 사는 사람이 소비자의 경우와 달라서 직접적으로는 효용성에 의거하는 만족량이 아니고 다음 단계에서의 판매시의 수익을 예상한 만족량이 되는 것이다.

가격의 결정을 그림으로 나타내면 그림 6-3과 같이 된다. 그림에 따라서 상술한 바를 다시 요약하면, 생산자와 소비자는 우선 상품의 사용가치(유용성)에 의거해서 각각 수익성과 효용성에 대한 효과(만족감)를 예상한다. 즉 각각 수익효과와 효용효과를 예상한다. 다음에 그 예상효과량(만족량), 즉 예상수익 효과량과 예상효용 효과량을 화폐로 표시해서 비교하는 바, 각각의 화폐액(금액)이 일정하지 않을 때는 양자의 효과량(만족량)의 표시를 조정함으로써 두 표시액을 일치시키는 것이며, 그와 같이 하여 일치된 금액이 바로 가격이 되는 것이다.[40] 그리고 그 가격에 의해서 표시되고 있는 예상효과량이 교환가치인 것이다.

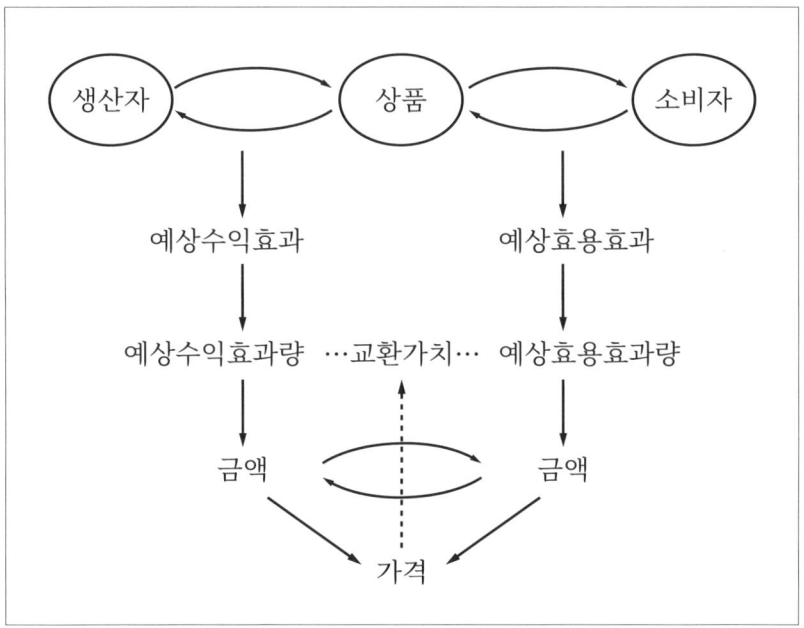

그림 6-3 상품을 매개로 한 생산자와 소비자의 수수작용에 의한 가격의 결정

6) 효과가치설의 원리적 근거

마르크스는 노동가치설을 전개함에 있어서 대립물의 투쟁에 의한 발전을 주장하는 유물변증법을 경제학에 적용하였다. 즉 사용가치와 교환가치, 유용노동과 추상적 인간노동, 임금과 이윤, 생산과 유통, 상품과 화폐, 노동자와 자본가, 노동수단과 노동자 등을 각각 대립이나 모순의 관계에 있는 것으로서 다루었다.[41] 그러므로 유물변증법이 경제학의 옷을 입은 것이 마르크스의 가치론이라고 해도 과언이 아닌 것이다.

따라서 마르크스의 가치론을 근본적으로 분쇄하려면 유물변증법과 대결할 수 있는 새로운 철학의 적용이 절실히 요구되게 된다. 왜냐하면 마르크스의 철학(유물변증법)이 극복되지 않은 채 노동가치설을 아무리 비판하였다고 해도 그것에 부분적인 상처를 줄 수는 있어도 치명적인 타격을 줄 수는 없기 때문이다. 노동가치설의 대안으로서 여기서 제시한 효과가치설은 이와 같은 의미에서 통일사상, 즉 통일원리 안의 철학적 부분을 적용한 것이다.

즉「모든 존재는 전체목적과 개체목적의 이중목적을 지니고 상호 관련되어 있다.」,「피조세계의 창조목적은 기쁨의 실현이다.」,「인간 주체가 가치추구욕을 가지고 어떤 창조목적을 가진 대상(만물)과 상대적 관계를 맺을 때 그 대상의 가치가 결정된다.」,「주체가 자신의 성상 형상을 닮은 대상과 상대적 관계를 맺을 때 주체에게 기쁨이 생긴다.」,「만물은 인간의 기쁨의 대상으로서 창조되었다.」,「목적을 중심으로 해서 주체와 대상이 원만한 수수작용을 한다면 합성체 또는 신생체가 생긴다.」 등의 통일사상을 응용한 것이다.

여기서 대상(만물)의 개념을「상품」으로 바꾸어 놓으면 다음과 같은 논점이 도출되게 된다. 즉 생산자도 소비자도 함께 전체목적(가치실현욕)에 의거하면서 직접적으로는 개체목적(가치추구욕)에 따라서 경제활동을 한다는 것, 상품의 가치는 생산자(판매자)와 상품, 소비자와 상품, 생산자(판매자)와 소비자의 상대적 관계에서 결정된다는 것, 가치결정의 목표는 생산자와 소비자가 서로 기뻐하는(서로 만족하는) 데에 있으며, 교환가치의 크기는 기쁨의 양, 즉 만족량(효용 및 수익의 효과량)이며, 그것을 화폐의 표시로 일치시키면 가격이 된다는 것 등의 이론이 이끌려져 나오는 바, 이것이 바로 효과가치설인 것이다.

2. 경제학에 있어서의 종래의 가치론과 통일사상

(1) 가치론의 역사

 이상으로 마르크스의 노동가치설을 비판하고 통일사상에 의한 효과가치설을 그 대안으로 제시하였는 바, 다음으로 노동가치설이나 효과가치설의 역사적 의의를 알아보기 위하여 경제학에 있어서의 가치론의 역사를 더듬어 보기로 한다. 그리하여 아담 스미스 이래 오늘날까지의 대표적인 경제학자의 가치론의 요점을 다음에 소개하기로 한다.

1) 아담 스미스

 고전파 경제학의 대표로 되어 있는 아담 스미스(Adam Smith, 1723~1790)는 상품의 가치는 그 생산에 소요되는 노동량에 의해서 결정된다고 하는 투하노동가치설과 상품의 가치는 그것이 『구매 또는 지배할 수 있는 노동량』에 의해서 측정된다고 하는 지배노동가치설의 두 가지 설을 주장하였다. 지배노동가치설이란 임금, 이윤, 지대의 각각의 자연율(自然率)의 합계를 상품의 가치로 보는 주장을 말하는 것으로서, 이 설은 멜더스(T.R. Malthus, 1776~1835)를 거쳐서 밀(J.S. Mill, 1803~1873)에 이르러 생산비설로서 체계화되었다. 또 앞의 투하노동가치설은 리카도를 거쳐서 마르크스의 노동가치설로 연결되었다.

2) 리카도

 데이비드 리카도(David Ricardo, 1772~1823)는 최열등지(最劣等

地)에는 지대가 발생하지 않으므로 지대는 가격구성 요소가 아니라고 해서 스미스의 가치론으로부터 지대를 배제하였으며, 자본용역에 대한 보수인 이윤에 대해서는 그것이 생산비 중에서 차지하는 비율은 적다고 보아서 그것에 의한 가치의 변화를 무시하고 상품의 가치(교환가치)는 대체로 투입노동량에 의해서 규정된다고 하는 「노동가치설」을 주장하였다.

3) 마르크스

리카도의 노동가치설을 철저화해서 노동만이 가치를 낳는다고 주장한 것이 앞서 말한 마르크스(Karl Marx, 1818~1883)의 「노동가치설」이다. 그는 상품의 가치(교환가치)는 그 상품의 생산에 필요한 노동시간(사회적 필요노동시간)에 의해서 규정된다고 주장하였다. 여기서 명백히 하고 싶은 것은 스미스, 리카도, 마르크스는 다 같이 생산자 중심의 가치론이며, 특히 리카도와 마르크스는 모두 노동가치설을 세우고 있지만 스미스와 리카도는 자본주의 초기 단계의 경제를 객관적으로 설명한 이론인데 대하여 마르크스의 노동가치설은 객관적 분석을 가장한 혁명 합리화 이론이라는 점이다. 따라서 마르크스의 이론에는 개념의 남용이나 날조가 자주 보인다. 마르크스의 노동가치설이 특히 비판되고 극복되지 않으면 안 되는 이유가 여기에 있는 것이다.

4) 제본즈

영국의 제본즈(William Stanley Jevons, 1835~1882)는 사람이 소비하는 상품의 수량이 증가함에 따라서 소비된 상품의 최후의 부분으로부터 얻어지는 효용의 정도는 감소한다고 주장하였다. 그리고 가치는 「최종효용도」(final utility)에 의해서 결정된다고 하였다. 제본즈는 이 효용이론에 의거하여서 교환이론을 전개하였는데, 재화의 교환가치의 결정에 대해서 다음과 같은 명제를 제시하였다. 『어떠한 두 재화의 교환비율도 교환이 완료된 후 소비에 사용할 수 있는 재화의 수량의 최종효용도의 비(比)의 역(逆)이다.』(『경제학의 이론』)[42] 이것은 한계효용의 비율이 가격비율과 같아질 때까지 상품의 교환이 행해짐을 의미한다. 즉 상품의 가격은 한계효용에 비례하는 데에 낙착된다는 것을 의미한다.

5) 멩거

오스트리아의 멩거(Carl Menger, 1840~1921)는 가치란 재화가 인간의 욕망충족에 있어서 갖는 의의라고 말하고, 제본즈와 마찬가지로 재화의 단위가 증가함에 따라서 그 주관적 가치(효용)는 차차로 감소해 간다고 하였다. 그는 재화의 각 단위는 서로 같은 것(대체가능)이므로 재화의 가치는 최후의 가장 중요하지 않은 단위의 사용가치와 같다고 하였는데, 나중에 그의 후계자 위저(F. Von Wieser)는 이것을 한계효용(Grenznutzen)이라고 불렀다.

6) 왈라스

프랑스의 왈라스(Marie Esprit Léon Walras, 1834~1910)는 소비하는 상품 중에서 「최후에 얻어진 만족의 강도」를 「희소성」이라고 불렀는데, 이것은 제본즈의 「최후효용도」, 멩거와 위저의 「한계효용」에 해당하는 것이었다. 그는 소비자에 있어서 효용(만족)의 최대화의 조건은 두 상품의 희소성(한계효용)의 비가 그것들의 가격비와 같아지게 되는 것이라는 것을 밝혔다(한계효용 균등의 법칙). 그는 또 소비자는 효용이 최대가 되도록, 그리고 기업은 이윤이 최대가 되도록(또는 생산비가 최소가 되도록) 행동하며, 이리하여 소비자와 기업자 간에는 수급의 균형이 성립한다고 하였다. 20세기에 있어서 일반균형이론이라고 불리우는 왈라스의 이론은 힉스 등에 의해서 더욱 발전되었다.

제본즈, 멩거, 왈라스는 거의 동시대에 한계효용의 착상에 의거한 새로운 가치이론을 전개하였으므로, 이 세 사람은 한계효용의 트리오라고 불리우고 있었다. 아담 스미스의 소위 가치의 파라독스―효용(사용가치)이 작은 다이아몬드가 큰 효과를 갖는 물에 비해서 교환가치(시장가격)가 높은 것은 무엇 때문인가 하는 문제―를 해명한 것이 한계효용의 사상이었다.

7) 뵘 바베르크

뵘 바베르크(Böhm Bawerk, 1851~1914)는 멩거의 한계효용이론을 더욱 발전시켜서 위저와 함께 오스트리아학파를 형성하였다. 그는 상품에는 「주관적 사용가치」와 「객관적 교환가치」가 있다고 하였다. 「주관적 사용가치」는 「효용」이라고도 하지만, 상품이 주체의 욕망 충족에 도움이 되는 정도를 말하며, 사람에 따라서, 또 때와 장소에 따라서 달라진다. 뵘은 어떤 재화의 수량이 증가함에 따라서 효용의 증가분(한계효용)은 점차로 감소하여 가는 바, 이 한계효용이 인간의 경제행동을 좌우한다고 하였다.

뵘에 의하면, 시장에서 많은 사람들이 상품을 수수할 때 한계효용을 비교하면서 교환이 행하여져서 그 결과로서 두 상품의 교환비율, 즉 교환가치가 결정되는데 이것이 「객관적 교환가치」이다. 「주관적 사용가치」가 「객관적 교환가치」의 원인이 되어 있으며, 후자로부터 「가격」이 유도되는 것이다. 뵘의 가치론도 「한계효용설」이다.

한계효용설은 상품의 가치는 소비자 측에서 보는 한계효용에 의해서 결정된다고 하는 소비자 중심의 가치론이었다.

8) 마샬

마샬(Alfred Marshall, 1842~1924)은 『가치가 효용으로 결정되는 것인가 생산비로 결정되는 것인가를 의논하는 것은, 종이를 베는 것이 가위의 윗날인가 아랫날인가라고 싸우는 것과 같은 것』으로서 의미가 없다고 하면서 효용설과 생산비설은 상호 의존적인 역할을 다하고 있다고 하였다.

그는 시장에서 성립하는 일시적 균형하에서 효용이 가격을 규제한다 하여 「한계효용설」을 취하지만 단기나 장기의 경우는 가격은 제 생산비—추가적인 한 단위를 여분으로 생산하는 데에 요하는 추가적인 비용—를 회수하는 것이어야 하기 때문에 한계 생산비가 가격을 규제한다고 하면서 「생산비설」을 취하여 결국 양자의 절충론을 세웠다.

9) 힉스

왈라스의 일반균형이론을 발전시킨 것이 케인즈 학파의 힉스(John Richard Hicks, 1904~)이다. 그는 소비자는 그 효용지표—효용의 대소 관계만이 의미를 가지며 효용의 양적인 가측성(可測性)을 문제로 하지 않는 것—가 최대가 되도록, 생산자는 그 이윤이 최대가 되도록 행동을 할 때 최종적으로 일정한 가격체계하에서 모든 재화에 대하여 수요와 공급이 같아지며 모든 시장에서 균형이 성립한다고 하였다.

(2) 통일사상으로 본 종래의 가치관

이상 아담 스미스 이래 경제학에 있어서의 가치론의 역사적 변천을 극히 요점적으로 소개하였는데, 종래의 가치론은 일반균형이론을 제외하고는 생산비설이나 노동가치설과 같이 일방적으로 생산자를 중심으로 한 가치론이거나 효용설(한계효용설)과 같이 일방적으로 소비자를 중심으로 한 가치론이거나, 또는 마샬과 같이 양자의 절충론이거나의 어느 편이었다. 그러나 어느 경우나 각각 어떤 한정된 조건하에서의 가격결정의 일면을 다루었음에 지나지 않았던 것이다.

다음 일반균형이론은 소비자는 효용이 최대가 되도록, 생산자는 이윤이 최대가 되도록 행동한다고 하는 관점에서 가격의 변동을 논하였는 바, 상품의 가격의 본질은 무엇인가 하는 것에 대해서는 명확한 설명이 없다. 이에 대하여 통일사상은 매매에 있어서의 생산자의 수익효과량 및 소비자의 효용효과량이 교환가치의 본질이라고 설명하고 있다.

다음에 개체목적과 전체목적이라는 관점에서 종래의 가치론과 통일사상의 가치론의 차이를 알아보기로 한다. 생산자 중심의 가치론은 생산자가 추구하는 일정한 이윤을 생산비에 가한 것이 가격이라고 말하고 있어서 생산자의 입장만을 고려하고 있다. 한편 소비자 중심의 가치론은 상품의 가격은 효용(한계효용)에 비례한다고 하면서 소비자의 욕구의 만족도만을 생각하였다. 따라서 양자 모두 개체목적을 중심으로 한 가치관인 것이다. 또 일반균형론은 생산자와 소비자의 상호관계를 다루고 있으면서도 생산자는 이윤의 최대를 구하고 소비자는 효용의 최대를 구한다고 되어 있어서 역시 각각의 개체목적만을 전제로 하면서 양자의 대립적인 관계에서 가격의 변동을 논하고 있다. 오늘날의 독점, 불황, 실업, 조악품의 체화(滯貨) 등 여러 가지 경제문제는 이와 같은 개체목적 중심의 가치관 아래서는 이것을 근본적으로 해결하는 것은 불가능한 것이다.

통일사상은 생산자도 소비자도 개체목적뿐만 아니라 본래의 전체목적에 따라서 행동하지 않으면 안 된다는 것을 주장한다. 생산자는 개체목적인 가치추구욕에 의해서 수익효과를 추구하는데 이 수익효과의 추구는 상품의 유용성을 높여서 소비자에게 보다 많은 효용효과를 줌으로써, 또 생산비를 절약하여 소비자에게 싼 상품을 제공함으로써 소비자를 기쁘게 하려고 하는 전체목적을 기반으로 하여 수익효과가 추구되지 않으면 안 되는 것이다.

한편 소비자는 개체목적인 가치추구욕에 의해서 효용효과를 추구하는데, 그 경우에도 생산자의 가치창조의 실적과 수고에 대해서 감사한다고 하는 전체목적을 터로 해서 효용효과를 추구하지 않으면 안 되는 것이다.(이미 말한 바와 같이 통일사상의 이와 같은 주장—효과가치설—은 다만 경제적 사실에 의거하고 있을 뿐만이 아니고 통일사상이라는 철학적인 원리에 근거하고 있는 것이다.)

이와 같이 이중목적이라는 관점에서 통일사상은 생산자와 소비자가 조화적인 수수작용을 행하는 본연의 사회·경제의 상태를 논하여서 거기에 의거해서 현실의 경제현상의 실체를 포착하려는 것이다. 조화적인 수수작용이란 전체목적과 개체목적의 조화를 기반으로 한 수수작용, 즉 전체목적을 앞세우고 개체목적을 뒤로 하고 행하는 수수작용인 것이다. 이것은 모두 경제학은 일정한 윤리관을 전제로 하지 않으면 안 된다는 것을 의미한다. 다시 말하면 통일사상은 기업윤리와 소비자윤리가 확립된 경제학을 주장하는 것이다. 그렇게 함으로써 비로소 자본주의 경제나 사회주의 경제를 막론하고 모든 경제문제를 근본적으로 해결할 수 있다고 보는 것이다.

3. 잉여가치설과 그 비판과 대안

(1) 잉여가치설

자본주의의 상품의 분석적 연구를 계속한 마르크스는 노동가치설을 기반으로 해서 잉여가치설을 세웠다.

잉여가치설은 마르크스 가치론의 가장 중요한 부분이며, 노동가치설을 한층 발전시켜 보다 구체적으로 자본주의의 경제체제의 근본적인 모순을 폭로하였다고 하는 이론이다. 그는 이 잉여가치설에 의해서 자본주의 경제가 불가피하게 멸망하지 않을 수 없다는 것을 입증하려고 한 것이다.

1) 잉여가치와 이윤

자본주의사회의 모순을 찾아내려고 상품을 분석 연구한 마르크스의 중요한 결론의 하나는, 자본주의사회의 생산은 본질적으로 잉여가치의 생산이라는 것이었다. 잉여가치란 투하된 자본이 증식한 가치의 증가분을 말하는 것인데,[43] 투하된 전 자본과의 관계로 본다면 잉여가치는 이윤이라는 형태를 취한다고 한다.[44] 자본주의사회에서는 모든 생산은 잉여가치(이윤)를 전제조건으로 하고 있다. 그 사실을 마르크스는『자본주의적 생산은 다만 상품의 생산일 뿐만 아니라, 그것은 본질적으로 잉여가치의 생산이다.』[45]『잉여가치의 생산, 즉 이윤은 이 생산양식의 절대적 법칙이다.』[46]라고 표현하고 있다.

마르크스는 이윤생산의 경제사회인 자본주의사회에 있어서 자본가는 어떻게 하여서 이윤을 올리는가를 조사하여 보았다. 그 결과 그는 이윤은 유통과정에서 생기는 것이 아니고 생산과정에서 형성되는 것이라는 것을 발견하였다고 한다. 흔히 사람들은 시장에서 상품을 매매할 때 생산가격보다 비싼 가격으로 판매하기 때문에 이윤이 생긴다고 생각하고 있지만 결코 그렇지 않다는 것이다. 그는 다음과 같이 말한다. 『이윤은 상품의 가격을 터무니없이 비싸게 부름으로써, 즉 그 가치를 초과한 가격으로 상품을 파는 것에서 생긴다고 생각하는 것은 난센스이다.』[47]

그는 또 『등가물끼리가 교환된다고 하면 잉여가치는 생기지 않으며, 비등가물끼리 교환된다고 해도 역시 잉여가치를 창조하지 않는다.』[48]고도 했다. 파는 사람이 자기의 상품을 그 가치 이상으로 팔 수 있다고 하더라도 그때 사는 사람은 그만큼 여분으로 지불하기 때문에 파는 사람의 이익과 사는 사람의 손해가 서로 상쇄되게 되어서 전체로서는 이윤은 생기지 않는다는 것이다.

그러면 이윤은 실제로 어디서 어떻게 해서 형성되는 것일까? 마르크스는 노동력만이 상품의 가치를 형성한다고 주장하며, 『이윤은 그것들의 상품을 그 가치로서, 즉 그것들의 상품에 체현된 노동량에 비례해서 팖으로써 얻어지는 것이다.』[49] 『정상적이며 또한 평균적인 이윤은 상품을 그 진실가치 이상으로가 아니라 그 진실가치대로 판매함으로써 얻어진다.』[50]고 하였다. 그리고 엥겔스는 『노동과정만이 새로운 가치를 부가한다.』[51]면서 노동과정(생산과정)에 있어서만 이윤이 형성된다고 언명하였다.

그런데 생산과정에 있어서 형성되는 것은 현실적인 이윤이 아니고 현실적인 이윤의 원인이 되는 요소를 의미한다. 즉 생산과정을 거쳐서 상품이 나올 때에는 그 상품 안에 이윤이 되는 요소가 형성되어 있어서 그것이 시장에서 매매될 때 현금으로 환산되어 현실적 이윤이 되는 것이다. 이와 같이 상품 안에 이미 포함되어 있어서 이윤의 요소가 되는 것을 마르크스는 잉여가치라고 불렀다. 이 잉여가치가 시장에서 현실적인 이윤이 되어 자본가의 호주머니에 들어간다는 것이나.

여기서 문제가 되는 것은 잉여가치가 생산과정에서 어느 생산요소로부터 산출되는가 하는 것이다. 생산요소에는 원료, 기계, 노동력, 건물, 토지 등 여러 가지가 있으나 그중 노동력만이 잉여가치를 생산한다는 것이 마르크스의 주장이었다.

2) 불변자본과 가변자본

여기서 마르크스는 노동력(노동자)만이 이윤을 생산한다는 것을 이론화하지 않으면 안 되었다. 그 때문에 그는 자본의 분석을 행한 것이다. 마르크스는 자본이란 끊임없이 『자기를 증식하는 가치』[52]이며, 『금달걀을 낳는 가치』[53]라고 하였다. 일반적으로는 자본이란 화폐단위로 평가한 모든 생산수단을 말하는 것인데, 마르크스주의에 있어서 자본이란 임금노동자를 착취함으로써 잉여가치를 가져오는 가치를 말하는 것이다. 따라서 자본가가 노동자로부터 노동력을 사들여서, 즉 노동자를 일 시킴으로써 잉여가치(이윤)가 생산될 때 비로소 『화폐는 자본으로 전화하는』[54] 것이다.

다음에 마르크스는 전 자본 중에서 원료나 건물·토지·기계 등으로 전환된 자본 부분에 「불변자본」이라는 명칭을 붙이고 노동력으로 전환된 자본 부분에 「가변자본」이라는 명칭을 붙였다.[55] 불변자본이란 변하지 않는 자본, 이윤(잉여가치)을 증식할 수 없는 자본을 의미하며, 가변자본은 변하는 자본, 이윤을 생산하는 자본을 뜻한다. 마르크스는 노동력으로 전환된 자본만이 가치 증식 능력을 가지고 있으며, 기타는 이윤을 생산하지 못하는 불변자본으로 간주하였다.

여기에서 불변자본으로 간주되는 것 중 문제가 되는 것은 기계이다. 자본가는 새로운 기계를 도입함으로써 싼 상품을 다량으로 생산하여서 이윤을 많이 남기기 때문이다. 그리하여 기계도 이윤을 생산할 수 있는 것같이 누구에게나 느껴진다. 그리하여 마르크스는 노동력만이 잉여가치를 생산한다고 하는 자기의 주장을 고집하기 위해서는 기계를 특히 문제시하지 않을 수 없었고, 기계는 아무리 성능이 좋더라도 이윤을 생산할 수 없다는 것을 증명하지 않으면 안 되었다. 그는 『기계는 가치를 창조하지는 않지만 기계를 써서 생산되는 생산물에 기계 자신의 가치를 인도한다.』[56]든가, 『기계는 자기가 손모(損耗)에 의해서 평균적으로 잃어버리는 가치보다도 많은 가치는 결코 부가시키지 못한다.』[57]고 말하면서 기계의 불변성(잉여가치를 생산하지 않는 것)을 다음과 같이 설명하였다. 즉 생산과정에 있어서 노동자는 기계, 도구 등을 움직여서 원료를 변형 또는 변질시켜서 새로운 생산물을 만든다. 예를 들면 제사공장에서는 노동자가 원료인 면화에 방적기계를 쓰면서 노동력을 가해서 면사를 뽑는다. 이와 같이 하여 생산된 실은 이미 원료와는 모양이 다른 생산물이며 상품이다. 그때 이 실 안에는 면화 및 기계 등의 생산요소에는 없었던 새로운 가치가 부가되어 있다는 것이다.

알기 쉽게 말하면, 50만 원 어치의 원료와 20만 원어치의 기계(소모분) 및 30만 원어치의 노동력을 투입해서 면사를 생산하였다고 하면, 이때 생산과정에 투입된 총생산비는 100만 원이 되는데 실제로 생산된 면사의 가치는 예를 들면 130만 원어치의 것이 된다는 것이다. 즉 생산비보다도 30만 원어치의 가치가 더욱 불어난다. 이 부가된 가치가 소위 잉여가치이다.

마르크스는 이 30만 원에 해당하는 가치(잉여가치)가 다만 노동력에 의해서만 산출되는 것이라고 하였다. 그 때 50만 원어치의 원료는 생산과정을 거치는 동안에 변형 또는 변질되어 50만 원어치의 가치만이 새로운 생산물로 옮겨지며, 한편 기계는 날마다 조금씩 마멸되는 바, 그 마멸된 부분의 가치가 상품 속에 옮겨져서 상품가치의 일부로서 다시 나타난다. 그 마멸한 부분을 20만 원어치라고 하면 기계는 20만 원어치의 가치만을 새로운 생산물로 옮기는 것이다. 그리고 노동력도 이 생산과정에서 가치를 생산물로 옮기는데 만약 노동력의 가치가 30만 원이라고 하면 이 30만 원어치의 가치도 역시 생산물로 이전되는 것이다. 그런데 노동력은 다른 생산요소와 달라서 자신의 가치를 이전할 뿐만 아니라 그 이상의 보다 많은 가치(예를 들면 30만 원어치)를 더 부가한다는 것이다. 이 부가된 가치가 즉 잉여가치이다. 이와 같이 노동력만이 잉여가치의 원천이며 기계는 아무리 새롭고 고성능의 것이어도 결코 잉여가치를 생산하는 일은 없다고 마르크스는 주장한 것이다.

엥겔스도 마찬가지로 다음과 같이 말하고 있다. 『노동수단은 그것 자신이 잃는 가치를 생산물에 인도할 뿐이다. 그것은 여러 가지의 정도에서 행하여진다. 석탄, 윤활제(lubricants) 등은 완전히 소모된다. 원료는 새로운 형태를 취한다. 공구, 기계 등은 서서히 부분적으로만 가치를 넘겨주며 그 마멸은 경험에 의해서 계산된다. ……그러나 어떠한 경우에도 노동수단은 그것 자신이 가지고 있는 교환가치보다 더 큰 교환가치를 넘겨줄 수는 없다.』[58]

더욱이 마르크스는 기계는 가치를 낳지 않을 뿐만 아니라, 기계는 자본가가 『잉여가치를 생산하기 위한 수단』[59]이며, 노동자에 대한 착취를 강화시키는 수단이라고까지 말하였으며, 『기계는 처음부터 인간적 착취 재료, 즉 자본의 가장 고유한 착취 영역을 확장하는 동시에 착취도까지도 확장하는 것이다.』⁶⁰⁾라고도 하였다. 이와 같이 하여서 마르크스는 불변자본 및 가변자본의 이론으로써 자본주의사회에서는 노동자가 자본가에게 착취당하고 있다는 사실을 논증하려고 한 것이다.

3) 노동력의 가치와 임금

마르크스는 노동력을 가변자본이라 하고, 생산수단을 불변자본이라 하여서 양자를 구분하면서 노동력도 하나의 상품으로 다루었다. 즉 그는 노동력은 그 사용가치가 가치의 원천이며 그 소비가 가치창조인 것 같은 하나의 상품이며,⁶¹⁾ 모든 생산수단과 마찬가지로 자본가에 의해서 구매되는 하나의 상품이라고 하였다. 따라서 노동력도 다른 상품과 마찬가지로 일정한 가치(교환가치)를 갖는다.

그러면 노동력이라는 상품의 가치는 어떻게 하여 결정되는 것일까? 그는 『다른 모든 상품의 가치와 마찬가지로 노동력의 가치도 그것을 생산하는 데에 필요한 노동량에 의해서 결정된다.』⁶²⁾고 하였다. 그런데 다른 상품과는 달라서 『인간의 노동력은 그의 살아 있는 개체 속에만 존재한다.』⁶³⁾는 것이며, 따라서 『노동력의 가치는 노동력을 생산하며 발달시키고 유지하며 영속시키는 데에 필요한 생활필수품의 가치에 의해서 결정된다.』⁶⁴⁾고 설명하였다. 이것은 노동력이라는 상품을 생산하는 데에 소요되는 노동량(노동시간)은 그 노동자의 생활필수품(생활자료)을 생산하는 데에 필요한 노동량(노동시간)과 일치한다는 것을 의미한다.

그러면 노동력을 생산하기 위한 생활필수품의 가치(가격, 즉 노동력의 생산비)란 구체적으로는 무엇일까? 마르크스는 『그것은 노동자를 노동자로서 유지하기 위하여, 또 노동자를 노동자로 길러내기 위하여 필요한 비용이다.」[65]라고 한다. 노동자가 매일 노동자로서 일하기 위해서는 그는 일정량의 생활자료를 소비하면서 육체를 유지해 나가지 않으면 안 된다. 그러기 위해서 노동자의 생존비가 필요하다. 또 노동자는 기계가 소모되는 것처럼 자신이 노쇠해졌을 때 그를 대신하도록 아이를 낳아 기르지 않으면 안 된다. 그러기 위해서 번식비와 양육비가 필요하다. 이것들은 모두 노동자의 생활필수품(생활자료)에 소요되는 비용이다. 노동력이라는 상품의 가치는 이와 같은 생활필수품의 비용에 의해서 결정된다는 것이다. 생활필수품에 대한 비용이 바로 임금이다.

따라서 임금을 다른 말로 표현한다면 노동력의 가치를 화폐로 나타낸 것이며,「노동력의 가격」이다. 즉 임금은「노동」의 가격이 아니라 상품으로서의「노동력」의 가격이다. 마르크스는 말한다.『경제학이 노동의 가치(value of labour)라고 부르는 것은 실은 노동력의 가치인 것이다. 이 노동력은 노동자의 일신 속에 존재하는 것이어서 그것이 그 기능인 노동과는 다른 것이라는 것은 마치 그 기계와 그 작업이 다른 것인 것과 같다.』[66]

「노동의 가격」으로서의 임금이란 노동의 기능에 대해서 지불되는 임금을 의미하는데,「노동력의 가격」으로서의 임금은 노동력이라는 상품을 생산하기 위한 비용, 즉 생활자료(생활필수품)에 대한 비용을 의미하는 것이다. 임금을「노동의 가격」이라고 말하면 다음에 말하는 잉여노동이라든가 불불노동(不拂勞動)의 개념이 성립되지 않게 되며, 결국 자본주의적 착취관계를 은폐해 버린다는 것이다. 자본주의적 생산양식하에서의 임금이란「노동력의 가격」이라는 것을 간파하였다고 하는 마르크스는 이와 같은 임금제도는「하나의 노예제도이다.」[67]라고까지 단정하였다.

또한 임금의 기본적인 형태에는 「시간임금」과 「생산고임금」(個數賃金)이 있다고 한다.[68] 시간임금이란 노동자가 일한 시간의 길이에 따라 임금의 액수가 정해지는 따위의 임금 형태여서, 일임금이라든가 주임금 등이 그것이다. 그리고 생산고임금은 노동자가 만든 제품의 양이나 일의 양에 따라서 임금의 액수가 결정되는 임금 형태이다. 공산주의자는 이들 두 임금 형태는 그 방법은 다르나 어느 것이나 노동자의 착취를 강화시키기 위한 것이라고 한다.[69]

4) 필요노동과 잉여노동

임금, 즉 노동력의 가치가 바로 생활자료의 가치라고 한다면, 노동자는 생활자료 속에 포함되어 있는 노동시간 분만큼 일하면 되는 것이다. 그러나 노동력을 사는 편인 자본가는 결코 그 노동시간 분만큼 노동자를 일 시키는 것이 아니고 그것을 넘어서 무상으로 더 일을 시킨다. 이리하여 노동자는 노동력의 가치 이상의 가치를 생산하도록 강요당한다.

마르크스는 노동자의 노동을 자신의 노동력의 가치만큼의 가치를 만들어내는 노동과 그 이상의 가치를 만들어내는 노동으로 나누어서 각각 필요노동과 잉여노동으로 이름붙였다. 그리고 노동일(하루의 노동시간) 중 이 두 노동에 대응하는 부분을 각각 필요노동시간과 잉여노동시간이라고 이름붙였다.[70] 여기서 필요노동시간은 생활자료를 생산하는 데에 요하는 노동시간, 상품으로서의 노동력의 가격(임금)에 해당하는 노동시간임은 말할 것도 없다. 잉여노동은 자본가가 아무런 등가(等價)도 지불하지 않는 노동이라는 뜻에서 불불노동(不拂勞動)이라고도 말한다. 이 잉여노동(불불노동)에 의해서 만들어지는 가치가 곧 잉여가치라는 것이다.

어떤 상품 중에 12시간 노동이 포함되어 있다고 할 때 노동자가 6시간 분의 노동에 대한 임금만을 받았다고 하면 나머지 6시간 분의 노동은 임금이 지불되지 않은 불불노동이며, 이 불불노동에 의해서 생산된 6시간 분의 가치가 즉 잉여가치이며, 이것이 결국 자본가의 호주머니를 살찌게 하는 이유가 된다는 것이다. 이 불불노동에 의한 잉여가치, 즉 이윤을 모두 자본가가 취득하는 바, 이것이 바로 자본가에 의한 노동자의 착취이며, 이것은 자본주의사회의 구조적 모순이어서 이 착취를 없애기 위해서는 자본주의 제도 자체를 타도하지 않으면 안 된다는 결론이 성립되게 된다.

5) 절대적 잉여가치와 상대적 잉여가치

자본가는 임금을 노동자에게 지불함으로써 노동자에게 필요노동만이 아니라 잉여노동(불불노동)까지 행하게 해서 잉여가치를 무상으로 취득하는 바, 이 잉여가치의 추구야말로 자본주의 생산양식의 본질인 것으로서, 자본가는 잉여가치를 증대시키는 데에 두 가지 방법을 사용한다고 한다. 첫째 방법은 노동일의 연장이며, 둘째 방법은 필요노동시간의 단축이다. 마르크스는 노동일을 연장함으로써 생기는 잉여가치를 절대적 잉여가치라고 부르고, 필요노동시간을 단축함으로써 생기는 잉여가치를 상대적 잉여가치라고 불렀다.[71]

다음에 절대적 잉여가치와 상대적 잉여가치를 구체적으로 설명하기로 하자. 예를 들면 하루노동이 12시간이고, 그중 필요노동시간이 6시간, 잉여노동시간이 6시간인 기업체가 있다고 하고, 자본가가 노동일을 2시간 연장하면, 그것은 그대로 잉여가치의 증대가 되어서 잉여가치는 6시간 분의 가치로부터 8시간 분의 가치로 늘어난다. 이와 같이 노동일의 연장에 의해서 생산되는 잉여가치가 절대적 잉여가치이

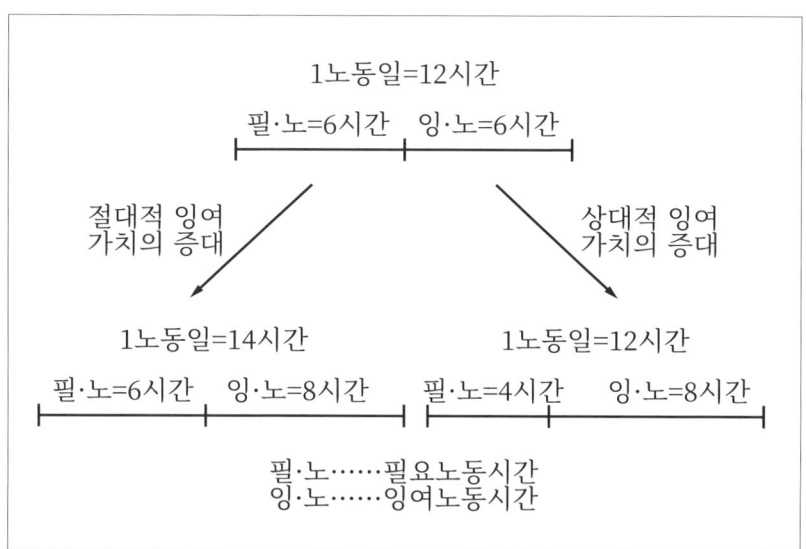

그림 6-4 필요노동시간과 잉여노동시간

다.

또 새로운 기계를 도입함으로써 노동생산성이 높아질 때 노동력의 가치가 3분의 2로 내려가면 필요노동시간도 3분의 2로 줄어들어서 4시간이 된다. 그때 노동일이 변하지 않는다고 하면 잉여노동시간은 8시간이 된다. 이와 같이 노동생산성이 높아진 결과 필요노동시간이 짧아짐으로써 생산되는 잉여가치가 상대적 잉여가치이다.(그림 6-4 참조)

『잉여노동에의 갈망은 노동일의 무한한 연장에의 충동으로 나타난다.』[72)]고 마르크스가 말한 바와 같이, 자본가가 잉여가치(이윤)를 증가시키기 위하여 취한 방법은 우선 노동일을 연장하는 것이었다. 그러나 노동자의 육체적, 정신적 한계에 의해서 노동일을 그 한계를 넘어서까지 연장할 수는 없다. 그때 자본가는 기계를 도입함으로써 노동시간을 연장하지 않아도, 아니 노동시간을 단축해서라도 이윤을 증대시킬 수 있었던 것이다. 마르크스는 이 사실을 잘 알고 있었다. 그러나 그는 이 경우에 이윤(잉여가치)을 증대시키는 것은 기계가 아니고 노동력이라는 것을 논증하지 않을 수 없으며, 그러기 위해서는 그는 절대적 잉여가치와 상대적 잉여가치라는 개념을 만들었던 것이다.

성능이 좋은 새로운 기계를 도입하면 질이 좋은 상품이 대량으로 생산되게 되어서, 상품 하나하나의 가격은 싸지게 된다. 거기에 따라서 노동자의 생활필수품의 가치도 내려서 결국 『기계는 그의 노동력을 감가시킨다.』[73]는 것이다. 이것은 노동력을 재생산하는 데에 필요한 노동시간, 즉 필요노동시간이 단축된 것을 의미하는 것이며 이것은 동시에 노동일이 일정하다고 하면 잉여노동시간이 증대하며 따라서 잉여가치가 증대하는 것을 의미하는 것이다. 그것을 마르크스는 『상대적 잉여가치는 노동의 생산력에 정비례한다.』[74]고 표현하였다.

이와 같이 자본가는 노동일을 연장하든가 또는 노동의 생산력을 높여서 필요노동시간을 단축함으로써 잉여가치를 증대시킬 수 있다는 것이다. 여기서 「노동의 생산력을 높인다.」는 말은 보다 우수한 성능의 기계를 도입하여서 생산성을 질적으로나 양적으로 높이는 것을 의미한다. 그러면 왜 마르크스는 「생산수단인 기계의 성능을 높여서」 필요노동시간을 단축한다고 말하지 않고 「노동의 생산력을 높여서」 필요노동시간을 단축한다고 말하였을까? 그것은 기계의 도입에 의해서 잉여가치가 증대하는 것이 아니고 어디까지나 노동력의 가치증식성에 의해서 잉여가치가 증대한다는 것을 명백히 하기 위해서였던 것이다.

마르크스는 또 상대적 잉여가치의 특수한 예로서 「특별잉여가치」에 대해서 언급하고 있다.[75] 어떤 자본가가 개량된 기계를 도입함으로써 사회의 평균 이상으로 노동생산성을 높일 때 그 자본가의 기업에서 생산되는 상품의 개별적 가치는 그 상품의 사회적 가치보다 낮아진다. 즉 그 기업의 상품의 생산에 필요한 노동시간은 같은 상품의 생산을 위하여 필요한 사회적 필요노동시간보다 적어진다. 그런데 상품의 가격은 사회적 가치에 의해서 결정되고 있는 것이므로 그 자본가는 보통의 잉여가치보다도 높은 잉여가치를 얻게 된다. 이와 같이 생산성을 높인 자본가가 손에 들어가는 여분의 잉여가치를 특별잉여가치라고 한다. 그러나 특별잉여가치가 얻어지는 것은 개개의 기업에서 일시적으로 일어남에 지나지 않는다. 그것은 다른 자본가들도 머지않아 같은 개량된 기계를 도입하기 때문이며 그것에 의해서 그 상품의 사회적 가치 그 자체가 저하되기 때문이라는 것이다.

마르크스는 다시 노동일과 노동의 생산력이 불변하더라도 노동의 강도—단위시간의 노동의 지출—를 높이면 잉여가치를 증대시킬 수 있다고도 말한다.[76] 이것은 노동자의 감시를 강화시키는 등 노동자로부터 단위시간에 보다 많은 노동을 짜냄으로써 보다 많은 잉여가치를 만들어내는 방법이라는 것이다.[77]

(2) 잉여가치설의 비판

1) 기계는 불변자본이 아니다

마르크스는 『기계는 자신이 손모(損耗)에 의해서 평균적으로 잃어가는 가치보다도 많은 가치를 결코 부가하지 않는다.』[78]고 하였으며, 엥겔스는 『그 마멸은 경험에 의해서 계산된다.』[79]고 하였는데, 이것은 어떤 일정한 기간에 감가상각법에 의해서 계산되는 기계의 마멸비용만이 그 기간에 생산되는 상품으로 이행한다는 것을 의미한다.[80] 즉 마르크스와 엥겔스는 기계가 새로이 가치를 낳지 않는다는 것을 논증하기 위해서 기업의 회계에서 쓰고 있는 감가상각법을 이용하였던 것이다.

이것은 과연 사실일까? 얼핏 보아서 그럴 듯한 설명이기는 하지만 그것은 원료의 경우에만 대체로 타당할 뿐 기계의 경우에는 전연 맞지 않는다. 다음에 그 허위성을 지적하기로 한다.

물론 기계는 가동하는 동안에 조금씩 마멸하는 것은 사실이다. 그리고 마멸하는 정도만큼 기계의 가치가 감소하는 것도 사실이다. 그러나 여기서 명백히 해두어야 할 것은 기계의 마멸이란 형태 또는 구조의 마멸, 중량의 감소 등이라는 것, 따라서 기계의 마멸에 비례하여 감소되는 가치는 그 기계의 교환가치이며 사용가치는 절대로 아니라는 것이다.

물론 기계의 형태 및 구조의 마멸에 의해서 기계의 성능 또는 작용력, 즉 사용가치는 저하된다고 봐야 할 것이다. 그러나 성능(사용가치)의 저하는 결코 마멸에 비례하는 것은 아니다. 성능이 좋은 기계는 일정기간 그 성능에 아무런 장해도 없이 가동하는 것이다. 그리고 성능이 좋은 기계이면 일수록 품질이 좋은 상품을 다량으로, 즉 큰 가치를 생산하는 것이다. 다시 말하면 상품에 가치를 부여하는 것은 기계의 성능이며 기계의 마멸이 아닌 것이다.

기계의 성능과 구조·형태는 비유하면 인간의 마음과 몸과 같은 것이다. 몸은 비록 불구이더라도 그 마음은 정상적인 사람이 얼마든지 있다. 악성 베토벤은 청각장애자였지만 그는 훌륭한 작곡가였으며, 루스벨트는 절름발이였지만 위대한 정치가였다. 기계도 마찬가지이다. 교환가치가 매일 소모된다고 하여도 소모한 가치분만을 생산물에 옮기게 된다는 이론은 아무런 근거도 없는 독단이다. 하루에 어떤 기계의 교환가치가 1만 원어치 마멸한다고 하더라도 그 기계의 기능에 의해서 10만 원어치 또는 20만 원어치의 가치를 생산물에 부가할 수 없다고는 단언할 수 없다. 특히 기계는 새로운 것일수록 견고하며 성능이 우수하므로 마멸은 보다 적고, 보다 많은 가치를 생산하는 것이다. 그리고 이와 같은 이점이 있기 때문에 자본가는 다투어 새 기계를 도입하는 것이다.

이와 같이 상품가치가 형성되는 것은 기계의 마멸에 의하는 것이 아니고, 기계에 가치형성의 성능이 있기 때문이라고 보지 않으면 안 된다. 마르크스는 가치를 형성하는 것은 기계가 아니고 노동력이라고 하며, 기계는 다만 노동력의 생산성을 돕는 데에 지나지 않는다고 하였으나 왜 기계가 가치를 증식할 수 없고 다만 노동력을 돕는 데에 지나지 않는 것인가를 논증했어야 함에도 불구하고, 그는 감가상각법을 적용함으로써 그 논증의 핵심을 피해 버렸던 것이다.

더욱이 마르크스의 기계의 불변자본 논증은 다음과 같은 이유로 우스꽝스러운 자가당착에 빠진다. 즉 기계가 마멸하는 가치 부분만이 그대로 상품 안에 옮겨지기 때문에 생산과정에 있어서 다른 조건이 불변인 한, 기계가 많이 마멸할수록 상품에는 많은 가치가 이전되어 그만큼 상품가격은 비싸지고, 기계가 적게 마멸하면 적은 가치가 상품 속으로 이전되어 그만큼 상품가격도 싸지지 않으면 안 된다.

그러나 실제는 이것과 정반대의 현상을 나타내고 있다. 같은 종류의 상품을 같은 양만큼 생산하는 두 기업체를 생각하면 마멸이 적은 새로운 기계를 사용한 기업체의 양질의 상품이 마멸이 많은 오래된 기계를 사용한 기업체의 저질의 상품보다도 비싼 것이 시장의 현실이다. 이와 같이 감가상각법에 의한 불변자본의 논증은 완전히 위증이며 기만이었던 것이다.

오늘날 고도로 자동화된 공장에서 노동자의 노동력을 거의 필요로 하지 않고 다량으로 상품이 생산되어 막대한 이윤을 올리고 있는 사실을 볼 때, 과연 그래도 이윤은 모두 노동력에 의해서 생산된다고 주상할 수 있을까? 기계도 노동력과 마찬가지로, 또는 노동력 이상으로 이윤을 생산하는 것이다.

실제로 마르크스 자신도 기계가 노동력을 대신한다는 것을 잘 알고 있었던 것이다. 그것은 『생산양식의 변혁은 매뉴팩처에서는 노동력을 출발점으로 하고, 대공업에서는 노동수단(기계)을 출발점으로 한다.』,[81] 『작업도구와 함께 그것을 취급하는 숙련도 노동자로부터 기계로 옮아진다.』[82]든가, 기계가 생산과정에 도입될 때부터 노동자는 단순한 기계의 「시중꾼」[83] 「보조자」[84] 「망보기꾼」[85]에 지나지 않게 된다는 마르크스의 말이나, 엥겔스의 『기계 생산에 있어서 노동자는 현실적으로 구축(驅逐)되고, 기계는 직접 노동자와 경쟁한다.』[86]와 같은 말에 의해서 명백하다.

노동자를 대신할 수 있는 기계가 이윤을 생산할 수 없을 리가 없다. 실제로 마르크스는 『기계가 가져오는 직접의 결과는 잉여가치를 증가시키는 동시에 그것을 나타내는 생산량도 증가시킨다.』[87]라고까지 말하였다. 그는 기계가 「잉여가치를 증가시킨다.」는 말로써 기계도 이윤을 생산하고 있음을 시인하고 있는 것이다. 기계가 이윤을 생산한다는 것은 기계는 불변자본이 아니고 노동력과 마찬가지로 가변자본이라는 것을 의미한다. 따라서 마르크스의 기계 불변자본설은 전적으로 잘못이었음에도 불구하고, 왜 마르크스는 이렇게도 집요하게 『기계는 불변자본이다.』라고 계속 주장하였을까? 그것은 이미 되풀이 지적한 바와 같이 이윤은 다만 노동자만이 생산한다는 것, 따라서 자본가의 이윤의 취득은 곧 노동자의 착취라는 것을 이론적으로 합리화하고 정당화하기 위해서였던 것이다.

2) 노동력은 상품이 아니다

마르크스는 노동력이란 시장에서 얻을 수 있으며, 그 소비가 가치창조를 낳는 그와 같은 한 상품이라고 하였으며, 노동력의 가치는 그것을 생산하는 데에 필요한 노동량에 의해서 결정된다고 하였다. 과연 노동력에 대한 이 같은 견해는 옳은 것일까? 다음에 이것을 비판하기로 한다.

상품은 모두 수요를 전제로 하고 있다. 수요를 예상하지 않은 상품생산은 있을 수 없다. 그런데 노동력은 어떤 수요를 예상해서 인간의 체내에 비축된 것은 결코 아니다. 마르크스는 노동력이란 두뇌, 근육, 신경, 손 등을 움직여서 일하는 능력이라고 말하였지만 이러한 능력은 노동자만이 가지고 있는 것은 결코 아니다. 정치가도 경제가도 과학자도 교육자도 예술가도 종교가도 모두 두뇌, 근육, 신경, 손 등을 움직이는 능력을 가지고 있다. 따라서 이와 같은 능력은 인간이 생활하기 위한 활동력이라고 할 수밖에 없는 것이다. 이 활동력은 바꾸어 말하면 창조력이며 생명력이어서 어떤 수요를 예상해서 인체에 축적되어 있는 것이 아니며 따라서 상품이 아닌 것이다. 다만 인간이 살아가기 위하여 나면서부터 부여되어 있는 능력인 것이다. 그리고 이 창조력이 노동자에게는 노동력으로서, 예술가에게는 창작력으로서, 과학자에게는 발명력이나 연구력으로서 이와 같이 여러 가지 현실적인 능력으로 나타나는 것이다.

마르크스는 또 노동자는 노동력을 생산하기 위하여 생활자료를 소비한다고 하였다. 과연 그러할까? 위에서 말한 바와 같이 노동생산물로서의 상품은 수요가 있을 때에만(또는 수요가 예상될 때에만) 생산되는 것이어서 수요가 없어지면 생산은 중단되어 버린다. 만약 노동력도 상품이라고 한다면 그것도 수요를 위해서 생산되는 것이 아니면 안 된다. 그러므로 수요가 없어지면 그 생산을 중단하지 않으면 안 될 것이다. 즉 노동력의 수요가 없어지면 노동력의 생산(생활자료의 소비)을 중지하지 않으면 안 될 것이다. 예를 들면 실업은 노동력의 수요가 없어진 상태이다. 따라서 실업자는 상품(노동력)의 생산을 중지하도록 생활자료의 소비를 중단하지 않으면 안 된다. 그러나 아무리 실직한 노동자라 하더라도 하루도 식량, 의복, 연료 등의 소비를 중지할 수는 없다. 왜 그럴까? 그것은 그 소비가 노동자가 살기 위한 소비이기 때문이다. 즉 생활자료의 소비생활이 「노동력의 생산」 활동이 아니라 「인간으로서의 생활」 활동이기 때문이다. 생활자료의 소비는 노동력이라는 상품을 생산하기 위한 활동이 아니라 이미 가지고 있는 생명력(창조력)을 유지 또는 강화하기 위한 생활활동인 것이다. 노동력을 다른 상품과 마찬가지로 일종의 노동생산물(상품)로 본 마르크스의 주장은 전혀 잘못이었던 것이다.

3) 임금은 노동력의 생산비가 아니다

마르크스는 노동력의 가치는 노농력의 생산비와 같다고 하였는데 이것은 노동자의 임금이 생활필수품의 가격과 같다는 것을 의미하는 것이었다. 그러면 생활필수품이란 도대체 어떠한 기준의 것을 말하는 것일까? 본래 마르크스가 말하는 생활필수품이란 노동자가 죽지 않고 살기 위한, 그리고 노동력의 보충으로서의 어린이를 양육하기 위한 최저의 생활자료를 의미하는 것이었다. 그것은 마르크스의 다음과 같은 문장에 의해서 명백하다.

『로마의 노예는 쇠사슬에 의해서, 임금노동자는 보이지 않는 실(系)에 의해서 그 소유자에게 연결되어 있다.』[88]

『원래 자본가는 화폐 축장자(蓄藏者)와는 달라서 그 자신의 노동이나 그 자신의 비(非)소비에 비례해서 부를 이루는 것이 아니고, 그가 타인의 노동력을 착취하여 노동자에게 인생의 일체의 쾌락을 끊는 것을 강요하는 정도에 따라서 부를 이루는 것이다.』[89]

그런데 마르크스는 한편으로는 노동력의 가치란 노예와 같은 상태에 있어서의 노동자의 생활필수품의 가치라고 말하면서, 또 한편으로는 인간(노동자)의 욕망의 범위와 그 충족의 방법은 『대체로 한 나라의 문화단계에 의해서 결정되는 것이며』,[90] 따라서 『노동력의 가치규정은 다른 여러 상품의 경우와는 달라서 어떤 역사적인 요소를 포함하고 있다.』[91]고 말하고 있는 것이다.

이것은 문화수준이 높은 선진국의 노동자의 노동력의 가치는 비록 필요노동시간이 같거나 짧다 하더라도 후진국 노동자의 그것보다는 높으며, 따라서 임금도 선진국의 노동자의 것이 더 높다는 것을 뜻한다. 따라서 이것은 또 임금이 노동시간에 의해서뿐 아니라 문화수준에 의해서도 결정된다는 결론이 되게 된다. 이렇게 되면 노동력을 재생산한다고 되어 있는 생활필수품의 가치의 기준이란 것은 전혀 무의미한 것이 되어 버린다. 마르크스가 참으로 강조하고 싶었던 것은 노동자는 자본가의 노예이며, 생존을 유지하기 위한 최저기준의 생활밖에 허용되고 있지 않다는 것이었다. 그러나 실제로는 반드시 그렇지도 않음으로 『역사적인, 정신적인 요소를 포함하고 있다.』고도 말하고 있는 것이다.

그런데 노동력의 가치가 『역사적이며 정신적인 요소를 포함하고 있다.』고 한다면 그 가치를 계량하는 것은 전혀 불가능하며, 정신적인 요소에 소요되는 비용까지도 노동의 생산비라고 볼 수는 없는 것이다. 결국 노동력의 가격, 즉 임금이 「노동력의 생산비」라고 하는 마르크스의 주장은 도저히 성립될 수 없는 터무니없는 주장인 것이다.

마르크스는 또 『근대산업의 발전 그것은 노동자에게는 불리하고 자본가에게는 유리한 정세를 누진적으로 산출하지 않을 수 없으며, 또 그 결과 자본주의적 생산의 일반적 경향은 임금의 평균수준을 높이지 않고 오히려 이것을 낮추는, 즉 노동의 가치(노동력의 가치)를 크든 작든 그 최저한계로 밀어내리는 것이다.』92)(이것은 「실질임금의 저하의 경향」으로 알려지고 있다.)라고 하며, 아무리 새로운 기계를 도입하여 노동생산성을 증진시켰다고 하더라도 노동자의 생활수준은 향상하지 않고 자본가에 의해서 더욱 더 착취당할 뿐이라고 주장하였다. 과연 이것은 사실이었을까?

　　이와 같은 마르크스의 주장은 오늘의 자본주의 경제에는 전연 들어 맞지 않았다. 사무엘슨(P.A. Samuelson)이 경제사의 기초적 사실에 의거해서 선진적 자본주의 제국에 있어서는 금세기를 통해서 『실질임금율에는 확실한 상승 경향을 볼 수 있었다.』93)고 말하고 있듯이, 임금—화폐량으로 표시된 명목임금이 아니고 생활수단으로 표시된 실질임금—은 오히려 착실하게 상승하는 경향에 있었던 것이다. 그리고 거기에 따라서 노동지의 생활은 질직으로도 양적으로도 향상되어 왔다. 이와 같은 실질임금의 증대의 사실에서 보더라도 임금은 노동력의 생산비라고 하는 마르크스의 주장이 전혀 잘못이라는 것을 알 수 있다.

　　마르크스 당시는 노동자의 생활상황이 너무나 비참했기 때문에 마르크스에 있어서 노동자는 바로 자본가의 노예와 같이 보였던 것이며, 노동자는 겨우 육체를 유지해서 노동을 계속해 갈 만한 임금밖에 주어지지 않는 것으로 마르크스는 보았던 것이다. 그러나 그것은 그 당시의 시대적 상황하에서의 일이었으며 오늘날에는 전혀 타당성을 결여한 견해라고 하지 않을 수 없다. 오늘에는 많은 노동자들이 육체를 유지하며 노동을 계속할 뿐만 아니라, 임금의 보다 많은 부분을 문화

생활에 소비하도록 되어 있기 때문이다. 따라서 임금은 노동력의 생산비가 아니고 노동자의 생활비라고 보아야 할 것이다.

4) 개념의 날조

이상 기계는 불변자본이 아니고 이윤의 생산에 기여한다는 것, 노동력은 상품이 아니라는 것, 임금은 노동력의 생산비(생활필수품의 생산비)가 아니라는 것을 밝혔다. 이것은 생활필수품을 생산하는 데에 소요된 노동시간이 필요노동시간이며, 따라서 지불되는 임금에 해당하는 노동시간이 필요노동시간이라고 하는 마르크스의 주장이 잘못이라는 것을 의미한다.

저개발국가에서는 생산성이 낮으므로 필요노동시간이 길 것이며, 선진국에서는 생산성이 높으므로 필요노동시간이 훨씬 짧을 터이며 따라서 그것에 상응해서 임금도 훨씬 낮아야 할 것이다. 그러나 실제로 선진국 쪽이 임금이 훨씬 높다. 이것은 필요노동시간과 임금과는 서로 아무런 관계도 없다는 것, 따라서 필요노동시간이라고 하는 개념은 가공적인 것에 지나지 않는 것을 의미한다.

이에 따라서 노동력의 가치를 만들어낸다는 필요노동이라는 개념이나 노동력의 가치 이상의 가치를 만들어낸다는 잉여노동(불불노동)이라는 개념이나 잉여노동시간이라는 개념, 그리고 노동력(잉여노동)에 의해서만 만들어진다고 하는 잉여가치의 개념 등도 모두 그 성립의 근거를 상실해 버리는 것이다.

절대적 잉여가치나 상대적 잉여가치도 마찬가지다. 기계도 노동력과 마찬가지로 이윤을 생산하는 것이므로 노동일을 연장함으로써, 또는 새로운 기계를 도입하여서 생산성을 높임으로써 새로운 이윤을 얻었다고 해도 그것은 노동(잉여노동)에 기인하는 잉여가치라고는 결코

말할 수 없는 것이다.[94]

결국 이들의 개념은 모두 실재할 수 없는 가공적이며 날조된 것이었다. 그렇다면 마르크스는 왜 이러한 개념을 날조했을 것인가? 그것은 말할 것도 없이 위에서 말한 바와 같이 자본주의사회에 있어서 이윤은 모두 노동자가 생산한 것이며, 자본가가 이윤을 취득하는 것은 노동자의 착취라는 것을 합리화하기 위해서였다. 즉 이들의 개념은 자본주의 경제를 객관적으로 연구해서 얻어진 과학적인 개념이 아니고 프롤레타리아 혁명이라고 하는 기정(既定)의 목적을 합리화하기 위하여 만들어진 의도적·책략적인 개념이었던 것이다.

(3) 잉여가치설에의 대안

그러면 다음에 잉여가치설에 대한 대안을 제시하기로 한다. 이윤이란 무엇이며 어떻게 해서 생산되는 것일까? 오늘날까지의 자본가에 의한 노동자의 착취란 실제는 어떠한 것이었는가?[95] 이런 문제들에 대해서 해명하기로 한다.

1) 이윤의 생산과 그 적정분배

우선 이윤이 의미하는 내용에 대해서 검토해 보지 않으면 안 된다. 오늘날의 경제학(근대 경제학)에서는 하나의 기업에 있어서 매상고(또는 생산액)로부터 사용자비용—원재료비, 연료비, 감가상각비 등의 물적 코스트—을 뺀 것을 부가가치라고 한다. 부가가치는 한 기업이 새로이 산출한 가치, 즉 그 기업이 실현한 소득을 의미하는 것이다.

일반적으로 기업은 부가가치에서 노동자에게 인건비(임금)를, 대부자금(금융)에 이자를, 지주에게 지대를 지불하는데, 물적 자본재 이외의 이와 같은 생산요소에 대한 코스트를 요소비용이라고 한다. 그리고 부가가치로부터 요소비용을 뺀 것이 기업의 이윤이다. 즉 기업의 소득(부가가치)으로부터 차입한 자본에 대한 이자, 차입한 토지에 대한 지대 및 노동자에게 지불하는 임금 등을 뺀 것이 이윤이 되어 있는 것이다.

한편 마르크스의 경우는 상품의 가치에서 비용가격, 즉 생산수단의 가격과 노동력의 가격(임금)을 뺀 것을 이윤으로 하고 있으며, 이자와 지대는 이윤의 일부에서 지불되는 것으로 되고 있다.[96] 그러나 어느 경우도 노동자가 받는 임금은 생산비용의 하나로 간주되고 있는 것이다.

이에 대해서 통일사상은 기업의 매상고로부터 원재료비, 연료비, 감가상각비 등의 소위 사용자 비용과 이자, 지대를 뺀 것을 기업의 이윤 또는 기업의 수익이라고 규정하며, 노동자의 임금은 그 안에 포함되는 것으로 한다. 그것은 이자나 지대는 원재료비, 연료비, 감가상각비 등과 함께 비용(진정한 의미의 생산비)이라고 보아야 하겠지만, 노동자가 받는 임금은 비용으로 간주할 것이 아니라 기업이 얻은 수익(즉 이윤) 중에서 노동자에게 분배되는 것으로 보아야 하기 때문이다.[97] 여기서 통일사상의 이윤관을 알기 쉽게 하기 위하여 그림으로 나타내기로 한다.(그림 6-5)

생산비	이윤(기업수익)
원재료비 연료비 감가상각비 이자 지대	임금 기업자수익(배당) 법인세·미분배이윤

그림 6-5 통일사상의 이윤관

그리고 기업의 개념에 대해서 말하면, 종래의 경제학에서는 기업이란 기업가를 중심으로 한 영리조직체로 되어 있으며 노동력은 기업의 외부로부터 제공되는 것으로 되어 있는데, 통일사상에서는 기업가 및 출자자뿐만 아니라 노동자도 기업경영의 인적 구성원의 일부라고 간주하는 것이다.[98]

그러면 기업에 이윤을 생기게 한 것은 무엇일까? 도대체 상품 그 자체를 생산하는 실체는 무엇일까? 그것은 인간이 가지고 있는 창조력이며 생명력이다. 여기서 창조력(생명력)에 대해서 설명하기로 한다. 모든 생물은 생명력을 가지고 있다. 식물의 경우 한 알의 씨가 땅에 뿌려지면 그 씨 안에 있는 생명력에 의해서 씨는 싹이 되며 줄기가 되어 가지, 잎, 꽃, 열매로 성장한다. 그리고 나중에는 그 열매로부터 또 새로운 씨가 번식한다. 동물의 경우 하나의 수정세포가 생명력에 의해서 성장하여 어미 동물이 되어 새끼를 번식한다.

이것은 식물이나 동물의 생명력이 씨나 수정세포로부터 각각 식물이나 동물의 몸이 창조되는 것을 의미한다. 또 동물 중에는 그 자체로서 물건을 창조하는 능력을 가진 것도 있다. 예를 들면 거미는 몸으로부터 실을 뽑아서 공중에 그물을 치며 벌이나 새는 둥지를 만든다. 이러한 능력도 생명력이며 창조력이다. 이와 같이 성장, 번식, 둥지치기 등은 모두 생명력(창조력)에 의하는 것이다.

인간도 이와 같은 창조력을 가지고 있음은 물론이다. 그런데 인간이 가지고 있는 창조력은 동물의 그것에 비해서 비교도 되지 않을 만큼 고도로 발달해 있다. 그것은 동물의 창조력은 본능적 창조력인 데에 대해서 인간의 그것은 그 외에 또 이성적 창조력, 즉 기술창조력까지 가지고 있기 때문이다. 인간은 이 이성적 창조력에 의해서 끊임없이 새로운 구상(아이디어)을 산출하여 새로운 것을 만든다. 이와 같은 인간이 갖는 이성적 창조력, 즉 기술창조력에 의해서 이윤이 생산되는 것이다.

기업에 있어서 상품과 이윤을 산출한 창조력은 상품의 가치실현에 관한 직접적 또는 간접적인 노동자의 활동능력이다. 노동자의 노동력은 두말할 것도 없이 그와 같은 창조력의 하나의 형태인 것이다. 그러나 노동력만이 창조력은 아니다. 기업가(출자자가 동시에 경영자이기도 한 경우에는 이를 기업가라고 부른다.)의 기업활동의 능력도 창조력의 한 형태이다. 실제로 오늘날은 기업가 중에는 노동자에 못지않게 때로는 그 이상으로 정신적, 육체적으로 활동하여 생산에 기여하고 있는 자가 많이 있는 것이다.

그리고 기술자에 의한 기계의 관리나 사무원의 사무활동의 능력도 역시 창조력의 한 형태인 것이다. 기계도 과학자의 기술력과 창조력의 연장 또는 체화물(體化物)이므로 기계의 작용도 창조력의 하나의 형태이다. 따라서 창조력을 가지고 있는 이들 여러 요소가 모두 이윤의 생산에 기여하고 있는 것이다.

그러나 이들 요소는 각각 단독으로는 그 창조의 능력을 발휘할 수 없으며, 따라서 이윤을 생산할 수 없다. 이윤은 창조력을 갖는 이들의 제 요소나 기타의 물적 제 요소가 공통목적을 중심으로 하여 수수작용을 행할 때에 비로소 생산되게 되는 것이다.(이 경우의 이윤은 실은 이윤의 소재[사용가치]이어서 수익으로서의 현실적 이윤이 아니다. 이윤의 본질이나 현실적 이윤에 대해서는 다음의 「이윤의 본질」 항에서 다루기로 한다.)

실제로 기업에 있어서 상품을 생산하여 이윤을 실현하기 위해서 자본가(출자자), 경영자, 기술자, 사무원, 노동자, 기계, 원재료, 토지 등의 제 요소가 하나의 목적하에 수수작용을 행하고 있다. 그때 자본가와 경영자, 경영자와 기술자, 경영자와 사무원, 기술자와 노동자, 사무원과 노동자, 노동자와 기계, 기계의 주체부분과 대상부분 등의 여러 가지 단계의 상내적 요소 산의 수수작용이 복합되어서 비로소 생산이 행하여지는 것이다.

이 복합된 수수작용 전체를 간단히 인적 주체(자본가, 경영자, 기술자, 사무원, 노동자 등)와 물적 대상(기계, 원재료, 토지 등) 간의 수수작용으로서 표현할 수 있다. 이와 같은 표현은 인간은 만물에 대한 주관의 주체이며, 만물(물질)은 인간에 의한 주관의 대상이라고 하는 통일사상의 주체·대상의 개념을 근거로 했을 때 가능하게 되는 것이다. 그래서 이윤은 인간 주체와 물적 대상과의 수수작용에 의해서 생산된다고 말할 수 있는 것이다.

따라서 이윤은 수수작용의 주체인 자본가(및 경영자)와 노동자(기술자, 사무원 등을 포함한다.)가 협동으로 생산한 것이 된다. 그때 자본가는 생산을 위해서 필요한 자본(기계, 원재료, 토지 등)을 제공하고 경영자는 기업의 경영을 행하며, 노동자는 여러 가지의 노동력(기술력)을 제공하는 것이다. 그리고 각각이 일성한 창조력으로서 상품생산에 기여하고 있는 것이다.

이와 같이 기업가(자본가, 경영자)와 노동자가 협동으로 이윤을 생산하는 것이므로 노동자의 임금은 이윤 중에서 배분되는 배당금의 형태의 보수로서 이해하여야 한다. 기업가가 취득하는 수익(배당)도 이윤 중에서 배분되는 배당금인 것이다. 더욱이 이윤의 일부는 세금으로서 국가나 지방에 수납되고 나머지는 기업의 유보수익(미분배이윤)이 되는 것이다.(그림 6-5 참조)

또한 기계도 창조력의 하나이므로 이윤의 생산에 기여하고 있는데 기계는 생산수단으로서 쓰이는 물적 요소이므로 그 자체에 이윤이 배분될 수는 없다. 기계를 포함하는 모든 생산수단이 이윤의 생산에 기여한 부분은 생산수단의 소유자인 자본가 또는 기업가에 돌아가야 하는 것이다.

따라서 자본가가 이윤을 취득하는 것은 마르크스가 주장하는 것 같이 잉여가치의 착취는 아니다. 자본가도 그 창조력을 발휘하여서 기업활동을 하였거나 자본을 제공한 것이므로 당연히 기업의 수익(즉 통일사상에서 말하는 이윤)의 일부를 받을 수가 있는 것이다. 그러나 여기서 문제가 되는 것은 오늘날까지 자본가가 노동자에 비해서 기업의 수익, 즉 이윤 중에서 과당하게 취득하는 경우가 많았다는 것이다.

따라서 자본가에 의한 노동자의 착취란 노동자가 생산한 잉여가치(이윤)의 착취가 아니라 자본가와 노동자가 협동으로 생산한 이윤 중에서 자본가가 부당하게 과당 취득한 행위인 것이다. 따라서 문제의 해결은 이윤을 어떻게 적절히, 공평하게 분배하는가에 달려 있는 것이며 결국은 기업윤리의 문제가 되는 것이다.[99]

오늘날까지의 경제학에 있어서 많은 경우 노동자가 받는 임금과 자본가가 받는 이윤은 서로 대립하는 것으로 생각되는 경향이 있었다.

그 가장 극단적인 것이 마르크스주의였다. 그것은 자본가는 이윤의 증대만을 추구하며 노동자는 임금의 증대만을 추가하는 것으로 보고, 양자가 개체목적을 추구하는 측면만을 다루었기 때문이다. 다시 말하면 자기중심적인 타락인간에 의해서 구성되어 있는 타락사회를 그대로 경제학에 반영시킨 것이다.

그에 대해서 통일사상은 본래의 인간과 본래의 사회를 기준으로 한 경제이론을 구축하고 그것을 향해서 사회를 변혁하려 하고 있다. 따라서 자본가도 노동자도 개체목적뿐만 아니라 전체목적에도 따라야 할 것을, 그리고 전체목적을 우선시켜야 할 것을 주장한다. 전체목적이란 기업의 번영을 위하여, 나아가서는 국가와 세계의 번영을 위하여 봉사하는 것이다.

그러면 그것은 어떻게 해서 가능한 것인가? 그것은 한 기업 내에 있어서 자본가(경영자)와 노동자(종업원)가 가족적인 심정관계를 맺어서 기업체가 하나의 가정적 분위기가 되도록 하게 함으로써 가능하다. 그러면 기업의 수익을 자본가나 경영자가 과당하게 취한다든가 노동자가 끊임없이 임금 인상의 요구에 매달리는 일은 없게 될 것이다.

본연의 가정에 있어서는 가족끼리 서로가 빼앗는 일은 있을 수 없고 서로 사랑하며 서로 도와가면서 가정의 번영을 기도하는 것이 본래의 모습이기 때문이다. 오늘날까지의 경제학에 있어서 임금이 비용으로 간주되어 온 것도 결국은 기업이 자본가와 노동자에 의해서 형성되는 하나의 가정으로서가 아니고, 자본가를 중심으로 한 영리조직체로만 간주하여 왔기 때문이다.

2) 이윤의 본질

기업활동에 있어서 이윤은 어떻게 해서 형성되는 것일까? 마르크스는 이윤은 생산과정에서 노동력에 의하여 생산된다고 하고 있는데, 실제로 생산과정에서 생산되는 것은 이윤 그 자체가 아니고 이윤이 될 수 있는 근거 또는 소재로서의 잉여가치였다. 통일사상에서 보았을 때 그것은 바로 상품의 사용가치(유용성)였던 것이다. 그리고 상품이 시장에서 매매될 때 그 현장에서 그 사용가치를 근거로 해서 화폐로 표시되는 현실적인 이윤이 형성되는 것이다.[100] 마치 식물의 경우 씨로부터 줄기, 잎, 꽃 등이 생겨나는 것처럼 씨에 해당하는 어떤 소재(이윤이 될 수 있는 요소)로부터 시장에 있어서의 현실적인 이윤이 형성되는 것이다. 그 소재가 바로 상품의 사용가치인 것이다.

그러면 이윤의 본질이란 무엇일까? 그것은 기업이 가치의 실현(창조)에 의해서 소비자(사회)에게 봉사한 것에 대하여 소비자(사회)가 지불하는 보수이다. 가치의 실현(창조)이란 인간이 창조성을 발휘하여서 상품의 사용가치를 창조한다든지, 또는 그 사용가치를 보관한다든지 수송함으로써 소비자 대중에게 편의를 제공하는 것, 즉 사회에 봉사하는 것을 의미한다. 그러므로 이윤이란 요컨대「기업의 가치창조활동의 실적에 대한 사회적 보수」인 것이다.

기업이 가치를 창조함으로써 소비자(사회)에게 봉사하여 그들을 기쁘게 한 것이므로 소비자(사회)는 생산자가 결정한 일정한 가격—생산비에 일정한 금액이 부가된 것—으로 상품을 구입함으로써 그 기업에 대해서 생산비에 부가된 금액을 보수로 건네준 것이 된다. 보수액이 곧 이윤이다.(따라서 이윤을 얻기 위해서는 소비자에게 봉사하면서 효용을 준다는 것이 전제가 되지 않으면 안 된다.) 물론 타락사회에 있어서는 소비자는 생산자에게 보수를 준다고 하는 의식은 거의 갖지 않는 것이 보통이다. 그러나 원리적으로 보면 소비자는 상품을 삼으로써 생산비뿐만이 아니라 보수까지도 준 것이 된다.

여기서 이윤을 보수라고 간주하는 것은 부당한 것과 같이 생각될지 모른다. 그러나 소비자는 자신의 만족량의 표시액과 상품의 가격(생산비에 수익을 가한 금액)이 일치할 때에만 상품을 구매하는 것이므로 이윤(수익)을 보수라고 볼 수 있을 것이다.[101] 다시 말하면 기업(생산자)이 요청하는 금액(가격)을 소비자가 동의함으로써 무의식 중에 기업에 보수를 지불하고 있는 것이 되는 것이다. 특히 가격은 기업이 자의대로 결정할 수는 없으며 수요와 공급의 사회적 조건에 의해서 좌우되는 것이므로 결국 가격은 사회(소비대중)가 그것을 용인한 것이라고 보아도 될 것이다.

교환가치를 심리량(心理量)으로 표현했을 경우 소비자에 있어서는 그것은 일정한 만족량(효용효과량)이었던 것같이 이윤도 이것을 심리량으로 표현하면 이윤의 본실은 감사량(感謝量)이며, 그 화폐적 표현이 현실적 이윤이라고 말할 수 있는 것이다. 이 감사량은 만족량의 일부이며 타락사회에서는 이것이 무의식적인 것임은 말할 것도 없다.

그런데 가치의 창조란 인간이 가지고 있는 창조성을 발휘하는 것이므로 가치의 창조에는 노동자의 노동만이 아니라 각종의 서비스 활동, 과학자의 연구, 예술가의 창작활동 등도 포함되어 있다. 따라서 제1차산업, 제2차산업뿐만 아니라 상업, 운수, 통신업, 지식산업(정보산업), 레저산업 등의 제3차산업에 있어서도 기업은 이윤을 생산할 수 있다는 것은 말할 것도 없다.

마지막으로 종래의 이윤설을 소개하고 그것과 통일사상의 이윤관과 비교하기로 한다. 사무엘슨에 의하면 종래의 이윤설에는 다음과 같은 것이 있다.[102]

A. 「암묵적」 요소수익으로서의 이윤

이윤이라고 간주되어 있는 것의 일부는 실은 기업의 소유자가 제공하는 노동에 대한 수익이었다든지, 그가 소유하고 있는 자연자원에 대한 렌트(지대) 수익이었다든지 또 소유자 자본에 대한 이자에 해당하는 경우가 있다. 이윤의 이 부분, 즉 자기가 스스로 쓰는 요소의 수익에 대해서 경제학자는 암묵적 임금, 암묵적 렌트 및 암묵적 이자의 이름을 주고 있다.

B. 기업노력이나 신기축에 대한 보수로서의 이윤

이것은 이윤이란 신기축(新機軸)의 개발자에 대해서 지불되는 일시적인 과잉이익이라고 하는 견해이다. 슘페터에 의하면 틀에 박힌 일상적인 경영의 일은 임금을 벌 뿐이어서 그것은 이윤이라고는 간주되지 않으며, 이윤은 진정한 기업적 행동의 결과로서 생기는 것이라고 한다.

C. 위험, 불확실성과 이윤

신기축의 개발에는 불확실성이 따르게 마련이기 때문에 참이윤은 그 불확실성과 결부하고 있다고 하는 나이트의 설로서, 유전의 발견, 운이 좋은 특허, 마케팅 면에서의 성공, 투기적 성공 등 이윤에 있어서의 우연한 요소의 역할을 예증하고 있다고 한다.

D. 위험부담을 위한 할증금으로서의 이윤

이윤은 위험부담에 대한 보수라고 하는 견해로서 위험을 싫어하는 것에 대한 보상으로서, 또 위험부담의욕을 이끌어내기 위한 수단으로서 정당한 값의 이윤 할증금이 지불된다고 한다. 안전투자에 대응하는 순수이자 위에 위험할증금이 부가된다고 하는 사고방식으로, 이것이 경제학자의 전통적인 이윤관이라고 한다. 이것에 의하면 가격(경쟁적 가격)은 다음과 같이 된다.

경쟁적 가격=임금+이자+지대+위험할증금으로서의 이윤

E. 「독점수익」으로서의 이윤

이윤은 독점에 의한 수익이라고 하는 견해로서, 우선 「자연의 희소성」에 대한 경쟁적 렌트(지대)가 있다. 예를 들면 최적의 토지를 소유하고 있음으로써 얻어지는 렌트가 그 예이다. 다음으로 「인위의 희소성」에서 얻어지는 독점자의 이득이 있다. 매점된 토지라든가 독점한 상품 등에서 얻어지는 수익이 그 예이다.

F. 마르크스적 잉여가치로서의 이윤
마르크스의 이윤설은 위에서 말한 대로이므로 여기서는 생략한다.

이와 같은 종래의 이윤설에는 여러 가지가 있지만, 어느 것이나 이윤이란 기업가가 얻는 수익이라고 보고 있으며, 노동자가 받는 임금은 생산비의 하나라고 간주하고 있다. 그러나 이미 말한 바와 같이 임금은 생산비로서 다루어질 것이 아니고 기업가와 노동자가 공동으로 얻은 기업의 수익, 즉 이윤 안에 포함되어야 한다는 것이 통일사상의 주장이다. 노동력은 상품으로서가 아니고 인격으로서 다루어져야 하기 때문이다.

이와 같이 종래의 이윤관과 통일사상의 이윤관 간에는 기본적인 차이가 있음을 알 수 있다. 다음에 이윤의 본질에 대한 종래 경제학의 견해에 대하여 통일사상의 입장에서 검토해 보기로 한다. 이윤이란 「기업의 가치창조 활동의 실적에 대한 사회적 보수」라고 하는 것이 통일사상의 견해였다. 그러한 입장에서 볼 때 「암묵적」 요소수익으로서의 이윤, 기업노력이나 신기축에 대한 보수로서의 이윤, 불확실성에 의해서 생기는 이윤, 위험부담을 위한 할증금으로서의 이윤 등의 이윤관은 모두 통일사상의 이윤관을 다르게 표현한 것이라고 볼 수 있다. 그것들은 모두 가치를 창조하여서 소비자나 사회에 봉사한 데에 대한 보수라고 간주할 수 있기 때문이다. 그렇지만 독점수익으로서의 이윤설의 경우, 특히 「인위의 희소성」에 있어서는 사회(소비자)에 대한 봉사가 고려되어 있지 않고 자기중심적인 수익성의 추구만이 고려되고 있다. 그리고 마르크스의 잉여가치설에는 이미 논한 바와 같이 노동자만이 이윤을 생산한다고 되어 있다. 따라서 이 두 가지는 모두 통일사상의 이윤관과는 일치하지 않는 것이다.

4. 자본주의사회의 경제운동법칙의 비판

노동가치설과 잉여가치설은 마르크스 경제학의 핵심이며 기초인데, 마르크스는 이 이론에 입각해서 자본주의적 생산관계를 불가피적으로 파멸시키는 몇 가지 경제운동법칙을 도출하였다. 그것이 이윤율의 경향적 저하의 법칙, 빈곤증대의 법칙 및 자본집중의 법칙이다. 처음의 법칙은 자본론 제3권에, 나중의 두 법칙은 자본론 제1권의 제23장에 설명되고 있는 바, 다음에 이들의 법칙을 소개하고 비판하기로 한다.

(1) 이윤율 경향적 저하의 법칙과 그 비판

마르크스에 의하면 자본주의가 발달하면 발달할수록 불변자본(기계, 원료 등의 구입에 지출되는 자본부분)이 상대적으로 신장하고, 가변자본(노동력의 구입에 지출되는 자본부분)이 줄어들어서—이 현상을「자본의 유기적 구성의 고도화」라고 한다.—잉여가치율(또는 착취율), 즉 가변자본에 대한 잉여가치의 비율이 일정한 한 이윤율, 즉 총자본에 대한 잉여가치의 비율이 부단히 저하한다고 한다.[103]

이것은 다음의 사실을 의미한다. 한 명의 자본가가 새로운 기계를 도입함으로써 생산비를 절약하여서 시장가격보다 싼 상품을 생산하여 그것에 의해서 큰 이윤을 얻으면 다른 자본가도 마찬가지로 새로운 기계를 도입한다. 이렇게 되면 결국 시장가격 전체가 싸지게 된다. 그리하여 자본가들은 서로간의 경쟁에 승리하기 위하여 다투어가면서 더욱 새로운 기계를 도입한다.

이리하여 자본가는 끊임없이 개량된 기계나 새로운 생산방법을 도입하지 않을 수 없으며, 그렇게 하기 위해서는 계속적으로 자본을 확대시키지 않으면 안 된다. 이와 같은 현상이 반복하는 동안에 결국 자본가들의 이윤율은 계속해서 줄어든다. 즉 이윤의 액수는 투자한 자본과 비교해서 상대적으로 부단히 적어져 간다는 것이다. 이것을 공식으로 나타내면 다음과 같이 된다.

가변자본을 v, 불변자본을 c, 잉여가치(이윤)를 s, 이윤율을 p'라 하면 p'는 다음과 같이 된다.

$$p' = \frac{s}{c+v} \quad \cdots\cdots\cdots\cdots\cdots\cdots\cdots\cdots\cdots\cdots\cdots\cdots\cdots\cdots\cdots\cdots\cdots ①$$

여기서 잉여가치율은 $\frac{s}{v}$로 표시되며, 자본의 유기적 구성은 $\frac{c}{v}$로 표시된다. ①의 분자, 분모를 v로 나누면 p'는 다음과 같이 된다.

$$p' = \frac{\frac{s}{v}}{\frac{c}{v}+1} \quad \cdots\cdots\cdots\cdots\cdots\cdots\cdots\cdots\cdots\cdots\cdots\cdots\cdots\cdots\cdots\cdots ②$$

②에 있어서 잉여가치율 $\frac{s}{v}$가 일정하다고 하면 자본의 유기적 구성 $\frac{c}{v}$가 증대하는 것이므로 이윤율 p'는 저하한다는 것이다.

여기서 마르크스는 잉여가치율 $\frac{s}{v}$가 일정하다면이라는 조건을 붙이고 있지만, 이미 말한 바와 같이 기계도 노동력과 마찬가지로 또는 노동력 이상으로 이윤의 생산에 공헌하는 것이어서 새로운 기계의 도입에도 불구하고 $\frac{s}{v}$가 일정하다는 것은 있을 수 없다.

그리하여 마르크스의 이윤율 공식에 있어서 「착취도가 일정하면」이라는 것을 무시하고 그 이윤율의 공식을 검토해 보기로 한다. 기업

회계는 일반적으로는 연 1회에 행하므로 여기의 기계자본(c)은 감가상각비에 해당하게 되며 상각비를 d로 표시하면 그것이 그대로 기계비용(c)이 되며 따라서 이윤율의 공식은 $p' = \frac{s}{v+d}$가 된다. 따라서 신구(新舊) 두 기계에 있어서의 이윤율의 변동을 검토하면 다음과 같이 된다.(낡은 기계일 경우의 임금, 기계비용, 이윤을 각각 v_1, d_1, s_1으로 하고 새로운 기계일 경우에는 각각 v_2, d_2, s_2로 한다. 그리고 시장 조건은 불변이라고 가정한다.)

(a) 새로운 기계를 도입했을 때 노임과 기계비용은 낡은 기계의 경우와 같다($v_1=v_2$, $d_1=d_2$)고 하면 새로운 기계는 성능이 더 우수할 것이므로 상품은 질적으로 향상되고 양적으로 증대하는 것이 일반적이다. 그러므로 $s_1<s_2$로 되게 되며 따라서

$$\frac{s_1}{v_1+d_1} < \frac{s_2}{v_2+d_2}$$

로 되어서 이윤율은 증대하는 것이다.

(b) 새로운 기계를 도입했을 때 노임이 불변이고 낡은 기계와 새 기계에 의한 생산물이 질과 양에 있어서 같다고 한다면, 새 기계의 감가상각비는 낡은 것보다도 줄 터이므로 $v_1=v_2$, $s_1=s_2$, $d_1>d_2$로 된다. 그때

$$\frac{s_1}{v_1+d_1} < \frac{s_2}{v_2+d_2}$$

가 되어서 역시 이윤율은 증대한다.

(c) 새로운 기계를 도입함으로써 생산물의 질과 양이 향상했을 뿐만 아니라 상각비조차도 감소하고 노임은 불변이라고 하면 $v_1=v_2$, $d_1>d_2$, $s_1<s_2$이므로

$$\frac{s_1}{v_1+d_1} < \frac{s_2}{v_2+d_2}$$

로 되어서 이때는 현저하게 이윤율이 증가하게 된다.

(d) 기계를 늘린다든지 새로운 기계를 도입한다든지 하여서 기계의 감가상각비가 커지는 경우도 있을 수 있는데, 그것은 생산규모가 확대되는 경우이다. 그때 $d_1<d_2$이 되지만 일반적으로 생산물의 질과 양의 향상도는 기계비용의 증대도(增大度)보다 클 터이므로 $s_1<<s_2$가 되며 노임을 불변($v_1=v_2$)이라고 할 때 대체로

$$\frac{s_1}{v_1+d_1} < \frac{s_2}{v_2+d_2}$$

가 되어서 이윤은 증대한다.[104]

그런데 실제로는 여러 가지 시장조건의 변화나 경기의 변동 때문에 생산물이 모두 팔린다고는 할 수 없으며, 따라서 생산물의 질과 양이 증대하여도 그것이 그대로 이윤의 증대로는 되지 않는다. 이와 같은 사정 때문에 이윤율의 증대는 상쇄되어서 실제로는 이윤율은 거의 불변이라는 결과가 된다. 실제로 사무엘슨은 선진자본주의 제국에 있어서 금세기에 걸쳐서 이윤율은 거의 불변이었다고 다음과 같이 말하고 있다.

『실질적인 이자율 또는 이윤율에 관해서는 그것이 내려갔다는 사실은 없고, 오히려 현실적으로는 경기순환과정에서의 진동은 관측되었지만 금세기에 있어서는 강력한 상승 경향도 없으며 하강 경향도 볼 수 없다.』[105]

이와 같이 마르크스가 주장한 것처럼 이윤율은 저하의 경향을 나타내지 않고, 거의 일정한 상태를 유지하여 왔던 것이다. 이윤율이 일정하다는 것은 총자본에 대한 이윤의 비율이 일정하다는 것을 의미한다. 따라서 이것은 총자본의 끊임없는 증대에 따라서 이윤액도 증대하여 온 것을 또한 의미하는 것이다. 따라서 임금도 부단히 상승할 수

있었던 것이다. 이것으로써 오늘날까지 자본주의사회가 특히 금세기에 이르러서 견실한 성장을 계속해 온 이유를 알 수 있는 것이다.

그러나 최근 선진 자본주의국가에 있어서 외견상으로는 이윤율이 저하하는 것 같은 경향이 흔히 나타나는 것을 본다. 그러나 이것은 마르크스의 이윤율 저하의 경향의 법칙에 의해서 생긴 현상은 결코 아니라는 것을 알지 않으면 안 된다.

마르크스는 기계자본이 부단히 증가하기 때문에 이윤율이 감소한다고 했는데, 선진국가에 있어서의 이윤율 저하는 주로 유효수요의 상대적 저하와 노임의 증대에 의해서 일어난 것이다. 이윤생산성이 적은 노동력에 많은 자본이 투하되기 때문에 이윤율이 저하하는 것이다.(이 「이윤율의 경향적 저하의 법칙」의 비판에 있어서 사용한 이윤의 개념은 통일사상의 그것이 아니고 마르크스가 말하는 이윤인 것이다.)

(2) 빈곤증대의 법칙과 그 비판

빈곤증대의 법칙은 자본가들이 이윤의 극대화만을 추구하기 때문에 한편으로는 부단히 임금을 인하하고,[106] 또 한편으로는 새로운 기계를 도입함으로써 대량의 노동자를 해고하여서 실업자(산업예비군)를 만들기 때문에 빈민층이 증대하는 것을 말한다. 마르크스는 다음과 같이 말하고 있다.

『이것에 반해서 근대의 노동자는 공업의 진보와 더불어 향상하는 대신에 그들 자신의 계급의 제 조건을 하회하여서 더욱더 그 이하로 가라앉는다. 노동자는 빈궁자가 되며 빈궁은 인구나 부(富)보다 더 급속하게 발전한다.』[107]

『사회적인 부, 현재 기능하고 있는 자본, 그 증대의 규모와 에너지,

따라서 또 프롤레타리아트의 절대적인 크기와 그 노동의 생산력, 이런 것들이 커지면 커질수록 산업예비군도 많아진다. ……이 예비군은 현역노동자군에 비해서 많아지면 많아질수록 고정된 과잉인구는 더욱 더 대량으로 되며, 그 빈곤은 그 노동고(勞動苦)에 반비례한다.』[108]

이와 같이 자본주의사회에서는 생산력이 커짐에 따라서 노동자의 빈곤이 증대한다는 것이다. 그런데 마르크스가 말하는 노동자의 빈곤이란 부한 자에 대해서 상대적으로 빈곤할 뿐만 아니라 절대적으로도 빈곤하여서 바로 노예와 같은 생활이 된다고 한다. 그것은 다음과 같은 마르크스의 문장에서 명백하다.

『그들(자본가)은 지배하는 능력을 갖지 않는다. 왜냐하면 그들은 그 노예(노동자)에게 노예제의 내부에 있어서조차 생존을 보증하는 능력을 갖지 않기 때문이며, 또 그들이 노예에게 양육되는 대신에 노예를 양육하지 않으면 안 되는 상태에까지 그 노예를 떨어뜨리지 않으면 안 되기 때문이다.』[109]

그러나 이 이론도 배리(背理)라는 것은 오늘날의 경제적인 현실이 잘 증명하고 있다. 오늘날 기술혁신에 의해서 새로운 기계를 부단히 도입함으로써 노동시간의 단축에도 불구하고 임금(실질임금)은 끊임없이 상승하는 경향을 보이고 있는 것이며, 자본가는 노동자의 임금을 인상하면서도 많은 이윤(마르크스가 말하는 이윤)을 올리고 있는 것이다. 사무엘슨에 의하면 「자본론」이 발간된 이래 오늘에 이르기까지 실질임금은 착실히 그리고 대폭적으로 상승하여 온 것이며, 임금의 저하는 일시적인 현상에 지나지 않았던 것이다. 그는 다음과 같이 말하고 있다.

『실질임금은 마르크스의 1867년의 「자본론」 이후 1세기 동안에 내려가지도 않고, 불변인 채로도 아니고 통계적 조사에 의하면 공업화된 자본주의하에서는 참으로 두드러진 상승을 나타내고 있는 것이다.』[110]

『오늘날에 있어서 과거 1세기간의 실질임금의 추세에 대해서 이 사실이 어떠하였는가 하는 것에 대해서는 그다지 의문의 여지가 없다. 과거 1세기 동안 실질임금은 착실하게 또한 대폭적으로 상승한 것이다. ……포드 자동차 회사의 노동자는, 그들의 증조부의 시대에 비하면 10배나 되는 실질임금을 받고 있는데, 그것은 그들의 현재 생산성이 그만큼의 임금의 지불을 가능하게 하고 있기 때문인 것이다.』[111]

다음에 사무엘슨에 의한 실질임금의 상승경향 및 평균노동시간의 단축을 나타내는 그림을 소개한다.(그림 6-6, 6-7) 그림이 나타내는 바와 같이 선진 자본주의국에서는 실질임금은 현저하게 증대하고 있으며 동시에 노동시간은 단축되고 있다. 그 결과 노동자는 풍족하게 되

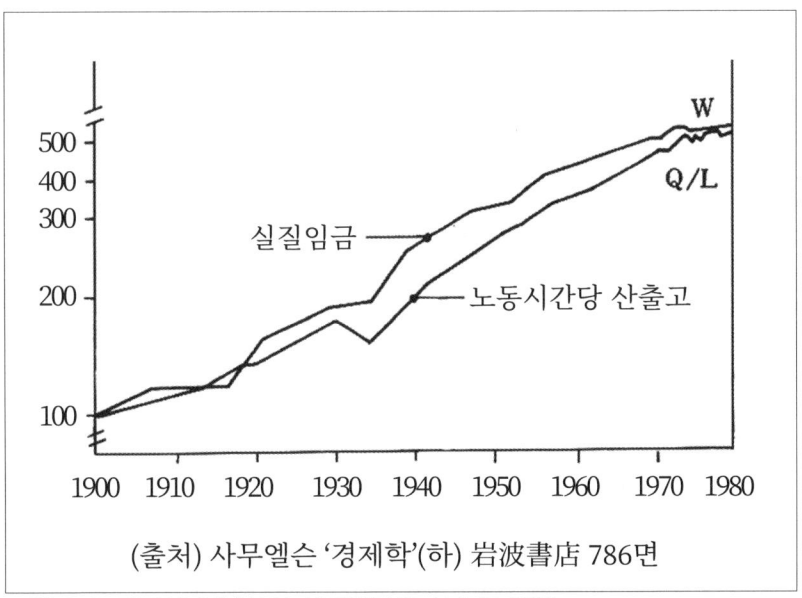

(출처) 사무엘슨 '경제학'(하) 岩波書店 786면

그림 6-6 미국에 있어서의 실질임금의 상승의 경향

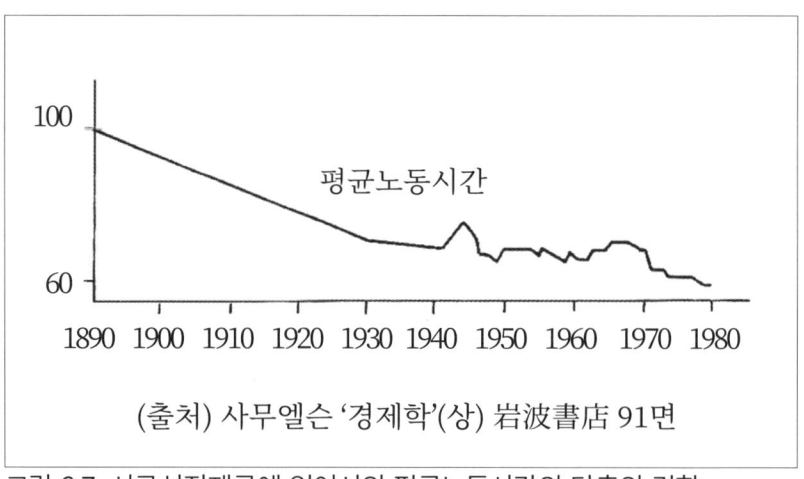

그림 6-7 서구선진제국에 있어서의 평균노동시간의 단축의 경향

고 많은 시간을 문화생활에 충당할 수 있게 된 것이다. 따라서 자본주의사회에서는 빈곤증대의 법칙이 아니고 오히려 부의 증대의 법칙이 작용하였다고 말할 수 있는 것이다.

이것에 비해서 많은 사회주의국에서는 오늘날까지 강제노동에 의해서 노동시간은 한계점에까지 연장되어 온 것이며, 그리고도 국민소득은 그다지 올라가지 않고 노동자는 빈곤에 허덕여 왔던 것이다. 따라서 빈곤증대의 법칙은 자본주의사회가 아니고 오히려 사회주의사회에 작용하였다고 말할 수 있다.

또 노동자는 자본가와 비교해서 상대적으로 빈곤하게 된다는 마르크스의 주장은 어떠한가? 표 6-1에 표시하는 바와 같이 소득분배의 상황에 관하여 자본주의국과 소련과의 사이를 비교하여 보면, 양자 사이에는 특별한 차이는 인정되지 않는다.[112] 따라서 사회주의국인 소련이 특히 평등한 소득을 가진 나라라고는 말할 수 없으며, 자본주의사회에서는 상대적으로 빈곤이 증대한다고도 말할 수 없는 것이다.

유업인구 구성	소득액의 구성비(%)				
	일본		소련	영국	미국
	1951년	1958년	1965년	1954년	1959년
소득상층 1/4	46	52	55	47	53
소득중상층 1/4	26	26	20	29	24
소득중하층 1/4	19	15	14	14	17
소득하층 1/4	9	7	11	10	6

(출처) 加藤寬「경제체제론」동양경제신보사 154면
각국의 소득분포 로렌츠곡선에서 산정했다. 다만 소련에 대해서는
加藤寬의 추계(推計)에 의한 것이다.
표 6-1 소련과 자본주의제국의 소득분포의 비교

여기서 노동자의 임금 상승에 노동조합이 이룬 역할이 컸다는 것을 알지 않으면 안 된다. 오늘날까지 자본가들은 기업수익 중에서 과당하게 이윤을 취득해 온 경우가 많았기 때문에 노동자는 불리한 상태에 놓여 왔지만, 그 대신 노동자들은 노동조합을 결성하여서 자본가와 교섭하기도 하고 압력을 가하기도 하여 왔으므로 임금이 상승해 온 것이다.

그러나 여기서 말하는 노동운동은 반드시 공산주의자에 의한 노동운동을 의미하지는 않는다. 공산주의자의 노동운동은 노동자의 임금 인상을 쟁취하는 것이 목적이 아니고 폭력혁명을 달성하기 위한 전 단계로서의 운동이어서 일반의 노동운동과는 질을 달리하고 있기 때문이다.

따라서 공산주의는 노동운동에 의한 노동자의 임금인상의 경향을

일시적인 현상으로서 다룰 뿐이며, 임금의 저하경향은 어디까지나 자본주의 경제의 법칙이므로 노동자의 빈곤은 증대할 수밖에 없다고 강변한나. 소련의 「경제학교과서」는 다음과 같이 말하고 있다.

『노동자계급의 투쟁은 일정한 시기에 임금절하를 막는다든지 또는 임금인상을 쟁취한다든지 할 수 있다. 노동자계급의 투쟁은 임금의 평균 수준의 저하 경향에 반작용하는 요인이다. 동시에 노동자계급의 경제투쟁은 노동력의 가치의 법칙을 포함하여서 자본주의의 법칙을 없앨 수는 없으며, 근로자의 자본주의적 노예화의 제도를 폐절할 수도 없고, 노동자를 착취와 궁핍으로부터 해방시킬 수도 없다.』[113]

현실을 무시한 이와 같은 독단적인 주장은 모두 노동운동을 혁명운동의 일환으로 간주하는 공산주의의 유물사관적 편견에 의거한 것이어서 폭력혁명을 정당화하려는 의도 이외의 아무것도 아니다.

(3) 자본집중의 법칙과 그 비판

자본가들은 이윤을 인상하기 위하여 새로운 기계를 도입해서 양질의 상품을 대량으로 생산하고자 경쟁하는 바, 여기에 중소기업의 자본가는 경쟁에 패배하여 몰락하고 그들의 자본은 소수의 대자본가의 수중에 집중하게 된다. 말하자면 『자본가에 의한 자본가로부터의 수탈』[114]이 행해지는 것이다. 이것을 자본집중의 법칙이라고 한다.

또한 각각의 자본가가 잉여가치의 일부분을 자본으로 재전화(再轉化)함으로써 자본의 규모가 커지는 것을 자본의 집적(축적)이라고 한다.[115] 자본의 집중과 집적은 서로 엉켜서 작용하는 것이므로 양자를 함께해서 「자본의 집적·집중」이라고 말한다. 자본의 집적·집중에 따라서 중간층은 몰락하여 사회는 필연적으로 소수의 부(富)한 대자본가와 절대다수를 차지하는 무산대중의 두 계급으로 분열하게 된다고 마르크스는 말한다. 즉 『자본의 축적에 대응하는 빈곤의 축적』116)이 필연적으로 이루어진다고 말한다.

확실히 오늘날 가격협정이나 판매협정 등에 의해서 기업 간의 과당한 경쟁을 배제하려고 하는 카르텔(기업연합)이나, 참가 제 기업을 통일적 지휘하에 두는 트러스트(기업합동)나, 이종산업 부문에 속하는 제 기업이 단일한 자본 계열로 통괄된 독점적 거대 기업집단의 콘체른 등에서 볼 수 있듯이 자본의 집중이 나타나고 있는 것은 사실이다.

그러나 그렇더라도 마르크스의 예언과 같이 자본의 모두가 소수의 자본가의 수중에 집중하였다고는 말할 수 없다. 왜냐하면 자본주의 경제에 있어서의 대기업은 대부분이 주식회사이기 때문이다. 주식회사는 많은 주주들이 공동 출자하여서 생산수단을 공동소유하며 출자자는 그 투자액에 따라서 이익의 배분을 받는다고 하는 제도이어서 기업의 재산은 개인의 것이 아니고 법인으로서의 공동의 소유로 되어 있다. 따라서 자본은 소수의 개인에게 전부가 집중되고 있는 것이 아니고 오히려 대중화되는 경향에 있는 것이다.

자본주의사회는 이와 같은 많은 민영의 공동기업체에 의해서 영위되는 자유경제이다. 그런데 그것에 비해서 공산주의사회는 국가 전체가 단일한 기업체를 이루고 있으며 따라서 국영이며 통제경제가 되어 있다. 공산주의에서는 공동소유의 이름 밑에117) 실은 그 단일한 기업은 당 또는 일인의 독재하에서 국가관료에 의해서 일방적으로 통제되고 있어서 바로 자본집중이 극한까지 이루어진 독점기업이 되고 있는 것이다. 따라서 자본의 집중이라는 점에서는 독점 자본가가 된 공산당이야말로 규탄받지 않으면 안 되는 것이다.

오늘날 자본주의사회에 있어서는 중소기업이 증대하며 서비스업,

정보산업 등의 제3차산업이 급속도로 팽창하고 있으며, 중간층은 놀랄 만큼 증가하고 있다. 따라서 마르크스가 주장한 바와 같이 사회가 2대 계급으로 분열하는 것이 아니라 중간층의 급증과 더불어 두 계급의 차이는 점점 더 적어지려고 하고 있는 것이다. 이와 같은 추세로 나아가면 이 두 계급은 전부 중간층으로 통일되어서 머지않아 외견상은 자본주의사회 같으면서도 실제로는 무계급의 사회가 되는 일도 있을 수 있는 것이다.

이상으로 마르크스가 말하는 자본주의사회의 경제운동법칙의 이론, 즉 자본주의 붕괴론이 모두 배리(背理)라는 것이 명백하여졌으리라 생각한다. 마르크스는 자본가에 의한 노동자의 착취는 자본주의의 피할 수 없는 근본모순인 것같이 침소봉대하게 과장함으로써 폭력혁명을 정당화하고 싶었던 것이며, 그 때문에 이와 같은 법칙을 날조하였던 것이다.

그러나 여기서 부언하고 싶은 것은 이상 말한 바와 같은 공산주의에의 비판은 자본주의사회의 경제적 모순이나 병폐를 은폐한다든지 자본주의 제도를 옹호하기 위한 비판은 결코 아니라는 것이다. 다만 마르크스가 자본주의사회의 모순을 인식하는 방법이나 비판이 근본적으로 잘못되어 있다는 것을 지적했을 따름이다.

자본주의사회는 어떠한 일이 있어도 변혁되지 않으면 안 된다. 그러나 그것은 마르크스의 주장과 같이 물질적 가치(노동가치)의 이론에 의한 폭력혁명에 의해서가 아니고, 하나님의 사랑을 기반으로 한 정신적 이론(하나님주의)에 의한 정신혁명에 의해서 비로소 가능하게 되는 것이다.

제7장
사회주의 경제의 파탄과 그 원인

앞장에서 마르크스의 경제론 즉 「자본론」(노동가치설과 잉여가치설)을 비판하고 그 대안까지 제시하였는 바, 「자본론」의 허구성을 증명하는 또 하나의 실례는 사회주의 경제의 실태이다. 그중에서도 지구상에서 소위 프롤레타리아 혁명을 일으켜서 사회주의를 실시한 최초의 국가이며, 더구나 오늘날 사회주의 제국 중에서 최대의 지도적 국가인 소련의 경제실태가 그 증거가 되고 있다. 이하 본장에서 마르크스주의가 내거는 사회주의·공산주의의 건설이론을 소개하고, 다음에 현실의 사회주의 경제의 대표격인 소련 경제의 실패를 소개하면서 그 이론을 비판하고, 마지막으로 소련 경제의 정체성(停滯性)을 일으키게 한 원인을 밝히기로 한다.

1. 사회주의·공산주의 건설론

(1) 과도기론

마르크스는 자본주의에서 공산주의로의 이행은 일거에 되는 것이 아니고 거기에는 일정한 기간(과도기)이 필요하다고 한다.[1] 이에 대해서 소련의 「경제학교과서」는 『과도기는 프롤레타리아 권력의 수립에서 시작하여 사회주의 혁명의 임무—사회주의, 즉 공산주의사회의 제1단계의 건설—의 실현으로 끝난다.』[2]고 설명하고 있다. 사회주의 체제의 본질적 특징은 ① 프롤레타리아의 독재 ② 생산수단의 사회화 ③ 경제의 계획화인데, 이 과도기에는 프롤레타리아트의 독재에 의해서 생산수단의 사회화뿐만 아니라 농업의 집단화, 사회주의적 공업화 등도 실현된다고 한다.

1) 생산수단의 사회화·국유화

생산을 위한 원료·재료(노동대상)와 도구나 기계나 건물 등(노동수단)을 합해서 생산수단이라고 한다. 생산수단의 사회화·국유화란 이 생산수단을 부르주아지(자본가 계급)로부터 몰수하여 프롤레타리아트(노동자 계급)의 것으로 한다는 것이다. 그리고 그것은 생산수단의 사적 소유를 사회적 소유, 국가적 소유로 바꾸는 것이라고 한다. 「경제학교과서」는 다음과 같이 말한다.

『사회주의적 국유화란 프롤레타리아 권력이 착취자 계급의 소유를 혁명적으로 폐지하여서 그것을 국가적 사회주의적 소유—전 인민의 재산—로 전환시키는 것이다. ……그것은 근로자의 손에 국민경제의 중추(中樞), 즉 주도적 경제부문을 인도함으로써 프롤레타리아트 독재의 경제적 토대를 설치한다.』[3]

『사회주의 혁명은 생산수단의 사적 소유를 사회적 소유로 고치고 인간에 의한 인간의 착취를 모두 일소하는 것을 그 목적으로 하고 있다.』[4]

2) 농업의 집단화

농민경영을 사적 소유에 기초를 둔 개인경영에 맡겨둔다면 반드시 자본주의가 부활하여 버린다. 그렇기 때문에 농민경영의 사회주의적 협동조합화는 자본주의의 뿌리를 없애기 위한 필수조건이며, 그것을 통해서만 농민은 착취나 몰락으로부터 벗어날 수 있다고 한다. 「경제학교과서」는 말한다.

『소규모 생산은 그것이 사적 소유에 기초를 둔 것인 한 자연발생적이고 또한 대규모로 자본주의적 요소를 산출한다. 그러므로 농민경영의 사회주의적 협동조합화는 경제 안에 있는 자본주의의 뿌리를 없애기 위한 필수조건이다.』[5]

『그들이 모든 착취나 몰락으로부터 벗어나는 단 하나의 길은 협동조합을 통해서 사회주의의 궤도로 옮기는 것이다.』[6]

3) 사회주의적 공업화

사회주의의 완전한 승리를 달성하기 위해서는 중공업(특히 기계제작공업)을 발전시키지 않으면 안 된다. 그것은 소비물자의 풍부한 생산과 문화수준의 향상을 가져온다고 한다. 레닌은 『사회주의의 유일한 질적 기초가 될 수 있는 것은 농업까지도 개조할 수 있을 만한 기계제작공업이다.』[7]라고 하였으며, 「경제학교과서」는 다음과 같이 설명하고 있다.

『사회주의적 공업화는 중공업과 그 중핵인 기계제작공업을 맨 먼저 전제하고 있다.』[8]

『사회주의의 중공업의 발전은 자기목적은 아니다. 사회주의의 중공업의 발전은 소비물자생산의 강력한 발전과 도시 및 농촌의 근로자의 물질적 및 문화적 수준의 계통적 향상을 위한 전제까지도 포함하는 국민경제의 전 부문의 기술적 장비 교체를 위한 전제를 만들어낸다.』[9]

이상이 과도기론이다. 이와 같이 사회주의 경제건설의 제일보는 프롤레타리아트 독재에 의한 생산수단의 사회화에 있다고 한다.

(2) 사회주의단계론

1) 공산주의의 제일단계로서의 사회주의

마르크스는 「고타 강령비판」에서 자본주의사회로부터 공산주의사회로의 과도기에 대해서 『지금 겨우 자본주의사회로부터 생겼을 뿐인 공산주의사회…… 이 공산주의사회는 모든 점에서 경제적으로도 도덕적으로도 정신적으로도 그 공산주의사회가 생겨난 모태인 구사회의 모반(母斑)을 아직도 띠고 있다.』[10] 『긴 출산의 고통 후 자본주의로부터 바로 출생한 공산주의사회의 제1단계가 사회주의이다.』[11]라고 하였다.

「경제학교과서」도 다음과 같이 말하고 있다. 『단일한 사회·경제구성체의 두 가지 단계인 공산주의와 사회주의는 경제의 발전도와 사회적 관계의 성숙도라는 점에서 서로 차이가 있다. 공산주의의 보다 낮은 단계로부터 보다 고도의 단계로의 이행은 합법칙인 역사적 과정이어서 제멋대로 이 과정을 어지럽혀서는 안 된다. ……공산주의는 공산주의 구성체의 제1단계로서의 사회주의의 승리와 강화의 결과 만들어내어진 기반 위에 발생하며 발전하는 것이다.』[12]

이와 같이 공산주의사회는 두 가지 발전단계로 나누어져 있어서 그 제1단계 즉 낮은 단계가 사회주의이며, 제2단계 즉 높은 단계가 공산주의라는 것이다.

2) 사회주의적 생산의 목적

레닌은 사회주의란 『사회의 전 성원의 복지와 전면적 발전을 보장하기 위하여 사회적 생산과정의 계획적 조직화를 실시한다.』[13]는 것이라고 언명하였다.

또 스탈린은 다음과 같이 말하고 있다. 『자본주의적 생산의 목적은 이윤을 끌어내는 것이다. ……사회주의적 생산의 목적은 이윤이 아니고 인간과 그 제 욕망, 즉 인간의 물질적 및 문화적인 제 욕망의 충족이다.』[14]

「경제학교과서」는 이러한 견해를 이어받아서 자본주의사회에서는 자본가에 의한 이윤의 획득이 그 생산의 목적으로 되어 있는데 대해서, 사회주의사회에서는 『인민의 물질적 복지와 문화 수준의 끊임없는 향상』이 그 생산목적으로 되어 있다고 한다.[15]

3) 사회주의의 경제발전

소련의 경제이론에 의하면 사회주의 경제의 발전에는 다음과 같은 법칙 또는 특징이 있다고 한다.

첫째는 사회주의 경제의 「균형적 발전」이다. 자본주의 경제하에서는 생산은 무정부적으로 이루어져 불균형적으로 발전하며 독점자본의 탄생과 과잉생산을 가져오는데, 사회주의하에서는 경제는 균형이 잡힌 발전을 행한다. 「경제학교과서」는 말한다.

『자본주의의 모순이 소멸함과 더불어 자본주의에 고유한 경제의 발전에 있어서의 불균형은 없어진다. ……국민경제의 계획성 있는, 균형이 잡힌 발전은 사회주의의 경제법칙이다. 이 법칙은 모든 경제부문의 발전이 사회에 의한 단일한 계획적 지도에 따를 것과 국민경제의 모든 부분이나 요소 사이에 균형이 유지될 것을 요구한다.』[16]

둘째는 「끊임없는 경제성장」이다. 「경제학교과서」는 말한다. 『자본주의하에서는 경제의 발전은 순환적으로 진행하며 공황에 의해서 주기적으로 중단되는데, 이것과는 반대로 사회주의 경제는 공황으로부터는 해방되어 있으며 경제법칙과 사회의 요구에 따라서 사회주의국가가 결정하는 균형을 기초로 하여서 상향선을 더듬으며 빠른 속도로 끊임없이 발전한다.』[17]

셋째는 「노동생산성의 향상」이다. 고즈로프 편의 「경제학·사회주의」는 다음과 같이 말하고 있다. 『사회주의는 자본주의에 고유한 노동생산성의 향상에 대한 장해를 제거하고 노동생산성의 향상을 위한 광범위한 기회를 주는 사회적 노동의 사회주의적 구성은 과학과 공업의 최근의 진보에 대응한 생산수단을 갖추면서 착취 없이 노동자를 단결시킨다.』[18]

넷째는 「절약적·효과적인 경제」이다. 「경제학교과서」는 말한다. 『사회주의적 계획경제에 의해서 사회는 자본주의 경제에 고유한, 그리고 경쟁과 생산의 무정부성에 따르는 사회적 노동의 막대한 낭비를 면하고, 또 기업의 내부에서도 국민경제 전체의 규모에서도 모든 자원을 가장 절약하며, 가장 효과적으로 이용할 수 있게 되며, 생산이 발전하기 위한 원천이나 예비가 차례차례로 새로이 발견된다.』[19]

이상과 같이 모든 면으로 보아서 사회주의는 자본주의보다 우월한 체제라고 주장하고 있다.[20]

(3) 공산주의 단계론

공산주의사회에서는 생산력도 고도로 발전하고 사회에 부가 차 넘쳐서 『각 사람은 그 능력에 따라서, 각 사람에게는 필요에 따라서!』[21]

라는 것이 원칙이 된다. 거기서는 정신노동과 육체노동의 차는 없어지고,[22] 노동은 즐거움이 되고 사회의 모든 사람들이 완전히 평등한 계급이 없는 사회가 된다. 그렇기 때문에 계급억압, 강제기관으로서의 국가는 사멸한다.[23]

사회주의사회에서는「노동에 따라서」생산물을 수령하므로 아직 사회적 불평등은 남아 있으며 두뇌노동과 육체노동의 대립, 도시와 농촌의 대립 등도 남아 있다. 그러나 공산주의사회가 되면「필요에 따라서」생산물을 수령하게 되며 일체의 차별이나 대립은 사라진다는 것이다.[24]

「경제학교과서」에 의하면「소련 공산당 강령」에 의한 공산주의사회의 규정은 다음과 같은 것이다.『공산주의란 생산수단의 단일한 전 인민적 소유와 사회의 전 성원이 완전한 평등을 갖는 계급이 없는 사회제도를 말하는 것이다. 여기서는 인간의 전면적인 발전과 함께 생산력도 역시 부단히 진보하는 과학기술에 의거해서 발전하며, 사회의 부의 모든 원천이 가득 찬 흐름이 되어서 넘쳐흐르며,「각 사람은 능력에 따라서, 각 사람에게는 욕망에 따라서」라는 위대한 원칙이 실현된다. 공산주의란 자유로운, 자각한 근로자의 고도로 조직된 사회인 것이며, 거기서는 사회적 자치가 확립되어 사회의 행복을 위한 노동이 만인에 있어서의 첫째의 생활욕구, 자각된 필요가 되며, 각 사람의 능력은 국민에게 최대의 이익을 가져오도록 적용되게 될 것이다.』[25]

2. 실태로부터 본 사회주의·공산주의 건설론 비판

그러면 이와 같은 사회주의·공산주의의 건설이론이 보이는 바와 같이 과연 오늘날 사회주의국가에 있어서 경제가 눈부신 발전을 이루어

인간에 의한 인간의 착취가 일체 일소되었을 것인가? 현실의 실태는 이론과 같이는 되어 있지 않다. 아니 이론과는 전혀 반대의 결과가 되고 있는 것이다. 그것을 다음에 밝히기로 한다.

(1) 과도기론의 비판

1) 「생산수단의 사회화·국유화」의 비판

공산주의는 사적 소유의 생산수단을 사회적 소유로 함으로써 인간에 의한 인간의 착취를 일체 일소한다고 주장하였다. 그러나 생산수단을 사회적 소유로 함으로써 노동자나 농민은 실제로 착취로부터 해방되었을까?

자본주의 제국(諸國)과 사회주의국 소련의 소득분배를 보자. 어느 쪽이 보다 평등할까? 격차는 어느 쪽이 보다 작은가? 제6장의 표 6-1의 「소련과 자본주의 제국의 소득 분포의 비교」가 표시하는 바와 같이 빈부의 차라는 점에서는 양자의 사이에서 특별한 차이는 인정되지 않는다. 그러니 구태여 말한다면 선진 자본주의국가 쪽이 오히려 소련보다 격차가 작은 것이다. 「경제학교과서」는 『임금의 최저 수준과 최고 수준과는 현저하게 접근할 것이다.』[26]라고 약속하였는데, 결코 그렇게는 되지 않았다. 이리하여 생산수단의 사회화에 의해서 착취가 없어지고 평등이 이루어졌다고는 결코 말할 수 없는 것이다.

또 「계급 없는 사회」가 되었어야 할 터인데, 실제는 그렇지 않았다. 사회주의사회의 주인이 된 것은 노동자 계급이 아니고 공산당이었다. 그리고 특권계급인 공산당 간부가 일반 대중을 지배하는 「새로운 계급사회」가 생긴 것이다. 즉 프롤레타리아트 독재의 이름 아래 특권계급과 일반 대중 사이의 부나 권리의 불평등은 정착화하고, 노동자 농민은 반영구적으로 「노예적 종속관계」하에 묶여지게 된 것이다. 생산수단의 사회화란 실제로 노동자의 대표를 자칭하는 「새로운 계급」에 의하는 관료주의적인 경제 지배를 의미하고 있었던 것이다.

유고슬라비아의 전 부통령인 밀로반 질라스(Milovan Djilas)나 체코슬로바키아의 전 부수상 오타 식(Ota Sik)의 다음과 같은 말이 생산수단의 사회화·국유화의 실태를 무엇보다도 잘 말하고 있다.

『물재(物財)는 차차로 국유화되었는데, 실제로는 당의 뚜렷하게 식별할 수 있는 층과 그 둘레에 결집한 관료가 이들의 재화를 사용하고 향락하며 분배하는 권리를 통해서 자기들의 재산으로 해 버린 것이다.』[27](밀로반 질라스)

『발단에는 국가는 급속한 공업화 때문에 일체의 투자를 통제할 목적으로 생산수단을 남김없이 손 안에 넣는다. 최후에는 일층의 경제발전은 오로지 지배계급의 이익을 위해서 행하여지게 된다.』[28](동상)

『국유화는 엄밀한 의미로 사회주의로는 되지 않고 관료주의화에 지나지 않았다. 노동자는 자본주의사회에 있어서보다 더 생산과정에서 소외되고 있었다.』[29] (오타 식 「일본에서의 강연」 1972.4)

2) 「농업의 집단화」의 비판

레닌은 「평화·토지·빵」을 혁명의 슬로건으로 내걸고 1917년 토지국유령을 발하여 지주로부터 거두어들인 토지를 빈농에게 주었다. 그뿐 아니라 식량증산의 필요도 있어서 농민에게 토지의 자유경작을 인정하여 일정한 식량세를 거둔 후에는 농작물의 자유처분도 인정하는 신경제정책(1921년)을 채용하였다. 이것은 공산주의의 「토지의 국유화」와는 근본적으로 모순되고 있었다. 그러나 상황이 호전되자 스탈린은 1928년의 제1차 5개년 계획 때부터 농업의 집단화를 강제적으로 실시하였던 것이다.30) 이때 농민들이 얼마만큼 저항하였는가, 그리고 이에 대해서 얼마나 광폭한 폭력이 가해졌는가는 다음과 같은 증언을 보아서 알 수 있다.

『가축을 대량으로 도살한 후 콜호즈(집단농장) 농민의 저항은 농지를 버리고 소유자 부재를 가장하든지, 그들에게 허용된 부업경영의 자유지(自留地)의 생산에 힘쓰는 것이었다.』31)

『노동자계급이 확대된 다른 반면은 농민이 감소한 사실이다. 40년 전에는 농촌의 영세농가는 국민의 4분의 3 이상을 차지하고 있었다. 현재 집단농민은 4분의 1밖에 차지하고 있지 않다. 이 경향에 대해서 농민이 얼마나 필사적이 되어 저항하였는가, 그들에 대하여 얼마나 난폭한 폭력이 가해졌는가, 그들은 공업화의 자력(資力)에 공헌하도록 얼마나 강제되었는가, 그리고 집단주의적 제도하에서 얼마나 분격하면서 느려빠지게 토지를 경작하여 왔는가, 이것은 모두 지금은 누구도 알고 있는 사실이다.』32)

공산주의 정권은 농민으로부터 토지를 거두어들였을 뿐만 아니라 공업화를 달성하기 위하여 농민으로부터 싸게 농산물을 사고 비싼 공업제품을 강매함으로써 자본을 조달한 것이다. 그것은 외국으로부터 기계나 기술을 도입하기 위해서였다. 이렇게 해서 사회주의 공업화를 위해서 마르크스가 자본주의사회를 고발한 바로 그 자본의 집중이 소련에 있어서 이루어진 것이다. 그 사실을 G. 마르티네는 다음과 같이 설명하고 있다.

『강제적인 농업 집단화의 상흔은 끝까지 완전히 고쳐지는 일은 없었다. 폴란드의 우수한 경제학자 오스카 랑게(Oskar Lange)는 일찍이 나를 향해서 「1930년대에 생긴 소련의 체제는 봉건적 착취체제와 비슷하다. 영주는 귀족이 아니고 국가이며, 농민으로부터 거두어들인

돈으로 대가람(大伽藍)이 아니고 공장을 건설하는 것이다.』라고 말한 일이 있다. 하나의 사실이 랑게 교수의 말을 실증하고 있다. 1935년 소련 국가는 농민으로부터 라이보리 1퀸틀(100킬로그램)을 8루블로 사들여 국유의 제분공장에 93루블로 팔고 제분공장은 또 이것에 상응하는 가격을 소비자에게 지불하게 하였다.』[33]

  농업의 집단화를 강행한 스탈린 자신이 『우리나라의 농민은 국가에 대해서 보통의 세금인 직접세와 간접세를 납부하고 있을 뿐만 아니라, 그에 더하여 첫째로는 공업제품에 대해서 비교적 높은 가격으로 여분으로 지불하고 있으며, 둘째로는 농업생산물에 대해서 많든 적든 가격을 충분히 수령하고 있지 않다. 그것은 농민을 포함한 국가 전체에 봉사하는 공업을 발전시키기 위하여 농민에게 과해진 추가적인 세금이다.』[34]라고 그것을 인정하고 있는 것이다.

  이상이 과도기에 있어서의 농업의 집단화 실태이다. 그 결과 과연 농민은 해방되었을까? 아니다. 과연 농업은 발전하였을까? 아니다.

  다음과 같은 사실에 의해서 농업의 집단화(및 토지의 국유화)가 실패였다는 것이 증명된다. 즉 소련에서는 거의 대부분의 농경지는 국유화 내지 집단화되었는데, 그중 불과 1퍼센트에서 3퍼센트가 사유지로서 허용되고 있다. 그런데 그 적은 토지에서 사육되는 가축이나 거기에서 산출되는 농산물이 국가 전체생산에서 차지하는 비율이 매우 컸던 것이다. 기가 겐조(氣賀健三) 저 「공산주의의 경제」에 의하면, 예를 들면 1965년에는 파종 면적이 전체의 3퍼센트에 지나지 않는 개인적 농업경영에 속하는 젖소의 두수는 전체 젖소의 10.7퍼센트, 돼지의 경우는 8.7퍼센트, 산양의 경우는 37.7퍼센트나 되었으며, 콜호즈(집단농장)의 부업까지 더하면 개인적 소유에 속하는 젖소는 전체의 42퍼센트, 돼지는 28.2퍼센트, 산양은 83퍼센트까지 되었던 것이다.[35] 참고를

위해 그 통계표(같은 책에 인용된 것)를 다음에 든다.(표 7-1~7-3)[36]

	1928	1940	1950	1959	1960	1962	1964
소프호즈와 기타의 국영농기업	1.5	8.8	10.9	30.0	36.1	44.0	45.0
콜호즈	1.2	78.4	82.7	66.4	60.2	53.0	52.0
콜호즈원의 부업경영	1.0	3.0	4.0	2.7	2.2	...	...
노동자근무원의 개인적 부업경영	...	0.5	1.1	0.9	1.1	3.0	3.0
개인적 농업경영 및 기타의 주민 그룹	96.3	9.4	1.3	0.01	0.04		

(출처) 통계집, 소련의 농업, 소련중앙통계국, 山下政信 역편, 70면
　　　소련국민경제 1964, 272면에서 계산

표 7-1 총파종면적의 경영별 비율

		1941	1951	1958	1961	1965
소프호즈와 기타의 국영기업	젖소	4.7	7.4	12.5	20.9	23.0
	돼지	11.9	14.9	21.9	25.3	30.0
	산양	1.1	1.0	2.4	2.8	4.0
콜호즈	젖소	20.4	49.2	43.7	47.8	35.0
	돼지	29.9	50.4	45.0	46.6	42.0
	산양	24.0	46.2	13.6	15.3	13.2
콜호즈원의 부업	젖소	45.5	32.0	30.7	19.8	젖소 42.0 돼지 28.2 산양 83.0
	돼지	31.3	25.9	23.8	17.5	
	산양	53.4	32.9	48.1	44.1	
노동자 기타의 부업 및 개인 경영	젖소	29.4	11.4	13.1	10.7	
	돼지	26.9	8.8	9.3	8.7	
	산양	21.5	19.9	35.9	37.7	

(출처) 소련의 농업 1970. 山下編邦 역 144면,
　　　1965년도는 소련국민경제 1965. 355면에서 계산

표 7-2 경영 유형별 가축 분배율

		1957	1958	1959
소련 전체	감자	87,813	86,527	86,561
	채소	14,766	14,865	14,774
소프호즈	감자	3,000	3,090	4,732
	채소	1,310	1,422	2,037
콜호즈	감자	26,348	25,066	25,153
	채소	6,008	5,785	4,878
콜호즈원의 부업 기타	감자	56,916	57,042	54,959
	채소	6,374	6,692	6,774

(출처) 소련의 농업. 124~128면

표 7-3 감자 및 야채의 경영 유형별 수량(1,000톤)

이들의 표가 나타내고 있는 바와 같이 소프호즈(국영농장)나 콜호즈(집단농장)에서는 농업의 성과가 좀처럼 올라가지 않는데, 콜호즈의 부업(개인적 소유)이나 파종 면적이 불과 전체의 3퍼센트인 개인경영이 상당한 비율의 가축을 소유하고 있으며, 또 작물의 수량에 있어서도 콜호즈의 부업(개인적 소유)이 차지하는 비율이 상당히 크다. 이것은 소련의 농민들이 자기들의 개인소유에 맡겨진다면 의욕을 가지고 사육·생산을 행하지마는, 국영이나 집단의 경우는 의욕적으로 일하지 않는다는 것을 의미하는 것이다. 강제적으로 농업의 집단화·국유화를 행하였음에도 불구하고 소프호즈나 콜호즈는 오히려 개인경영의 경우보다도 생산성이 낮다는 결과가 된 것이다. 이것이 스탈린시대로부터 오늘날에 이르기까지 소련당국을 괴롭힌 농업 집단화의 실태였다.

소련은 1979년 이후의 농업부진 때문에 1981년의 곡물생산고는 드디어 공표되지 않았다. 전에는 유럽에 농작물을 수출하고 있었던 나라인 러시아(소련)는 지금은 대량의 농산물을 서방으로부터의 수입에 의존하고 있는 것이다.

3) 「사회주의적 공업화」의 비판

공산주의자는 사회주의의 완전한 승리를 위해서는 중공업과 기계제작공업을 발전시키지 않으면 안 된다고 하며, 동시에 그것은 소비물자의 풍부한 생산과 노동자·농민에 대한 물질적·문화적 수준의 향상을 가져오는 전제를 만들어낸다고 자랑하였지만 과연 실제로 그렇게 되었을까? 아니다.

「경제학교과서」는 『사회주의적 공업화는 제국주의 진영으로부터의 사회주의 진영 제국의 기술적·경제적 독립과 이들 국가의 방위력을 확보하기 위한 필요한 조건이다. 중공업의 발전은 사회주의 제국의 방위에 필요한 근대 병기를 생산하기 위한 물질적 기초이다.』[37]라고 말하고 있다. 「방위」를 위해서라고 하지만 실은 서방측에 대해서 군사적 우위에 서기 위해서인 것이며, 동시에 공산주의 블록을 지배하고 조반(造反)시키지 않기 위한 수단인 것이다. 또 중공업의 발전은 「근대 병기를 생산하기 위한 물질적 기초」라고 스스로 토로하고 있는 바와 같이 사회주의적 공업화는 인민의 소비물자를 만드는 전제는 아니었던 것이다.

그리고 그 공업화는 노동자·농민의 생활의 희생 위에 이루어진 것이다. 「경제학교과서」는 솔직하게 그것을 인정하여 다음과 같이 말한다. 『이들 모든 것을 위하여 소연방에 있어서의 사회주의 건설은 극히 곤란하였다. 소연방에서 짧은 기간 동안에 중공업을 만들어내기 위해서는 주민은 대단한 희생을 치르지 않으면 안 되었다. 소비에트 국가는 이 시기에는 일상소비물자의 생산을 제한하지 않으면 안 되었다.

이 때문에 근로자가 증대해 가는 욕망을 충족시키는 데 있어서 곤란이 생기고, 실질임금의 증대가 억제되었다.』[38] 그리고 이와 같은 사회주의적 공업화는 『나중에 가서 국민의 소비를 급속하게 증대시키기 위하여 필요한 조건을 보장하였다.』[39]고 했지만 실제는 소위 「과도기」만이 아니라 오늘날에 이르기까지 노동자 농민의 생활은 계속 희생이 되고 있는 것이다.

오늘날에는 소련은 국민에게 내핍생활을 강요하면서 군사력을 더욱 증대해서 항상 미국보다 우위에 서려고 하고 있다. 군사적 위협으로써 세계의 나라들에 위협을 주어서 소련권으로 끌어들이려는 속셈인 것이며, 이미 「방위」의 한계를 넘어선 군사력에 의해서 세계를 제패(적화)하려는 계략인 것이다.

(2) 사회주의단계론의 비판

1) 「공산주의의 제일단계로서의 사회주의」의 비판

스탈린의 지도 밑에서 1936년 12월의 제8회 임시 전 연방 소비에트 대회는 「사회주의 건설의 기본적 완료」를 선언하고, 이 인식에 의거해서 신헌법(소위 스탈린 헌법)을 채택하였다. 제18회 공산당대회에서는 제2차 5개년 계획(1933~1937년)에 의해서 소연방에서 『기본적으로 공산주의의 제1단계, 사회주의가 실현되었다.』고 하여, 그 후 소연방은 『무계급 사회주의사회의 건설을 완수하여 사회주의에서 공산주의로의 점차적 이행을 행하는 시대』로 들어갔다고 선언하기에 이르렀다.[40] 스탈린에 의한 공산주의사회 발전단계 모델을 그림 7-1에 표시한다.

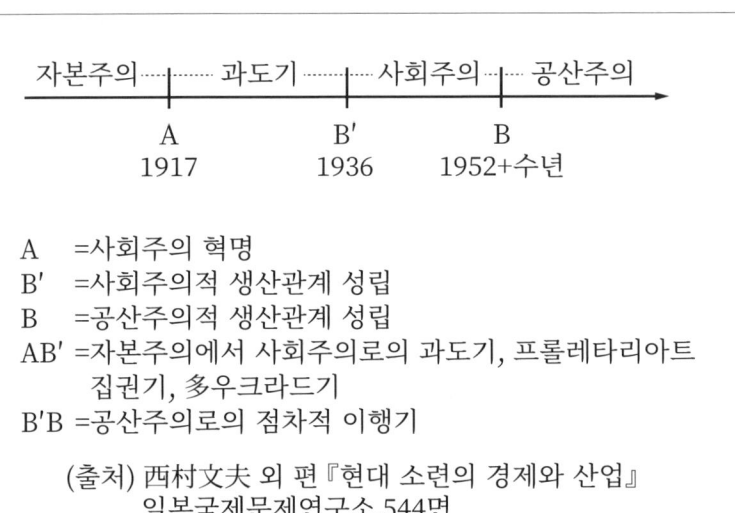

그림 7-1 스탈린의 공산주의사회 발전단계 모델(1936~37년)

    스탈린은 소련 사회가 실제로는 공산주의의 제1단계에 어울리는 내용을 갖추고 있지 않았음에도 불구하고 「사회주의의 완전한 승리」를 선언한 것이다. 그리고 그 위에서 스탈린은 다음의 제2단계, 즉 공산주의사회의 건설의 단계로까지 소련은 발전하였다고 주장하였다. 이것은 급속도의 경제발전의 인상을 세계인들에게 주어서 사회주의의 우위를 세계에 선전하기 위한 것이며, 동시에 자본주의사회에 있어서의 사회주의 운동을 고무하기 위해서였던 것이다.

    1952년에 스탈린이 「소연방에 있어서의 사회주의의 경제적 제 문제」를 공표했을 때, 세계의 공산주의자들은 「참된 공산주의의 시대」로의 이행, 즉 「역사적 종말점」이 도래하였으며 완전한 「풍요의 세계」, 마르크스가 말하는 「천년지복(千年至福)의 왕국」의 유토피아 도래의 때가 현실적으로 가까워지고 있다는 나팔을 불어댔던 것이다.[41]

    그리고 스탈린의 사망 후 소위 「스탈린 비판」(1956년)을 거치고 나

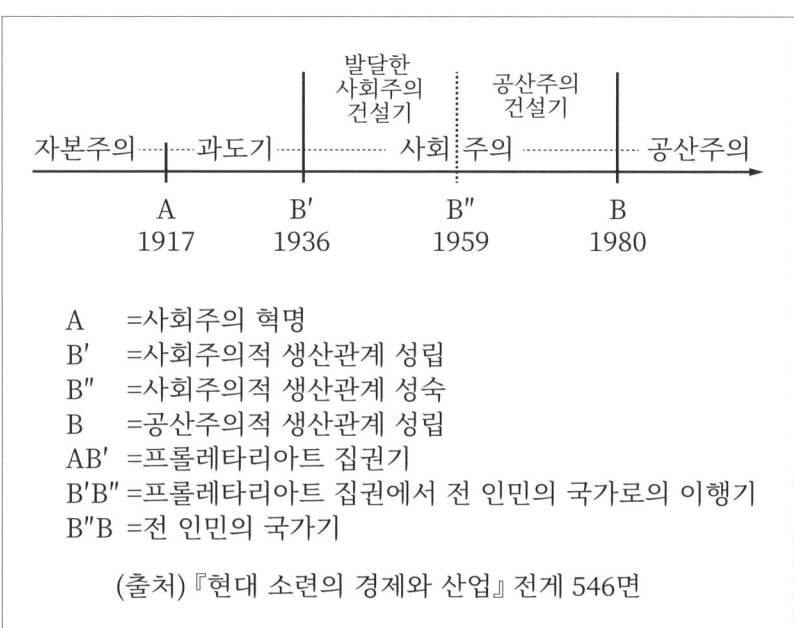

그림 7-2 소련공산당강령(흐루시초프)의 공산주의사회
발전단계 모델(1961년)

서 1957년 5월 「프라우다」 지상에서 흐루시초프 수상은 『1980년까지는 소련은 마르크스가 꿈꾸었던 공산주의의 입구에 서게 될 것이다.』라고 공공연하게 말했다. 그리고 1959년에 열린 소련공산당 제21회 대회에서는 소연방에 있어서의 『사회주의의 완전하고도 최종적인 승리』가 선언되고, 소련이 「공산주의의 전개적 건설기」로 이행되었음이 공언되었다.[42] 동 당대회에서 흐루시초프는 다음과 같이 호언하였다.

『이 1970년까지 또는 아마 그보다 빠른 시기까지 소연방은 공업생산의 절대량에 있어서도, 또 인구 1인당 생산고에 있어서도 미국을 앞질러 세계 제1위로 진출할 것이다. 이것은 국제무대에서 자본주의와의 평화적 경쟁에 있어서 사회주의의 세계사적 승리가 될 것이다.」[43]

1961년에 채택된 「소련 공산당 강령의 모델」(흐루시초프 모델)에 의하면 1917~1936년은 「자본주의사회로부터 사회주의사회로 과도기」, 1936~1959년은 「발달한 사회주의사회의 건설기」, 1959~1980년은 「공산주의사회의 전개적 건설기」, 1980년 이후는 「공산주의사회기」였다. 그림 7-2에 흐루시초프의 모델을 표시하였다.

1950년대 후반은 인공위성 스푸트닉 1호의 성공(1957년)과 함께 「동풍이 서풍을 누르려 하고 있는 것」같이 보여져서 「사회주의 체제의 우위」라는 「신화」의 전성시대였다. 이것은 자유주의 진영에 있어서 중대한 충격이었고 위협이었던 것임은 말할 나위도 없다.

그 후 흐루시초프는 실각하고(1964년) 그 안이한 낙관적 전망은 비판되었다. 다음에 등장한 것이 브레즈네프의 「발달한 사회주의론」이었다. 그것은 1971년의 제24회 당대회의 브레즈네프 연설에서 발표된 것이다. 그리고 1977년의 신헌법(브레즈네프 헌법)은 소련 사회가 「발달한 사회주의」로 이행한 것을 명시하였다.

브레즈네프의 모델(그림 7-3)은 흐루시초프의 「공산주의의 건실기」를 후퇴시켜서 「발달한 사회주의」라고 수정한 것이었다. 흐루시초프는 그 시대를 「공산주의의 건설기」라고 선언한 데에 대해서 브레즈네프는 그 시대에 대해서 「공산주의」라는 말을 쓰지 않았다. 그리고 흐루시초프 모델이 1980년을 공산주의사회의 도래의 해라고 선언한데 반해서 브레즈네프 모델은 공산주의가 언제 도래하는가에 대해서는 언급조차 하지 않았다.

스탈린에서 흐루시초프, 브레즈네프로 시대가 진행하면 진행할수록 마르크스의 이상인 공산주의사회는 가까워지는 것이 아니고 오히려 멀어져 간 것이다. 그리고 금후 공산주의사회가 실현된다고 하는

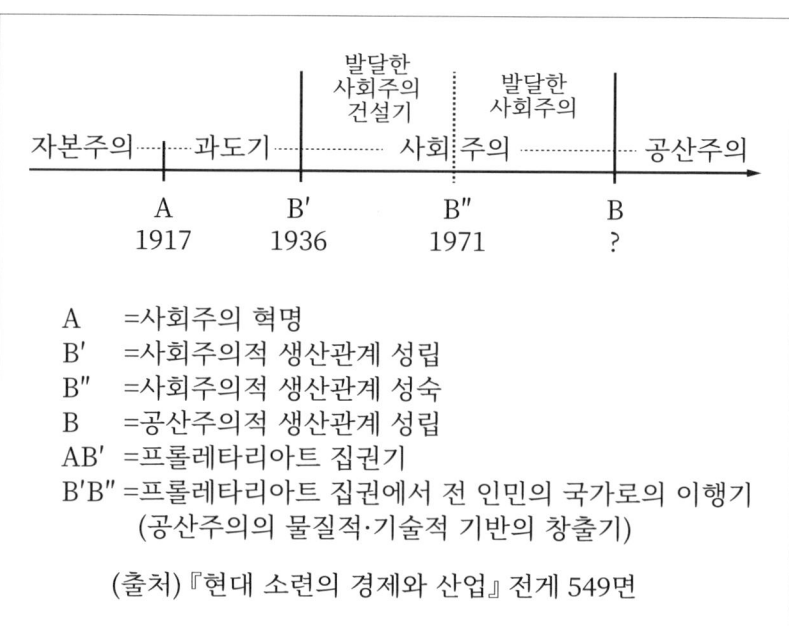

그림 7-3 브레즈네프의 공산주의사회 발전단계 모델(1971년)

보증은 어디에도 없다. 이 사실은 프롤레타리아트 독재에 의해서 수립되는 사회주의사회가 공산주의사회의 제1단계라고 한 마르크스의 주장이 단순한 희망적, 독단적인 주장에 지나지 않았던 것을 나타내고 있는 것이다.

2) 「사회주의적 생산의 목적」의 비판

공산주의자는 자본주의적 생산의 목적은 자본가에 의한 잉여가치의 획득(착취)이며 이에 대해서 사회주의적 생산의 목적은 모든 국민의 물질적 복지와 문화적 수준의 향상을 실현하는 것이라고 주장해 왔다. 그러나 과연 자본주의는 필연적으로 착취적 경제구조를 갖추며 사회주의는 반드시 전 국민을 위해서 생산하는 경제구조를 갖는 것일까?

또 공산주의자는 자본주의사회의 「경제의 군사화」를 필연적인 것이라고 비판하는데,[44] 국민을 착취하고 억압하며 소비재를 희생하여 「경제의 군사화」에 광분하고 있는 것은 과연 어느 편일까? 그것은 GNP의 몇 퍼센트를 군사비로 사용하고 있는가에 의해서 판명할 수 있다. 많은 학자는 미국은 8퍼센트, 유럽은 3퍼센트, 일본은 1퍼센트라고 하고 소련은 10~15퍼센트라고 말하고 있다. 이 비교로써 밝혀진 바와 같이 소련이야말로 「경제의 군사화」의 체제로 되어 있는 것이다.

사회주의에 있어서의 생산은 인민의 물질적 복지와 문화수준의 향상을 목적으로 한 것이 아니고 밖으로는 전 세계의 공산화를 목적으로 하고 있으며, 안으로는 공산당 독재정권을 지키는 것을 목적으로 하고 있는 것이다. 소련에 있어서의 군비우선주의, 국민생활의 궁핍화로 볼 때 그들이 자랑하는 사회주의적 생산의 목적은 다만 겉보기의 이상에 불과한 것이었다.

3) 「사회주의의 경제발전」의 비판

사회주의의 경제발전론의 골사를 이루고 있는 것은 경제의 균형적 발전, 끊임없는 경제성장, 노동생산성의 끊임없는 향상, 절약적·효과적인 경제 등이다. 이들에 대해서 다음에 비판한다.

① 「균형적 발전」의 비판

공산주의의 「경제의 균형적 발전」이란 모든 부문이 평균하게 같은 속도로 발전하는 것을 뜻하는 것이 아니다. 군사력의 강화에 직결하는 중공업 우선주의를 기본으로 한 일정한 비율관계를 유지하는 「계획적 불균형 발전경제」인 것이다. 「경제학교과서」는 다음과 같이 말한다.

『사회주의하에서 국민경제발전의 가장 중요한 균형의 하나로 들 수 있는 것이 생산수단의 생산과 소비물자의 생산 사이의 올바른 상관관계이다. 이 균형을 결정할 때에는 생산수단의 생산의 우선적 발전의 법칙에서 출발하는 것이 필요하다. 생산수단의 우선적 발전은 개인적 소비의 상품을 생산하는 제 부문에 비해서 중공업 발전의 속도가 한층 높다는 사실 속에 나타나고 있다.』[45]

중공업의 편중은 당연히 소비재의 경시로 연결된다. 그리고 소비재 생산의 경시는 구체적으로는 생활수준의 저미(低迷)를 의미하는 것이다.「경제의 균형적 발전」이라는 공산주의의 언명은 일부의 발전한 경제부분(중공업, 군사력)을 가지고 공산주의 경제 전체가 같은 속도로 발전하고 있는 듯이 착각시켜 공산주의 경제제도가 우월하다는 인상을 주기 위한 선전에 지나지 않는 것이다. 중공업 중심의 공업화 정책이 대중의 생활의 희생에 의해서 강제적으로 이루어졌음은 이미 말한 대로이다.

②「끊임없는 경제성장」의 비판

소련이 러시아 혁명 이후 50년간에—특히 스탈린 시대에 있어서—후진적 농업국으로부터 미국에 비견될 수 있을 만큼의 공업국으로 약진한 것은 어떠한 원인에 의한 것일까? 그것은 독재체제에 의한 반인간적인 노동의 혹사, 빈곤의 강요, 중공업 우선정책 등에 의해서 계획목표의 달성을 도모하여 왔기 때문이다. 미국의 소련경제연구가 무어스틴(R. Moorsteen)과 파우엘(R. Powell)은 스탈린 시대의 소련 경제의 약진의 실태를 다음과 같이 말하고 있다.

『투입의 증가가 성장의 원천이며, 그 성장은 소련의 대중에게 대단한 희생을 강요함으로써 달성되었다. 즉 자본축적의 급속한 상승과 그것에 의한 금기(今期)의 소비의 희생, 집단농장화정책이라는 가열(苛烈)한 수단에 의한 농촌노동력의 도시노동력으로의 전환, 가사의 희생에 의한 여자노동력의 증가, 영토의 확장에 의한 자원의 획득에 의해서 이루어졌다. 이들의 투입은 자발적으로 생긴 비용이 아니고 가혹하기 비길 데 없는 노동을 강요당한 대중이 지불한 비용이었다.』[46]

그러나 1960년대에 들어서면서 이 스탈린형의 「압제에 의한 성장」(growth by force)은 차차로 그 한계에 부닥쳤다. 즉 인해전술적인 노동력의 투입에는 일정한 한도가 있어서 그 이상의 경제성장을 바랄 수 없게 되었던 것이다.

다음에 소련이 행한 것은 사회주의 국제분업의 이름 밑에서 동구 제국을 식민지화하여 착취하는 것이었다. 경제학자 엘빈 토플러(Alvin Toffler)는 다음과 같이 말하고 있다.

『(소비에트는) 제2차 대전 후에는 군대에 의한 침략을 앞세우면서 동유럽의 거의 전역에 「우호적」 정권을 수립 내지 유지하였다. 소비에트 자체보다 산업화의 면에서는 앞서 있었던 이들의 나라들도 자주 소비에트에 착취되어 식민지 내지 「위성국」이라는 성격을 명백히 하였다. ……미국이 국제통화기금(IMF)—가트(GATT, 관세 및 무역에 관한 일반 협정)—세계은행이라는 구조를 만들어낸 데 대하여, 소비에트는 「경제상호원조회의(COMECON)」를 만들고 동구 제국에 가맹을 강요함으로써 유일한 통합적 세계경제시스템이라고 하는 레닌의 꿈의 실현에 일보를 내디딘 것이다. COMECON 제국은 모스크바에 의해서 소비에트와 그 외의 가맹국과의 통상을 강제당하였을 뿐만 아니라 자국의 경제발전계획을 모스크바에 제출하여 그 승인을 얻지 않으면 안 되었다. 모스크바는 분업화함으로써 이익이 커진다고 하는 리카도의 학설을 방패로 삼아서 옛날의 제국주의적 열강이 아프리카, 아시아, 라틴아메리카의 경제에 대해서 행한 것과 똑같은 정책을 실행하여 동구 제국의 경제에 각각 분업적 기능을 할당한 것이다.』[47]

그러나 동구 제국의 수탈에 의한 경제성장에도 자국 내의 노동자의 착취의 경우와 마찬가지로 일정한 한계가 있었다. 「압제에 의한 성장」은 국내적으로도 국제적으로도 한계에 도달한 것이다.

그런데 『사회주의 경제는 경제법칙과 사회의 요구에 따라서 사회주의국가가 결정하는 평형을 기초로 하여서 상향선을 더듬어서 빠른 속도로 끊임없이 발전한다.』[48]고 「경제학교과서」는 말한다. 그러나 오늘날 사회주의하에서의 경제발전의 법칙을 믿고 있는 사람은 아무도 없다. 공산주의자 사이에도 그와 같이 믿는 자는 거의 없다.

③ 「노동생산성의 향상」의 비판

노동생산성은 끊임없이 향상한다는 것이 사회주의 경제의 법칙이었다. 특히 인해전술적인 강제노동방식이 한계에 이르면 소련 경제는 기술진보에 의한 노동생산성의 향상에 희망을 걸지 않을 수 없었다. 그런데 공업에 있어서나 농업에 있어서나 노동생산성은 「끊임없는 향상」을 하지 않았다. 특히 공업에 있어서의 노동생산성은 거의 향상하지 않았던 것이다. 니와 하루키(丹羽春喜)는 「사회주의 딜레마」에서 다음과 같이 말하고 있다.

『캐플란, 무어스틴 또는 너터 등의 측정에 비추어 보면 제1차 5개년 계획기간 중에는 소련 광공업의 노동생산성은 거의 향상하지 않았다고 생각해도 된다. 그리고 그 후 실로 30년을 경과한 1960년경이 되어서 겨우 제1차 5개년계획 당초의 목표(1932년에 달성되어야 했다.)를 실현할 수 있었음에 지나지 않는다.』[49]

「경제학교과서」도 『개산(槪算)하여 보면 1961년에 소연방의 노동생산성 수준은 미합중국의 수준과 비교하여서 공업에서는 대략 2분의 1 내지 5분의 2, 농업(1958~1961년의 평균)에서는 대략 3분의 1이었다.』[50]고 소련 경제의 노동생산성의 뒤짐을 인정하고 있다. 그리고 이와 같은 노동생산성의 뒤짐은 『향후 10년간(1961~1970년)에 소연방은……미합중국을 인구 1인당 생산고에서 앞지를 것이다.』[51]라고 선언하였음에도 불구하고 그 후도 소련 경제에 고질적인 것으로서 계속되었던 것이다.

노동생산성이 향상하지 않은 이유는 강제노동에 의한 노동자의 노동 의욕의 상실, 집권적 관리체제하에서의 기술혁신의 정체, 경제효율의 저하 등이었다.

④ 「절약적·효과적인 경제」의 비판

사회주의적 계획경제는 자본주의 경제에서 볼 수 있는 노동의 낭비 등은 있을 수 없는 경제, 즉 절약적·효과적인 경제라고 하지만 과연 그러할까? 스탈린 스스로가 다음과 같이 말하고 있다.

『첫째로 필요한 것은 우리들의 공업계획이 관료주의적인 고안으로서가 아니라 우리 국민경제의 상태와 우리나라의 자원 및 예비의 계산과 굳게 결합되어서 세워지는 것이다. ……우리들 중에는 우리들의 자원을 무시하고 공상적인 공업계획을 세우기를 좋아하는 자가 때때로 있다. ……원대한 계획에 대해서 외쳐대서 수천수만의 노동자를 신규로 생산에 끌어넣어 크게 떠들기는 하지만 나중에 자금의 부족이 명백하게 되면 노동자를 해고하고, 그들에게 돈을 지불하여서 해고하며, 그 때문에 막대한 손해를 보며, 건설사업에 실망을 안겨주고 정치적인 소동을 일으키기도 한다. ……둘째로 필요한 것은 우리 국가기구와 협동조합기구, 우리 인민위원부의 제 기관과 독립채산 제 기관을 위로부터 아래까지 축소해서 간소화하며 값싸게 건전하게 하는 것이다. 우리 행정기관의 증대된 정원과 유례없는 착복은 악평을 사게끔 되었다. ……셋째로 우리들에게 필요한 것은 우리 행정기관이나 우리들의 생활 속의 모든 종류의 사치나 최근 우리나라에서 볼 수 있는 국민의 부나 국가의 예비의 범죄적인 취급에 대해서 단호한 투쟁을 행하는 것이다. 지금 우리나라에서는 모든 종류의 축연, 성대한 집회, 기념제, 기념비의 제막 등의 야단법석이나 광연(狂宴)이 성하게 행하여지고 있다. 수만 수십만 루블이라는 돈이 이와 같은 「사업」에 허비되고 있다. ……우리들은 공업의 수요를 배후에 가지고 실업자와 부랑아의 대군(大群)이라는 사실을 눈앞에 보면서 이와 같은 낭비의 야단법석이나 광연을 허용할 수는 없으며, 또 허용할 권리를 가지고 있지 않다는 것을 이해하지 않으면 안 된다. ……넷째로 우리들에게 필요한 것은 우리 국가의 제 기관이나 협동조합이나 노동조합 등에서의 도둑질, 소위 「명랑한」 도둑질에 대해서 계통적인 투쟁을 행하는 것이다. 조심스러운, 사람의 눈을 속이는 도둑도 있는가 하면 신문에서 말하고 있는 것처럼 「명랑한」 대담한 도둑질도 있다.』[52]

 이상과 같이 「원대한 계획」에 의한 공상적 사업의 실패, 「국가기구의 간소화의 필요」 「행정기관의 부풀어 오름」 「사치」 「명랑한 도둑」 「실업과 부랑아의 대군」 등의 기술은 사회주의 계획경제가 절약적이며 효과적인 우위의 체제라고 주장할 수 없음을 스탈린 스스로가 증언한 것이라 아니할 수 없다.

 흐루시초프의 시대가 되어도 사태는 개선되지 않았다. 「경제학교과서」는 불량한 상품이 창고에 산적되어 있는데, 소비자가 필요로 하는 상품은 크게 부족하다고 다음과 같이 말하고 있다. 『개개의 기업이 가치표현으로는 계획을 수행하면서 그 소비적 특질에 관해서는 심히 낡아서 주민의 요구를 만족시키지 못하는 상품을 계속 산출한다. ……이들 상품이 기업이나 상업조직의 창고에 쌓여져 있는데도 소비자에게 필요한 상품은 조금밖에 생산되지 않고 있는 것이다.』

소연방 공산당 제22회 대회에 있어서의 중앙위원회의 보고에서 흐루시초프는 이렇게 말하고 있다. 『모든 상품의 질을 급격히 개선한다고 하는 과제를 한층 날카롭게 제기하여야 할 때가 왔다. 상점에서는 자주 선택의 여지가 적은데, 창고는 소위「팔리지 않는 상품」으로 가득 차 있다. 그것은 도대체 어떻게 된 상품인가? 그것은 구매자가 외면하는 질이 나쁜 생산물이다. 예를 들면 구두에 대한 수요는 충분히 충족되고 있지 않은데 상업망(商業網)에는 구두가 15억 루블 이상 쌓여있다.』[53]

그 결과 1950년대의 마지막 무렵부터 오늘에 이르기까지 소련이나 동구 제국에서 체화(滯貨)와 행렬이라는 기묘한 현실이 나타난 것이다.[54] 이와 같은 사실을 볼 때 소련 사회주의 경제는 절약적·효과적인 경제가 된 것이 아니라 도리어 그 반대가 된 것이다.

4) 사회주의 경제의 파탄

이와 같이 소련 경제가 점차 정체성을 더하여 가자, 학자들 사이에서 소련의 경제정책에 대한 비판의 소리가 들리기 시작하였다. 그리하여 하리코프 대학의 경제학 교수 리베르만은 1962년 9월에「계획·이윤·보상금」이라는 논문을 발표하여 종래의 경제정책을 과감하게 시정할 것을 주장하였다. 그 요지는 중앙의 계획을 간소화하여서 기업의 자주성을 증대시킬 것, 기업의 성적을 이윤율로 평가함으로써 기업에 이윤동기를 주어야 한다는 것이었다.

이 획기적인 개혁안을 흐루시초프가 지지하였기 때문에 소련뿐만 아니라 동구 제국 전체에 경제개혁의 기운이 확산되어 갔다. 이 과정에서 보수파와 혁신파의 대립이 나타나게 되었는데, 흐루시초프의 퇴진 후 1965년 9월 브레즈네프·코시긴 정권시절에 경제를 담당하고 있던 코시긴 수상은 드디어 리베르만 제안을 반영시킨 「신(新)경제제도」의 안을 발표하였던 것이다. 이것은 기업의 자주성 존중, 이윤동기의 부여, 가격의 개정 등을 주요 내용으로 한 것이었다. 1966년 1월에 이 안이 일부 기업(17개 공업부문의 43개 기업체)에 실시되었다. 그 후 1969년 말에는 3만 6천의 광공업기업에 이 신제도가 실시되었다.[55]

「신경제제도」의 개혁안은 구체적으로는 다음과 같은 특징을 가지고 있었다. 첫째의 특징은 계획과제를 될수록 높이 정해서 그것을 달성한 기업에 「장려펀드」를 준다는 것이었다.(이 「장려펀드」는 복리후생시설이나 보너스의 일부 등에 사용되었다.) 이것은 기업이 될수록 높은 계획과제를 자주적으로 세우도록 하기 위한 것이었다. 둘째 특징은 원가절감에 최선을 다해서 이윤을 증가한 기업에 역시 「장려펀드」를 지급하는 것이었다. 셋째 특징은 종래의 기업업적평가의 기준을 생산고지표로부터 판매고지표로 변경한 것이었다. 이전에 제품을 많이 생산한 기업이 높이 평가되곤 하였는데 그 결과 팔리지 않는 제품이 다량으로 창고에 쌓여지는 결과가 되었기 때문에 그것을 개선하려고 이 같은 개혁안이 세워진 것이다.

이 경제개혁안이 실시되면서부터 소련 경제는 어느 정도 안정되어 가는 것같이 보였다. 그러나 전통적인 계획경제제도의 틀 안에서의 개혁은 여러 가지의 내부모순에 의해서 바로 벽에 부딪히고 말았던 것이다. 1969년 12월 당 중앙위원회 총회에서 경제개혁의 실적이 비판, 검토되었다. 그리하여 그 후 다시 스탈린 시대와 마찬가지 방법으로 옮겨져 갔다. 즉 정치적 압력, 이데올로기적 강화, 행정적 통제가 강화되

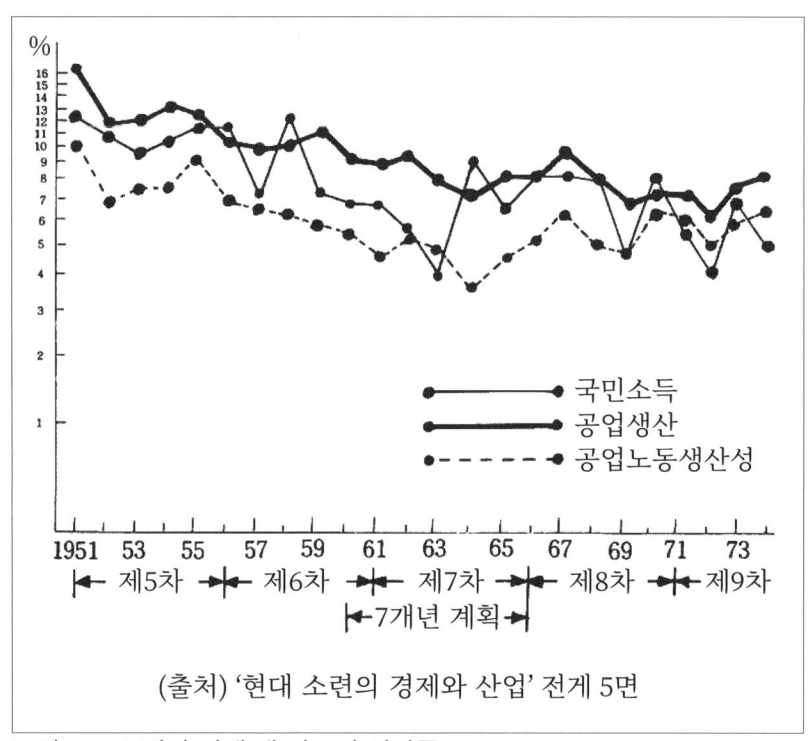

그림 7-4 소련의 경제 제 지표의 성장률

어 갔다. 그러나 그럼에도 불구하고 소련 경제는 여전히 정체성을 더하여간 것이다. 그림 7-4가 나타내는 바와 같이 소련 경제는「신경제제도」에 의해서도 이데올로기 강화에 의해서도 개선되지 않고 저락의 경향을 나타내었던 것이다.

소련 경제는 1970년대 후반에는 드디어 막다른 상태가 되어 버렸다. 소련 연구가인 데라타니 히로미(寺谷弘壬)는 그 상황을 다음과 같이 설명하고 있다.

『아직 1970년대의 전반에는 GNP의 연평균 성장률은 3.8퍼센트였는데 후반에는 2.8퍼센트로 하락하여 버렸다.(공표의 공업생산에서는

70년대 전반 5.7퍼센트, 후반 4.5퍼센트) 덧붙여서 말하면 1980년대로부터 금세기 말까지의 GNP의 성장률은 2.1퍼센트, 잘해야 3.1퍼센트로 예측되고 있다. ……경제성장률의 저하의 최대 원인은 노동생산성의 저하에 의한 것일 것이다. 노동생산성의 신장은 1965~1970년이 평균 1.3퍼센트였던 것이 1970~1975년에는 마이너스 0.1퍼센트로 되고 1976~1980년에는 마이너스 0.3퍼센트로 되어 버렸다.」[56]

이와 같이 점점 더 정체성을 나타내고 있음에도 불구하고 소련 경제가 붕괴하지 않고 계속 생존하고 있는 이유는 무엇일까? 그것은 ① 사기(士氣)의 강제(일하라 일하라 주의) ② 국제분업체제(코메콘)에 의한 노동의 수탈 ③ 서방측과의 경제협력(의존) ④ 풍부한 자원 ⑤ 강제노동(수용소에 있어서의 노예계급, 반혁명분자의 노동의 착취와 혹사) 등이다.

그것 이외에 암거래의 사기업이며 자본주의적 영리기업인 「세컨드 이코노미」의 존재를 지적하지 않을 수 없다. 「세컨드 이코노미」는 소련 기업의 원활한 운영을 돕고 있다고 한다. 예를 들면 트랙터 기업에서 정규의 루트로 타이어가 조달되지 않을 때에 세컨드 이코노미에 통하는 요원이 「얼굴과 친분」을 발휘하여 부정유출 루트를 통하여 입수한다는 것이다.[57] 그러나 이와 같은 사기업은 사회주의적 기업이 아니고 자본주의적 기업이다. 따라서 이것은 자본주의적 기업이 사회주의적 기업보다 우수하다는 증거이며, 또 소련 경제가 이미 반사회주의적 기업으로 변질하기 시작한 증거라고도 말할 수 있는 것이다.

(3) 공산주의 단계론의 비판

다음은 공산주의 단계론을 비판한다. 공산주의사회의 도래를 예고

한 스탈린이 사망한 후 이미 30년의 세월이 경과하였다. 또 흐루시초프가 공산주의사회의 도래의 때를 정한 1980년도 지나갔다. 스탈린이나 흐루시초프의 예상에 따른다면 지금쯤은 소련 사회는 공산주의사회에 들어가 있지 않으면 안 된다. 그러나 프롤레타리아트 독재에 의해서 생산수단을 사회화하고 계획경제를 실시했음에도 불구하고 소련 경제는 오히려 더 막혀 버려서 소련 사회는 지상낙원(공산주의사회)이 되지 않고 있는 것이다. 그리하여 브레즈네프는 공산주의시대가 언제 도래하는지 언급조차 하지 않고 있다.

계급은 소멸한다고 하는 공산주의의 이상에 반해서 소련 사회에는 노멘클라투라(Nomenklatura)라 부르는 새로운 특권계급이 등장하여 그들에 의한 대중 지배는 완전히 고정화하여 버렸다.[58] 또 국가는 소멸한다고 하는 공산주의의 이상에 반해서 소련 국가는 더욱더 강대국화하였던 것이다. 공산주의의 원칙이 되는 「필요에 따른 분배」(또는 「욕망에 따른 분배」)는 어떻게 되었을까? 그것은 오늘날의 소련에서는 도저히 바랄 수 없게 되었다. 그러면 공산주의의 전 단계가 되는 사회주의의 「노동에 따른 분배」의 원칙은 실현된 것일까? 아니다.

이미 본 바와 같이 소련에서는 자본주의사회와 마찬가지로, 또는 그 이상으로 빈부의 차가 있으며 게다가 소련에서는 일반적으로 소득의 대소는 그다지 결정적인 의미를 갖지 않으며, 지위에 따르는 특권이 압도적인 의미를 가지고 있는 것이다.

소련에서 추방된 변호사 콘스탄틴 사이미스(Konstantin Simis)에 의하면 공산당 중앙위원회, 각료회의, 최고회의간부회의 빌딩 내에는 분산해서 존재하는 「크레믈리요프카(Kremlyovka)」라는 매점이 있는데, 거기서는 일반의 상점에서는 결코 볼 수 없는 질이 좋은 음식물을 더구나 일반의 상점보다 훨씬 싼 값으로 팔고 있으며, 특별패스를 가진 특권계급밖에 이용할 수 없다고 한다.59) 또 소련에는 외화를 갖고 있지 않으면 살 수 없는 「달러 숍」이 있으며 거기서는 서방측의 상품이나 소련의 고급품을 싸게 팔고 있는데, 외국인 외에는 외화나 외화의 뒷받침이 있는 쿠폰권을 손에 넣을 수 있는 특권계급만이 이용할 수 있다는 것도 잘 알려져 있는 사실이다.60)

소련에서는 지위가 올라가고 특권이 커짐에 따라서 물자는 점점 더 자유로이 손에 넣을 수 있게 되어 있는 것이다. 콘스탄틴 사이미스는 다음과 같이 설명하고 있다.

『나는 당중앙위의 친구의 11년간의 직력(職歷)을 더듬어 보고, 그가 직위의 계단을 올라감에 따라서 그가 향유하는 특권이 어떻게 미묘하게 점차 변화하는가를 알아챌 수 있었다. 하급의 지도관, 또는 과원으로서 중앙위 기관에 착임했을 때 그에게는 매월 80루블 상당의 바우처(voucher)가 주어지고 공무에 있어서는 그 개인이 사용하는 중앙위의 자동차가 할당되었다. 모스크바 교외의 국유 다차(dacha; 별장)의 사용도 인정되었다. 그렇지만 여름 동안만이며 심부름꾼의 서비스는 붙지 않았다. ……그러나 몇 년이 지나 나의 친구는 중앙위의 가장 중요하고 위신이 있는 부서의 부장대리가 되었다. 계층 서열의 이 랭크에 도달했을 때 그는 아무 제한 없이 크레믈리요프카의 식료품을 살 수 있게 되며, 더욱 체제 내의 보다 특권적이며 보다 굳게 닫힌 특별매점에서도 물품을 살 수 있게 되었다. ……다차는 1년을 통해서 그의 것이 되며 심부름꾼이나 쿡의 서비스가 붙게 되었다. ……소련에는 더욱 이들 일체의 카테고리를 초월한 일단의 엘리트가 존재한다. 실제로 국가를 통치하는 기관이며 당기구의 최상층부를 형성하는 13명 내지 14명의 정치국 멤버가 그것이다. 그들은 무제한으로 완전히 무료로 원하는 것은 무엇이든지 얼마든지 손에 넣을 수 있다.』61)

그런데 이에 대해서 일반 국민은 품질이 나쁜 생활필수품밖에 손에 넣을 수 없으며, 식료품 사정은 나빠서 물품 구입 행렬은 흔히 볼 수 있는 다반사이며, 의료 시설도 나쁜 것이다.

이와 같이 소련에서는 「노동에 따른 분배」도 「필요에 따른 분배」도 결코 실시되고 있지 않다. 그러면 어떠한 분배가 행하여져 왔는가. 그것은 특권계급만이 필요에 따라 받는 「권력에 따른 분배」이며, 「지위에 따른 분배」인 것이다. 이리하여 계급이 없는 사회, 필요에 따라서 분배되는 사회를 표방하고 있음에도 불구하고 실제로 나타난 것은 그것과는 전혀 반대로 특권계급이 대중을 착취하며 억압하는 사회였다. 공산주의사회는 가공적인 환상에 지나지 않았던 것이다.

3. 소련 경제정체의 원인

프롤레타리아트 독재에 의해서 생산수단을 사회화하며 계획경제를 실시한 소련의 경제는 이미 말한 바와 같이 그 이상으로 하는 성과를 거둘 수 없었다. 이론상으로는 생산수단이 사회화되고 이윤(잉여생산물)의 사회적 소유가 이루어진다면, 자본주의사회가 지니고 있는 모든 모순은 흔적도 없이 사라져 버리고 생산성의 급속한 성장과 함께 다음과 같은 목표가 효과적으로 달성되어서 소련 사회는 지상낙원이 되었을 터였다.

즉 계급의 소멸과 인간성의 해방, 생산성의 급속한 향상과 국민생활의 복지증진, 사회적 이윤에 의한 자본의 축적, 생산의 무정부성의 극복에 의한 불황과 실업의 방지, 생산재 및 사회간접자본(공공재)의 합리적인 배분, 경제자원의 필요부분으로 우선배분, 국제수지 불균형의 방지 등이 훌륭하게 달성되었을 것이었다. 그러나 실제는 이것과는 대체로 반대 현상이 일어났다. 그 주요한 것은 다음과 같다.

새로운 계급의 발생과 인간성(자유)의 억압, 생산성의 정체, 시장경제의 봉쇄에 의한 상품의 저질화, 체화의 증대 및 자재의 낭비, 생산계획량의 미달성과 그것에 의한 초과노동의 강요(강제노동), 계획관리의 강행정책에 의한 인력의 낭비, 자원의 합리적 배분의 곤란과 그것에 의한 자원의 낭비, 수요공급의 불균형, 경제계산의 불가능과 그것에 의한 자본의 효율 저하(자본의 낭비),[62] 생산의욕의 저하와 이것을 막기 위한 임금 차별제의 실시(이것에 의해서 빈부의 격차가 심화하였다.), 중공업 우선주의 강행에 의한 소비재의 공급 부족과 국민생활의 압박, 농산물 저가격 정책과 농민의 곤궁 등이다.

그러면 왜 소련 경제에 있어서 이론상의 성과와 실제의 성과가 이와 같이 반대가 된 것일까? 그것은 첫째로 자유시장을 폐지함으로써 자유시장의 가격조절 기능을 무시한 것, 둘째로 기업 활동의 자유를 봉쇄하여 중앙집권적인 계획경제를 과도하게 확대 및 강행한 것, 셋째로 팽창주의를 추구한 것 등에 그 주요 원인이 있다. 이것들에 대해서 다음에 설명한다.

(1) 자유시장의 폐지

자유시장이 봉쇄된 채 계획경제가 실시되고 있는 소련에서는 모든 가격이 통제되고 있으며, 중앙의 고스플랜(국가계획위원회)에서 공정가격을 일단 정하면 그 가격은 좀처럼 개정되는 일이 없다. 사실 1955년부터 1967년까지 거의 가격의 개정은 실시되지 않았던 것이다.[63] 이와 같은 상황하에서는 다음과 같은 사태가 생길 수밖에 없다.

첫째로, 경제계산이 불가능하게 되어서 기업의 경영이 적자인가 흑자인가 판단할 수 없게 된다.[64] 기업이 발전하기 위해서는 시시각각으로 변동하는 경제의 실태를 정확하게 파악하여야 하며, 그러기 위해서는 기업가는 수시로 경제계산을 하지 않으면 안 된다. 그런데 통제가격이기 때문에, 즉 자유시장이 폐지되어 있기 때문에 경제변동이 가격에 반영되지 않음으로 수지계산을 할 수 없다. 그렇기 때문에 자본의 낭비사례가 속출하게 된다.

둘째로, 소비자의 기호가 무시되고 있기 때문에 대중에게 필요한 상품이 생산되기 어려울 뿐 아니라 불필요한 상품이 다량으로 생산되어서 체화(滯貨)가 자주 발생한다. 노동시장과 소비재시장은 어느 정도까지 시장으로서의 기능을 다하고 있기는 하지만 역시 제한되고 있으며, 생산재시장(원료, 부분품)이나 자본·금융시장은 완전히 통제되어 있다.[65]

셋째로, 「수요·공급의 법칙」(가격이 오르면 공급이 증가하여 수요가 감소하고 반대로 가격이 내리면 수요가 증가해서 공급이 감소하면서 경제가 끊임없이 안정된 밸런스를 유지하여 가는 것)이 성립하고 있지 않기 때문에 경제 균형의 회복기능이 저지되고 있다.[66]

넷째로, 이윤이 가격화되고 있다. 즉 소련에서는 이윤은 미리 가격에 포함되어서 공정(公定)되어 있으므로 자유경제와 같이 수요의 실정에 따라서 이윤이 좌우되는 일이 없다. 자유경제에서는 매상고로부터 원가를 뺀 액수가 이윤이 되어 있는데 소련에서는 생산할 때부터 이미 이윤을 가격에 포함시키고 있으며, 게다가 그것은 기업가의 손에는 들어가지 않으므로 이윤은 「이윤」이라는 명목의 일종의 코스트 항목이 되고 있는 것이다.[67] 따라서 기업가의 이윤욕은 기능할 수 없게 되어 있는 것이다.

(2) 기업활동 자유의 봉쇄와 계획경제의 강행

중앙집권적인 계획경제가 실시되고 있기 때문에 기업계획에 있어서 원료·자재 등의 질과 양의 결정, 생산품목의 질과 양의 결정, 기업의 규모 등 일체의 계획의 입안은 기업체 자체로서는 할 수 없도록 되어 있으며, 중앙에서 결정되어서 각 기업체에 하달된다. 원료와 자재는 배급할당제에 의해서 공급되며, 기업인이 필요한 것을 자유로이 구입할 수 없도록 되어 있다. 이와 같은 상황하에서 우수한 상품이 생산되기는 곤란하며 자재의 낭비가 생기기 쉬움은 당연한 것이다.

또 계획경제의 실시를 너무나 광범위하게 확대시키고, 또 그것을 강행하고 있기 때문에 계획 실시의 진행의 일환에 차질이 생기면 즉시로 다른 부문으로의 자재 배급이 중단되어서 이것이 연쇄반응을 일으켜서 많은 공장의 생산이 정지되는 일이 있다. 이와 같은 현상을 보틀넥(생산애로)의 파급효과라고 말하는데, 그 예를 니와 하루키(丹羽春喜) 저 「사회주의의 딜레마」로부터 인용한다.

『구체적으로 생각해 보자. 어떤 탄광이 계획대로의 출탄량을 올릴 수 없었다고 하자. 그 결과는 예컨대 제철소에 대해서 예정된 날에 예정된 양의 석탄을 인도할 수 없게 되는 일이 일어날 것임에 틀림없다. 그렇게 되면 그 제철소에서는 철의 생산이 저하하는 것을 피할 수 없게 될 것이다. ……그렇게 되면 철을 사용하고 있는 다수의 공장의 생산이 스톱하여 그와 같은 생산의 스톱은 다시 다음 단계로 파급하여 가게 될 것이다. ……발생한 보틀넥(생산애로)은 설비의 유휴와 실업을 낳고, 그것이 새로운 보틀넥을 낳으며 또다시 설비의 유휴와 실업을 가져오며 그리고 또……라는 식으로, 드디어는 경제 전체의 완전한 마비와 극도의 물자부족을 결과하지 않을 수 없게 된다.』[68]

이와 같은 사태를 방지하기 위해서는 계획의 치밀한 수립과 함께 그 수행이 철저하게 행하여지지 않으면 안 되며, 그러기 위해서는 기업체에 절대복종을 요구하는 것 외에는 다른 도리가 없다. 여기에 어떠한 희생이 치러지더라도 계획을 실시하라는 「절대명령」이 내려지게 된다. 그렇게 되면 노동자들은 얻는 보수보다도 지불하는 손해(희생)가 보다 크기 때문에 일에 싫증을 느끼게 되며, 생산의욕이 저하하게 되고 그에 따라 필연적으로 생산성이 떨어지게 된다.

 소정의 계획량의 달성을 위해서 노르마 강제노동(초과노동) 등의 노동 강화책이 보다 한층 엄해진다. 이와 같이 과도하게 강제성을 띤 계획경제하에서는 경제적 침체가 생기는 것은 불가피하다. 1965년 이후 새로운 「경제개혁」을 실시해서 일부의 계획의 분권화와 기업체의 이윤동기의 부여가 이루어졌다고 해도 그것은 부분적인 것에 지나지 않았다. 주요한 생산재의 수급의 계획은 이전과 같이 중앙(정부)이 통제하고 있으며, 투자의 배분도 분권화되는 일이 없이 중앙에서 행하여졌던 것이다.

 소련에서 생산재의 수급계획을 여전히 중앙에서 장악하고 있는 것은 무슨 까닭일까? 그것은 권력을 유지하기 위해서이며, 기존의 재산상의 소유권을 나누어 주기 싫어서이기 때문이다. 밀로반 질라스는 다음과 같이 말하고 있다.

 『공산주의 지도자들은 경제법칙을 알고 있으므로 과학적인 정확성을 가지고 생산을 관리할 수 있다고 마음으로부터 믿고 있다. 그렇지만 실제로는 그들이 어떻게 해야 할 것인가에 관해서 알고 있는 유일한 것이 있다면 그것은 경제의 지배권을 장악하는 것뿐이다.』[69]

 이와 같이 중앙집권적인 계획경제를 분권화하지 않는 것은 사회주의 경제의 발달을 위해서도 아니며, 근로자 대중의 이익을 위해서도 아니다. 오로지 권력이나 재화를 중앙정부(소수의 공산당원)가 독점하기 위해서인 것이다.

중앙집권적인 계획경제의 강행은 소련 경제의 정체성의 원인이 되어 있을 뿐만이 아니다. 그것은 소련 경제 전체에 만연된 오직(汚職)의 근원으로도 되고 있다. 그리고 그와 같은 부패가 경제의 정체성에 더욱 박차를 가하고 있는 것이다. 콘스탄틴 사이미스는 소련 경제의 부패의 실정을 다음과 같이 설명하고 있다.

『모든 매니저의 행동은 미리 엄격하게 결정되어 있으므로 그들은 경영상의 결정을 하는 데에 있어서 선택의 자유를 가지고 있지 않다. 거기에는 경제시스템의 안에서 오직이 생길 여지는 없는 것같이 보일 것이다. 그러나 실제로는 이 과도하게 중앙집권화되어 극도로 통제된 경제관리시스템이야말로 경제계 전체에 만연하는 오직의 근원이 되며, 공식 경제시스템과 아울러 제2의 비공식 경제시스템이 출현하여 기능하게 되는 현상을 만들어 내고 있는 것이다.

게다가 이 둘은 극히 밀접하게 서로 결부되고 있어서 공식 경제시스템은 제2의 비공식 시스템에 의해서 지탱되지 않으면, 즉 오직이라는 수단에 의존하지 않으면 기능할 수 없을 정도로 되어 있다. 공식 경제시스템은 기업이나 건설 프로젝트의 매니저에 대해서 엄격한 요구를 들이댄다. 할당된 계획을 기간 내에 완전히 수행하라고 한다. ……계획, 배급기관은 극히 당연한 것처럼 건설 프로젝트에 계획 달성에 필요한 종류와 양의 자재를 공급하고 있지 않다. 그럼에도 불구하고 계획 달성의 의무가 프로젝트나 기업의 매니저를 속박하고 있다. 그는 어떻게 해서든지 국가가 공급하여 주지 않는 모든 것, 계획 달성에 필요한 모든 것을 확보할 필요를 강요받게 된다. 그들은 어떠한 방법을 쓸 것인가? 소련에서는 필요한 것을 합법적으로 확보하는 길은 없다.

그런데 「계획 달성」에 필요한 모든 것을 입수하는 방법이 하나 있다. 뇌물이다. ……플랜트, 공장, 건설 프로젝트의 대표자들이 각 성이나 국가계획위원회(고스플랜), 그리고 원재료, 자재의 공급을 담당하는 각 국가위원회의 담당자—상급에서 중급, 하급을 불문하고—에게 뇌물을 주지 않을 수 없는 상황에 있음을 많은 재판사건이나 신문기사가 이미 아주 뚜렷하게 보여주고 있다.』[70]

(3) 팽창주의정책의 추구

또 소련은 세계적화를 위한 팽창주의를 계속해서 추구하고 있다. 음으로 양으로 각종 형태의 전략전술을 쓰면서 직접적 간접적으로 제3세계와 자유세계에 대해서 침략을 획책하고 있는 것이다. 그리고 막대한 비용을 써서 선전과 첩보 활동을 전개하고 있으며, 특히 군사적으로 자유진영을 위협하면서 약소국을 침략하기 위해서 대대적으로 군비를 증강시켜 왔다. 이것들 모두가 생산수단의 사회화와 이윤의 사회적 소유라는 미명하에 수많은 근로대중의 수탈 위에 이루어지고 있는 것이다.

군비의 확장을 위해서는 중공업을 발전시키지 않으면 안 되는 바, 거기에는 막대한 자원과 인원이 소요된다. 그러나 그것들은 생산재 생산 등 경제성장에 직접 기여하는 중공업이 아니기 때문에 근로대중이 땀을 흘려서 쌓아올린 막대한 부를 그들에게 돌리는 일 없이 대중의 이익과는 아무런 관계가 없는 팽창주의정책의 추구를 위하여 소모해 온 것이며, 지금도 계속 소모하고 있는 것이다. 뿐만 아니라 팽창계획에 차질이 생기지 않도록 하기 위해서 노동을 보다 강요하며, 대중의 불평불만의 폭발을 방지하기 위하여 탄압을 강화해 온 것이다.

이상으로 소련 경제의 침체의 주요 원인이 자유시장의 폐지, 자유로운 기업활동의 봉쇄, 계획경제의 과도한 확대와 강행, 계속적인 팽창주의의 추구 등에 있다는 것을 밝혔다. 이와 같은 침체의 원인은 정도의 차는 있을지언정 거의 모든 사회주의국가의 공통된 현상이다.

(4) 소련 경제정체의 근본원인

소련 경제의 정체성, 그리고 기타의 모든 공산주의국가의 경제의 정체성의 원인은 이상 말한 대로인 바―국가에 따라서 정도의 차가 있을 뿐―이들의 원인 외에 또 보다 근본적인 원인이 있는 것이다. 이 원인을 파악하기 위하여 소련 경제의 이론적 근거를 조사할 필요가 있다.

마르크스의 경제이론에 따르면 자본가들의 노동자에 대한 착취는 바로 잉여가치(이윤)의 착취였다. 노동자가 당연히 취득하여야 할 이윤을 자본가들이 수탈하는 데에 자본주의의 근본모순이 있었던 것이다. 따라서 자본주의 경제체제를 타도하고 사회주의사회를 세워서 이윤(잉여생산물)을 노동자들이 되찾으면 일체의 사회모순은 해결되어, 생산력은 자유로이 발전하게 되며 자본주의사회보다 훨씬 우수한 이상사회가 실현될 수 있도록 되어 있었던 것이다.

그리하여 실제로 소련은 혁명 후 오랫동안(1960년대까지) 문자 그대로 노동가치설과 잉여가치설을 그 핵심으로 하는 마르크스의 경제이론에 따라 경제정책을 실시해 온 것이며, 그 후에도 비록 경제정책이 일부 수정되었다고는 하나 역시 그 이론을 따랐던 것이다. 다른 거의 대부분의 공산주의국가도 정도의 차는 있지만 마찬가지였다. 소련의 사회주의 경제가 노동가치설과 잉여가치설을 근거로 해서 성립하고 있다는 것은 소연방과학원 경제학연구소의 「경제학교과서」에서 다음과 같은 내용에 의해서 알 수 있다.

『사회주의사회에서는 노동이 필요노동과 잉여노동으로, 생산물이 필요생산물과 잉여생산물로 각각 나누어지는데, 이 구분은 인간에 의한 인간의 착취에 의거하는 사회구성체(자본주의사회)에 있어서의 이들의 카테고리에 고유한 적대적 성격을 가지고 있지는 않다.』[71]

『사회주의하에서의 필요노동은 자기를 위한 노동이어서 필요생산물을 만들어 내며, 이 대부분은 생산에 따르는 일손 간에 각자의 노동의 양과 질에 따라서 분배되어서 일손과 그 가족의 개인적 욕망을 채우는 데에 충당된다.』[72]

『잉여노동은 사회를 위한 노동이어서 잉여생산물을 만들어낸다. 잉여생산물은 사회적 필요(생산의 확대, 교육, 보건, 국방, 노령자 및 노동불능자의 후생 등)를 채우는 데에 충당된다.』[73]

『사회주의사회에서 생산되는 상품은 사용가치와 가치를 가지고 있다. 다시 말하면 사회주의하에서는 상품은 그 상품에 체현(體現)된 노동의 이중성에 의해서 규정되는 이중성을 가지고 있다.』[74]

『상품의 가치는 사회주의하에서는 직접 사회적인 노동의 특수한 형태인 추상적 노동에 의해서 만들어진다.』[75]

『사회주의 경제에는 자본주의하에서 과잉생산, 공황의 가능성과 결부하고 있는 사용가치와 가치의 적대적 모순은 존재하고 있지 않다.』[76]

『사회주의사회의 생산물의 가치는 다음의 세 부분으로 나누어진다. 즉 첫째는 소비된 생산수단의 가치, 둘째는 필요노동에 의해서 만들어진 생산물의 가치, 셋째는 잉여노동에 의해서 만들어진 생산물의 가치이다. 사회적 가치의 처음의 두 가지 부분이 사회주의 기업의 생산물의 원가에 표시되어 있다. ……따라서 원가는 소비된 생산수단 안에 포함되어 있는 과거의 노동과 새로이 지출된 노동 중 필요생산물을 만들어 내는 부분을 체현하고 있다.』[77]

『원가에는 소비된 생산수단의 가치와 필요노동이 만들어낸 생산물의 가치가 화폐 형태로 표시되는 것인데 사회주의사회의 생산물의 가치의 나머지 부분, 즉 잉여노동이 만들어낸 사회를 위한 생산물의 가치는 그 화폐적 표현을 순소득에서 발견한다. 사회주의 국민경제 전체에서 만들어진 잉여생산물의 가치는 사회의 순소득이라는 형태로 화폐적 표현을 취해서 나타나게 된다.』[78]

『경제상의 관습으로 기업의 순소득은 이윤이라고 부르고 있다. 사회주의사회에서는 자본주의적 착취관계가 일소되어 있다. 그러므로 이윤이라고 부르고 있는 기업의 순소득은 자본주의하에서의 이윤과 비교하면 전혀 다른 본성과 사명을 가지고 있다. 사회주의하에서의 순소득을 만들어내는 것은 생산수단의 소유자인 근로자 자신이며, 이 근로자가 이 순소득을 자기를 위해서 이용하는 것이다.』[79]

독자는 이 인용문들이 마르크스의 노동가치설과 잉여가치설의 내용과 대체로 일치하고 있는 것으로 곧 느낄 것이다. 그런데 소련의 「경제학교과서」는 『사회주의사회에서는 자본이 일소되었으므로 자본가에 의한 노동력의 고용이라는 카테고리는 소멸되어서 노동력은 상품이 아닌 것으로 되어 있으며 잉여가치는 없다.』[80]고 말하면서 마치 사회주의사회의 가치법칙이 마르크스의 가치설과 전혀 다른 것같이 표현하고 있지만, 그것은 신개념에 의한 위장 신가치론이어서 실질적으로는 마르크스의 노동가치 및 잉여가치론과 조금도 다르지 않다.

왜냐하면 필요노동, 잉여노동이라는 마르크스의 노동가치설(잉여가치설)의 기본 개념이 그대로 남아 있기 때문이다. 다만 다른 것은 자본주의사회에서는 노동자는 자신이 생산한 잉여가치를 자본가에 의해서 수탈당하고 있는 데 대해서 사회주의사회에서는 생산수단이 사회화되어 있기 때문에 잉여가치는 「잉여생산물」이라고 표현되고 있으며, 그리고 그것은 노동자의 소유 또는 사회의 소유로 되어 있어서 이윤의 본질은 잉여가치가 아니라 순소득이라는 것이다. 그래서 자본주의사회에서는 노동자는 점점 더 빈곤하게 되며 생산력의 발전도 막히는 데 반해서 사회주의사회에서는 노동자는 점점 더 부하게 되고 생산력은 부단히 발전한다는 것이다.

그런데 위에서 말한 바와 같이 오늘날 사회주의 경제는 선진 자본주의사회의 눈부신 경제적 발전에 비해서 현저한 정체성을 드러내고 있다. 또 사회주의 혁명에 의해서 자본가에 의한 노동자의 착취는 소멸되었으나 그 대신에 그보다 더 가혹한 착취와 억압이 가해지게 되었다. 즉 공산주의 특권계급(공산당 간부)에 의한 인민의 폭력적 지배가 그것이다. 그 결과 일반 대중의 인간성은 한층 더 구속되게 되었다.

왜 그럴까? 그것은 마르크스의 경제이론(노동가치설과 잉여가치설) 자체가 잘못되어 있었기 때문이며, 그 잘못된 경제이론을 사회주의의 가치법칙으로서 그대로 시행하였기 때문이다.[81] 마르크스가 사유재산의 폐지를 부르짖으며 생산수단의 사회화와 이윤의 사회적 소유를 실현하려고 한평생 심혈을 기울여서 수립한 경제이론(노동가치설·잉여가치설을 포함하는 방대한 「자본론」)이 이리하여 잘못이었다는 것이 백일하에 폭로된 것이다. 소련 경제의 정체성의 근본원인은 실로 마르크스의 경제이론의 허구성에 있었던 것이다. 그런데 마르크스의 경제이론을 철학적으로 지탱하고 있었던 것은 유물변증법과 유물사관이다. 따라서 마르크스의 경제이론의 허구성의 원인은 결국은 유물변증법과 유물사관의 허구성에 있었던 것이다.

그러나 그 원인을 더욱 깊이 파고 들어가면 마르크스의 유물변증법, 유물사관, 경제이론을 낳은 토양이 된 마르크스의 인간소외론까지 거슬러 올라가지 않으면 안 된다. 이미 말한 바와 같이 마르크스는 인간소외론에 있어서 사유재산의 폐지가 바로 인간성 회복의 길이라고 결론을 세우고 있었다. 그리고 사유재산의 폐지(자본주의사회의 타도)를 목적으로 해서, 또는 그것을 철학적·경제학적으로 합리화하기 위해서 그는 유물변증법, 유물사관, 경제이론을 수립하였던 것이다.

따라서 공산주의 경제의 정체성 및 공산주의사회에 있어서의 비인간화의 궁극적인 근본 원인은 마르크스의 인간소외론의 잘못에 있었다고 하지 않을 수 없다. 그러므로 여기에 공산주의의 잘못을 바르게 하고 마르크스가 포착한 자본주의사회의 병폐도 해결하여서 인간을 참으로 해방할 수 있는 새로운 소외론이 절실히 요구된다는 결론에 도달하게 되는 것이다.

제8장
마르크스의 인간소외론의 비판과 대안

1. 마르크스의 인간소외론과 공산주의

이미 제1장에서 말한 바와 같이 헤겔은 국가를 통해서 법의 이념이 실현될 때 인간은 필연적으로 이기적인 인간으로부터 이성적인 인간이 된다고 생각하였으나 실제로 헤겔이 이성국가라고 기대하였던 프러시아에 있어서 관료정치는 부패하고 인간은 이성적 인간이 되지 않았다. 또 포이엘바하는 하나님을 부정힘으로써 대상화된 인간의 유직(類的) 본질을 인간 자신의 손으로 되찾는 것이 인간성 회복의 길이라고 주장하였으나 그와 같은 포이엘바하의 주장에 의하여서도 인간생활의 현실은 하등 변혁되지 않았다.

헤겔이나 포이엘바하에 대한 이와 같은 비판 위에서 마르크스는 노동자가 노동생산물을 빼앗김으로써 그 인간성이 소외되었다는 생각을 갖게 된다. 즉 「노동자로부터의 노동생산물의 소외」가 인간소외의 본질이라고 생각한 것이다. 따라서 인간을 해방하기 위해서는 사유재산—자본가의 사적 소유가 된 노동생산물—을 폐지하지 않으면 안 된다는 주장을 하기에 이른다.

여기서 초기 마르크스의 인간소외론과 그 후에 전개된 공산주의 이론, 특히 「자본론」과의 관계성에 대하여 알아보기로 한다. 이미 제1장에서 말한 바와 같이 초기 마르크스의 인간소외론은 「도이치 이데올로기」를 경계로 자취가 사라졌던 것이다. 그리하여 오늘날 공산주의자 또는 공산주의 연구자 간에도 초기 마르크스의 인간소외론은 「자본론」에서 이미 극복된 것으로 보고 소외론을 무시하려고 하는 입장과 「자본론」은 바로 소외론에서 출발하여서 결실된 것으로 보고 그것을 중시하는 입장의 두 입장이 있는 것이다.[1] 그러나 다음과 같은 점에 있어서 「자본론」은 초기 마르크스의 인간소외론을 토대로 해서 그 연장선상에 전개된 것이라는 것에 의심의 여지가 없는 것이다.

첫째는 제4장의 「유물사관의 비판과 그 대안」에서 논한 바와 같이 헤겔의 「이성국가의 실현」=「자유의 실현」에 영향을 받아서 마르크스는 자유의 실현을 목표로 해서 헤겔의 관념변증법을 역전시킨 유물변증법을 가지고 그 이론을 전개하였다는 점이다. 유물론의 입장을 취한 마르크스는 역사관에 있어서도 또 경제학에 있어서도 당연히 객관적 사실을 토대로 하여 결론을 유도하는 귀납적 논리를 전개하지 않으면 안 되었다. 그리고 실제로 마르크스의 모든 논리의 전개는 귀납적, 객관적인 것 같은 인상을 주고 있는 것이다. 그러나 면밀하게 마르크스의 이론을 분석하여 보면 거기에는 미리 연역적으로 정해진 목표와 방향성이 감추어져 있었던 것이다.

둘째는 자본주의사회에 있어서의 인간의 소외는 노동생산물의 소외라고 한 초기의 소외론의 입장에서 마르크스는 후퇴한 것이 아니고 인간소외론을 경제적인 문제로 바꾸어 놓으면서 그 설명을 다음과 같이 더욱 부연하였던 것이다.

「자본론」에 있어서 마르크스는 자본과 자본가를 다음과 같이 표현하였다. 즉 「자본론」에 의하면 자본이란 「자기를 증식하는 가치」[2]이며, 『가슴에 사랑이라도 안고 있는 것같이 「작용」하기 시작하는 활기 있는 괴물』[3]이며, 『흡혈귀와 같이 다만 살아 있는 노동의 흡수에 의해서만 활기를 띠고, 그리고 그것을 흡수하면 할수록 더욱더 활기를 띠는 죽은 노동』[4]이었던 것이며, 자본가란 「인격화된 자본」[5] 「또는 자본의 담당자」[6]였다.

이와 같은 표현에서 명백한 바와 같이 노동자로부터 노동생산물을 빼앗고 인간성을 빼앗은 악의 원흉은 결국 「자본」이며 자본가라는 것이 「자본론」에 있어서의 마르크스의 주장이었다는 것을 알 수가 있는 것이다. 그러면 도대체 자본이란 무엇일까? 자본이란 마르크스에 의하면 자본가의 사적 소유가 되어 있어서 노동자를 착취하는 수단이 되고 있는 생산수단이며,[7] 자본은 물건이 아니고 생산과정에 있어서의 사람과 사람과의 사회관계인 것이다.[8] 따라서 자본이라고 할 때 그것은 자본주의 생산관계 또는 자본주의 제도까지도 의미하고 있는 것이다. 그러므로 노동자로부터 노동생산물을 빼앗은 악의 원흉은 「자본주의」라는 경제제도이기도 하였던 것이다.

마르크스는 어떻게 해서 이와 같은 자본이 만들어지게 되었는가를 알아보기 위해서 자본의 「본원적 축적」에 관하여 다음과 같이 말하고 있다. 『본원적 축적이 경제학에서 행하는 역할은 원죄가 신학에서 하는 역할과 대체로 비슷한 것이다. 아담이 선악과를 따먹음으로써 거기서 인류에게 죄가 시작되었다. ……신학상의 원죄의 전설은 우리들에게 어떻게 해서 인간이 이마에 땀을 흘리면서 먹게 되었는가를 말해 주고 있는데, 경제학상의 원죄의 이야기는 어찌하여 조금도 그런 것을 할 필요가 없는 사람들이 있는가를 명백히 해주는 것이다. ……이와 같은 원죄가 범해지고부터는 아무리 노동을 해도 여전히 자기 자신밖에는 아무것도 팔 것을 갖지 못한 대중의 빈궁과 적은 수의 인간들의 부가 시작된 것으로서 이 인간들은 훨씬 전부터 노동하지 않고 있는데도 그 부는 계속 증대해 가는 것이다.』[9]

「본원적 축적」이란 자본주의적 생산양식의 출발점이 된 자본의 축적을 말하는 것으로서, 그 대표적인 과정이 농민을 강제적으로 공동지(共同地)로부터 내쫓은 15세기 말부터 18세기 말에 걸쳐서의 영국에 있어서의 토지의 「엔클로저(enclosure)」였다고 한다. 그것은 폭력적인 『민중의 대군(大群)으로부터의 토지나 생활수단이나 노동용구의 수탈』[10]과 그것에 의한 민중의 임금노동자로의 전화(轉化)였던 것이다. 마르크스는 이것을 『자본은 머리로부터 발톱 끝까지 털구멍이라는 털구멍으로부터 피와 오물이 흐르는 가운데서 생겨난다.』[11]고 표현하였다.

결국 마르크스에 의하면 『노동자로부터의 노동생산물의 소외』를 생기게 한 것은 「자본」, 「자본가」 또는 「자본주의」였던 것이며, 더욱 거슬러 올라가면 「자본의 본원적 축적」이었던 것이다. 「자본의 본원적 축적」은 기독교의 원죄에 해당하는 것으로서 마르크스의 인간소외관의 근본 뿌리라고도 말할 수 있는 것이었다.

이상으로 「자본론」은 마르크스의 소외론의 연장선상에 있다는 것이 확실히 결론지어지는 것이다. 그러므로 「자본론」이란 말하자면 경제학으로 분장한 소외론이라고도 말할 수 있는 것이다. 결국 「자본론」이란 소외론에서 이미 고발한 자본주의의 죄상을 보다 구체적으로 폭로하기 위해서 보다 많은 죄목을 나열한(실은 날조한) 이론에 불과한 것이다. 그리고 그 나열은 미리 정한 목표(사유재산제의 폐지, 폭력혁명에 의한 자본주의의 타도)를 합리화하는 방향으로 연역적으로 짜여진 것이었다.

그러면 마르크스의 인간소외론에 근거한 「자본론」에 따라서 세워진 공산주의사회—적어도 충분히 성숙하여 공산주의사회에 근접하였다고 하는 사회주의사회—는 과연 어떠한 모습으로 되어 있는가? 오늘의 공산주의사회에서는(특히 소련에 있어서) 마르크스의 이론에 따라 사유재산은 확실히 철폐되고 명목상이기는 하지만 노동생산물은 노동자의 손으로 돌아갔다. 그러나 사실이 표시하는 바와 같이 결과는 다음과 같이 마르크스의 이론이 약속한 것과는 전혀 다른 모습으로 되어 버렸다.

(1) 마르크스는 공산주의사회에서는 『협동적 부의 모든 샘이 더욱 많이 흐른다.』[12]고 약속했다. 그러나 실제는 선진자본주의 제국과 비교하면 공산주의사회는 극도의 경제적 정체를 보이고 있다. (2) 마르크스는 「참 자유의 나라」[13]가 실현된다고 약속했다. 그러나 실제로는 공산주의사회에 있는 사람들은 자유를 박탈당하고 인권이 무참하게도 짓밟히고 있다. (3) 마르크스는 자본주의사회에서의 노동은 자발적인 것이 아니고 「강제노동」[14]이라고 비난하고, 엥겔스는 공산주의사회에서는 「중하(重荷)였던 노동이 쾌락이 된다.」[15]고 약속했다. 그러나 실제는 공산주의사회에서의 노동은 자본주의사회에서보다 더 의무적이며 고통에 넘친 것이 되고 있고 「강제노동」이 공산주의의 별명으로 간주될 정도이다. (4) 마르크스는 또 노동생산물은 『각 사람에게는 필요에 따라』[16]라는 원칙하에 분배된다고 약속했다. 그러나 현실은 권력에 따르고 또 지위에 따르는 분배가 되고 말았다.

왜 이와 같은 결과가 되고 말았을까? 그것은 마르크스가 다음과 같은 점에서 오류를 범했기 때문이다. 즉 첫째로 인간소외의 본질 파악에 있어서, 둘째로 인간소외의 기반이 된 자본주의사회의 성격 파악에 있어서, 셋째로 인간소외 문제를 해결하는 방법론에 있어서 그는 근본적으로 오류를 범하였던 것이다. 다음에 그것을 구체적으로 설명하기로 하자.

2. 마르크스의 인간소외론의 오류

(1) 인간소외의 본질 파악의 오류

1) 인격적 측면의 무시

마르크스는「노동자로부터의 노동생산물의 소외」를 인간소외의 본질로 보았던 것인데, 노동생산물의 소외란 요컨대 물질적인 소외였다. 마르크스는 유물론자이기 때문에 물질적인 면에서 인간소외 문제를 다룬 것이다.

그렇지만 통일사상에 의하면 육신(形狀)은 마음(性相)에 의해서 주관받게 되어 있으므로 외적인 물질적 생활(형상)은 내적인 마음(성상)의 작용에 의해서 영위되고 있는 것이다. 따라서 물질적인 소외도 마음의 작용에서 그 원인을 찾아야 했던 것이다. 이에 관하여 다음에 설명한다.

통일사상에 의하면 인간의 마음은 생심 즉 영인체의 마음과 육심 즉 육신의 마음의 두 가지 마음이 통합된 것이다. 그것은 인간이 영인체와 육신으로 된 이중체이기 때문이다. 영인체는 영적 오관에 의해서만 감지할 수 있으며, 육신의 사망 후 영계에서 영원히 생존하는 영적인 존재인 것이며, 육신은 육적 오관에 의해서 감지할 수 있는 물질적인 신체를 말한다. 생심의 기능은 가치(진·선·미·사랑)의 생활을 추구하는 것이며, 육심의 기능은 육신생활, 즉 의식주 및 성(性)생활을 영위하는 것이다.

여기에 생심과 육심이 각각 주체와 대상의 입장에서 수수작용을 하는 것이 인간의 본연의 모습이다. 즉 생심이 육심을 주관하면서 가치의 생활을 선차적으로, 의식주의 생활을 후차적으로 영위하는 것이 인간의 본래의 모습이다. 그러나 타락에 의해서 인간은 이 본연의 자세를 잃고 육심이 생심을 쉽게 주관하게 되었다. 그 때문에 일반적으로 인간은 가치생활을 경시하고 이기적인 물질생활을 보다 더 추구하게 되었던 것이다.

따라서 「노동자로부터의 노동생산물의 소외」, 즉 자본가에 의한 노동자의 착취가 생긴 것은 자본가 자신의 육심이 생심을 주관하여 자기중심적으로 되어 이기적인 물질생활만을 추구하게 되었기 때문이다. 육심 중심이 된 자본가는 진선미의 가치생활을 무시하여 이것을 돌보지 않고, 따라서 인간으로서의 가치를 상실(포기)해 버린 것이다. 그뿐만 아니라 노동자의 인간으로서의 가치나 인격까지도 인정하려 하지 않고 그들을 일종의 상품 또는 이윤을 얻기 위한 수단으로 간주하였던 것이었다. 그러한 자본가에게 고용되고 있는 노동자는 자본가에 있어서는 다만 착취의 대상 이외의 아무것도 아니었다. 그러므로 노동자는 좋든 싫든 그 본성(인격)을 무시당하고, 하나의 상품으로서의 물질적 존재로서 취급되었던 것이다.

따라서 노동자는 노동생산물을 소외당하기 전에 우선 인간의 가치를 소외당하고 있었던 것이며, 인격을 소외당하고 있었던 것이다. 통일사상에 의하면 가치에는 두 가지 종류가 있다. 정신적 가치(진·선·미·사랑)와 물질적 가치(의식주를 위한 상품가치)가 그것이다. 전자를 성상적 가치, 후자를 형상적 가치라고 말한다. 정신적 가치는 인격의 기초를 이룬다. 노동자가 인간의 가치를 소외당했다고 하는 것은 이 정신적 가치나 인격이 무시 또는 포기된 것을 의미하는 것이다. 그런데 인간의 가치를 상실했다고 하는 점에서는 노동자도 자본가도 마찬가지였다. 다만 노동자는 가치와 인격을 빼앗기고(무시되어), 자본가는 스스로 가치와 인격을 버렸다(육심 중심으로만 되었다)는 점에 차이가 있었을 뿐이다. 이와 같이 노동자의 인격이나 가치가 소외(무시)되었으므로 그 결과로서 노동생산물이 소외된 것이다.

그렇다고 해서 노동자는 자본가로부터 착취당하지 않으면 자동적으로 본연의 가치생활을 하느냐 하면 반드시 그렇지는 않은 것이다. 인간은 누구나 다 타락 때문에 가치를 떠나서 육심 중심의 이기적인 물질생활로 기울기 쉬운 것이며, 노동자라고 해도 이기적인 물질생활을 추구하려는 경향이 있다고 하는 점에 있어서는 자본가와 다름이 없는 것이다. 따라서 노동자가 비록 착취당하지 않게 된다고 해도 스스로 생심과 육심의 본래의 모습의 회복에 힘쓰지 않으면 그들도 본연의 가치생활을 할 수가 없는 것이다.

마르크스는 파리시대에 자본가들은 노동자들을 상품과 같이 다루고 있다고 하여 노동자의 인격이 무시되고 유린당하고 있는 것을 분개하였다. 그럼에도 불구하고 그는 인간의 정신적 가치나 인격의 소외를 인간소외의 본질이라고는 보지 않고 결과적인 현상에 지나지 않는 노동생산물(물질적 가치)의 소외를 인간성의 소외의 본질로 본 것이다.

2) 잘못된 자본관

「노동자로부터의 노동생산물의 소외」를 자본주의사회의 경제적 구조의 문제로서 추구한 마르크스는 노동의 생혈을 빨아먹으면서 끊임없이 자기를 증식하여 가는 가치로서의 「자본」이 바로 소외 또는 착취의 원흉이라고 결론지었다. 여기서 자본이란 특정한 생산관계, 즉 자본주의 생산관계하에 놓인 사적 소유로서의 생산수단을 뜻하는 것이었다.

여기서 마르크스는 다음과 같은 점에서 잘못을 범하고 있음을 알아야 한다. 첫째는, 본래 단순한 물건(생산수단, 화폐)인 자본이 마치 탐욕적인 생물인양 노동자를 착취하면서 가치를 증식한다고 한 점이다. 즉 자본 그 자체의 본성이 착취인 것으로 다룬 점이다. 그것은 마치 칼이란 그 용도의 여하에도 불구하고 또 소유자의 여하를 불구하고 그것은 본질상 인간에 상처만을 주는 흉기라고 주장하는 것과 같은 것이다. 가치를 증식하는 욕망은 자본 그 자체에 있는 것이 아니고 자본을 소유하고 있는 인간(자본가)의 마음에 있는 것인데, 마르크스는 마치 자본 자체 내에 그와 같은 욕망이 있는 것처럼 표현하고 있다.

둘째는, 자본주의사회에 있어서만 자본이 성립한다고 한 점이다. 이것은 자본주의사회를 탄핵하기 위한 독단에 지나지 않는다.[17] 사회주의사회에서도 자본이 엄연히 존재하며 뿐만 아니라 도리어 자본이 고도로 집중하여 국가자본까지 되고 있는 것이다. 자본가에 의한 노동자의 착취의 구조는 사회주의사회에서는 공산당에 의한 노동자의 착취의 구조로 바뀌었을 뿐이다.

셋째는, 자본을 산출한 본원적 축적의 주장이다. 마르크스는 이것이야말로 바로 기독교의 원죄에 해당하는 것이라고 말하였는데 과연 그러할까? 원죄에 해당한다고 하면 이것이 최초의 원인 또는 이유로 되어 있지 않으면 안 된다. 그러나 본원적 축적에 있어서 당시의 부농층은 왜 민중으로부터 무자비하게 생산수단을 수탈하였는가라는 이유의 문제가 여전히 남는 것이다. 통일사상에서 본다면, 마르크스가 말하는 엔클로저(enclosure)도 인간의 가치나 인격을 포기하고 이기적 욕망만을 추구하는 인간(부농)에 의해서 감행된 사건에 지나지 않았던 것이다. 즉 본원적 축적이라는 물질적 축적 그 자체가 정신적인 이기적 욕망의 축적에 기인하는 것이었다. 이것을 마르크스는 몰랐던 것이다.

이와 같이 마르크스는 그의 사상 형성의 출발점에서 이미 근본적인 오류를 범하였던 것이며, 그로 인하여 논리전개의 방향 착오를 일으켰던 것이다. 인간의 소외는 내적인 마음의 문제에서 온 것인데, 마르크스는 외적·물질적인 자본의 형성을 인간소외의 근본원인으로 보고 노동생산물의 소외를 인간소외의 본질로 삼았던 것이다.

3) 프롤레타리아트의 우상화

이상과 같이 마르크스는 인간소외를 경제적인 문제로서만 다루었고 인격적·윤리적인 문제로는 다루려 하지 않았다. 그런데 마르크스의 「자본론」에 있는 다음과 같은 표현으로 보아 마르크스는 마음으로는 자본가 계급은 마치 악마와 같이 절대적으로 악한 것으로 생각하고 있었음을 알 수 있는 것이다.

『그(자본가)의 혼은 자본의 혼이다.……자본은 이미 죽은 노동이어서 이 노동은 흡혈귀와 같이 다만 살아 있는 노동의 흡수에 의해서만 활기를 띠며……』[18]

『로마의 노예는 쇠사슬에 의해서, 임금노동자는 보이지 않는 실에 의해서 그 소유자(자본가)에게 매여져 있다.』[19]

『(자본가에 의한)직접적 생산자의 수탈은 아무것도 용서하지 않는 야만성으로서 가장 철면피하고 더럽고 천하고 밉살스러운 욕정의 충동에 의해서 행하여진다.』[20]

그런데 이와 같이 부르주아 계급의 인간성을 고발하면서 마르크스는 프롤레타리아 계급 및 그 대표인 공산주의자의 인간성을 전혀 문제로 삼지 않았다. 그뿐 아니라 프롤레타리아 계급은 인간의 해방의 심장이며,[21] 미래를 장악하는 계급이며,[22] 『부르주아 계급을 폭력적으로 붕괴시키고 그것에 의해서 프롤레타리아 계급이 그 지배를 수립할 때가 왔다.』[23]고 일방적으로 프롤레타리아 계급을 신성화 또는 이상화하고 있었던 것이다. 이것은 프롤레타리아 계급을 절대적으로 선한 것으로 규정한 것을 의미하는 것이다. 그것은 베르자에프가 공산주의에 있어서 『프롤레타리아트는 착취라는 원죄에 오염되지 않은 유일한 계급이다.』[24] 『프롤레타리아트란 신비적 관념이지만 그것은 동시에 최고가치이며, 절대선이며, 지고한 정의이기도 하다.』[25]라고 지적한 대로이다.

그러나 부르주아 계급을 사악한 것으로 인정하고 프롤레타리아 계급과 그 대표인 공산주의자를 아무런 검토도 없이 무조건 선한 것으로 이상화(실은 우상화)해 버린 것은 마르크스의 치명적인 잘못이었다. 인간성의 소외현상은 어떤 한 계급에만 한정된 것이 아니고 인류에 공통된 현상이었기 때문이다.

그런데 실제로는 마르크스가 전혀 예기하지 않았던 바이지만, 밀로반 질라스가 지적한 바와 같이 지금까지 공산주의자들은 이상사회를 지향하여 혁명을 위한 투쟁을 행하고 있는 동안은 헌신·희생·동지애 등의 일정한 도덕 규율을 유지하지만, 일단 권력을 장악하면 이런 것은 사라지고 특히 지도자는 편협하고 위선적인 지배자로 변하여 갔던 것이다.[26] 정의의 대표로서 자처하던 공산주의자가 점차로 냉혹하고 잔인한 비인간적인 압정자로 변모해 갔던 것이다. 마르크스는 이와 같이 프롤레타리아트나 공산주의자를 우상화하였는 바 이것 또한 그와 그의 추종자들의 실패의 원인의 하나가 되고 있는 것이다.

(2) 자본주의사회의 성격 파악의 오류

마르크스는 자본주의사회의 성격 파악에 있어서도 잘못을 범하였다. 그것은 그가 형상면인 경제적 측면을 문제시하고 정치적·종교적 측면은 경제의 파생물 내지 부속물과 같이 경시한 점이다. 그 때문에 자본주의의 정치이념인 민주주의와 자본주의의 가치관의 기초가 되어 있던 기독교가 자본주의 경제의 발전에 얼마나 공헌하였는가를 그는 깨달을 수 없었던 것이다.

마르크스가 영국, 프랑스, 미국과 같은 선진 자본주의국가에 먼저 혁명이 일어난다고 예언했음에도 불구하고 이들 나라에 있어서는 오늘날까지 혁명은 일어나지 않고 경제가 비교적 건전하게 성장해 온 것은 기독교의 가치관에 지탱된 민주주의 이념이 무의식 중에 여러 가지 차원의 수수작용을 통해서 경제적인 모순과 결함을 불완전하게나마 점차적으로 개선해 왔기 때문이다.

마르크스는 왜 기독교나 민주주의가 자본주의 경제의 모순이나 폐해를 그런 대로 개선할 수 있다는 점에 생각이 미치지 않았을까? 그것은 종교나 정치 등의 상부구조는 토대인 생산관계(경제)에 의해서 규정된다는 그 자신이 수립한 「토대와 상부구조」이론 때문이었다. 이 이론에 의하면 자본주의사회의 종교(기독교)나 정치(민주주의)는 모두 상부구조로서, 토대인 자본주의 생산관계의 산물인 동시에 그 생산관계에 봉사하고 그것을 강화하는 것으로만 되어 있다. 즉 자본가 계급의 계급지배에 유리하게만 작용하는 것으로 되어 있다.

따라서 종교나 정치의 힘에 의해서는 자본가에 의한 노동자의 착취의 폐지는 기대할 수 없는 것이며 인간소외문제의 해결을 위해서는 자본주의 체제를 타도하지 않으면 안 된다고 마르크스는 생각한 것이다.

이리하여 마르크스는 민주주의와 종교(기독교)가 자본주의의 발전에 기여한 공적을 예견하지 못하였던 것이다.

(3) 소외문제 해결의 방법의 오류

1) 유물변증법의 수립

마르크스가 인간소외(유적 존재의 소외)의 본질을 노동생산물의 소외로 보았기 때문에 소외된 인간성의 회복(유적 존재의 탈환)은 필연적으로 사유재산의 폐지였으며, 나아가서 생산수단의 사회화 및 이윤의 사회적 소유로 연결되었던 것이다. 그런데 여기서 인간성의 회복을 평화적인 방법으로 하느냐 폭력(투쟁)적인 방법으로 하느냐에 관해서 그는 폭력적인 방법을 택하였던 것이다. 왜냐하면 그때까지 평화적인 방법으로 개혁을 꾀하였던 모든 시도(예를 들면 영국이나 프랑스의 공상적 사회주의 운동)가 실패한 것을 그는 알고 있었기 때문이다. 게다가 그는 투쟁적 성격의 소유자이기도 하였기 때문이다.

투쟁의 방법에는 철학적 지주가 필요하였다. 그 필요성에 따라서 적용한 철학이 유물변증법이었다. 그는 헤겔의 관념변증법에서 관념적 요소를 제거하고 변증법만을 차용하여 그것을 유물론과 결부시켜 유물변증법을 만들어냈다. 이미 설명한 바와 같이 유물변증법의 요점은 발전이란 자연계의 발전이든 사회의 발전이든 모두 사물 또는 사회내부의 대립물의 투쟁에 의해서 이루어진다고 하는 것이었다. 이 유물변증법을 가지고 폭력혁명, 즉 사유재산제를 타도하는 투쟁을 철학적으로 합리화시켰던 것이다. 이 점에 있어서 그는 커다란 오류를 범하였다.[27]

사회변혁에 있어서 반드시 투쟁이 나쁜 것은 아니지만,「발전을 위한 투쟁」을 철학적으로 정당화, 법칙화시킨 것에 큰 문제가 있는 것이다.[28] 법칙이란 언제 어디에 있어서나 타당한 것으로 되어 있기 때문에 투쟁을 법칙화시켜 놓으면(목적만 정당하다고 한다면) 아무리 살육과 파괴를 동반한 투쟁이라 하더라도 그것은 정당한 것이 되어 버린다. 게다가 목적이 정당한가 아니한가는 지도자의 주관적 판단에 달려 있기 때문에 지도적 지위가 높을수록 자의적 목표를 세워서 어떠한 만행이라도 감행할 수 있는 것이며, 양심의 가책 등은 받지 않게 되는 것이다. 그 결과 프롤레타리아 혁명의 이름 아래 어떠한 악도 선으로 바뀌게 되는 것이다. 레닌은 다음과 같이 말하였다. 『진실을 말하는 것은 부르주아지의 편견이다.』 『소(小)부르주아지의 정직성……선의에 대한 속물적인 신뢰는……우리들의 혁명에 있어서 악의 근원이다.』

또 베르자에프는 다음과 같이 말한다. 『마르크스주의는 악을 선으로의 도정(道程)이라고 간주한다. 새로운 사회, 새로운 인간은 악과 암흑이 무성하게 자라는 속에서 생기며 새로운 인간의 혼은 부정적 정열, 증오, 복수 그리고 폭력에 의해서 형성된다. 이것이 마르크스주의의 악마적 요소이며 변증법이라고 부르는 것이다. 악은 변증법적으로 선으로 이행하며 어둠은 빛으로 이행한다. 레닌은 프롤레타리아 혁명에 봉사하는 일체의 것은 도덕적이라고 선언하며, 그것 이외의 선의 정의를 모른다. 여기서부터 목적은 수단을, 모든 종류의 수단을 정당화한다는 말이 생겨났다. 인간생활에 있어서의 도덕적 충동은 모든 독립적 의의를 잃는다.』[29]

투쟁의 법칙화는 투쟁의 질의 악화뿐만 아니라 투쟁의 양의 무제한화를 초래하게 된다. 마르크스가 필요로 한 투쟁은 사실은 자본주의를 타도하는 폭력혁명뿐이었는데, 그는 투쟁을 자연계와 사회의 발전을 지배하는 법칙으로서 결정해 버렸기 때문에 혁명이 성공한 후에도 투쟁은 사회발전을 위해서 불가피한 것이 되며, 따라서 언제나 어디서나 필요하다면 투쟁은 일어나도 좋다는 것으로 되어 버린 것이다.

공산주의의 폭력투쟁에 관해서 밀로반 질리스는 종래의 혁명에 있어서는 폭력은 필요악이며, 혁명이 끝나면 폭력은 필요 없는 것으로 되었는데, 공산주의의 폭력은 혁명 후에도 발전을 위해서 계속적으로 필요시 되고 있다고 다음과 같이 말하였다. 『그때까지의 혁명에서는 구질서가 전복되자마자 혁명적 폭력은 경제의 장해가 되었다. 그런데 공산주의 혁명에서는 폭력은 더 한층의 발전은 물론 진보의 조건이기도 하다. 그때까지의 혁명가들의 말에서는 폭력은 필요악에 지나지 않았고 목적달성을 위한 수단에 지나지 않았다. 그런데 공산주의자의 말에서는 폭력을 숭배해야 하는 것, 궁극의 목적이라는 지고한 지위로 밀어 올려진 것이다.』[30]

공산주의 독재자들이 수많은 인민을 대량 학살할 수 있었던 것은 모두 이와 같이 투쟁을 발전법칙에 따르는 정당한 행위로 간주하였기 때문이다. 공산주의사회에 권력투쟁이 끊이지 않는 것도 그 때문이다. 그뿐만 아니라 투쟁은 증오심을 동반하기 때문에 투쟁이 법칙화되면 타인을 증오하는 것을 당연한 것으로 생각하게 되며, 단체생활이나 국가의 발전에 막대한 지장을 초래한다. 그 때문에 지배자는 피지배자의 증오에 의한 반항이 두려워서 독재체제를 더욱 강화하게 되는 것이다.

통일사상에 의하면 발전은 결코 투쟁에 의해서 이루어지는 것은 아니다. 발전은 주체와 대상 간의 원만한 수수작용에 의해서만 이루어지는 것이다. 소련 경제의 고질적인 침체 현상도 이 수수작용의 법칙(수수법)에 위반하였기 때문이다. 시장에 있어서의 수요·공급의 법칙도 이 수수작용의 법칙인 것이며, 기업인들의 자유로운 기업 활동도 여러 가지 단계의 수수작용인 것이다. 그런데 소련의 경제정책은 이와 같은 수수작용을 억제하는 결과가 되어 버렸다. 따라서 그 경제의 발전과 성장이 둔화될 수밖에 없었던 것이다. 그럼에도 불구하고 소련 경제가 정체성을 띠면서도 오늘날의 정도까지라도 성장할 수 있었던 것은 변증법(투쟁) 때문이 아니다. 그것은 첫째로 강제노동이 실시되었기 때문이며, 둘째로 인간의 본심의 작용에 의해서 모르는 사이에 수수법칙이 부분적이지만 어느 정도 실시되어 왔기 때문이다.

마르크스는 인간소외의 본질이 노동생산물의 소외라고 잘못된 해석을 하였는데, 비록 그렇다 하더라도 투쟁(폭력혁명)을 발전법칙으로서 규정할 것이 아니었다. 노동운동을 추진하는 경우의 투쟁(평화적인 투쟁)만을 주장하였다면, 비록 그 운동이 곧바로는 성공되지 않는다 하더라도 장기간의 끊임없는 운동을 통해서 잃어버린 인간성의 일부는 회복할 수 있었을 것이다. 왜냐하면 평화적인 투쟁에는 수수법칙이 작용할 수 있는 여지가 많기 때문이다. 실제로 혁명을 일으키지 않고 평화적인 노동운동만을 계속하여 온 선진 자본주의국가(예를 들면 영국)의 노동자들의 현황이 그것을 보여 주고 있다. 그리고 오늘날 이들 선진국가에서는 노동자의 생활은 마르크스시대의 노동자의 생활에 비해서 비교가 되지 않을 만큼 향상되고 있을 뿐 아니라 인격적으로도 노동자는 상당한 대우를 받고 있는 것이다.

2) 프롤레타리아트 독재론의 수립

유물변증법에 의한 투쟁의 합리화의 이론을 더욱 철저히 한 것이 프롤레타리아트 독재론이었다. 그리고 이 독재론에 의해서 공산주의는 마르크스의 당초의 목표였던 「인간해방으로서의 공산주의」와는 전혀 반대의 방향으로 나아가게 되었던 것이다.

마르크스는 자본주의에서 사회주의로의 과도기에는 프롤레타리아트의 독재가 행하여지지 않으면 안 된다고 하였다.[31] 그리고 이것이 마르크스주의의 본질이라고 레닌은 다음과 같이 말하였다. 『프롤레타리아트의 독재 속에 바로 마르크스 학설의 본질이 있다는 것은 주지의 사실이다.』[32] 『마르크스주의를 계급투쟁의 학설에 한정시키는 것은 마르크스주의를 축소하고 왜곡하며, 그것을 부르주아지에게도 받아들여지는 것으로 해 버리는 것을 의미한다. 계급투쟁의 승인을 프롤레타리아트의 독재의 승인으로 확대하는 사람만이 마르크스주의자이다.』[33]

그런데 프롤레타리아트 독재는 「다수자의 권력」이며, 「근로자의 절실한 이익」을 나타내고 있다고 하는데, 실제로는 사회주의사회를 실현하기 위해서는 프롤레타리아트의 전위(前衛)로서의 공산당이 필요하며, 당이 뒤떨어진 부분—근로자, 농민—을 지도하지 않으면 안 된다고 한다. 그러므로 프롤레타리아트의 독재란 「공산당의 독재」라는 뜻이 되는 것이다. 스탈린은 다음과 같이 주장하였다. 『혁명당을 갖지 않은 노동자 계급—이것은 사령부를 갖지 않은 군대이다. 당은 프롤레타리아트의 전투사령부이다.』[34] 『이런 의미에서 프롤레타리아트의 독재는 본질적으로는 프롤레타리아트의 전위의 「독재」이며, 프롤레타리아트의 기본적인 지도력으로서의 그들의 당의 「독재」라고 하여도 지장이 없을 것이다.』[35]

스탈린의 이와 같은 주장은 본래 레닌으로부터 온 것이었다.[36] 게다가 레닌은 프롤레타리아트의 「독재」란 『무엇에도 제한되지 않고 어떠한 법률에 의해서도, 절대로 어떠한 규칙에 의해서도 속박되지 않는 직접폭력에 의거하는 권력』[37] 이외의 아무것도 아니라고 주장하였다. 그런데 한편 프롤레타리아트의 독재는 동시에 프롤레타리아 민주주의이며, 『프롤레타리아 민주주의는 모든 부르주아 민주주의보다도 백만 배나 민주주의적이다.』[38]라고 레닌은 공언하고 있다.

　이상이 마르크스·레닌주의의 「프롤레타리아트 독재론」의 요점인데, 그러면 실제의 혁명에서 어떻게 나타났을 것인가. 프롤레타리아트의 독재는 『착취하는 소수자(부르주아지)에 대한 착취당하는 다수자(프롤레타리아트)의 독재』[39]라고 되어 있는데도 실제로는 혁명과 함께 부르주아지가 타도되어 버린 후의 독재는 부르주아지에 대한 프롤레타리아트의 독재가 아니고 프롤레타리아트에 대한 공산당의 독재가 되어 버렸던 것이다.(부르주아는 숙청되든가, 사상 개조된 후 프롤레타리아트의 일부로 편입되고 말았다.) 그리고 그다음에는 프롤레타리아트의 지도자로서 당이 출현한 것과 마찬가지 순서로 당의 지도자로서의 개인이 출현하여 드디어는 프롤레타리아트에 대한 개인의 독재가 행해지게 된 것이다.

　밀로반 질라스는 프롤레타리아트 독재의 실태를 다음과 같이 말하였다. 『프롤레타리아트가 직접 행하는 프롤레타리아트의 독재라는 것은 전적(全的)인 유토피아이다. 어떠한 통치도 정치조직이 없으면 행할 수 없기 때문이다. 레닌은 프롤레타리아트의 독재를 단일 정당, 즉 자기의 정당에 위임하였다. 스탈린은 프롤레타리아트의 독재를 그 자신의 권위—즉 당내나 국가에서의 자기의 개인 독재로 전화시켰다. 공산주의 황제(스탈린)의 사망 후 후계자들은 「집단지도」를 통해서 권위를 분배받을 수 있었던 것이다. 어쨌든 프롤레타리아트의 공산주의적 독재는 유토피아적 이상이거나 당지도자들의 정예그룹이 독점하는 기능에 지나지 않는다.』[40] 그런데 개인의 독재의 필요성을 지적한 것은 실은 레닌이었다. 그는 다음과 같이 말하였다.

　『개인의 독재는 극히 종종 혁명적 계급의 독재의 표현자이며 담당자였다.』[41)]

『혁명이……지도자의 단일 의지에 대중이 이의 없이 복종하는 것을 요구하고 있는 것이다.』[42)] 그리고 레닌은 당의 임무는 대중으로 하여금 『소비에트의 지도자 독재자의 의지에 이의 없이 복종』[43)]하도록 하는 것이라고까지 말하였던 것이다.

그 결과 공산주의 독재자와 그 관료들이 민중을 폭력적으로 지배하는 악질 계급사회가 출현하게 되는 것이다. 그 실태를 밀로반 질라스는 『이 새로운 계급은 역사상 일찍이 없을 만큼 완벽한 권력을 민중에 대해서 휘두르는 계급이다.』[44)]라고 하였으며, 베르자에프는 『이 새로운 소비에트관료제는 차르 체제의 그것보다도 강대하다. 그것은 대중을 무자비하게 착취할 수 있는 신 특권계급이다.』[45)]라고 하였고, 소련으로부터의 망명자 보슬렌스키(Michael S. Voslensky)는 『노멘클라투라는 소비에트 사회의 착취계급이다. 어떠한 선전에 의해서도 이 진실을 말살할 수는 없다.』[46)]고 증언하였던 것이다.

그리고 공산주의단계에 이르기까지의 과도기에 있어서만 행하여진다고 되어 있던 프롤레타리아트 독재(공산당 간부에 의한 민중의 지배)는 결코 종말을 고하는 일 없이 공산정권이 계속되는 한 계속하게 되는 것이다. 그것은 베르자에프가 말한 바와 같이 『권력을 쥐고 있는 자는 권력의 맛을 익혀서 공산주의의 최후의 실현을 위해서 불가피한 변화를 원하지 않는다. 권력에의 의지는 그것 스스로 만족할 수 있는 것이 되며, 사람들은 수단으로서가 아니라 목적으로서 그 획득을 위해서 싸우는 것』[47)]이 되기 때문이다.

3. 마르크스의 출발점으로의 회귀

위에서 말한 바와 같이 오늘날 공산주의사회는 마르크스가 기대하였던 것과는 정반대의 사회가 되고 말았다. 즉 그것은 인간의 이상인 자유와 평화와 번영을 실현하는 사회가 결코 아니며, 오히려 자유를 짓밟고 평화를 파괴하며 경제적인 병폐만을 만들어내는 사회가 된 것이다. 그렇게 된 이유는 이미 마르크스주의의 출발점이 되었던 그의 인간소외론이 잘못되어 있었기 때문이다.

마르크스는 당시의 자본주의사회에 있어서의 고통과 불안, 빈곤과 비참, 범죄와 혼란으로부터 사람들(노동자)을 구하기 위하여 그들의 인간성(인간의 유적 본질)을 어떻게 해방(회복)할 것인가 하는 문제를 안고 그 사상 노정을 출발하였던 것이다. 그런데 이와 같은 문제는 마르크스만이 다루었던 문제가 아니며 동서고금 수많은 종교가, 철학자들이 또한 다룬 문제였다. 따라서 마르크스가 출발한 지점은 많은 정신적 지도자가 출발한 지점과 동일한 것이었다고 할 수 있는 것이다. 즉 동일한 지점에서 많은 종교가, 철학자들은 제각기 다른 방향을 향해서 다른 사상의 길을 걸어갔던 것이다.

그래서 사회적 혼란과 고통으로부터 인간성의 회복(인간의 구제)이라는 동일한 문제를 해결하기 위하여 노동생산물의 탈환을 목표로 해서 걸어 나간 마르크스의 길도 그중의 하나였다. 그것이 무신론적·유물론적 방향이었다. 마르크스 이외의 많은 사상가 중에는 유신론적 방향을 취한 인물도 있으며, 인도주의의 길을 걸은 인물도 있으며, 실존주의의 길을 걸은 인물도 있었다. 종교지도자 중에 공자는 천도에 따라서 인간소외 해결의 길을 추구하여 유교를 세웠으며, 석가는 여래와 자비의 이상에 의한 해탈의 길을 따라서 불교를 세웠으며, 예수님은 하나님의 말씀과 사랑에 의한 길을 제시하면서 기독교를 세웠고, 마호메트는 알라의 말씀에 의한 사랑의 도리를 말하며 이슬람교를 세웠던 것이다. 문선명 선생도 마찬가지로 인간소외의 문제를 해결하기 위하여 하나님의 진리와 사랑을 가지고 통일원리와 통일사상을 수립하였던 것이다.

마르크스가 제기한 인간해방의 사상은 종교적으로 표현하면 죄로부터의 인간구제라는 사상에 해당한다. 그러나 그는 인간소외의 본질의 파악을 잘못했기 때문에 자본주의사회의 비인간화를 그토록 호되게 탄핵하였음에도 불구하고 그의 이론은 인간성을 회복할 수 없었고, 그가 비난한 자본주의사회와 마찬가지로, 아니 그보다도 한층 더 심하게 인간성이 유린되는 사회를 출현시키고 말았던 것이다. 베르자에프도 다음과 같이 지적하고 있다.『마르크스, 특히 초기 마르크스에 있어서 아직 독일 관념론의 흔적을 유지하고 있었던 시대에는 새로운 휴머니즘의 가능성이 있었다. 그는 비인간화에 대한 반항에서 출발하였는데, 후에는 그 자신이 비인간화 과정에 빠졌으며 이리하여 인간에 대한 태도에 있어서 공산주의는 자본주의의 죄를 계승한 것이다.』[48]

마르크스가 오늘날 살아서 공산주의사회의 실태를 목격한다면 그는 자신의 인간소외론이 잘못이었음을 깨달아 반드시 새로운 해결의 방안을 모색할 것임에 틀림없다. 저자는 오늘날의 공산주의자들이 마르크스의 인간소외론이 잘못이었음을 깨닫고 상실한 인간성을 참으로 회복하는 길이 어디에 있는가를 새로이 물어 찾을 것을 절절히 호소하여 마지않는다. 왜냐하면 공산주의자는 실은 인간성의 진정한 그리고 근본적인 해방을 의식적으로나 무의식적으로나 원하고 있을 것이기 때문이다. 그리하여 다음에 통일사상에 의한 인간소외론을 제시하여 마르크스의 인간소외론에 대한 대안으로 삼고자 하는 바이다.

4. 통일사상의 인간소외론

(1) 인간의 본성

본장의 제2절에서 이미 말한 바와 같이 인간이 최초에 그리고 정말로 상실한 것은 마르크스가 말하는 노동이나 노동생산물이 아니라 인간의 가치이며 인격이었다. 따라서 인간의 소외란 인간의 가치의 상실이며, 인격의 상실이었던 것이다.

여기서 인간의 가치란 진선미의 존귀성을 말하며, 인격이란 스스로의 책임으로 진선미의 생활을 할 수 있는 전인적 품격을 말한다. 그런데 진선미의 가치 또는 전인적 품격의 기반이 되고 있는 것이 사랑(참된 사랑, 하나님의 사랑)이다. 하나님이 인간을 창조하신 목적은 가정적인 기반을 통해서 하나님의 사랑을 실현하는 것이며, 따라서 가치의 생활은 본래 사랑의 실현을 목적으로 하고 있는 것이다. 즉 인간이 진선미의 생활을 한다는 것은 하나님의 사랑을 가지고 가정, 이웃, 사회, 민족, 국가, 인류를 사랑하며 그들에게 봉사하면서 그들을 기쁘게 하는 것이다. 하나님의 사랑을 실천할 때 하나님의 사랑이 실천을 통해서 지적으로 표현되면 참이 되며, 도덕적으로 표현되면 선이 되며, 정적 또는 예술적으로 표현되면 미가 된다. 즉 가치란 사랑의 표현 형태인 것이다.

그러므로 인간의 가치나 인격의 상실이란 결국 사랑(하나님의 사랑)의 상실인 것이다. 사랑은 인간 본성의 핵심이다. 따라서 인간은 사랑을 잃음으로써 실은 그 본성을 잃게 된 것이다. 그러므로 인간의 소외는 사랑의 소외인 동시에 인간 본성의 소외이기도 한 것이다. 그래서 통일사상에 의한 소외관을 구체적으로 소개하기 위해서 인간의 본성에 대해서 설명하기로 한다.

본성적 인간은 진선미의 가치생활을 할 수 있는 전인적 품격, 즉 인격을 완성한 인간이다. 하나님을 닮은 인간을 본성적인 인간이라고도 표현할 수 있다. 인간은 본래 성장하면 하나님을 닮게 만들어져 있기 때문이다. 통일사상에 의하면 하나님을 닮는다는 것은 성상과 형상의 통일성에 있어서, 양성과 음성의 조화성에 있어서, 또 개별상, 심정, 로고스(理法), 창조성 등에 있어서 하나님을 닮는 것이다. 따라서 인간의 본성이란 이와 같은 하나님의 속성을 닮은 인간의 속성을 의미한다. 다음에 각각의 본성에 대해서 설명하기로 한다.

우선 첫째로, 하나님의 성상과 형상의 통일성을 닮는다는 것은 개인이 창조본연의 「성상과 형상의 통일체」가 되어서 인격을 완성하는 것이다. 그것은 생심(生心)과 육심(肉心)이 각각 주체와 대상의 입장에서 원만한 수수작용을 하고 있는 상태를 의미한다. 진선미의 가치를 추구하는 것이 생심의 기능이며, 의식주의 생활을 추구하는 것이 육심의 기능이며, 따라서 생심이 주체요 육심이 대상이라는 말은 가치의 생활이 일차적 선차적이며, 의식주의 생활은 이차적 후차적임을 의미하는 것이다. 다시 말하면 진선미의 가치의 생활을 우선하면서 의식주의 생활이 영위되는 것을 의미하는 것이다. 그런데 먼저 말한 바와 같이 진선미의 가치의 기반은 사랑이므로 진선미의 생활이란 사랑을 중심으로 하여 생심과 육심이 주체와 대상의 입장에서 수수작용을 하는 것을 뜻하는 것이다.

둘째로, 하나님의 양성과 음성의 조화를 닮는다는 말은 부부가 「양성과 음성의 조화체」가 되는 것을 뜻한다. 이것은 성상과 형상이 통일되어서 인격적으로 완성한 남자와 여자가 하나님의 사랑을 중심하여 부부가 되어 화합(조화)하는 것을 말하는 것이다. 인간(남녀)은 하나님의 성상·형상의 통일성과 양성·음성의 조화성을 닮을 때 비로소 완전한 인간이 되고 우주를 대표하는 것이 되어 만물의 주관주의 자격을 얻게 되는 것이다. 그러므로 인간시조 아담과 해와가 하나님의 사랑을 중심으로 하여 부부가 되고 가정을 완성하였다면, 그때 하나님의 우주창조는 완성할 수 있었던 것이다.(그러나 아담과 해와의 타락 때문에 오늘날까지 하나님의 우주창조는 미완성 상태에 있다.)

셋째로, 인간은 하나님의 개별상을 닮은 본성을 가지고 있다. 개별상이란 창조에 있어서 하나님의 마음(성상) 안에 그려진 구체적·개별적인 심상, 즉 관념을 말한다. 하나님의 개별상을 닮은 인간을 「개성체」라고 한다. 하나님은 무수한 개별상을 가지며, 그 개별상 하나하나를 닮게 하여 한 사람 한 사람의 인간을 창조하셨다. 그것은 하나님이 인간 한 사람 한 사람의 개성을 통해서 자신의 개별상을 상대적으로 감지하여 기쁨을 얻으려 하셨기 때문이다. 따라서 인간의 개성은 둘도 없는 귀중한 것이다.

넷째로, 인간은 하나님의 심정을 닮은 「심정적 존재」이다. 심정은 「사랑을 통해서 기쁨을 얻고자 하는 정적인 충동」, 즉 「기쁨에의 충동」이며 「사랑에의 충동」인 바 그것은 하나님의 속성 중에서 가장 본질적인 것이다. 하나님은 성상과 형상의 이성성상의 주체인 바 성상의 가장 내부에 있는 것이 심정인 것이다. 그것은 억제할 수 없는 정적인 충동이다. 심정이 없었다면 하나님은 우주와 인간을 창조할 필요가 없었다. 비록 하나님이 전지전능하다 하더라도 그대로 가만히 있을 수도 있었을 터이기 때문이다. 그러나 하나님은 심정의 하나님이어서 한없이 사랑하고 싶고 기뻐하고 싶었기 때문에 사랑의 대상, 기쁨의 대상으로서 인간을 창조하지 않을 수 없었다. 또 인간도 하나님의 충동적인 심정을 계승하고 있으므로 사랑과 기쁨의 대상이 필요하였던 것이다.

그리하여 인간의 대상으로서 우주만물을 또한 창조하지 않을 수 없었다. 인간은 하나님의 충동적인 심정을 상속하였기 때문에 인간은 만물을 인식함으로써뿐 아니라, 사랑(참된 사랑)을 실천함으로써 기쁨을 얻으려는 억제할 수 없는 충동을 가지고 있는 것이다. 즉 하나님과 사람과 만물을 사랑하며 하나님과 사람으로부터 사랑받고 만물로부터는 미를 받음으로써 참된 기쁨을 얻으려고 하는 것이 인간의 본성인 것이다.

다섯째로, 인간은 하나님의 로고스를 닮은 「로고스적 존재」 또는 「규범적 존재」이다. 로고스란 이법인 바 그것은 이성과 법칙이 하나가 된 것이다. 그러므로 로고스(이법)에 따른다는 것은 이성에 의한 인식이나 판단에 의거하면서 법칙에 따르는 것을 의미한다. 법칙에는 형상적 법칙(자연법칙)과 성상적 법칙(윤리법칙 즉 규범)이 있는 바 「로고스적 존재」라는 말은 규범, 즉 성상적 법칙을 준수할 수 있는 인간을 뜻한다.

여섯째로, 인간은 또 하나님의 창조성을 부여받는 「창조적 존재」이다. 창조성은 물건을 만드는 능력을 말하는 바, 그것은 통일사상의 표현에 의하면 내적 사위기대와 외적 사위기대를 형성시키는 능력을 말한다. 내적 사위기대의 형성이란 성상(마음) 내의 지정의의 기능(내적 성상이라고 함)이 목적을 중심하고 성상 내의 관념, 개념, 수리, 원칙 등(내적 형상이라고 함)과 수수작용을 하여서 구상을 세우는 것을 말

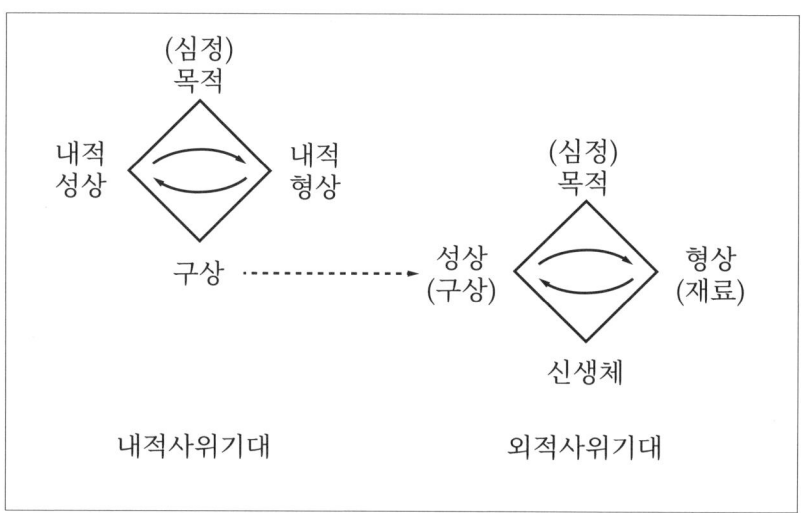

그림 8-1 내적 사위기대와 외적 사위기대의 형성

한다. 그리고 외적 사위기대의 형성이란 구상(성상)과 질료(형상)가 목적을 중심으로 하고 수수작용해서 신생체가 생기는 것, 즉 구상대로 재료(질료)를 써서 실제의 창조를 행하는 것을 의미한다.(그림 8-1 참조) 그런데 하나님의 창조성이란 심정을 중심으로 한 창조성이며 사랑을 중심으로 한 창조성이다. 따라서 인간의 본성으로서의 창조성도 사랑을 중심으로 하고 있는 것이다.

이와 같이 주로 여섯 가지 점에서 하나님을 닮은 것이 인간의 본성이다. 이상의 설명에서 밝힌 바와 같이 어느 경우도 이들 인간 본성의 기반이 되어 있는 것이 하나님의 사랑(참된 사랑)이다. 성상과 형상의 수수작용도, 양성과 음성(부부)의 수수작용도 하나님의 사랑을 중심으로 하고 있다. 개별상도 로고스도 모두 하나님의 사랑을 기반으로 하고 있다.(단 심정은 사랑의 기반이 되어 있다.) 그러므로 인간이란 요컨대「사랑의 존재」, 즉「애적 인간」(homo amans)이다.

종래의 인간관으로 지적인(homo sapiens)이라든가 공작인(homo faber), 경제인(homo economicus), 자유인(homo liberalis), 종교인(homo religiosus)등 여러 가지가 있었는 바, 확실히 인간에게는 그와 같은 여러 면이 있는 것이 사실이지만 어느 것이나 인간의 본질을 파악한 표현은 아니었다. 인간의 본질은 심정이며, 사랑인 것이다.

(2) 인간성의 상실

그런데 인간시조 아담·해와의 타락에 의해서 인간은 사랑(하나님의 사랑)을 잃고 인간의 본성을 잃어버렸다. 인간의 타락에 관해서는 성경의 창세기에 아담과 해와가 금단의 나무 열매를 따먹음으로써 생겼다고 상징적으로 쓰여 있는데, 그 의미는 통일원리의 타락론에서 상세히 해명되고 있다. 여기서는 다만 그 요점만을 소개하기로 한다.

아담과 해와는 심신이 모두 성장하여 개성을 완성하였다고 하면 하나님의 축복에 의해서 부부가 되어 하나님을 중심으로 서로 사랑하여 자녀를 번식하고 부모가 되었을 터이다. 그렇게 하면 부모와 자녀가 또 하나님을 중심하고 서로 사랑하게 되었을 것이다. 그리고 가정에 있어서 하나님을 중심으로 한 참된 부모의 사랑, 부부의 사랑, 자녀의 사랑이 실현되었을 것이다. 그것은 가정을 통해서 세 가지 형태에 있어서 분성적(分性的)으로 나타난 하나님의 사랑이다. 그리고 하나님을 중심으로 해서 남편(부)과 아내(모)가 합성일체화하여 자녀를 번식하는 것을 가정적인 사위기대가 형성된다고 말한다.(그림 8-2) 이렇게 해서 3형태의 분성적 사랑이 실현되어 가정적인 사위기대가 완성될 때 하나님은 사람과 함께 거하며, 하나님의 창조목적이 실현되게 되어 있었던 것이다.

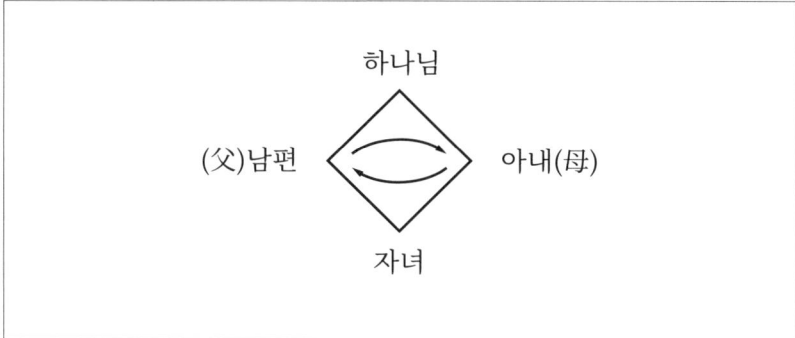

그림 8-2 가정적인 사위기대의 형성

아담과 해와의 성장은 그들 자신의 책임분담을 완수함으로써 이루어지게 되어 있었다. 즉 하나님은 그들에게 말씀을 주시고 자유의지에 의해서 스스로의 노력으로 그 말씀을 준수하면서 성장하도록 되어 있었던 것이다. 그 말씀의 핵심이 되어 있던 것이『선악을 알게 하는 나무의 열매를 따먹지 말라.』고 하신 계명이었다. 그리고 그 의미는 그들의 몸과 마음이 모두 성장해서 하나님이 그들을 부부로서 축복하기까지는 성애(性愛)를 맺어서는 안 된다는 것이었다.

이와 같이 하나님이 인간에 대하여 자유의지에 따라서 스스로를 제어하게 하신 것은 인간에게 창조성을 부여하기 위해서이며, 만물의 주관주의 위치에 세우기 위해서였다. 실제로 동물은 본능에 따라서 행동할 뿐이며, 동물이 보다 나은 생활을 지향하여 노력한다는 것은 있을 수 없으며, 인간만이 정신적으로나 물질적으로나 끊임없이 보다 나은 생활을 지향하여 노력하도록 되어 있는 것이다.

그런데 아담과 해와는 성장하는 과정에서 하나님의 말씀을 지키지 않고, 사탄(악마, 타락한 천사장)의 유혹에 이끌리어 불륜의 행위를 범하였던 것이다. 그 결과 하나님의 창조목적은 파괴되고, 아담과 해와는 하나님으로부터 떠나 사탄의 주관하에 들어가 그 구속을 받게 되었으며, 그리하여 그들은 인간의 본성을 잃어버린 것이다. 타락에 의해서 인간 본성의 핵심이 되고 있는 하나님의 사랑(심정)을 더 이상 받을 수 없게 되었기 때문이다. 아담·해와의 타락에 의해서 그들의 후손인 전 인류도 모두 인간의 본성을 잃은 상태가 되어 버린 것이다. 다음에 이에 관해서 좀 구체적으로 설명하기로 한다.

우선 첫째로, 인간은 타락에 의해서 「성상과 형상의 통일체」로서의 본성을 잃어버렸다. 즉 하나님의 사랑(심정)을 중심으로 한 생심과 육심의 본래적인 수수작용을 할 수 없게 되었다.[49] 생심과 육심의 관계가 역전되어서 육심을 중심으로 하고 살도록 되어 버렸기 때문이다. 그러므로 인간은 생심에 따라서 가치생활을 행하고자 하는 내적인 요구를 갖고 있으면서도 그것을 실행 또는 계속하기가 곤란하게 되었으며, 비록 일시적으로 도덕적 양심에 의한 생활을 할 수 있었다 하더라도 쉽게 욕심의 충동에 사로잡히는 경우가 많았던 것이다.

둘째로, 인간은 타락에 의해서 「양성과 음성의 조화체」로서의 본성을 잃어버렸다. 부부가 하나님을 중심으로 하고 서로 사랑할 때 거기에 하나님이 임재하여서 가정은 하나님의 사랑으로 충만해지고 조화와 기쁨이 넘치게 된다. 만물은 그와 같이 일체가 된 부부에 의해서 본연의 주관을 받을 수 있도록 되어 있었으나 타락으로 말미암아 그렇게 되지 못하였다. 하나님을 중심하고 부부가 사랑으로써 일체가 될 때 본연의 가정윤리가 세워진다.

오늘날 가정윤리의 붕괴 현상은 부부 간의 원리적 사랑의 부재에 기인하는 것이다. 인간은 누구나 영원한 부부가 되기를 바라서 결혼하는 것인데 부부의 사랑이 하나님을 중심으로 하고 있지 않기 때문에 자기중심적 요소가 강해져서 부부의 규범이 무시되어 결국은 불화하게 된다. 그리고 그러한 부부(부모)의 불화는 부모와 자녀 간이나 형제자매 간의 규범의 무시와 불화를 낳는다. 그 결과 심하면 이혼, 가출, 자살, 살해 등의 비극에까지 이르게 된다. 이와 같은 가정윤리의 붕괴현상은 직접적으로 사회생활에까지 영향을 미쳐서 여러 가지의 도덕적 비행이나 범죄까지도 일으키게 되는 것이다. 오늘날의 사회혼란의 근본원인은 모두 가정윤리의 붕괴에 있다고 해도 과언이 아니다.

셋째로, 인간은 타락에 의하여 하나님의 개별상이 나타난 참된 「개성체」로서의 본성을 충분히 나타낼 수 없게 되어 있다. 인간은 누구나 하나님으로부터 주어진 소중한 개성을 발휘하면서 가치를 실현하도록 창조되었는데 그 본연의 개성을 충분히 살릴 수 없게 되어 버린 것이다. 개성은 하나님의 개별상에서 유래하는 것이므로 하나님으로부터 떨어지면 떨어질수록 인간의 본래의 개성의 발현은 장해를 받게 된다. 따라서 하나님을 부정하는 공산주의사회에서 인간의 개성이 무시되고 유린되는 것은 그 때문인 것이다.

자유주의 세계에서는 인도주의의 입장에서 인간의 「개성 존중」이 자주 제창되고 있다. 그런데 인도주의자들의 대부분이 인간을 동물로부터 진화한 고등동물이라고 생각하고 있다. 그러나 고등동물이라는 인간관에서는 인간 개성의 존엄성을 보증하는 논거는 세워지지 않는다. 그렇기 때문에 오늘날까지 인도주의자들은 확신을 가지고 공산주의의 잘못을 지적할 수 없으며, 오히려 공산주의자의 주장에 이끌려가는 경우가 많았던 것이다. 즉 공산주의도 인간을 진화한 고등동물이라고 보고 있기 때문에 공산주의자의 선전을 반대할 수 없었으며, 도리어 그들에게 동조하는 경우가 많았던 것이다. 공산주의자들은 인도주의자들의 이러한 약점을 혁명에 이용한다. 그러나 이용을 끝내고 이용가치가 없어지면 공산주의자들은 인도주의자들을 무자비하게 숙청하고 만다. 이것은 공산주의 혁명의 역사가 증명하는 바이다.

　넷째로, 인간은 타락 때문에 하나님의 심정, 곧 하나님의 사랑을 상속할 수 없었다. 참된 기쁨과 평화는 하나님의 사랑을 받거나 베풀 때, 즉 하나님의 사랑을 중심으로 한 가치의 생활을 영위할 때에 얻어진다. 그러나 타락한 인간은 하나님의 사랑을 상속할 수 없고, 비원리적인 사랑(자기중심적인 사랑)이나 물질적인 욕망을 중심으로 하고 살고 있다. 따라서 참된 기쁨이나 평화를 얻을 수가 없다. 뿐만 아니라 가치관의 불일치에 의한 여러 가지의 충돌이나 불상사가 속출하고 있다. 오늘날 인류의 평화에의 염원이 더욱더 강해지고 있음에도 불구하고 평화는 오히려 멀어지고 있는데 그것은 인간이 하나님으로부터 더욱 멀어져 가고 있기 때문이다.

　다섯째로, 인간은 타락에 의해서 규범적 존재로서의 본성을 잃어버렸다. 고래로 종교가 인간이 지켜야 할 규범을 계속해서 가르친 것은 이 상실한 규범적 존재로서의 본성을 복귀하기 위해서였던 것이다. 그러나 오늘날 특히 종교 자체의 정신지도력의 상실에 의해서 규범은 무의미한 것으로 간주되어서 사람들은 자유만을 찾게 되었다. 규범을 무시한 자유는 실은 방종인 것이다. 자유사회일수록 혼란이 증대하고 있는 것은 그 때문이다. 이러한 현상은 규범이 무시되고 자유가 방종화된데 대한 보응이라고 하지 않을 수 없다. 통일사상에서 본다면 규범은 본래 인간의 자유를 구속하는 것이 아니다. 참된 자유는 도리어 규범을 지킴으로써 실현되는 것이다. 왜냐하면 자유란 사랑(하나님의 사랑)을 실현하기 위한 자유이고 규범도 하나님의 사랑을 실현하기 위한 규범이기 때문이다.

　여섯째로, 인간은 타락 때문에 참된 창조성을 얻을 수 없게 되어 버렸다. 참된 창조성이란 하나님의 창조성, 즉 하나님의 심정(사랑)을 중심으로 한 창조성인 것인데 타락한 인간의 창조성은 많은 경우 자기중심적인 창조성이며 개체목적 중심의 창조성이었던 것이다. 공해문제, 자원의 남용, 예술의 저속화, 침략병기의 개발 등은 타락한 인간의 창조성, 즉 사랑이 결여된 창조성에 의해서 산출된 것이다. 그러나 인간이 심정을 중심으로 한 본래의 창조성을 회복하면 공해문제나 자원의 남용 등은 없어지며 참된 예술이 발달하고 과학도 인류의 평화와 복지를 향해서 비약적으로 발전하게 될 것이다.

(3) 인간성의 참다운 회복

마르크스의 인간소외론의 오류에 대해서는 이미 지적하였지만, 여기서는 마르크스주의가 인간소외의 문제를 해결할 수 없었을 뿐만 아니라 왜 도리어 인간성을 보다 많이 소외시키는 사상이 되어 버렸는가를 통일사상의 인간소외관에 의거해서 분석하고, 다음에 통일사상에 의한 인간성 회복의 방안에 관하여 논술하기로 한다.

먼저 말한 바와 같이 하나님의 사랑으로부터 떠나 악의 주체인 사탄(악마)의 지배하에 들어가게 되어서 자기중심적인 사랑과 욕망을 중심으로 하고 행동하게 된 것이 인간소외의 실상이었다. 따라서 마르크스주의가 인간소외를 극복하는 사상이 되지 못하고 도리어 소외 증대의 사상이 되었다는 것은 바꾸어 말하면 마르크스주의에 의거해서 행동하면 인간은 더 한층 사탄의 주관을 받는 결과가 된다는 것을 의미하는 것이다. 그 이유를 구체적으로 설명하기로 한다.

첫째로, 마르크스주의는 철저한 무신론이기 때문이다. 통일사상에서 본다면 인간의 본성은 모두 하나님의 사랑이 그 기반이 되고 있는 것이다. 따라서 의식적 적극적으로 하나님을 부정하는 철저한 무신론자인 공산주의자에게는 인간의 본성을 회복하는 길은 완전히 막혀져 있는 것이며, 그 때문에 그들은 결국 한층 더 사탄의 주관을 받게 되었던 것이다.[50]

공산주의자가 프롤레타리아 계급의 대표, 인민의 대표를 자칭하면서도 인민의 억압자로 바뀌어진 것도 하나님의 사랑으로부터 떨어져 있었기 때문이며, 사탄의 자기중심적인 사랑과 욕망에 지배되었기 때문이다. 하나님의 사랑에 의거한 부모의 사랑을 가지고 인민을 사랑할 수 없으면 참으로 인민의 대표가 될 수 없는 것이다.

둘째로, 인간소외의 본질을 외적인 것(노동생산물의 소외)으로 규정하고 내적인 심적 원인을 인정하려고 하지 않았기 때문이다. 이것은 인간 자신 속에 죄를 인정하지 않고 인간소외의 원인을 모두 자본가나 자본주의로 돌린 것을 의미한다. 다시 말하면 공산주의는 인간이 타락에 의해서 사탄의 지배하에 놓여서 모두 본래의 모습에서 소외되고 있다는 것을 알아차리지 못하고 있다. 그러므로 공산주의자들도 본래의 모습을 잃고 있어서 자본가와 마찬가지로, 아니 그 이상으로 악의 요소를 내포하고 있음에도 불구하고 자기들의 부도덕성을 절대로 인정하려고 하지 않는다. 그들은 자본주의사회의 부패나 자본가의 악덕을 비난한다는 점에서는 누구보다도 우수하였다. 그들은 예수님이 「왜 형제의 눈에 있는 티를 보면서 자기의 눈에 있는 대들보를 인정하지 않는가.」라고 비난한 바로 그 위선자였던 것이다.

셋째로, 노동생산물을 통해서 얻어지는 이윤(잉여가치)은 노동자만이 생산한 것이라고 하고 폭력적으로 그것을 탈환하여야 한다고 주장한 것이다. 제6장에서 말한 바와 같이 이윤은 노동자만이 생산한 것이 아니고 자본가(경영자)와 노동자가 공동으로 생산한 것이다. 그러므로 착취는 잉여가치의 독점에 있는 것이 아니라 이윤의 불평등한 분배에 있었던 것이다. 따라서 필요한 것은 이윤의 적정한 분배를 실현하기 위한 운동뿐이며 폭력혁명은 아니었던 것이다.(이윤의 적정 분배를 위한 운동으로써 인간소외를 근본적으로는 해결할 수는 없다고 하더라도, 적어도 경제적으로는 사태를 개선할 수 있었을 터이다.) 그러나 이윤은 모두 노동자의 것이라고 하고 그 폭력적인 탈취(실은 공산주의자에 의한 권력의 탈취)를 도모한 것이 사탄의 자기중심적인 탈취욕과 일치하는 바가 되어서 그 결과 공산주의자는 사탄의 포로가 되어 버렸던 것이다.

이와 같이 공산주의는 바로 사탄에 지배된 사상이었다. 베르자에프는 적절하게도 공산주의의 정체를 사탄의 유혹에 패한 종교라고 간파하고 다음과 같이 말하였다.『공산주의는 이론적으로나 실제적으로나 사회적 현상일 뿐만 아니라 실로 영적 종교적 현상인 것이다. 공산주의는 바로 하나의 종교로서 놀랄 만한 힘을 가지고 있는 것이다. 그것은 종교로서 기독교에 대립하고 그것을 지상에서 말살하려고 하고 있다. 공산주의는 기독교가 거부한「돌을 빵과 이 세상의 왕국으로 바꾸려고 하는 사탄의 유혹」에 패한 종교인 것이다.』[51] 사실 하나님의 말씀(돌)을 거부하고 경제(빵)를 중심으로 한 세계지배를 지향하고 있는 것이 공산주의인 것이다.

다음에 통일사상에 의한 인간성 회복의 길을 제시하기로 한다. 결론부터 말하면 하나님의 사랑을 계승하여 인간의 본성을 회복하는 것이다. 그것은 하나님의 사랑을 중심으로 하여 진선미의 가치를 실현할 수 있는 인격을 회복하는 것을 의미한다. 하나님의 사랑은 절대적인 사랑이다. 그러므로 그것에 의거해서 실현되는 가치는 절대적 가치, 즉 절대적인 진선미가 된다. 따라서 인간성의 회복은 하나님의 절대적 사랑을 계승하여 절대적 가치를 실현하는 것이다.(절대적이란 시대나 지역에 의하지 않고, 영원하고 보편적인 것임을 뜻한다.)

그러면 그것은 어떻게 하여 이루어지는 것일까? 하나님을 올바로 이해하고, 하나님이 인간을 만드신 창조목적을 알고, 그리고 하나님의 말씀에 따라서 인격을 완성하고 가정을 완성하여서 주관성을 완성함으로써 이루어지는 것이다. 인격을 완성한다는 것은 하나님의 말씀을 받아들여서 실천하고 많은 유혹을 이겨내면서 생심의 본래의 작용을 개발하여서 생심이 육심을 주관하는 단계에까지 성숙함을 뜻한다. 가정의 완성이란 하나님의 말씀(規範)에 따르면서 부부가 서로 사랑하며 부모와 자녀가 서로 사랑함으로써 하나님의 사랑을 가정에서 실현하는 것이다. 주관성완성이란 인격을 완성하고 가정을 완성한 인간이 사랑을 가지고 자연계나 사회를 주관할 수 있는 능력을 완성하는 것이다.

이렇게 하여 특히 사회의 지도층이 인간성을 회복하였다고 하면, 마르크스가 지적한 자본주의의 모든 모순과 부조리는 용이하게 또한 근본적으로 해결될 것이다. 성상이 주체이며 형상이 대상이므로 성상면의 해결(진리와 사랑에 의한 정신개조)이 먼저 성취된다면, 그 반영으로서 형상적인 해결(경제문제의 해결)도 이어서 이루어지는 것은 당연한 이치이기 때문이다.

(4) 통일사상에 의한 새로운 가치관운동

그러므로 통일사상에 의한 인간소외의 해결의 방안이란 전혀 새로운 것이 아니다. 그것은 바로 기독교의 「하나님의 사랑」, 불교의 「자비」, 유교의 「인(仁)」, 이슬람교의 「알라의 사랑」을 참된 의미에서 올바르게 실천하는 것이다. 이들 종교는 타락해서 가치를 잃은 인간이 절대적 사랑과 절대적 가치를 실현하도록 오늘날까지 전 인류를 인도해 온 것이다.

그런데 하나님의 사랑이나 자비나 인을 실천하기 위해서는 사람들은 예수님이나 석가, 공자의 말씀(가르침)에 따라서 생활하지 않으면 안 된다. 말씀(가르침)이란 곧 규범을 말하며 가치관을 뜻한다. 그런데 이들의 종교적 가르침(가치관)은 오늘에 이르러서는 그 설득력을 잃고 있는 것이다. 그것은 과학적 사고방식에 익숙한 현대인들을 납득시킬 만한 논리성과 실증성을 갖지 못하기 때문이다. 또 사회의 유물론적 풍조나 유물론적 교육의 실시 등에 의하여 종교나 윤리, 도덕이 경시되고 게다가 공산주의에 의하여 의도적으로 가치관의 파괴가 행해지고 있기 때문이다.

여기서 공산주의에 의한 가치관의 파괴에 대해서 설명한다. 먼저 말한 바와 같이 공산주의는 인간소외를 오히려 증대시키는 사상이 되어 버렸는데, 가치라는 면에서 본다면 그것은 가치관 파괴의 사상이 된 것이다.

공산주의는 종래의 종교적 가치관을 부정하여서 사람들을 혁명으로 몰아세우려고 한다. 종래의 종교적 가치관은 주로 개인의 구원을 중심으로 하고 있었는 바, 공산주의는 이에 대해서 개인의 구원보다도 사회의 빈곤이나 차별을 해결하여야 한다고 강요한다. 또 하나님의 사랑이나 자비나 인이나 또는 알라의 사랑이나 인류애 등 따위는 모두 관념론적인 것이어서 실천할 수 있는 것이 아니라고 하며, 계급사회에 있어서는 프롤레타리아 계급편에 서든가 부르주아 계급의 편에 서든가의 양자택일할 수밖에 없으며, 따라서 참된 사랑은 계급애이며 동지애라고 주장한다. 이와 같은 공산주의의 공격에 대해서 종래의 종교적 가치관은 유효하게 반격을 가할 수 없게 되어 있으며, 오히려 공산주의에 오염되어 가면서 점점 그 설득력을 상실하였던 것이다. 그리하여 많은 신자를 공산주의에 빼앗기고 말았던 것이다. 나아가서는 종교(특히 기독교) 자체가 용공화하는 경향까지 나타난 것이다.

더욱 공산주의는 통일전선 전략을 가지고 가치관의 파괴를 계획적으로 꾀하고 있다. 예를 들면 공산주의에 대해서 A, B, C의 세 개의 적대세력(예컨대 적대적인 개인이나 단체 또는 국가)이 있을 경우, 그중 가장 큰 적을 A라 하면 먼저 공산주의자는 B 및 C와 짜고 A를 고립시키려고 한다. 그러기 위해서 A와 B, A와 C 사이에 조금이라도 의견이나 이해의 대립이 있으면 공산주의자는 그 대립을 더욱 조장시킨다. A에 무엇인가 잘못이라도 있으면 침소봉대하게 선전하며 사실이 아닌 것까지도 날조하면서 B나 C의 A에 대한 불신감을 증대시켜 B, C로 하여금 극도의 적개심을 갖도록 유도하는 것이다. 그때에 자녀들은 부모에게 효도하라든가, 국민은 국가에 충성을 하라든가, 종업원은 회사에 봉사하라는 등의 가치관을 봉건적이라고 비판하면서 공산주의자는 A와 B, A와 C의 이간을 획책하는 것이다. 그리하여 A를 넘어뜨리면 다음의 주요한 적인 B를 넘어뜨리기 위하여 공산주의자는 C와 결합하여 마찬가지 방법으로 B와 C의 이간을 획책한다. 이와 같이 통일전선 전략은 가치관의 파괴를 병용하는 전략인 것이다.

그래서 오늘날 종래의 종교적 가치관을 공산주의에 의한 가치관 파괴로부터 지켜서 그것들을 소생시키는 동시에 다시 새로운 차원으로 높이면서 그것들을 통일시키는 새로운 가치관운동이 일어나지 않으면 안 된다. 즉 가치관의 통일운동을 전개하지 않으면 안 된다. 그것은 종래의 가치관에 새로이 신학적 근거, 철학적 및 역사적 근거 등을 부여하여서 흔들리지 않는 절대적 가치를 확립하는 것이다. 여기서 종래의 가치관의 통일이 가능한 이유는 첫째로, 종교가 서로 독립적으로 발생하고 발전하여 왔지만 그것들은 모두 하나의 절대자에 의해서 세워지고 또 인도된 것이기 때문이며 둘째로, 유일한 진리를 각각 다른 지역과 시대에, 각각 다른 방법으로 표현하여 왔음에 지나지 않기 때문이다.

신학적 근거를 부여한다는 것은 모든 가치관의 기반이 되고 있는 절대자―기독교의「하나님」, 불교의「진여(眞如)」, 유교의「천(天)」, 이슬람교의「알라」등―의 존재를 현재의 사람들이 납득할 수 있도록 논리적으로 해명하는 것으로서, 그것은 절대자의 존재에 대한 새로운 본체론을 확립하는 것이다. 그것은 절대자를 밝힐 뿐만 아니라 하나님의 창조목적을 밝힘으로써 왜 하나님은 우주를 창조하였는가 하는 근원적인 물음에 답할 수 있지 않으면 안 된다.

철학적 근거를 부여한다는 것은, 자연법칙 및 윤리법칙은 모두「천도(天道)」가 나타난 바여서 우주의 모든 존재가 이 법칙에 따름으로써 우주의 운행에 조화와 질서가 나타나고 자연계에 미가 나타나는 것과 같이, 인간사회에 있어서도 가정생활이나 사회생활에 있어서 규범(윤리법칙)을 지킴으로써 인간사회에 조화와 질서가 유지되고 사랑이 실현된다는 것을 명백히 하는 것이다.

역사적 근거를 부여한다는 것은 맹자가 『역천자(逆天者)는 망(亡)하고 순천자(順天者)는 존(存)한다.』고 말한 바와 같이 선인선과(善因善果) 악인악과(惡因惡果)라는 인과응보의 법칙, 다시 말하면 탕감의 법칙이 역사를 꿰뚫고 작용하여 왔음을 명백히 하는 것이다. 즉 역사는 하나님이 인류를 본래의 위치와 상태로 복귀시키면서 이끌고 오신 탕감복귀의 역사라는 것, 악은 선을 눌러서 일시적으로는 번영하였더라도 머지않아 반드시 멸망하곤 하였다는 것, 그리고 선은 악한 편으로부터 박해를 받아서 한때는 패배한 것같이 보였지만 결국은 승리하곤 하였다는 것을 명백히 하는 것이다.

    이와 같은 내용을 가진 새로운 가치관운동이 오늘날 절실히 요망되고 있다. 이러한 때에 그 요망을 유효하게 충족시키기 위해서 나타난 것이 문선명 선생에 의해서 제시된 통일사상이요 하나님주의인 것이다.

결 론

　자본주의사회를 타도하고 일체의 모순과 부조리를 근절하여 자유가 실현된 영원한 이상사회를 세우려고 하는 이상 아래에 구축된 마르크스의 이론에 따라서 오늘날까지 많은 공산주의국가가 성립하였다. 그러나 그들 나라에서 자유는 실현되지 않았을 뿐만 아니라 오히려 한층 더 유린되고 정치, 경제, 사회의 모든 면에 있어서 파탄을 가져오게 되었다. 이러한 위기에서 벗어나기 위해서 공산주의 독재자들은 오늘날 세계의 도처에서 음으로 양으로 제국주의적 침략을 감행하고 있는 것이다.
　그러나 오늘날까지 공산주의의 허위의 책략에 항상 속으면서 그들의 만행에 괴롭힘을 받아온 자유주의 진영의 지도자들은 때가 이미 늦은 감은 있지만 이제야 각성하기 시작하였으며, 세계적으로 강력한 반공전선이 형성되려고 하고 있다. 한편 공산주의 진영 내에서는 집요한 자유화운동이 전개되고 있다. 그 결과 공산주의 세력은 지금이야말로 내적·외적으로 강한 저항에 직면하지 않을 수 없게 되었다. 허위 선전으로써 인민대중을 기만하며 파괴, 살육 등을 일삼으면서 천도에 거역하는 자는 누구나 그 보복을 받지 않으면 안 되는 것이 천칙이므로 그것은 너무나도 당연한 일이다.

    그러나 그럼에도 불구하고 공산주의의 기세는 약화되지 않고 현재노 계속 만연하면서 날마다 인류를 괴롭히고 있는 이유는 무엇일까? 그것은 바로 공산주의 이론과 전략이 효과적으로 분쇄되고 있지 않기 때문이다. 지금까지도 자유주의 진영 내에는 공산주의 이론에 대해서 이것을 묵인 또는 불문에 붙여두고, 다만 공산주의의 폭정이나 경제의 파탄만을 비판하는 것으로 만족하는 사람들이 적지 않다. 그러나 그와 같은 공산주의관이 남아 있는 한 공산주의에 의한 위협은 사라질 수 없으며 그것에 의한 참상은 계속되지 않을 수 없을 것이다. 어떻게 해서든지 공산주의의 이론과 전략을 철저히 분쇄하지 않으면 공산주의의 병원균은 그 전염력을 잃지 않고 계속 퍼져 갈 것이다.

    그러면 공산주의 이론과 그 전략을 효과적으로 분쇄할 수 있는 구체적인 방안이란 무엇일까? 그것은 공산주의 이론의 논리적·체계적인 비판 및 대안과 함께 이론에 밀착된 원념(怨念), 복수심리를 무력화시키는 새로운 가치관을 제시하는 것이다. 즉 공산주의 이론에 대신하는 새로운 가치관을 포함한 이론체계를 수립하는 것이며, 인간소외문제를 해결할 수 있는 새로운 이론을 제시하는 것이다. 본서의 내용은 바로 그와 같은 이론으로서 소개된 것이다. 그것은 문선명 선생의 지도하에 선생의 사상을 정리하여 구체적으로 현실의 상황에 적합하도록 한 이론이며, 단순한 관념적인 이론은 결코 아니다. 공산주의자들과의 직접적인 대결에 있어서 그들로 하여금 패배를 자인시키고 그들을 침묵시킴으로써 승공효과가 이미 실증된 실천적인 이론인 것이다. 이와 같이 공산주의 이론을 파괴시킬 수 있는 이론이 나타났다고 하는 것은 공산주의사회에 있어서의 정치, 경제, 사회, 문화 등의 영역에서 더욱 증대하는 병폐와 함께 이제야말로 명백하게 공산주의의 멸망의 날이 다가오고 있다는 것을 의미하는 것이다.

마르크스는「자본론」제1권 24장에서『……일체의 이익을 횡령하여 독점하는 대자본가의 수가 끊임없이 줄어감에 따라서 빈곤, 억압, 예속, 타락, 착취는 더욱더 증대하여 가지만, 그러나 또 ……노동자 계급의 반항도 또 증대하여 간다. 자본독점은…… 이 생산양식의 질곡이 된다. 생산수단의 집중도 노동의 사회화도 그것이 그 자본주의적인 외피와는 조화할 수 없는 한 점에 도달한다. 그리하여 외피는 폭파된다. 자본주의적 사유의 최후를 고하는 종이 울린다. 수탈자가 수탈당한다.』[1]고 하였다.

그러나 오늘날 공산주의사회의 내부에 있어서의 인민의 증대하는 반항과 외부에 있어서의 자유인민의 각성에 의해서 오히려 공산주의 체제의 최후를 고하는 종이 울려오고 있는 것이다. 또 마르크스는「공산당선언」의 모두(冒頭)에서『하나의 요괴가 유럽에 나타나고 있다. 공산주의라는 요괴가.』[2]라고 기술하고 있다. 요괴는 밤에 행패를 부리는 암귀(暗鬼)이며 태양이 떠오르면 자동적으로 사라져 버리는 것이다.「공산당선언」이래 오늘날까지 수많은 인민을 속이고 괴롭혀 온 요괴는 이제야말로 소멸될 운명에 이르렀다. 그것은 처음부터 환상(허구)이며 진실이 아니었기 때문이며, 그리고 어둠을 내쫓는 빛이 이제 떠올랐기 때문인 것이다.

그 빛이란 동방으로부터의 새로운 진리를 말한다. 일찍이 타고르(Rabindranath Tagore)는「동방의 밝은 빛」이 나타날 것을 예언하였다.『머지않아 이 대화재가 완전히 타서 그 기념비를 재 안에 남기면서 아주 꺼질 때 영원한 빛이 다시 동양, 즉 인류의 역사에 있어서의 아침 해의 탄생의 땅이었던 동양에 빛나는 날이 올 것이다. 그리고 아시아의 동쪽 끝에 있는 이 지평선 위에 이미 그 서광이 퍼져서 해가 떠오르려 하고 있음을 모를 자가 어디에 있겠는가?…… 이 일출이야말로 다시 전 세계를 비추도록 운명 지워져 있는 것이다.』[3] 이 예언대로 진리의 빛이 현재 아시아의 하늘에 떠오르고 있다. 그리고 그 빛 앞에 요괴는 지금 그 종말을 고하고 있는 것이다.

주(註)

제1장

1) 예를 들면 일본 공산당계의 서적인 森宏一 편저 「현대와 소외」(新日本新書)에는 다음과 같이 기술되어 있다. 『「소외된 노동」의 이론은 경제학적으로 번역하면 자본가에 의한 노동자의 착취 및 부의 축적과 빈곤의 축적의 양분극화이며, 착취·축적·빈곤화이론의 단축적 표명이라고 볼 수 있을 것이다. 그렇지만 그것은 그 이론 내용 자체로서는 아직 미숙한 결함에 가득 찬 것이며, 이후의 마르크스의 연구 심화 과정에서 이 견해는 극복되어 갔다. 그리고 이 극복을 통해서 전기 마르크스의 경제학설이 성숙하는 것이다. ……이상으로 「수고(手稿)」가 마르크스의 과학적 이론의 형성 과정의 과도적인 산물이며, 이것을 무조건으로 칭찬해 올리는 부르주아적 또는 수정주의적 이론가의 주장이 요점을 벗어난 것은 명백하다.』 (76~78면)

2) 廣松涉은 「청년 마르크스론」(平凡社)에서 다음과 같이 말하고 있다.

『소년 마르크스는 일가의 개종에 기인하는 여러 가지의 참고(慘苦)를 어린이 마음에도 맛보았을 것이다. 그가 과연 초등학교에 다녔는지 어떤지 이것으로 보아서 의문이다. 그가 정규 초등학교 교육을 받았음을 나타내는 자료는 현재로서는 전혀 없다. 그는 유대인으로서 차별을 당하고 유대인 동료로부터는 개종자로서 소외되었을 뿐만 아니라 초등학교 교육을

받을 조건조차 빼앗긴 것이 아닌가 추측된다.』(15면)
3) 마르크스가 1837년에 쓴 시 「절망자의 기도」는 하나님을 증오하는 그의 심정을 잘 표현하고 있다.
　　『하나님이 나에게 운명의 저주와 멍에만을 남기고
　　무엇으로부터 무엇까지 빼앗아가고
　　하나님의 세계는 모두 모두 없어져도
　　아직 하나만은 남아 있다. 그것은 복수다!

　　나는 자기 자신을 향해서 당당하게 복수하고 싶다.
　　높은 곳에 군림하고 있는 저 자에게 복수하고 싶다.
　　나의 힘이 약함의 이어 붙여 기운 세공(細工)이든
　　나의 선 그것이 보답되지 않더라도 그것이 무엇인가!

　　하나의 나라를 나는 세우고 싶단다.
　　그 꼭대기는 차고 거대하다.
　　그 성채는 초인적인 굉장함이다.
　　그 지휘관은 음울한 고뇌이다!

　　성한 눈으로 아래를 내려다보는 인간은
　　죽은 사람과 같이 파래서 묵묵히 뒷걸음질하는 것이 좋다.
　　소경의 죽음의 숨결에 붙잡혀서
　　무덤은 자기의 행복을, 자기가 매장하는 것이 좋다.

　　높은 얼음의 집으로부터
　　지고자(至高者)의 전광(電光)이 뚫고 나와서
　　나의 벽이나 방을 부수더라도
　　싫증이 나지 않고 버텨서 다시 고쳐 세우련다.』
　　(Karl Marx and Frederick Engels, *Collected work*(이상 *MECW*로 약함) (New York : International Publishers), Vol. 1, pp.563~64. 改造社 「마르크스·엥겔스 전집」 제26권)

그리고 마르크스는 그의 학위논문「데모크리토스의 자연철학과 에피쿠로스의 자연철학의 차이」(1841. 3)의 머리말에서 다음과 같이 말하고 있다.

『철학은 그것을 감추고 있지는 않다.

프로메테우스의 고백

단적으로 말하면 모든 신들을 나는 미워한다.

이 고백은 철학 자신의 고백이며……철학 자신의 선언이다.』

(*MECW* 1：30 「마르크스·엥겔스 전집」大月書店(이하 「전집」으로 약함) 제40권 190면)

4) *Hegel's Philosophy of Right* (New York：Oxford University Press, 1967) p.10, 藤野涉·赤澤正敏 역「법의 철학」「헤겔」中央公論社 1978년 所收. 169면

5) 다음과 같은 인용문에서 인간의 본질이 이성적이라고 하는 헤겔의 견해를 알 수 있다.

『인륜의 법칙은 우연적인 것이 아니고 이성적인 것 자체이다.』(*The Philosophy of History* (New York：Dover Publications, 1956) p.39. 武市健仁 역「역사철학」岩波文庫(상) 111면)

『또한 인간은 객관적인 면에서 말하면 인간의 개념으로 말해서 정신으로서 있으며, 이성적인 것 일반으로서 있는 것이어서, 그것 스스로를 아는 보편성이라고 하는 규정을 인간은 무조건 자기 안에 가지고 있다.』(*Hegel's Philosophy of Right*, 95. 일역 同上 350면)

이성의 본질이 자유라고 헤겔은 다음과 같이 말한다.『이성은 참으로 자유로이 자기 자신을 규정하는 사유이기 때문이다.』(*The Philosophy of History*, 13. 일역 (상) 69면)『정신(이성)의 본성은 정신과 정반대의 것(물질)과의 비교에 의해서 인식된다. 물질의 실체가 중력이라고 한다면 정신의 실체, 본질은 자유라고 말하지 않으면 안 된다.』(*Ibid.* 17. 일역 동상 76면)

자유의 실현이 세계사의 목적이라고 헤겔은 다음과 같이 말한다.

『즉 자유는 자유가 실현하는 그 자체의 목적이며, 또 정신의 유일한 목적이다. 사실 또 이 궁극 목적은 세계사의 영위의 목표가 되었으며, 지

상의 광대한 제단 위에서 또 오랜 시간의 경과 중에서 이 목적 앞에 모든 희생이 바쳐진 것이다. 이 목적이야말로 전 과정을 일관하여 최후에 실현되는 바의 당체(當體)이며, 또 일체의 사건과 경우와의 변천 안에 있으면서 홀로 부동한 것이며, 동시에 그것들 중에 있어서 참으로 그것들을 움직이는 자이다. 또 이 궁극 목적은 하나님이 세상을 구하는 그 목적이다.』 (*Ibid.* 19~20. 일역 동상 80면)

국가를 통하여 자유가 실현된다고 헤겔은 다음과 같이 말한다.

『즉자(卽者)이면서 대자적(對自的)인 국가는 윤리적 전체이며 자유의 실현태(實現態)이다. 그리고 자유를 현실의 것으로 한다는 것이야말로 이성의 절대적 목적인 것이다.』(*Hegel's Philosophy of Right*, 279. 일역 전게서 484면) 「국가는 구체적 자유의 현실성이다.」 (*Ibid.* 160. 일역 동상 488면)

6) Marx, *Capital* Vol. 3 (Moscow : Progress Publishers, 1974), p.820. 向坂逸郎 역 「자본론」 岩波文庫 (九) 17면

7) Milovan Djilas, *The New Class*, (New York : Frederick Praeger, Inc., 1957), p.8. 原子林二郎 역 「새로운 계급」 時事通信社 1957년 2면

8) 城塚登 「젊은 마르크스의 사상」 勁草書房 1970년 35면

9) Marx, *MECW* 1 : 158~159. 村田陽一 역 「제6회 라인주의회의 의사(議事)(제1논문)」 「전집」 제1권 62면

10) Marx, *A Contribution to the Critique of Political Economy* (Moscow : Progress Publishers, 1970) (이하 *Contribution*으로 약함). p.19~20. 武田隆夫외 역 「경제학비판」 岩波文庫 12면

11) *Ibid.*, 20. 일역 동상 12면

12) 『극히 자유주의적인 입법기관조차 사법(私法)의 문제에 관해서는 현재 존재하는 권리의 형식을 갖추어 그것을 일반적인 것으로 높이기만 하는데 머물렀다. 따라서 그것은 전혀 권리가 존재하지 않는 경우에는 아무런 권리도 주지 않았던 것이다. 이리하여 이 입법기관은 개개의 관습을 폐기하여 버렸다. 그렇지만 그때 신분 있는 자의 불법은 제멋대로의 월권으로서 남겨졌는데, 신분 없는 자의 권리는 다만 종종 이것이 권리로서 인정되는가 어떤가에 맡겨져 있었다는 것을 이 입법기관은 잊어버리고 있었던

것이다.』(*MECW* 1 : 232, 「전집」 제1권 136면)
13) 『그런데 또 한 사람의 도시출신의 의원이 의미심장한 증거를 들어서 위의 의원에게 이렇게 반박하고 있다. 「나의 지방의 삼림에서는 처음에는 어린 나무에 벤 자국이 있을 뿐이며, 나중에 그 때문에 그 나무가 말라 버렸으므로 마른 가지로 취급되는 일이 흔히 있다.」 이것 이상으로 얌전하고 또한 민첩한 방법으로 인간의 권리를 어린 나무의 권리 앞에서 굴복시키는 것은 불가능하다.』 *Ibid.*, 226. 「전집」 제1권 128면)
14) Marx, *Contribution*, 20. 일역 전게서 12면
15) 포이엘바하의 「기독교의 본질」(1841)은 당시의 청년 헤겔학파에 열광적으로 받아들여졌다. 마르크스도 그중의 한 사람이었다. 그것은 다음과 같은 엥겔스의 증언에 의하여 명백하다.

『이 책이 얼마나 해방적인 작용을 하였는가는 스스로 체험한 자가 아니면 상상할 수조차 없다. 세상이 온통 감격하였다. 우리들은 모두 곧 포이엘바하주의자가 되었다. 마르크스가 이 새로운 견해를 어떻게 열광적으로 맞이하였는가, 또 그가—모든 비판적 유보에도 불구하고—어떻게 그것에 영향 받았는가는 「성가족(聖家族)」을 읽으면 안다.』 (Moscow : Progress Publishers), Vol. 3, p.344. 엥겔스 松村一人 역 「포이엘바하論」 岩波文庫 26면

16) L. Feuerbach, *The Essence of Christianity* (New York : Harper & Row Publishers, 1957), p.14. 船山信一 역 「기독교의 본질」 岩波文庫 (상) 69면
17) *Ibid.*, 일역 동상 69면
18) L. Feuerbach, "Preliminary Theses on the Reform of Philosophy", *The Fiery Brook* (New Jersey : Doubleday & Company Inc., 1972), p.167. 松村一人·和田樂 역 「철학개혁을 위한 잠정적 명제」, 「장래의 철학의 근본명제 외」 岩波文庫 所收. 115면
19) *Ibid.*, 168. 일역 동상 116면
20) *Ibid.*, 일역 동상 116면
21) 「사고는 존재로부터 나온다.」고 하는 포이엘바하의 말을 엥겔스는 「정신은 물질의 소산이다.」라고 표현하면서 포이엘바하의 주장은 순수한 유물론

적으로 통하는 것으로 보고 있다. 엥겔스는 다음과 같이 말하고 있다.

『포이엘바하가 나아간 길은 일인(一人)의 헤겔주의자가—단 전혀 정통파는 아니지만—유물론으로 나아간 길이다. ……우리들이 이시과 사고는 그것이 아무리 초감각적으로 보이더라도 물질적이며 육체적인 기관 뇌수의 산물이다. 물질이 정신의 산물이 아니고 정신 그 자신이 물질의 최고의 산물에 지나지 않는다. 이것은 말할 것도 없이 순수한 유물론이다. 그러나 여기까지 와서 포이엘바하는 멈추고 만다.』(MECW 3 : 348.「포이엘바하論」37면)

22) 엥겔스는 이것을 다음과 같이 말하고 있다.『포이엘바하의 관념론은 이 경우에 다음의 점에 있다. 즉 그는 연애, 우정, 동정, 헌신 등과 같은 상호의 애정에 의거하는 사람과 사람과의 관계를 그에 있어서도 과거의 것으로 되어 있는 어떤 특정한 종교의 추억 없이 그 자신 있는 그대로의 모양으로 고분고분하게 받아들이지 않고, 그것들은 종교의 이름에 의해서 보다 높은 인가가 주어질 때 비로소 충분히 가치 있는 것이 된다고 주장하고 있는 것이다.』(Ibid., 354. 일역 동상 48면)

23) 마르크스는 루게에게 보낸 편지(1843년 3월 13일) 속에서 포이엘바하의 인간주의(자연주의)는 정치에는 무관심하다고 불만의 뜻을 나타내면서, 그러나 그것에 의지할 수밖에 없다고 다음과 같이 말하고 있다.『포이엘바하의 잠언은 그가 자연에 대해서는 실컷 언급하면서 정치에 대해서는 거의 언급하고 있지 않다고 하는 점에서만 나에 있어서 옳지 않은 것입니다. 그러나 그것은 현재의 철학을 진리로 할 수 있는 유일한 유대입니다.』(MECW 1 : 400.「전집」제27권 362면)

24) Marx, MECW 3 : 137 花田圭分 역「독불연지(獨佛年誌)로부터의 편지」「전집」제1권 375면

25) Ibid., 144.「전집」동상 제1권 382면

26)『시민사회는 세 개의 계기를 포함한다. 개인의 노동에 의해서, 또 다른 모든 사람들의 노동과 욕구의 만족에 의해서, 욕구를 매개하여 개개인을 만족시키는 것—욕구의 체계.』(Hegel's Philosophy of Right, 126. 일역 헤겔「법철학」전게서 421면)

27)『시민사회는 이러한 대립적 제 관계와 그 서로 뒤얽힘에 있어서 방탕

과 향락과 비참한 빈곤의 광경을 나타내는 동시에, 이 어느 것에도 공통의 육체적이고 윤리적인 퇴폐의 광경을 나타낸다.』(*Ibid.*, 123. 일역 동상 416면)

28) 『국가의 목적은 보편적 이익으로서의 보편적 이익이며, 그리고 특수적 이익을 그의 실체인 이 보편적 이익 안에서 보지(保持)하는 것이다.』 (*Ibid.*, 164. 일역 동상 498면)

29) 『시민사회는 만인에 대한 만인의 개인적 이익의 투쟁장인 동시에 이 개인적 이익이 공동의 특수적인 요건에 대해서 충돌하는 장소이기도 하며, 게다가 둘이 함께 되어서 국가의 한층 높은 견지와 지령에 대해서 충돌하는 장소이기도 하다.』(*Ibid.*, 189. 일역 동상 545면)

30) 『정부 구성원과 관리는 국민대중의 교양 있는 지성과 합법적인 의식이 소속하는 중간신분의 주요부분을 이루는 것이다.』 (*Ibid.*, 193. 일역 동상 552면)

『의회는 매개기관이라고 간주되는 경우에는 한편에서는 정부일반, 다른 편에서는 특수적인 제권(諸圈)과 제 개인으로 해체된 국민이라는 양자의 사이에 서 있다. 이 사명 때문에 의회에는 특수적 제권의 이익과 개개인의 이익에 대한 감수성과 심술(心術)을 갖는 것이 요구되는 것과 마찬가지의 정도로 국가적이며 또 정부적인 감수성과 심술을 갖는 것이 요구된다.

이것과 동시에 의회의 입장은 조직된 통치권과 협동하여서 다음과 같은 매개의 작용을 하는 의의를 가지고 있다. 즉 한편에서는 군주권이 극(極)으로서 고립한 모양으로 나타나는 일이 없도록 하며, 이에 의해서 군주권이 단순한 지배권이나 자의로서 나타나는 일이 없도록 하는 동시에 다른 한편에서는 모든 지방자치단체나 직업단체나 개인의 특수적 이익이 고립하지 않도록 하며, 하물며 개개인이 다수의 군중의 모습을 취해서 나타나며, 이리하여서 비유기적인 사견과 의지를 품고 유기적 국가에 거역하는 단순한 집단적 폭력이 된다고 하는 일이 없도록 한다고 하는 매개의 작용이다.』(*Ibid.*, 197. 일역 동상 560면)

31) *Ibid.*, 291. 일역 동상 552면

32) 『이 욕구의 입장에서는 인간이라고 부르는 표상에 있어서의 구체적 존

재자이다.』 *Ibid.*, 127. 일역 동상 423면

33) 이 비판은 1843년 3월부터 8월의 사이에 행하여진 것이며, 헤겔의 「법철학」의 제257절로부터 제313절까지에 대한 비판을 말하는 것인데, 그 안의 260절까지의 부분은 분실되고 그 나머지(261절부터 313절까지)의 부분 전체가 나중에 리아자노프에 의해서 「헤겔 국법론비판」이라는 제목으로 출판되었다.(城塚登 「젊은 마르크스의 사상」 92면)

34) 『관료제는 사회의 정신적 존재방식으로서의 국가존재를 소유하고 있으며, 국가존재는 관료제의 사유물이다. ……그러나 관료제 자신의 내부에서 정신주의는 혹독한 물질주의, 즉 수동적 복종, 권위신앙, 고정한 형식적 방법, 고정한 원칙, 보는 방법, 관례가 되어 있는 메커니즘, 그러한 물질주의가 된다. 개개의 관료의 경우에는 국가 목적은 그의 사적 목적이 되며, 보다 높은 지위의 추구가 되며, 입신출세가 된다.』 (Marx. *MECW* 3 : 47. 眞下信一 역 「헤겔 국법론비판 외」 「헤겔 법철학비판서론」 國民文庫 所收 84면)

35) 마르크스는 다음과 같이 말하고 있다. 『결국 시민사회의 성원으로서의 인간이 본래의 인간으로 간주되어 공민(citoyen)과는 구별된 인간(homme)이라고 간주된다. 왜냐하면 정치적 인간이 다만 추상된 인위적으로 만들어진 인간에 지나지 않고 비유적인 정신적인 인격으로서의 인간인데 대하여, 시민사회의 성원으로서의 인간은 감성적인, 개체적인 가장 친근한 존재방식에 있어서의 인간이기 때문이다. 현실의 인간은 이기적인 개인의 모습에 있어서 비로소 인정되며, 참된 인간은 추상적인 공민(citoyen)의 모습에 있어서 비로소 인정되는 것이다.』 (*MECW* 3 : 167. 城塚登 역 「유대인 문제에 붙여서」 「유대인 문제에 붙여서·헤겔 법철학비판서설」 岩波文庫 所收 52면)

36) 城塚登은 다음과 같이 말하였다. 『대체로 이와 같이 마르크스는 시민사회를 파악하고 있다. 시민사회의 인간은 자기의 유(類)로서의 본질, 공동성, 보편성을 정치적 국가에 빼앗겨 이기적인 고립된 개인으로 타락해 버리고 있는 것이다.』(「젊은 마르크스의 사상」 전게 107면)

37) *MECW* 3 : 168. 「유대인 문제에 붙여서」 전게서 53면

38) *Ibid.*, 일역 동상 53면

39) *Ibid.*, 167. 일역 동상 52~53면
40) Marx, *MECW* 3 : 175. 城塚登 역「헤겔 법철학비판서설」「유대인 문제에 붙여서·헤겔 법철학비판서설」岩波文庫 所收 72면
41) *Ibid.*, 176. 일역 동상 73면
42) *Ibid.*, 186. 일역 동상 94면
43) *Ibid.*, 187. 일역 동상 95면
44) *Ibid.*, 일역 동상 95~96면
45) 城塚登은 다음과 같이 말하였다.『중요한 것은 그때까지 법철학적 각도에서 시민사회를 분석하며, 인간해방의 근본적 방법을 탐구해온 마르크스가 프롤레타리아계급이라는 경제적인 존재에서 인간해방의 심장을 찾아내지 않으면 안 되었다는 것이다. 물론 마르크스는 이「헤겔 법철학비판서설」에서는 인간해방의 두뇌를 철학에서 구하고 있는 것이어서 그 입장은 시종일관하여서 법철학적이다. 그럼에도 불구하고 법철학적 각도로부터의 시민사회의 분석은 이미 한계에 달하여 스스로 다른 각도로부터의, 즉 경제적 각도로부터의 시민사회의 분석을 요구하고 있는 것이다.』(『젊은 마르크스의 사상』전게 121~122면)
46) Marx, *MECW* 3 : 177.「헤겔 법철학비판서설」전게서 75~76면
47) 長野敏一은 프러시아에 대한「분만(憤懣)」「반항심」과 함께 유대계 출신인 마르크스가 쌍방의 가족의 반대를 무릅쓰기까지 하면서 프러시아의 상류사회 출신의 예니 폰 웨스트팔렌(Jenny von Westphalen)과의 결혼을 억지로 단행한 것에서 오는 가족(특히 어머니와 누나 조피)과의 단절, 그리고 그것에서 오는 적요감과 고독감이 마르크스로 하여금「혁명론」구축을 단행케 하였다고 다음과 같이 말하고 있다.

『그의 혁명의 주장이 최초로 나타난 것은「헤겔 법철학비판서설」이었다. 이 논문은 1843년 12월 집필된 것이다―발표는 다음 해의「독불연지(獨佛年誌)」. 이 논문에 앞서서 마르크스는 주논문「헤겔 국법론비판」을 쓰고 있다. 이것은 1843년 3월부터 8월에 걸쳐서 집필되었다. 이 두 논문 사이에, 즉 1843년 6월에 마르크스는 모든 것을 버리고 예니 곁으로 달려간 것이다. 우리들은 이 경과를 볼 때 이상과 같은 마르크스의 심경과 혁명론의 형성과는 결코 무관계하다고 볼 수는 없는 것이다.』(『마르크스의

심층연구」國際圖書 1972년 99~100면)
48) 비노그라드스카야(P.S. Vinogradskaja)는 「마르크스 부인의 생애」(嶺高志 역 大月書店 1973년)에서 다음과 같이 설명하고 있다.

『이 해(1842년) 7월 마르크스의 친척 한 사람이 사망하고 나서 유산분배의 문제가 일어났다. 친척들은 마르크스의 어머니를 부추겨서 마르크스가 자기들로부터 떠나간 것(결혼을 가리킨다), 아버지의 유지에 반해서 변호사직을 버린 것 등을 이유로 마르크스와 대립시켰다.』(68면)

『마르크스는 양친의 자산으로 생활하고 있었지만 그것은 한 사람이 겨우 살아갈 정도의 것이었다. 그런데 이번에는 전에도 말한 바와 같이 생활수단을 전적으로 빼앗겨 버려서 믿고 있었던 유산도 받을 수 없었던 것이다.』(70면)

49) 城塚登은 다음과 같이 말하고 있다.

『이미 이제까지 몇 사람인가의 연구가 지적하고 있는 바와 같이, 아마 마르크스는 그것(프롤레타리아트에 의한 사유재산의 부정)을 로렌츠 폰 슈타인의 저 「현대 프랑스의 사회주의 및 공산주의」(Der Sozialismus und Kommunismus des heutigen Frankreichs, 1812년)를 읽고서 깨달은 것이 아닐까. 이 슈타인의 저서는 프랑스의 사회주의와 공산주의의 실태를 프랑스의 유학에 의한 연구에 의거해서 상세히 또는 체계적으로 소개한 것이며……프롤레타리아트는 사유재산의 부정이라는 목적하에 자각적으로 결집한 통일체로서 그려져 있는 것이어서 마르크스가 당시 이해하고 있었던 프롤레타리아트라는 말의 내용과 거의 일치하고 있다고 말할 수 있는 것이다.』(「젊은 마르크스의 사상」 전게 120~121면)

50) 마르크스와 엥겔스는 「성가족」에서 프루동을 다음과 같이 평가하고 있다.

『그런데 프루동은 경제학의 기초인 사유재산에 비판적 검토를, 게다가 최초의 결정적인 조심성 없는 그와 동시에 과학적인 검토를 가한다. 이 점은 그가 이룩한 큰 과학적 진보이며, 경제학을 혁명하고, 참된 경제과학을 비로소 가능하게 한 진보이다. 프루동의 저작 「재산이란 무엇인가」는 근대경제학에 있어서 셰이에스의 저작 「제3신분이란 무엇인가」가 근대정치학에 대해서 가진 것과 같은 의의를 지니고 있다.』(*MECW* 4：32. 石堂淸倫 역「성가족」「전집」大月書店 제2권 29면)
51) *Ibid.*, 35~36. 일역 동상 33면
52) Marx, *MECW* 3：235. 城塚登외 역「경제학·철학초고」岩波文庫 18면
53) *Ibid.*, 271~72. 일역 동상 86면
54)『더욱 이 사실은 노동이 생산하는 대상, 즉 노동의 생산물이 하나의 소원(疎遠)한 존재로서 생산자로부터 독립한 힘으로서 노동에 대립한다고 하는 것을 표현하는 것에 지나지 않는다. 노동의 생산물은 대상 안에 고정화된 사물화된 노동이며, 노동의 대상화이다. 노동의 실현은 노동의 대상화이다. 국민경제적 상태 안에서는 노동의 이 실현이 노동자의 현실성 박탈로서 나타나며, 대상화가 대상의 상실 및 대상에의 예속으로서, (대상의) 획득이 소외로서, 외화(外化)로서 나타난다.』(*Ibid.*, 272. 일역 동상 87면)
55)『자본, 즉 타인의 노동의 생산물에 대한 사유(私有)』(*Ibid.*, 246. 일역 동상 39면)
56)『따라서 자본은 노동과 그 생산물에 대한 지배권이다.』(*Ibid.*, 247. 일역 동상 40면)
57)『노동자가 그의 생산물 속에서 외화(外化)한다는 것은 점점 그의 노동이 하나의 대상으로 어떤 외적인 현실적 존재가 된다고 하는 의미뿐만이 아니라, 또 그의 노동이 그의 밖으로 그로부터 독립하여서 소원(疎遠)하게 현존하며, 또한 그에 상대하는 하나의 자립적인 힘이 된다고 하는 의미를, 그리고 그가 대상에 부여한 생명이 그에 대해서 적대적으로 그리고 소원하게 대립한다고 하는 의미를 가지고 있는 것이다.』(*Ibid.*, 272. 일역 동상 88면)
58)『그러면 노동의 외화(外化)는 실질적으로 어디에 있는가? 첫째로 노동이 노동자에게 있어서 외적이라는 것, 즉 노동이 노동자의 본질에 속하고 있지 않다는 것, 그 때문에 그는 자기의 노동에 있어서 긍정되지 않고 오히려 부정되어 행복을 느끼지 않고 오히려 불행이라고 느끼며, 자유로운 육체적 및 정신적 에너지가 전혀 발전되지 않고, 도리어 그의 육체는 소모

되고 그의 정신은 퇴폐화한다고 하는 데에 있다. ……그러므로 그의 노동은 자발적인 것이 아니고 강요된 것이며 강제노동이다.』(*Ibid.*, 274. 일역 동상 91~92면)

59) 『소외된 노동은 인간으로부터 (1) 자연을 소외하며, (2) 자기 자신을, 인간에게 특유한 활동적 기능을, 인간의 생명활동을 소외함으로써 그것은 인간으로부터 유(類)를 소외한다. 즉 그것은 인간에게 있어서 유생활을 개인생활의 수단이 되게 하는 것이다. 첫째로 소외된 노동은 유생활과 개인생활을 소외(서로 소원한 것으로)하며, 둘째로 그것은 추상 안에 있는 개인생활을 마찬가지로 추상화되고 소외된 모양으로서의 유생활의 목적이 되게 하는 것이다.

왜냐하면 첫째로 인간에 있어서 노동, 생명활동, 생산적 생활 그 자체가 다만 욕구를, 육체적 생존을 보지(保持)하고자 하는 욕구를 채우기 위한 수단으로서만 나타나기 때문이다. 그러나(진실한 바를 말한다면) 생산적 생활은 유생활이다. 그것은 생활을 만들어내는 생활이다. 생명활동의 양식 중에는 1종속(種屬, spaces)의 전 성격이 그 유적 성격이 가로놓여 있다. 그리고 자유로운 의식적 활동이 인간의 유적 성격이다. 그런데 이 생활 그 자체가 오로지 생활수단으로서만 나타나는 것이다.(*Ibid.*, 276. 일역 동상 95면)

60) 『과연 동물두 또한 생산한다. 벌이나 비버(海狸)나 개미 등과 같이 동물은 둥지나 주거를 만든다. 그러나 동물은 다만 자기 또는 그 새끼를 위하여 직접 필요로 하는 것밖에 생산하지 않는다. 즉 동물은 일면적으로 생산한다. 그런데 인간은 보편적으로 생산한다. 동물은 다만 직접적인 육체적 욕구에 지배되어서 생산할 뿐인데, 한편 인간 그 자체는 육체적 욕구로부터 자유로이 생산하며, 또한 육체적 욕구로부터의 자유 안에서 비로소 참으로 생산한다. 즉 동물은 다만 자기 자신을 생산할 뿐인데, 한편 인간은 전 자연을 재생산한다……그러므로 인간은 참으로 대상적 세계의 가공에 있어서 비로소 현실적으로 하나의 유적 존재로서 확인되게 되는 것이다. 이 생산이 인간의 제약활동적(制約活動的, werktätig)인 유생활인 것이다.』(*Ibid.*, 276~277. 일역 동상 96~97면)

61) 『인간이 그의 노동의 생산물로부터, 그의 생명활동으로부터, 그의 유적

존재로부터 소외되고 있다고 하는 것으로부터 생기는 직접적인 귀결의 하나는 인간으로부터의 인간의 소외이다. 인간이 자기 자신과 대립할 경우 다른 인간이 그와 대립하고 있는 것이다.』(*Ibid*., 277. 일역 동상 98면)
62) Marx and Engels, *MECW* 4 : 36.「성가족」전게서 33면
63) Marx, *MECW* 3 : 332~33.「경제학·철학초고」199면
64)「사유재산은 외화(外化)된 노동의 산물이며, 한편으로는 그것은 노동이 그것에 의해서 외화되는 수단이며, 이 외화의 실현이다.」(*Ibid*., 280. 일역 동상 102면)
65) *Ibid*., 296. 일역 동상 130면
66) *Ibid*., 297. 일역 동상 132면
67) *Ibid*., 300. 일역 동상 137면
68) Mare and Engels, *MECW* 4 : 36~37.「성가족」전게서 34면
69) 마르크스는「경제학비판」의 머리말에서 그때의 사정을 다음과 같이 말하고 있다.『1845년 봄 그(엥겔스)도 또한 브뤼셀에 자리 잡았을 때, 우리들은 독일철학의 관념론적 견해에 대립하는 우리들의 반대의견을 공동으로 마무리할 것, 실제로는 우리들 이전의 철학적 의식을 청산할 것을 결심하였던 것이다. 이 계획은 헤겔 이후의 철학의 비판이라는 형태로 수행되었다.』(*Contribution* 22. 일역「경제학비판」전게 15면)
70) Marx and Engels, *MECW* 5 : 49. 古在由重 역「도이치 이데올로기」岩波文庫 48면
71) *Ibid*., 38~39. 일역 동상 59면
72) Marx, *MECW* 6 : 212. 古木佑一郎 역「철학의 빈곤」國民文庫 233면
73) Marx and Engels, *MECW* 6 : 519. 大內兵衛·向坂逸郎 역「공산당선언」岩波文庫 87면
74) *Ibid*., 482. 일역 동상 38면
75) *Ibid*., 496. 일역 동상 56면
76) *Ibid*., 498. 일역 동상 57~58면
77) *Ibid*., 일역 동상 58면
78) *Ibid*., 519. 일역 동상 87면
79)『인간의 자기소외로서의 사유재산의 적극적 지양으로서의 공산주의, 그

러므로 또 인간에 의한 인간을 위한 인간적 본질의 현실적인 획득으로서의 공산주의』(Marx, *MECW* 3 : 297.「경제학·철학초고」전게 131면)
80) 『공산주의의 특징을 이루는 것은 소유 일반의 폐기가 아니고 부르주아적 소유의 폐기이다.』(Marx and Engels, *MECW* 6 : 498.「공산당선언」전게 58면)
81) 1845년 말의 독일 국적포기 사건을 계기로 하여서 마르크스는 독일의 혁명과 전복을 결의하였다고 長野敏一은 다음과 같이 설명하고 있다.
　『이상 1845년에 있어서의 마르크스의 생활의 많은 것에 관해서 보았다. 브뤼셀에 망명하자 곧 이와 같은 환경에 시달려, 이끌려서, 연말 그는 드디어 독일 국적을 포기한 것이다. 그의 전기작가는 누구나 이 사건에 특히 중대한 관심을 기울이고 있지 않다.……그렇지만 우리들은—심리학에 흥미를 가질 만한 자는—이 사건을 그렇게 가볍게 보아 넘길 수는 없는 것이다. 한 사람이 이제까지 자기가 나고 커서 자라온 조국을 그렇게 쉽게 길가의 돌이라도 주우며 길가에서 코라도 푸는 것같이 쉽게 버릴 수 있을까? 우리들은 결코 이것을 긍정할 수는 없다. 마르크스는 국적을 이탈함에 있어서 독일과의 결정적인 절연을, 아니 차라리 적대를 결의한 것일 것이다. 국적이탈이라는 사건은 결코 그대로 단순한 결의나 단행이 아니며 보다 큰 마르크스의 결의와 장래의 예정행동의 일환이다. 그것은 독일을「혁명」하는 것, 독일을「전복」하는 것이다. 마르크스는 이와 같은 결의와 예정행동 때문에 국적을 이탈한 것이다.』(長野敏一「마르크스의 심층연구」전게 182면)

82) Marx, *Capital* Vol. 1 (Moscow : Progress Publishers, 1965), p.763. 岡崎次郎 역「자본론」國民文庫 (3) 438면
83) 城塚登은 다음과 같이 말하고 있다. 『언제 마르크스가 초기의 사회주의나 공산주의를 본격적으로 연구하기 시작하였는가 하는 것을 아는 직접적인 자료는 유감스럽게도 오늘날 찾아낼 수 없는 것 같다. 그렇지만 대체로 마르크스가 파리로 옮긴 전후가 아닌가 생각된다. 그 이유는 제5장에서 말해둔 바와 같이 프랑스로 이주한 후 최초로「헤겔 법철학비판서설」(1843년 12월)에서는 2개월 전에 쓴「유대인 문제에 붙여서」와 비교하여서 마르크스의 사상은 상당히 변화하고 있어서 계급으로서의 프

롤레타리아트를 비로소 고찰의 대상으로 하고 인간해방의 담당자를 프롤레타리아트에서 구하고 있기 때문이다.』(「젊은 마르크스의 사상」전게 147면)
84) 城塚登은 다음과 같이 말하고 있다. 『엥겔스는 1842년 말에 영국으로 건너간 이래 헤스의 영향도 있고 하여서 영국의 초기사회주의에 접근하고, 차티스트를 비롯하여 노동운동의 지도자와도 교제하여 그들의 사상이나 운동의 실태를 몸으로 체득하고 있었다. 그러므로 프랑스의 초기사회주의 내지 공산주의와 노동운동을 주로 연구하고 있었던 당시의 마르크스에 있어서 엥겔스의 이야기는 참으로 귀중한 것이었음에 틀림없다.』(동상 181면)
85) Engels, *MECW* 3 : 121. 大內兵衛 역 「공상에서 과학으로」岩波文庫 41면
86) *Ibid.*, 122. 일역 동상 43면
87) Marx and Engels, *MECW* 6 : 516. 「공산당선언」전게 83면
88) Engels, *MECW* 3 : 125~26. 「공상에서 과학으로」전게 48면
89) *Ibid.*, 125. 일역 동상 47면
90) 마르크스는 「헤겔 법철학비판서설」에서 다음과 같이 말하고 있다.
   『철학이 프롤레타리아트 속에서 그 물질적 무기를 발견하듯이 프롤레타리아트는 철학 속에서 그 정신적 무기를 발견한다. ……이 해방(인간의 해방)의 두뇌는 철학이며 그 심장은 프롤레타리아트이다.』(*MECW* 3 : 187. 「헤겔 법철학비판서설」전게서 95~96면)

제2장

1) V.I. Lenin, *Collected Works* (이상 *LCW*로 약함) (Moscow : Progress Publishers), Vol. 33, p.227. 마르크스=레닌주의 연구소 역 「레닌전집」제33권 大明書店 227면
2) Marx, *MECW* 5 : 8. 「포이엘바하에 대한 테제」「포이엘바하論」岩波文庫 所收 90면

3) Lenin, *LCW* 31 : 25. 朝野勉 역 「공산주의에 있어서의 좌익소아병(左翼小兒病)」 國民文庫 11~12면
4) J.V. Stalin, *Works* (이상 *JSW*로 약함) Vol. 6, p.92. 전집간행회 역 「레닌주의의 기초」 國民文庫 29면
5) Lenin, *Materialism and Empirio-criticism* (Moscow : Progress Publishers, 1970), pp.328~29. 寺澤恒信 역 「유물론과 경험비판론」 國民文庫 (2) 218면
6) *Ibid.*, 347. 일역 동상 244면
7) Maurice Comforth, *Materialism and the Dialectical Method* (London : Lawrence & Wishart, 1976), pp.12~13. 小松攝郎 역 「유물론과 변증법」 理論社 26~27면
8) 천국은 하나님의 3대축복의 완성에 의해서 이루어지는 것인데 그것은 「원리강론」(성화사)의 제1장 제3절(창조목적)에 상세히 설명되어 있다.
9) 인간 타락의 근본적인 원인과 경로에 대해서는 「원리강론」(성화사)의 제2장 「타락론」에 해명되어 있다.
10) Lenin, *Materialism and Empirio-criticism*, 347. 「유물론과 경험비판론」 (2) 244면
11) M. Comforth, *Materialism and the Dialectical Method*, 27~28. 일역 전게서 55면
12) 기번(E. Gibbon, 1737~1794)은 「로마제국 쇠망사」에서 기독교가 로마제국의 박해 속에서 서서히 인심에 침투하여 드디어 승리의 깃발을 세웠다고 다음과 같이 말하고 있다.

『기독교의 발전 및 그 확립에 관하여 공평하고 또한 합리적인 검토를 시도하는 것은 로마제국사를 이야기하는 데에 있어서 매우 중요한 1장일 것이다. 로마제국인 대기구(大機構)가 혹은 공연(公然)의 폭력에 의해서 침투되고, 혹은 완만한 쇠퇴에 의해서 침식되고 있는 동안에 한편에서는 순수한 어떤 민간 종교가 서서히 인심에 침투하여 조용히, 또 사람에게 알리지 않고 발전의 경과를 더듬어 탄압을 겪으면 도리어 활력을 새로이 하는 형태로서 최후에는 드디어 카피톨리누스구신전(丘神殿)의 폐허 위에 승리의 십자가기를 세우게 되는 것이었다.』(E. Gibbon, *Decline and*

Fall of the Roman Empire (London : J.M.Dent & Sons, Ltd., 1910), Vol. 1, p.430. 中野好夫 역 「로마제국 쇠망사」(Ⅱ) 筑摩書房 189면)

　　기번은 다시 『내세의 행복은 종교의 대목적이므로 기독교의 수입이, 아니 적어도 그 남용이 로마제국의 쇠망에 약간의 가세를 주었다는 말은 우리가 경악도 치욕도 없이 들을 수 있는 바이다.』(*Ibid*., 4 : 106. 村上勇三 역 「로마제국 쇠망사」(五) 岩波文庫 403면)라고 하면서 기독교가 로마제국을 붕괴시킨 요인의 하나라고 주장하고 있는 것이다.

13) M. Comforth, *Materialism and the Dialectical Method*, 36~37. 일역 전게서 72~74면
14) Engels, *Dialectics of Nature* (Moscow : Progress Publishers, 1954), p.25. 菅原仰 역 「자연의 변증법」 國民文庫 (1) 13~14면
15) Feuerbach, *The Essence of Christianity*, 14. 「기독교의 본질」(상) 69면
16) *Ibid*., 207. 일역 동상 (하) 45면
17) Feuerbach, "Preliminary Theses on the Reform of Philosophy", *The Fiery Brook*, 168. 「철학개혁을 위한 잠정적 명제」 「장래 철학의 근본명제」 岩波文庫 所收 116면
18) 포이엘바하는 『사고는 존재로부터 나온다.』고 하였으나, 사고는 「뇌수의 작용」이라고까지 주장하는 기계론적 유물론(자연과학적 유물론)은 아니었다. 엥겔스의 인용에 의하면 포이엘바하는 다음과 같이 말하고 있다.

　　『유물론은 나에게 있어서 인간의 본질 및 지식의 건물의 기초이다. 그러나 그것은 나에게 있어서는 예를 들면 몰레쇼트(Jacob Moleschott 1822~1893, 폴란드 출생의 생리학자, 속류(俗流)유물론의 대표자)와 같은 생물학자, 즉 좁은 의미에서의 자연과학자에 있어서 그러한 것, 또한 그들의 입장과 전문으로 하여서 필연적으로 그러한 것, 즉 건물 그것이 아니다. 후방에서는 나는 유물론에 완전히 찬성하지만 전방에서는 찬성하지 않는다.』(*MECW* 3 : 349. 「포이엘바하論」 岩波文庫 37~38면)

　　포이엘바하는 헤겔의 관념론을 비판하고 유물론의 입장에 섰지만, 단순한 유물론에서는 인간의 사회생활을 설명할 수 없다고 하면서 감성을 가진 인간으로부터 출발하였던 것이다. 이에 대해서 엥겔스는 포이엘바

하의 기계론적 유물론비판에 동조하면서도 유물론적인 기초 위에서 인간사회를 보지 않았다고 하여서 포이엘바하를 비판한 것이다.

『포이엘바하가 단순한 자연과학적 유물론은「인간의 지식의 건물의 기초이기는 하지만 건물 자신이 아니다.」라고 주장할 때, 그것은 전적으로 옳다. 그 이유는 우리들은 자연 안에서 살고 있을 뿐만 아니라 인간사회 안에서도 살고 있으며, 그리고 이 인간사회도 자연에 못지않게 그 발전의 역사와 그 과학을 갖고 있기 때문이다. 따라서 문제는 사회에 관한 과학, 즉 소위 역사적 및 철학 제 과학의 전체를 유물론적인 기초와 일치시켜 이 기초 위에서 재건하는 것에 있었다. 그러나 이것은 포이엘바하에게는 불가능하였다. 여기서는 포이엘바하는 그「기초」에 있어서 유물론적이었음에도 불구하고 여전히 전래의 관념론적 고삐에 사로잡혀 있었다.』(*MECW*, 3 : 351. 일역 전게서 42면)

19) Marx and Engels, *MECW* 5 : 39~41.「도이치 이데올로기」岩波文庫 60~63면

20) Marx, *MECW* 5 : 6.「포이엘바하에 관한 테제」「포이엘바하論」所收 86면

21) Engels, *MECW* 3 : 361.「포이엘바하論」59면

22) Mare, *MECW* 5 : 8. 마르크스「포이엘바하에 관한 테제」「포이엘바하論」所收 90면

23) Feuerbach, *The Essence of Christianity*, 4.「기독교의 본질」전게 (상) 51면

24) Feuerbach, "Principles of the Philosophy of the Future", *The Fiery Brook*, 227. 포이엘바하「장래의 철학의 근본명제」「장래의 철학의 근본명제 외」전게 72면

25) 마르크스는 프랑스 유물론에 두 가지의 흐름이 있다는 것을 다음과 같이 지적하였다.

『프랑스 유물론에는 두 가지 방향이 있어서 그중의 하나는 데카르트에 그 원천을 발하며, 다른 것은 로크에 그 원천을 발하고 있다. 후자는 특히 프랑스적 교양의 한 요소이며 직접적으로 사회주의로 흘러 들어가고 있다. 전자, 즉 기계론적 유물론은 본래의 프랑스 자연과학으로 흘러

들어가고 있다.……기계론적인 프랑스의 유물론은 데카르트의 형이상학에는 대립하여서 그의 물리학에 연결되고 있다. 그의 학도는 직업부터가 반형이상학자, 특히 물리학자였다. 의사 루로아와 더불어 이 학파가 시작되어 의사 카바니스에서 그 정점에 이르고 의사 라메트리가 그 중심이다.……데카르트파 유물론이 본래의 자연과학으로 흘러 들어가고 있는 것같이 프랑스의 유물론의 다른 방향은 직접적으로 사회주의와 공산주의로 흘러 들어가고 있다.』(Marx and Engels, *MECW* 4 : 125, 130. 石堂淸倫 역「성가족」「전집」제2권 131~136면)

26) Engels, *Dialectics of Nature*, 248.「자연의 변증법」전게 (2) 344면
27) *Ibid.*, 271. 일역 동상 (2) 372~376면
28) Lenin, *Materialism and Empirio-criticism*, 246.「유물론과 경험비판론」전게 (2) 104면
29) *Ibid.*, 41. 일역 동상 (1) 61면
30) Lenin, *LCW*, 17 : 42.「마르크스주의의 역사적 발전의 약간의 특질에 관해서」「레닌전집」제17권 30면
31) Lenin, *Materialism and Empirio-criticism*, 239.「유물론과 경험비판론」전게 (2) 95면
32) *Ibid.*, 248. 일역 동상 (2) 107면
33) *Ibid.*, 249. 일역 동상 (2) 108~109면
34) *Ibid.*, 250. 일역 동상 (2) 110면
35) *Ibid.*, 116. 일역 동상 (2) 169~170면
36) O.W. Kuusinen, *Fundamentals of Marxism-Leninism*(이상 *Fundamentals*로 약함) (Moscow : Foreign Languages Publishing House, 1961), p.32. 마르크스·레닌주의의 기초 간행회 역「마르크스·레닌주의의 기초」合同出版 (I) 40면
37) 레닌 일역「유물론과 경험비판론」(하) 岩波文庫의 해설에서, 215면
38) 멘델레프 당시 알려져 있었던 원소수는 63개였는데, 현재 103종의 원소가 알려져 있다. 그중 91종은 천연으로 존재하는 원소이며 12종은 인공원소인데, 인공원소라 하더라도 천연의 원소로부터 파생한 것에 지나지 않고 천연의 원소와 마찬가지의 규칙성을 따르고 있는 것이다.

39) 인식(지각)의 해명은 뇌의 구조나 기능 등의 생리학적인 연구만으로는 불충분하며, 정신으로서의 의식과 물질로서의 뇌의 상호작용을 용인하지 않으면 안 된다고 주장하는 뇌생리학자들이 나타나게 되었다. 예를 들면 J.C. 에클즈(J.C. Eccles)는 그 한 사람이며, 「의식 있는 자기」 또는 「순수자아」와 「뇌」의 상호작용에 의해서 지각은 이루어진다고 주장하고 있다.

또 생물학자들의 대부분은 생명의 본체는 DNA라고 하여서 DNA의 유전암호가 해명되게 됨으로써 생명의 문제는 모두 해명되었다고 주장하고 있다. 그러나 DNA는 생명현상을 짊어지고 있는 기본적인 물질이라고는 할 수 있어도 DNA가 생명 그 자체라고는 할 수 없다.

예를 들면 라이알 와트슨(Lyall Watson)은 그 저서 *Life tide* (London : Hodder & Stoughton, 1979)를 저술하여 생명은 유전자 DNA만으로 결정되는 것이 아니고 유전자 시스템과 쌍을 이루고 있는 또 하나의 시스템인 콘틴젠트 시스템(contingent system)이 있으며, 이들 두 가지 시스템의 상호작용에 의해서 생명의 영위, 즉 생명 조류가 나타난다고 말하고 있다. 콘틴젠트 시스템이란 융(C.G. Jung)이 말하는 집단적 무의식이 생물학적 요인을 포함한 것 같은 정신적인 시스템이라고 한다.(木幡和枝외 역「생명조류」工作舍 183면, 222면)

그리고 DNA의 유전암호가 왜 생겼는가라는 것에 관해서는 아무것도 알고 있지 않다는 것을 과학자는 알아차리기 시작하고 있다. 분자생물학자 모노(J. Monod)는 『그러나 더욱 중대한 문제는 유전암호 및 그 번역 기구의 기원이다. 실제로 이것은 「문제」라는 말로는 불충분하며 오히려 수수께끼라고 해야 할지도 모른다.』(*Le Hasard et la Nécessité* (Paris : Éditions du Seuil, 1970). 渡邊格외 역「우연과 필연」미스즈書房 166면)라고 이것을 솔직하게 인정하고 있다.

40) Engels, *MECW* 3 : 345~46.「포이엘바하論」전게 28~30면
41) Engels, *Anti-Dühring* (Moscow : Progress Publishers, 1947), p.49. 栗田賢三 역「反듀링論」岩波文庫 (상) 60면
42) Stalin, *Dialectical and Historical Materialism* (New York : International Publishers, 1975), p.16. 마르크스·레닌주의 연구소 역,

스탈린 「변증법적 유물론과 사적 유물론」 國民文庫 19면
43) M. Comforth, *Theory of Knowledge* (London : Lawrence & Wishart, 1976), p.11. 藤野渉·小松攝郎 역 「인식론」 理論社 17면
44) 『비록 전파가 음파로 전환되었다고 하더라도 음파 그 자체는 라디오로부터 발생한 것에는 틀림없고 따라서 라디오는 음파의 발생장치이다.』라는 반문이 있을지도 모른다. 그러나 음파는 전파 없이 결코 발생할 수 없는 것이며, 또 그 음파는 음성(말소리)을 형성하여서 「말」로 되어서 청취자에게 의미를 전하는 것이므로 그것은 방송국에서 전파로 바뀐 「말」이 재생되는 것에 불과한 것이다. 따라서 라디오는 음성의 발생장치가 아닐 뿐만 아니라, 엄밀한 의미로 음파의 발생장치일 수도 없다.
45) 레닌은 『정신은 신체로부터 독립해서 존재하지 않으며, 정신은 제2차적인 것이며, 뇌의 기능이며, 외계의 반영이다.』라고 하였다. *Materkilism and Empirio-criticism* 77. 「유물론과 경험비판론」 전게 (1) 112면
46) Stalin, *JSW* 6 : 92. 「레닌주의의 기초」 전게 29면
47) Mao Tse-tung, *Selected Works of Mao Tse-tung* (이상 *SWM*로 약함) Vol. 1, p.304. 松村一人·竹內實 역 「실천론」 「실천론·모순론」 岩波文庫 所收 22면
48) 인간은 영인체와 육신으로 되어 있는 이중체이다. 영인체란 인간의 육신의 주체로서 창조된 것이며, 인간의 사망 후 즉 육신이 멸한 후 무형세계(영계)에서 영원히 생존하게 되어 있다. 일반적으로 말하는 영혼은 대체로 이에 해당한다.
49) 본심이란 영인체의 생심(주체의 입장)과 육신의 육심(대상의 입장)과의 수수작용에 의해서 형성된 마음을 말하는 것으로서, 타락하지 않았거나 또는 인격이 완성한 경우의 인간의 마음을 뜻하는 것이다. 타락한 인간에 있어서는 본심은 비뚤어져 있는 경우가 많다.
50) Engels, *Dialectics of Nature*, 248. 「자연의 변증법」 전게 (2) 344면
51) Engels, *Anti-Dühring*, 75~76. 엥겔스 「反듀링論」 전게 (상) 101면
52) Stalin, *Dialectical and Historical Materialism*, 15. 「변증법적 유물론과 사적 유물론」 전게 18면
53) Engels, *Dialectics of Nature*, 170. 「자연의 변증법」 전게 (1) 224면

54) *Ibid.*, 173. 일역 동상 (1) 228면
55) *Ibid.*, 174. 일역 동상 (1) 230면
56) *Ibid.*, 177. 일역 동상 (1) 234~235면
57) Marx and Engels, *MECW* 5 : 40~41.「도이치 이데올로기」전게 62~63면
58) Marx, *MECW* 5 : 7.「포이엘바하에 관한 테제」「포이엘바하論」전게 88면

제3장

1) 디오게네스 라에르티우스(Diogenes Laertius B.C. 3세기 전반)는「저명한 철학자들의 생활과 의견」속에서 아리스토텔레스는 제논을 변증법의 창시자라고 불렀다고 밝히고 있다.
2) 헤겔은「철학사강의」속에서『변증법 자체를 원리로서 받아들인 헤라클레이토스의 객관성. ……헤라클레이토스에 의해서 철학적 이념이 사변적인 형식에까지 나아갔다. ……여기서 우리들은 육지를 본다. 그의 명제에서 나의 논리학에 넣지 않은 것은 하나도 없다.』고 하면서 헤라클레이토스가 주관적인 변증법을 객관적인 단계로 끌어올렸음을 지적했다.(*Lectures on the History of philosophy* (New Jersey : The Humanities Press, 1974) Vol. 1, p.279)

　　엥겔스도 헤라클레이토스를 참된 변증법의 창시자라고 다음과 같이 말하였다.『고대 희랍의 철학자들은 모두 천성의 변증가이며, ……원시적이며 소박하지만 본질상 올바른 이 세계관은 고대 희랍철학의 그것이며 이것을 처음으로 명료하게 표현한 것은 헤라클레이토스였다.』(*MECW* 3 : 126~27. 大內兵衛 역「공상에서 과학으로」岩波文庫 52~53면)
3) 中埜肇는 다음과 같이 말하고 있다.『칸트의 변증론은 기본적으로는 제논―아리스토텔레스의 변증법(론)의 전통에 의거하여 이것을 계승하면서 그것을 다만 소극적인 것으로 끝내지 않고 새로운 비판성을 가함으로

써 적극적인 학문적 의의를 준 것이라고 말할 수 있겠다.』(「변증법」中央公論社 129면)
4) 이 세 개의 명제는 「전 지식학의 기초」(*Grundlage der Gesamten Wissenschaft-slehre*, 1794)에 있어서 전개되고 있다.
5) 中埜肇는 다음과 같이 말하고 있다. 『정립·반정립·종합이라고 하는 피히테의 트리아데 형식은 헤겔의 변증법과 공통되는 것을 가지고 있을 뿐만 아니라, 다음과 같은 피히테의 말을 읽을 때 사람은 그의 사고방식 그 자체 안에 무한과 유한의 매개라는 형태로 헤겔 변증법의 선구적 형태를 찾아내지 않을 수 없을 것이다.(피히테는 「전 지식학의 기초」에서 사고는 무한이면서 유한이라고 하며, 무한과 대상(유한)을 결부하는 것이 모순이라고 말하고 있다.)』「변증법」 전게 133면)
6) 「변증법적 유물론」이라는 명칭을 만든 인물은 마르크스주의를 처음으로 러시아에 도입한 프레하노프라고 한다.
7) 「즉자(卽自)—대자(對自)—즉자대자(卽自對自)」의 의미는 다음과 같다.
　　최초는 다만 자기자신으로 있는 직접적인 개념—즉자—이 부정되어서 자기자신에 대한 것, 자기자신을 대하는 타자—대자—가 된다. 다시 그 타자라는 존재방식이 부정되어서 부정의 부정으로서 다시 자기자신으로 돌아가는데 이 최후에 도달한 단계가 즉자대자이다.
8) 「정—반—합」 또는 「정립—반정립—종합」이라는 공식은 헤겔 자신의 것은 아니지만 일반적으로 헤겔 변증법을 해설할 때에 쓰이고 있는 공식이다.
9) 헤겔의 개념(Begriff, Notion)은 형식논리학에서의 개념, 즉 모든 특수성을 사상(捨象)하고 공통성만을 추상한 보편성으로서의 개념이 아니다. 그렇다고는 하지만 추상적인 내용이 없는 개념인 「유」로부터 차차로 개별적, 구체적인 개념으로 개념이 자기전개하여 가는 것이다. 그리고 가장 현실적인 것으로 된 개념, 본질(로고스)이 된 개념을 헤겔은 이념(Idee, idea)이라고 부르고 있다.
10) 이 사실을 엥겔스는 「포이엘바하論」에서 다음과 같이 시인하고 있다.
　　『헤겔에 있어서는 변증법이란 개념의 자기발전이다. 절대적 개념이 영원한 옛날부터—어디엔가 모르지만—존재하며, 그것은 또 현존하는 전

세계의 본래의 살아 있는 혼이기도 하다. 그것은「논리학」에 상세하게 취급되고 있는, 그리고 절대적 개념 안에 모두 포함되어 있는, 모든 전 단계를 지나서 자기자신에게까지 발전한다. 그리고 이 절대적 개념은 자연으로 전화함으로써 자기를「외화(外化)」하고, 이 자연 속에서는 그것은 자기를 의식하는 일없이 자연성의 모습을 취해서 새로운 발전을 하며 최후에 인간 속에서 다시 자기의식에 도달한다. 이 자기의식은 다시 역사 안에서 조야(粗野)한 형태로부터 탈각하여 드디어 헤겔철학 안에서 다시 완전히 자기자신으로 돌아간다.』(MECW 3 : 361~62.「포이엘바하論」岩波文庫 61면)

11) Marx, *Capital* 1 : 19~20.「자본론」國民文庫 (1) 40~41면
12) Engels, *Anti-Dühring*, 168~169.「反듀링論」岩波文庫 (상) 237면
13) Engels, *Dialectics of Nature*, 62.「자연의 변증법」國民文庫 (1) 65면
14) *Ibid.*, 17. 일역 동상 (1) 3면
15) 엥겔스는 다음과 같이 말하고 있다.『이들 세 법칙은 모두 헤겔에 의해서 그의 관념론적인 격식에 따라서 단순한 사고법칙으로서 전개되고 있다. 즉 첫째 법칙은「논리학」의 제1부 존재론 속에 있으며, 둘째 법칙은 그의「논리학」중에서 가장 중요한 제2부 본질론의 전체를 차지하고 있으며, 마지막으로 셋째 법칙은 전 체계의 구축을 위한 근본법칙으로서의 역할을 다하고 있다. 오류는 이들의 법칙이 사고법칙으로서 자연과 역사에 대하여 위로부터 억지로 눌러 맞춘 것이어서 자연과 역사로부터 이끌어내어져 있지는 않다는 점에 있다. ……우리들이 만약 사항을 뒤집어 본다면 모든 것은 간단하게 되며, 관념론적 철학에서는 이외로 신비적으로 보이는 저 변증법의 여러 법칙은 당장에 간단명료하게 되는 것이다.』(*Ibid.*, 62. 일역 전게 (1) 65~66면)
16) Stalin, *Dialectical and Historical Materialism*, 7.「변증법적 유물론과 사적 유물론 외」國民文庫 9면
17) *Ibid.*, 7. 일역 동상 10면
18) *Ibid.*, 8. 일역 동상 11면
19) *Ibid.*, 11. 일역 동상 14면

20) Lenin, *LCW* 38~358. 松村一人 역「철학노트」岩波文庫 (하) 198면
21) *Ibid.*, 358. 國民文庫 197면
22) 마르크스는「헤겔 국법론비판」(1843년 여름)에서 헤겔의 변증법을 비판하고 그 자신의 주장을 다음과 같이 기술하였다.『현실적인 극끼리는 바로 현실적인 극끼리이기 때문에 도리어 상호 중개될 수는 없다. ……그것은 그것들이 대립적인 것이기 때문이다. 거기에는 공통적인 것은 아무것도 없고 서로 구하는 일이 없고 서로 보충하는 일이 없다. ……현실적인 양 대립물이 대립하는 것으로서 단호하게 갈라져 있는 것, 그것들이 대극(對極)이 되어가는 것―이것은 그것들의 자기인식에 불과한 동시에 또 결투로 부추김에 틀림없다.』(*MECW* 3 : 88~89.「헤겔 국법론비판」「헤겔 법철학비판서론 외」國民文庫 所收 159~161면)
23) Engels, *Anti-Dühring*, 32. 일역 전게서 (상) 38면
24) 인간이 상하·전후·좌우의 관계를 맺고 있다는 설명은 통일사상에 있어서「연체(聯體)」의 개념에서 온 것이다. S.H. Lee, *Explaining Unification Thought* (New York : Unification Thought Institute, 1981), p.76~79.
25) 여기서 사물이라고 말할 때 인간, 동물, 식물 등의 생물도 포함된다. 따라서 정확하게는 사물이 아니고 존재라고 하여야 할 것이다. 그러나 유물변증법에 대응하여서 논리를 전개하기 때문에 사물이라는 표현을 그대로 쓰기로 한다.
26) Stalin, *Dialectical and Historical Materialism*, 13. 일역 전게서 16면
27) 당시 우크라이나에서 가을에 뿌린 밀이 냉해에 의해서 대량으로 말라죽었기 때문에 춘화(春化)처리는 냉해에 대한 효과적인 예방책이라고 간주되게 되었다. 그러나 실제로는 루이셍코가 선전한 것 같은 효과가 없었던 것이며, 따라서 춘화처리는 자연소멸되어 버렸다. 루이셍코가 행한 가을밀의 봄밀로 전환은 생물의 유전성의 변화와는 다르며 소위 유전과는 관계가 없는 방황변이(彷徨變異)에 불과한 것이었다고 생각된다.

루이셍코 학설의 대두와 그 종말에 대해서는 Z.A. Medvedev, *The Rise and Fall of T.D. Lysenko* (New York : Columbia University

Press, 1969)(金光不二夫 역 「루이셍코 학설의 흥망」 河出書房)에 상세하게 기술되어 있다.
28) 모택동도 레닌과 마찬가지로 다음과 같이 주장한다.
『즉 모순에 있어서의 투쟁은 과정을 처음부터 끝까지 꿰뚫고 있는 동시에 하나의 과정을 다른 과정으로 전환시키는 것이며, 모순의 투쟁은 어느 곳에나 존재하므로 모순의 투쟁성은 무조건적이며 절대적이다. 조건적이며 상대적인 동일성과 무조건이며 절대적인 투쟁성이 결합해서 모든 사물의 모순의 운동이 구성되고 있는 것이다.』(*SWM* 1 : 343. 「모순론」 「실천론·모순론」 岩波文庫 所收 78~79면)
29) *Ibid.*, 343~344. 일역 동상 79~81면
30) Engels, *Dialectics of Nature*, 211. 일역 전게서 (2) 286면
31) *Ibid.*, 217. 일역 동상 295면
32) 「성장」뿐만이 아니라 소위 「진화」도 발전의 개념에 들어간다. 그 경우 입과 항문의 상호작용은 성장의 의미로서의 발전과는 관계가 있지만 진화의 의미로서의 발전과는 아무런 관계도 없는 것이다.
33) Engels, *Anti-Dühring*, 144~145. 일역 전게서 (상) 203면
34) Engels, *Dialectics of Nature*, 295. 일역 전게서 (2) 412면
35) Engels, *Anti-Dühring*, 145. 일역 전게서 (상) 204면
36) *Ibid.*, 32. 일역 동상 (상) 39면
37) 그 밖에 엥겔스는 모순의 실례로서 다음과 같은 것을 들고 있다.
운동에 있어서의 견인과 반발 (*Dialectics of Nature*, 71. 일역 전게서 (1) 78면)
동일성과 구별 (*Ibid.*, 214~16. 일역 동상 (2) 291~294면)
전기의 정(正)과 부(負) (*Ibid.*, 216. 일역 동상 (2) 294면)
우연성과 필연성 (*Ibid.*, 217. 일역 동상 (2) 296면)
화학에 있어서의 분석과 종합(합성) (*Ibid.*, 223. 일역 동상 (2) 305면)
귀납과 연역 (*Ibid.*, 226. 일역 동상 (2) 310면)
운동과 평형 (*Ibid.*, 246. 일역 동상 (2) 340면)
수학에 있어서의 감법($a-b$)과 가법($-b+a$), 제법($\frac{a}{b}$)과 승법($a \cdot \frac{1}{b}$), 거듭제곱(x^2)과 거듭제곱근($\sqrt{x^4}$) (*Ibid.*, 257~258. 일역 동상 (2) 358면)

충돌과 마찰 (*Ibid.*, 279. 일역 동상 (2) 388면)
빛과 어둠 (*Ibid.*, 287. 일역 동상 (2) 401면)
직선과 곡선 (*Ibid.*, 264. 일역 동상 (2) 367면)
유전과 적응 (*Ibid.*, 211. 일역 동상 (2) 287면)
유기적 생명과 그 진화 (*Anti-Dühring*, 145. 일역 동상 (상) 204면)

 이들 하나하나의 비판은 생략하지만 이것들은 사물의 상대적인 두 측면(대부분의 예가 그러하다)이었든지, 한쪽이 다른 쪽에 부수해서 일어나는 현상(충돌과 마찰)이었든지, 한쪽이 다른 특수한 경우(운동과 평형에 있어서 평형=정지는 운동의 특수한 경우이다.)이었든지 하는 예여서 이것들은 모두 대립물(모순)의 예는 결코 아니다.

38) Lenin, *LCW* 38 : 357. 「철학노트」 전계 (하) 196~197면
39) Mao Tse-tung, *SWM* 1 : 313. 「모순론」 전계 36면
40) *Ibid.*, 314. 일역 동상 37면
41) *Ibid.*, 일역 동상 37면
42) M. Comforth, *Materialism and the Dialectical Method*, 109. 일역 전게서 201면
43) Mao Tse-tung, *SWM* 1 : 313. 「모순론」 전계 36면
44) M. Comforth, *Materialism and the Dialectical Method*, 100. 일역 전게서 188~189면
45) 통일사상에서 본다면 모든 사물은 그 내부에 상대적인 관계에 있는 주체적 요소와 대상적 요소를 가지고 있는데, 이 두 상대적 요소를 상대물이라고 한다. 상대물은 공통목적을 중심으로 한 상보적 협조적인 요소들이다.

 한편 유물변증법에 의하면 모든 사물 중에는 대립하는 두 가지 요소가 있으며, 이 두 요소를 대립물 또는 모순이라고 부르고 있다. 헤겔의 변증법에 있어서 대립물은 통일성을 기반으로 하고 있었는데, 유물변증법에 있어서는 대립물에 있어서의 통일성은 다만 명목적일 뿐이어서 투쟁, 배척이 그 본질로 되고 있다.

46) 필자는 1968년 3월부터 9월에 걸쳐서 한국의 대전교도소에서 소장 및 교무과장의 양해를 얻어서 거기에 수감중인 북한에서 밀파된 공산주의

지성인 스파이와 매주 2일씩 공산주의 이론에 관해서 토론을 행한바 있다. 그때 필자는 통일사상(통일원리)을 가지고 공산주의 이론을 신랄하게 비판하고 그는 공산주의 이론의 올바름을 변호하려고 했다. 그러나 결국 그는 자기 이론의 오류를 인정하지 않을 수 없었다. 그 일례가 변증법의 모순의 법칙이다. 계란 속의 배자가 노른자위·흰자위와의 투쟁에 의해서 병아리가 되는가, 또는 공통목적하에 협조적 상호작용(수수작용)에 의해서 병아리가 되는가 하는 논쟁에 있어서 그는 배자, 노른자위, 흰자위, 껍데기 등이 모두 병아리의 출현이라는 공통목적하에 존재하며 따라서 상호간의 작용은 투쟁이 아니고 협조이고 조화이며, 부화현상도 병아리가 되기 위한 투쟁이 아니고 이미 만들어진 병아리가 탈의(脫衣)하는 정도의 의미로 알껍데기를 부수고 나온다고 하는 필자의 주장을 처음에는 반대하였는데, 결국은 받아들였던 것이다.

47) Stalin, *Dialectical and Historical Materialism*, 14. 일역 전게서 17면
48) Marx, *Contribution*, 21.「경제학비판」岩波文庫 13면
49) Marx, *Capital* 1 : 763. 일역 전게서 (3) 437~438면
50) Engels, *Anti-Dühring*, 151. 일역 전게서 (상) 212면
51) M. Comforth, *Materialism and the Dialectical Method*, 82. 일역 전게서 157면
52) 엥겔스는 양으로부터 질로 전화의 법칙에 대해서 그 밖에 다음과 같은 예를 들어서 설명하고 있다.

『그러므로 여기에는 제 원소의 단순한 양적 추가, 그리고도 항상 동일비를 가지고 행하여지는 추가에 의해서 형성된다. 질적으로 다른 제 물체의 하나의 정리된 계열을 볼 수 있는 것이다.

이러한 것이 가장 순수하게 나타나는 것은 화합물의 모든 요소가 같은 비를 가지고 각각의 양을 바꾸는 경우이다. 예를 들면 정(正) 파라핀계(系) C_nH_{2n+2}에서는 그 최저의 것은 메탄 CH_4, 즉 일종의 가스이지만 알려져 있는 최고의 것은 헥사데칸 $C_{16}H_{34}$, 즉 무색의 결정을 만드는 고체이어서 이것은 21도에서 융해하고 278도가 되어서 겨우 비등한다. 이들의 두 계열에서는 각각의 새로운 항은 앞의 항의 분자식에 CH_2, 즉 탄소 1원자와 수소 2원자를 추가함으로써 만들어지는 것이며, 게다가 분자

식의 이러한 양적변화가 그때마다 질적으로 다른 물체를 산출하는 것이다.』(*Anti-Dühring*, 153. 일역 전게서 (상) 215~216면)

그러나 이 예도 점차적인 양적변화(CH_2의 증가)가 어떤 점에 달하면 비약적으로 질적변화를 일으킨다는 것을 보이는 예는 아니다. 인용문 중에 있는「분자식의 이러한 양적변화가 그때마다 질적으로 다른 물체를 산출한다.」는 말과 같이, 양적변화와 질적변화는 띄엄띄엄이기는 하지만 함께 동시적 점차적으로 이루어지고 있는 것이다.

콘포스는 또 다음과 같은 예를 들어서 설명하고 있다.『그러나 발전(발육)이란 커지는 것이 아니고 질적으로 새로운 단계로 옮겨지는 것, 질적으로 다른 것이 되는 것을 의미한다. 예를 들면 털벌레는 점점 크게 살찌고 그러고서도 자기가 고치를 만들며 최후에 나비가 되어서 나타난다. 이것은 발육이다. 한 마리의 털벌레는 더 큰 털벌레로 성장하여서 나비로 발육한다.』(*Materialism and the Dialectical Method*, 81. 일역 전게서 156면)

이것은 질과 양이 동시적으로 그리고 연속적으로 변화하고 있는 예에 지나지 않는다. 일순간 내에 털벌레가 고치로 된다든지 일순간 내에 고치가 나비로 된다든지 하는 것은 아니기 때문이다. 고치는 털벌레에 의해서 서서히 형성되어 가며, 고치 속에서도 털벌레는 서서히 번데기의 단계를 거치면서 나비로 되어 가는 것이다.

53) Mao Tse-tung, *SWM* 1 : 333.「모순론」전게 64~65면
54) M. Comforth, *Materialism and the Dialectical Method*, 99. 일역 전게서 186면
55) *Ibid.*, 98. 일역 동상 184면
56) Engels, *Anti-Dühring*, 169 일역 전게서 (상) 237면
57) Lenin, *LCW* 38 : 225.「철학노트」전게 (상) 225~226면
58) 이시첸코(Ishchenko)는 또「유물변증법사전」(廣島定吉 역 ナウカ社 1943년)에서「부정의 부정」에 대해서『모든 상태나 대상은 그 자신의 발전 중에 대립·부정을 폭로하며 다음에 더욱 발전함에 따라서 이 부정을 지양하고 부정하여서, 그 결과 대립적 모멘트는 보다 고도의 통일에 새로운 상태로 종합 통일되어 이 통일은 다시 그 후의 발전 중에 그 자신의 부

정을 나타내며, 이리하여서 새로이 그 자신을 지양한다.』(201면)고 설명하고, 『부정』에 대해서는 긍정과는 반대의 행위, 사물을 그 운동에 있어서 고찰할 때는 만물은 그 자신의 부정을 가지며 만물은 그 발전 중에 부정되어서 다른 것, 그 자신의 반대물이 된다고 하지 않을 수 없다.』(200~201면)고 설명하고 있다.

59) Engels, *Anti-Dühring* 166.「反듀링論」岩波文庫 (상) 231~232면
60) *Ibid.*, 166. 동상 232면
61) Lenin, *LCW* 21 : 54. 村田陽一 역「마르크스=엥겔스=마르크스주의」國民文庫 (1) 21면
62) Lenin, *LCW* 38 : 221~222.「헤겔 논리학 적요」「레닌전집」제38권 191면
63) Stalin, *Dialectical and Historical Materialism*, 9. 일역 전게서 11면
64) 마르크스나 엥겔스는「부정의 부정의 법칙」에 관해서 상세한 정의를 하고 있지 않고, 다만 여러 가지의 예에 대해서 설명하고 있을 뿐이다. 예를 들면 마르크스는『자본주의적 생산양식으로부터 생기는 자본주의적 취득양식, 따라서 또 자본주의적 사유도 자기의 노동에 의거하는 개인적인 사유의 첫째 부정이다. 그러나 자본주의적 생산은 하나의 자연과정의 필연성을 가지고 그 자신의 부정을 산출한다. 그것은 부정의 부정이다.』(*Capital* 1 : 763. 일역 전게서 (3) 438면)라고 말하고 있다.

또 엥겔스는「反듀링論」제1편 제13장에서「변증법 부정의 부정」이라는 제목하에 부정의 부정을 다루고 있지만, 역시 다만 예를 들고 있을 뿐이다.(*Anti-Dühring*, 155~70. 일역 전게서 (상) 218~239면)

그래서 소련 공산당 공인의 쿠시넨(O.V. Kuusinen) 감수「마르크스·레닌주의의 기초」에서「부정의 부정의 법칙」에 관한 설명을 인용하기로 한다. 거기에는 다음과 같이 쓰여 있다.

『발전과정에서 새로운 질이 낡은 질을 부정하는 것은 대립물의 통일과 투쟁의 법칙이 작용한 자연필연적인 결과이다. 확실히 각각의 사물, 현상, 과정에서는 상호 배제하는 측면이나 경향의 투쟁이 행하여지고 있으며, 이 투쟁이 결국 오래된 것의「부정」과 새로운 것의 발전을 가져온다. 그렇지만 발전은 하나의 현상이 다른 그것과 대치하는 현상에 의해서

「부정」되는 것에만 멈추어 있지 않다. 출생한 새로운 현상은 새로운 모순을 포함하고 있다. 최초에 그 모순은 아직 눈에 띠지 않을지 모르나 시간의 경과와 더불어 필연적으로 출현한다. 「대립물의 투쟁」은 이제야 새로운 기초 위에서 시작되며 결국은 새로운 부정이 이루어지는 것은 불가피하게 된다.』(*Fundamentals*, 101~102. 일역 전게서 (1) 133면)

65) Engels, *Anti-Dühring*, 168. 일역 전게서 (상) 236면
66) *Ibid.*, 162~63. 일역 동상 (상) 228면
67) 『발전과정에서 새로운 질이 오래된 질을 부정하는 것은 대립물의 통일과 투쟁의 법칙이 작용한 자연필연적인 결과이다.』(*Fundamentals*, 101. 일역 전게서 (1) 133면)
68) Engels, *Anti-Dühring*, 163. 일역 전게서 (상) 228~229면
69) 엥겔스는 다년생의 식물이나 한 번만의 산란으로는 죽지 않는 동물에 대해서도 언급하면서 다음과 같이 말하고 있다. 『다른 식물이나 동물의 경우에는 이 과정이 이렇게 간단하게 정리되지 않고, 그것들이 죽어 버리기까지에 한 번만이 아니고 몇 번이나 종자나 알이나 새끼를 산출하는 것은 여기서는 아직 우리들에게 있어서 어찌 되어도 좋은 것이다. 여기서는 다만 부정의 부정이라는 것이 생물계의 이 양계(兩界)에 있어서 현실에 행하여지고 있는 것을 지적하기만 하면 된다.』(*Anti-Dühring*, 163. 일역 전게서 (상) 229면)

여기서 엥겔스는 다년생의 식물이나 몇 번이나 새끼를 낳는 동물의 경우는 『우리들에게 있어서 어찌되어도 좋다.』고 말하고 있는데, 이것은 궤변이다. 그에 있어서 보리나 나비의 예에 있어서의 부정은 「마르는 것」, 「죽는 것」을 의미하고 있었다. 그런데 다년생의 식물은 결실에 의해서 「마르지 않으며」 여러 번에 걸쳐서 산란하는 동물은 산란에 의해서 「죽지 않는다.」 따라서 엥겔스의 「부정」의 개념은 여기에는 전연 들어맞지 않는다. 그러므로 그의 「부정의 부정의 법칙」의 설명은 자연에 근거를 갖지 않은 완전한 공론이라는 것을 알 수 있다.

70) Engels, *Anti-Dühring*, 164. 일역 전게서 (상) 230면
71) Marx, *Capital* 1 : 763. 일역 전게서 (3) 438면
72) Engels, *Anti-Dühring*, 33. 일역 전게서 (상) 40면

73) *Ibid.*, 15~16. 일역 동상 (상) 20~21면
74) *Ibid.*, 17. 일역 동상 (상) 22면
75) 마르크스는『변증법은 헤겔에 있어서는 머리로 서 있다. 신비적인 외피 안에서 합리적인 핵심을 발견하기 위해서는 그것을 뒤집지 않으면 안 되는 것이다.』(*Capital* 1 : 20. 일역 전게서 (1) 41면)라고 하였다.
76) Marx and Engels, *MECW* 6 : 498.「공산당선언」岩波文庫 58면
77) Marx, *Capital* 1 : 20. 일역 전게서 (1) 41면

제4장

1) Engels, *MECW* 3 : 178. 山邊健太郞 역「공산주의자 동맹의 역사에 붙여서」「전집」제8권 566면
   엥겔스는 마찬가지 증언을「공산당선언」의「1888년 영어판 서문」안에서도 다음과 같이 말하고 있다.
   『이 사상은 나의 생각에 의하면 다윈의 학설이 자연과학의 진보의 기초가 된 것과 마찬가지로 역사과학의 기초가 될 사명을 갖고 있는 것이다. 이 사상에 우리 두 사람은 1845년의 수년 전부터 점점 가까워져 있었다. ……그렇지만 1845년 봄 내가 브뤼셀에서 마르크스와 재회했을 때 그는 이 사상을 끝마무리하고 있어서 그것을 내가 위에서 요약한 것과 거의 같게 확실한 말로 나에게 말하였다.』(*The Communist Manifesto* (New York : Penguin Books, 1967), p.63. 岩波文庫 26면)
2) Marx and Engels, *MECW* 5 : 41~42.「도이치 이데올로기」岩波文庫 34면
3) Engels, *MECW* 3 : 162. 土屋保男 역「칼 마르크스의 장의(葬儀)」「전집」전게서 제19권 331면
4) Marx, *Contribution*, 20~21.「경제학비판」岩波文庫 13~14면
5) Engels, *MECW* 3 : 365~366.「포이엘바하論」岩波文庫 67면
6) *Ibid.*, 366. 일역 동상 68면
7) 엥겔스는 다음과 같이 말하고 있다.

『유물론적인 역사의 견해는 다음의 명제로부터 출발한다. 즉 생산이 그리고 생산물에 관해서는 그 생산의 교환이 모든 사회제도의 기초이며, 역사상에 나타나는 어느 사회에 있어서도 생산물의 분배는 그리고 그와 함께 제 계급 또는 제 신분으로서의 사회적 구분은 무엇이 어떻게 생산되며 또 생산된 것이 어떻게 교환되는가로서 결정된다고 하는 명제이다.』 (*MECW* 3 : 133. 「공상에서 과학으로의 사회주의의 발전」「전집」제19권 206면)

8) Marx, *Capital* 1 : 117. 「자본론」岩波文庫 (二) 10면
9) 이시첸코, 廣島定吉 역 「유물변증법사전」ナウカ社 122면
10) Stalin, *Dialectical and Historical Materialism*, 31. 「변증법적 유물론과 사적 유물론 외」國民文庫 36면
11) Mao Tse-tung, *SWM* 1 : 313. 「모순론」「실천론·모순론」岩波文庫 36면
12) 인간은 영인체와 육신으로 되어 있는 이중체(영·육체)인데, 영인체는 생심(주체)과 영체(대상)로 되어 있으며 육신은 육심(주체)과 육체(대상)로 되어 있다. 생심은 영인체의 마음이어서 진선미의 정신적 가치를 추구하며, 육심은 육신의 마음이므로 의식주에 관한 물질적 가치를 추구한다.
13) Marx and Engels, *MECW* 5 : 41~42. 「도이치 이데올로기」전게 34면
14) Marx, *Contribution*, 193. 「경제학비판」전게 295면
15) *Ibid.*, 197. 일역 동상 299면
16) Marx, *Capital* 3 : 820. 「자본론」岩波文庫 (九) 16면
17) Stalin, *Economic Problems of Socialism in the U.S.S.R.* (Beijing : Foreign Languages Press, 1972), p.78. 전집간행회 역 「소(蘇)동맹에 있어서의 사회주의의 경제적 문제」國民文庫 90면
18) 소연방 과학아카데미 철학연구소 편 「마르크스=레닌주의의 기초」는 『마르크스주의의 사회이론은 주요한 것, 규정적인 것으로서의 생산관계를 사회 제 관계의 총제로부터 끄집어낸다.』고 말하고 있다.(F. V. Konstantinov, ed., *The Fundamentals of Marxist-Leninist philosophy* (Moscow : Progress Publishers, 1982), p.240. 川上洸·

大谷孝雄 역, 青木書店 307면)
19) 예를 들면 자본주의 생산관계는 자본가와 노동자가 생산에 있어서 맺고 있는 관계인데, 그와 같은 생산관계를 결정하는 것은 사회의 지도자인 정치가인 것이다. 따라서 혁명에 의해서 지도자(정치가)가 바뀌면 다른 생산관계로 변경하는 것도 가능한 것이다. 사실 많은 나라에서 지도자들에 의해서 혁명이 야기되어 사회주의 생산관계(공산주의 생산관계)가 실현되었던 것이다.

자본주의사회(자유주의사회)는 타락한 인간사회이기 때문에 그 자체가 많은 문제를 안고는 있지만 그 지도자(특히 중심인물)는 상대적으로는 하나님의 섭리를 실현하는 입장에 있는 것이며, 이에 대해서 공산주의사회의 지도자는 상대적으로 하나님의 섭리에 반대하는 사탄 편에 있는 것이다. 따라서 자유주의사회의 지도자는 하나님이 원하시는 방향으로 국민을 지도하지 않으면 안 되는 입장에 있는 것인데, 실제로는 그렇게 되지 않았으므로 오늘날 자유주의사회는 혼란에 빠져 있는 것이다.

20) Marx, *MECW* 1 : 518. 岡崎次郞 역「안넨코프에의 편지」「자본론 서간」國民文庫 (1) 55면
21) M. Comforth, *Historical Materialism* (London : Lawrence & Wishart, 1976), p.58. 白井泰四郞·小松攝郞 역「사적 유물론」理論社 103~104면
22) Marx, *Contribution*, 20.「경제학비판」전게 13면
23) Stalin, *Dialectical and Historical Materialism*, 40~41. 일역 전게서 45면
24) Marx and Engels, *MECW* 6 : 519.「공산당선언」전게 87면
25) Marx, *Contribution*, 20.「경제학비판」전게 13면
26) Stalin, *Dialectical and Historical Materialism*, 31. 일역 전게서 36면
27) *Ibid.*, 34. 일역 동상 38면
28) Marx, *Contribution*, 21.「경제학비판」전게 13면
29) 질곡(桎梏)이란 수갑, 즉 자유를 속박하는 것을 의미한다.
30) 스탈린은 다음과 같이 말하고 있다.

『즉 사회발전의 역사는 동시에 물질적 재화의 생산자 자신의 역사이며 근로대중의 역사인데, 근로대중은 생산과정의 기본적인 세력이어서 사회의 존재에 필요한 물심적(物心的) 재화의 생산을 실현한다.』(*Dialectical and Historical Materialism*, 30. 일역 전게서 35면)

31) 이와 같이 욕망은 혁명이나 사회발전의 원동력의 하나로서 그 중요성이 인정되지 않으면 안 된다. 실제로「생산력의 발전」의 비판과 대안에 있어서 이미 말한 바와 같이 마르크스나 엥겔스나 스탈린은 욕망이 생산력의 발전의 중요한 계기가 되고 있는 것을 본의 아니게 인정하고 있는 것이다.

공산주의자가 사회발전의 동기로서의 욕망의 의의를 인정한다고 하는 것은 역사는 유물론적으로 발전한 것이 아니고, 유심적으로 또는 적어도 유물 및 유심의 양 계기에 의해서 발전한 사실을 인정하지 않으면 안 된다는 것을 의미한다. 그러나 이것은 유물사관의 자기부정이 되는 것이다.

32) 제2장의 주 (12)에서 인용한 바와 같이 기번(E. Gibbon)은「로마제국쇠망사」에서 기독교의 전파가 로마제국을 붕괴시킨 요인의 하나라고 말하고 있다.(*The Decline and the Fall of the Roman Empire* 2 : 430, 4 : 106)

33) Marx, *Contribution*, 20.「경제학비판」전게 13면

34) Stalin, *Marxism and the Problems of Linguistics* (Beijing : Foreign Languages Press, 1976), p.3. 石堂清倫 역「언어학에 있어서의 마르크스주의에 대해서」「변증법적 유물론과 사적 유물론」國民文庫 1961년 所收 142면

35) 오늘날 공산주의자는 상부구조를 제 관념과 제 제도 또는 제 관념과 제 제도, 제 기관이라고 말하고 있다. 예를 들면 동독의 교과서 레틀로 외 편「변증법적·사적 유물론」에는 다음과 같이 쓰여 있다.

『상부구조는 일정한 사회의 특징을 나타내고 있는 제 관념 및 그것과 균형 잡힌 제 제도, 제 기관의 총체이다.

상부구조는 따라서 물질적인 사회적 제 관계를 기초로 만들어졌으며, 인간이 그 사회적 내지 계급적 이해를 표현하는 데에 쓰이는 정치상·법률상·세계관상·도덕상의 관념, 표상, 기분, 사회감정, 요구 등의 총체를 포괄하고 있다. 또 인간이 스스로의 사회적 이익을 사회일반에 타당한 것

으로 하여 이것을 관철하기 위하여 자기들의 관념과 요구에 상응하는 정치적·법적·문화적 기타의 제도·기관(국가, 정당 및 정치 조직, 재판소, 문화시설, 교육제도)을 포괄하고 있다.』(G. Redlow et al., *Einfuhrung in Den Dialektischen und Historischen Materialismus* (Berlin : Dietz Verlag, 1972), p.346. 秋間實 역 大月書店 (하) 400면)

36) M. Comforth, *Historical Materialism*, 81. 일역 전게서 150면
37) Stalin, *Marxism and Problems of Linguistics*, 7. 일역 전게서 145면
38) *Ibid.*, 8. 일역 동상 147~148면

　　동독의 코징 편 「마르크스주의 철학」에도 마찬가지로 다음과 같이 쓰여 있다.

　　『생산력은 그 발전이 궁극에 있어서는 전 역사과정의 기초가 되어 있는 것인데, 다만 생산관계와 함께 또한 생산관계에 매개되어야만 사회생활에 작용을 미친다.』(A. Kosing, ed., *Marxistische Philosophie Lehrbuch* (Berlin : Dietz Verlag, 1967), p.232. 藤野渉 역 大月書店 (상) 316면)

39) Marx, *Contribution*, 21. 「경제학비판」 전게 13면
40) Marx and Engels, *MECW* 6 : 503. 「공산당선언」 전게 66면
41) Engels, *MECW* 3 : 487. 「엥겔스가 요세프 프로호에게 한 편지」 「전집」 37권 402면
42) Marx and Engels, *MECW* 5 : 36. 「도이치 이데올로기」 전게 31~32면
43) Stalin, *Marxism and Problems of Linguistics*, 5. 일역 전게서 143면
44) M. Comforth, *Historical Materialism*, 96~97. 일역 전게서 178~181면
　　＿＿, *Materialism and the Dialectical Method*, 12. 일역 전게서 26면
45) Marx, *Contribution*, 217. 「경제학비판」 전게 328면
46) Marx and Engels, *MECW* 5 : 32. 「도이치 이데올로기」 전게 25면
47) *Ibid.*, 436~437. 일역 동상 221면
48) M. Comforth, *Historical Materialism*, 44. 일역 전게 88면
49) Engels, *MECW* 3 : 328. 戶原四郎 역 「가족·사유재산·국가의 기원」 岩

波文庫 227~228면

50) Lenin, *LCW* 25 : 392. 宇高基輔 역 「국가와 혁명」 岩波文庫 18면
51) Engels, *MECW* 3 : 330. 「가족·사유재산·국가의 기원」 전게 230면
52) *Ibid.*, 일역 동상 230면
53) Lenin, *LCW* 25 : 400~401. 「국가와 혁명」 전게 30면
54) *Ibid.*, 474. 일역 동상 135면
55) *Ibid.*, 407~408. 일역 동상 40면
56) Engels, *Anti-Dühring*, 333~334. 「反듀링論」 岩波文庫 (하) 220~ 221면
57) M. Djilas, *The New Class*, 151~156. 일역 전게서 198~204면
58) 경제적 사회구성체는 마르크스가 「자본론」에서 사용한 용어인데 그것에 대해서 「마르크스=레닌주의철학의 기초」는 다음과 같이 설명하고 있다. 『경제적 사회구성체란 사회의 특정한 형이며 당해(當該)의 생산양식에 의거하는 특유한 제 법칙에 따라서 기능하며 발전하여 가는 전일적(全一的)인 체계이다. 경제적 사회구성체의 경제적 골격을 이루는 것은 역사적으로 규정된 생산관계이다.』(*The Fundamentals of Marxist-Leninist Philosophy*, 241. 일역 전게서 (중) 309면)
59) 마르크스는 경제적 사회구성체의 제 형태의 진보에 대해서 『대략적으로 말해서 경제적 사회구성이 진보하여가는 단계로서 아시아적, 고대적, 봉건적 및 근대 부르주아적 생산양식을 들 수 있다.』(*Contribution*, 21. 일역 전게서. 14면)고 말하고 있다. 아시아적 생산양식이란 공동체적 생산양식을, 고대적 생산양식이란 노예제적 생산양식을 의미하고 있다. 또 여기서는 논술되고 있지 않으나 근대 부르주아적 생산양식(자본주의적 생산양식) 다음에 오는 것은 사회주의적 생산양식(공산주의적 생산양식)인 것은 말할 나위도 없다.

또한 「마르크스·레닌주의의 기초」에는 명확하게 다음과 같이 설명되고 있다. 『인류역사는 경제적 사회구성체의 축차적(逐次的) 교대(交代)라고 하는 결론도 과거에 대한 과학적으로 신뢰할 수 있는 지식에 의거하고 있다. 전 인류는 네 가지의 사회구성체를 통과하여 왔다. 원시공동체제, 노예제, 봉건제 그리고 자본주의의 구성체이다. 그리고 지금 인류는

그 제1단계를 사회주의라고 부르는 다음의 공산주의적 사회구성체로의 이행기에 살고 있다.』(Kuusinen, *Fundamentals*, 154. 일역 전게서 (I) 203~204면)

60) 오늘날 공산주의에 관한 서적에서는 일반적으로 원시공동체사회 (Urgemeinschaft)라고 하는 말이 쓰이고 있는 것 같은데 그것은 원시공산주의사회(Urkommunismus)와 같은 의미이다. 실제로 마르크스 자신이 「자본론」에서 양쪽 용어를 쓰고 있다. 그것은 공산주의사회와 원시공동체사회를 복귀라는 점에서 관련시키려고 하고 있기 때문이다. 즉 마르크스는 미래의 공산주의사회를 높은 수준에 있어서 복귀된 원시공동체사회라고 보고 있다(*Capital* 1 : 763. 「자본론」國民文庫 (3) 438면). 다시 말하면 원시공동체사회가 부정의 법칙에 따라 계급사회를 거쳐서 높은 수준에 있어서 다시 자기에게 돌아간 것이 무계급사회인 공산주의사회라는 것이다. 이에 관해서 엥겔스는 더욱 명확히 다음과 같이 말하였다.

『모든 인도·게르만 민족은 공동소유(원시공산제)를 가지고 출발하고 있다. 거의 모든 그들 민족의 경우 사회의 발전에 따라 그것은 폐기되고 부정되고 다른 제 형태―사적 소유, 봉건적 소유 등―에 의해서 밀려나게 된다. 이 부정을 부정하여 보다 고도의 발전단계에 있어서 공동소유(공산주의)를 재흥하는 것이―사회혁명의 임무이다.』(*Anti-Dühring*, 411. 일역 전게서 (상) 277면)

61) M. Comforth, *Historical Materialism*, 121. 일역 전게서 211면
62) Marx, *MECW* 3 : 19. 전집간행위원회 역 「고타 강령초고비판」國民文庫 28면
63) Engels, *MECW* 3 : 149~150. 大內兵衛 역 「공상에서 과학으로」岩波文庫 89~90면
64) Marx, *Contribution*, 22. 「경제학비판」전게 14~15면
65) A. Kosing, *Marxistishe Philosophie Lehrbuch*. 238~239. 일역 전게서 (상) 324~325면
66) Stalin, *JSW* 6 : 100. 전집간행회 역 「레닌주의의 기초」國民文庫 36~37면

67) Marx, *Contribution*, 21.「경제학비판」전게 14면
68) 통일사상에서는 복귀섭리에 있어서 유대의 역사와 그것에 이어지는 기독교 문화사, 즉 서양사가 중심섭리사이며 기타는 주변섭리사라고 보고 있다.
69) Marx, *Capital* 3 : 820.「자본론」國民文庫 (8) 339면
70) 헤겔에 의하면 이념이 자기전개하는 것은 자유를 실현하기 위해서이다. 자연은「타재(他在)의 형성에 있어서의 이념」이어서 의식을 결여하고 자유를 갖지 못하고 있다. 그러나 이념이 자기전개를 계속해서 유기체(식물·동물)에까지 이른 후에는 인간이 되어서 나타나 인간을 통해서 이념은 의식과 자유를 회복한다. 즉 주관적 정신으로부터 객관적 정신으로 발전하면서 자유를 보다 많이 실현한다. 따라서 법―도덕―윤리는 자유의 실현과정인 것이다. 그래서 헤겔에 있어서는 이념 발전의 최종적 단계에 있는 국가는 바로 자유의 실현태였던 것이다. 이것을 헤겔은 다음과 같이 말하고 있다.
　『이런 의미에서 국가는 이성적이고 객관적으로 된 자유이며 독립으로 존재하게 된 자유이다.』(*The Philosophy of History*, 47.「역사철학」岩波文庫 (상) 124면)
　그리고 헤겔은 세계사의 목적은 자유가 최고도로 실현되는 이성국가(理性國家)라고 다음과 같이 말하고 있다.『이성의 규정(의미, 역할)이 어떠한 것인가라는 문제는 이성을 세계와의 관계로부터 생각하는 한 세계의 궁극목적이 무엇인가 하는 문제와 일치한다. 상세하게 말하면 이 세계의 궁극목적이라는 표현 중에는 그것이 실현되어 현실화되어야 할 것이라는 의미가 포함되어 있다.』(동상 74면),『국가는 인간의 의지와 그 자유가 외면적 현실성의 형태를 취한 정신적 이념이다. 따라서 일반으로 역사의 변천은 본질적으로 국가에 결부되는 것이어서 이념의 제 계기는 여러 가지의 원리가 되어서 국가 안에 현현한다.』(동상 124면),『즉자(卽自)이면서 또한 대자(對自)적인 국가는 윤리적 전체이며, 자유의 실현태이다. 그리고 자유를 현실의 것으로 한다는 것이야말로 이성의 절대적 목적인 것이다.』(*Hegel's Philosophy of Right*, 279.「법철학」전게 484면)
71) 이성국가에 대해서 헤겔은 다음과 같이 설명하고 있다.

『이들 두 나라(세속의 나라와 지성적인 나라)는 여기에 있어서 절대적 대립에 도달한 구별 안에서 있으면서도, 동시에 하나의 통일체와 이념에 뿌리박고 있는 것이어서, ……이 유화(宥和)가 국가를 이성의 상사형(相似形) 및 이성의 현실성으로 전개하는 것이다. 그리고 이러한 국가에 있어서야말로 자기의식은 자기의 절대적인 지와 의지의 작용의 현실성을 유기적 전개 속에서 발견하고, 이상적 실재로서의 이 자기의 진리의 감정과 표상을 종교 속에서 발견하고, 그리고 또 학문 속에서 이 진리가 그것의 상보적 나타남인 국가, 자연, 이념계에 있어서 동일하다는 것을 인식하는 자유로운 개념적 인식을 발견하는 것이다.(이리하여 객관적 정신은 예술, 종교, 철학이라는 절대적 정신의 단계로 이행한다. 역자)』(*Hegel's Philosophy of Right*, 222~223. 일역 전게서 602~604면)

72) 『통치는 관료기구에 의해서 움직여지는 바, 그 정점에는 군주의 개인적 결정이 서 있다. 그것은 앞에서 말한 바와 같이 최후의 결정은 절대적으로 필요하기 때문이다. 그러나 국가의 법률이 확립되고 정연한 조직을 갖게 되면 이제까지 군주의 독재에 맡겨져 있었던 것도 실질상으로는 이미 그다지 중요하지 않게 된다. 그러나 그렇더라도 국민이 고덕(高德)한 군주를 모신다는 것은 대단한 행복이라고 하지 않을 수 없다.』(*The Philosophy of History*, 456. 「역사철학」 전게 (하) 205~206면)

73) 마르크스가 「자연이 모순의 변증법에 따라서 발전한다」고 할 때 그것은 자연을 관찰해서 얻은 결론은 결코 아니다. 그것은 다만 헤겔이 말한 것을 무조건 받아들이고 있을 뿐이다. 즉 「자연의 변증법적 발전」의 개념은 마르크스 자신의 창안이 아니고 다만 헤겔의 모방 또는 도용에 지나지 않는 것이다.

74) Marx, *Capital* 1 : 8. 「자본론」 國民文庫 (1) 23면

75) *Ibid*., 10. 일역 동상 (1) 25면

76) 헤겔은 프러시아의 프리드리히 대왕이야말로 이상국가를 실현할 수 있다고 생각하고 있었다. 그것은 다음과 같은 문장에서 알 수 있다.

『그렇지만 프리드리히 대왕은 다만 프러시아를 프로테스탄트파의 한 세력으로서 유럽열강의 대열에 가입시켰을 뿐만이 아니라 그는 또 철학적인 국왕이기도 하였다. 이것은 근세에 있어서 전혀 특이한, 예가 없는

현상이었다. 영국의 제왕은 절대주의의 원리 때문에 싸우는 빈틈없는(관념적인) 신학자였지만 프리드리히는 반대로 프로테스탄트의 원리를 세속적인 면에서 받아들인 것이었다. 그는 종교상의 항쟁을 싫어하고 종교상의 어느 견해에 대해서도 찬부(贊否)를 주지 않았지만, 정신의 궁극의 깊이이며 사유의 자각적인 힘인 보편성에 관한 의식은 분명히 가지고 있었던 것이다.』(*The Philosophy of History*, 437~438.「역사철학」전게 (하) 177~78면)

77) Marx, *MECW* 3 : 296.「경제학·철학초고」전게 岩波文庫 130면
78) Marx, *Contribution*, 20.「경제학비판」전게 13면
79) Marx and Engels, *MECW* 5 : 38~39.「도이치 이데올로기」전게 59면
80) 城塚登이「젊은 마르크스의 사상」(勁草書房 387~394면)에서 말하고 있는 바와 같이「도이치 이데올로기」의 당초의 기본고(稿)로 볼 수 있는 부분(게·아·바가두리아 편, 花崎皋平 역 신판「도이치 이데올로기」合同出版 45~94면)에는「인간소외 극복으로서의 공산주의」라는 입장이 명시되어 있는데 집필 기간의 후기에 쓰여진 개정고라고 볼 수 있는 부분(동상 29~31, 39~44면)에서는 소외문제는 삭제되고, 사회적·역사적인 문제로 시점이 옮겨지고 있는 것이다.
81) Lenin, *LCW* 2 : 19,「프리드리히 엥겔스」「레닌전집」제2권 3면
82) Marx, *Contribution*, 210~211.「경제학비판」전게 319~320면
83) *Ibid.*, 19. 일역 동상 11면
84) Sindey Hook, *Marx and Marxists* (Princeton : D. Van Nostrand Company, Inc., 1955), p.35.
85) 인간의 타락 때문에 하나님의 창조이상세계(지상천국)는 실현되지 않고 다만 하나님의 관념의 세계에 남겨져 있었을 뿐이며, 또 인간의 본심의 깊은 속에 이상으로서 남겨져 있었을 뿐이다. 이 이상의 세계(이상인간도 포함해서)를 실제로 실현하기 위해서 하나님은 전 역사의 섭리를 영위하여 왔다. 이와 같은 역사를 복귀섭리역사 또는 복귀역사라 부르고 있다. 여기서 복귀란 현실적으로 잃어버린 이상을 되찾는 것을 말한다.
86) Marx and Engels, *MECW* 5 : 38~39.「도이치 이데올로기」전게 59면

87) 중세사회에서는 가톨릭의 세속적인 타락에 의해서 인간의 본성이 억압되어 있었다. 그리하여 16세기에 이르러 인간의 본성을 내적으로 외적으로 추구하는 운동이 왕성하게 되어 왔다. 인간 본성을 내적으로 추구한 것이 신앙의 자유의 확립을 지향한 종교개혁운동이었다. 그것은 머지않아 신앙의 자유에 의거한 아벨형의 민주주의를 확립하게 되었다. 한편 인간의 본성을 외적으로 추구한 것이 르네상스, 즉 인본주의 운동이었다. 르네상스는 인간과 자연을 중시하는 인생관을 가져왔으며 그 연장인 계몽사상은 주로 무신론, 유물론의 입장에서 가인형의 민주주의를 확립하였다. 그리고 이 흐름에서 철저한 무신론이며 유물론인 공산주의가 생긴 것이다.

88) 야스퍼스는 다음과 같이 말한다. 『이 세계사의 축은 확실히 말해서 기원전 500년경, 800년에서 200년 사이에 발생한 정신적 과정에 있다고 생각된다. 거기에 가장 깊은 역사의 단락이 있다. 우리들이 오늘에 이르기까지 그러한 인간으로서 살아온 바의 그 인간이 발생한 것이다. 이 시대가 요컨대 「추축시대(樞軸時代)」라고 불리어야 할 것이다.』(*The Origin and Goal of History* (London : Routledge & Kegan Paul Ltd., 1953), p.l. 重田英世 역 「역사의 기원과 목표」理想社. 1964년. 22면)

89) 야스퍼스는 또 다음과 같이 말한다. 『그러나 그것은 하나의 역사적 비밀이며, 우리들이 이 사실의 연구를 진행시킴에 따라서 더욱더 큰 비밀이 될 뿐이다. 추축시대는 오늘에 이르기까지의 전 인간사를 규정할 정도의 헤아릴 수 없이 귀중한 정신적 창조를 포함하는 것이지만, 이 세 가지 영역에 있어서 상호 무관하게 서로 비슷한 것, 서로 호응하는 것이 생겼다고 하는 수수께끼는 어디까지나 따라다니는 것이다.』(*Ibid.*, 13. 일역 동상 42면)

90) HSA-UWC, *Divine Principle*, 227~230.「원리강론」성화사 240~243면

91) 「상극의 법칙」은 본래 수수작용을 강화하는 역할을 다하는 것인데, 사회에 있어서는 인간 타락 때문에 주체와 주체의 투쟁이 표면화하게 되었다. 그 결과 「상극의 법칙」은 역사에 있어서 투쟁의 요인이 된 것이다.

제5장

1) Mao Tse-tung, *SWM* 1 : 296.「실천론」「실천론·모순론」岩波文庫 所收 9~10면
2) Engels, *MECW* 3 : 362. 藤川覺 역「루드비히 포이엘바하와 독일 고전철학의 종결」「전집」제2권 297~298면
3) Lenin, *Materialism and Empirio-criticism*, 250.「유물론과 경험비판론」(2) 110면
4) M. Comforth, *Theory of Knowledge*, 26~34. 일역 전게서 45~57면
5) Lenin, *LCW* 38 : 171.「철학노트」岩波文庫 (상) 141면
6) Mao Tse-tung, *SWM* 1 : 298~299.「실천론」전게 13~14면
7) 소련의「마르크스·레닌주의의 기초」에는 다음과 같이 쓰여 있다.
『변증법적 유물론은 실천을 과정으로서 파악하는데, 이 과정 속에서 물질적 존재인 인간은 그를 둘러싸는 물질적 현실에 작용한다. 실천이란 세계를 변경하는 인간의 활동, 특히 그들의 생산활동이나 사회적 혁명적 활동이다.』(*Fundamentals*, 134. 일역 전게서 (1) 177면)
8) Mao Tse-tung, *SWM* 1 : 304.「실천론」전게 22면
9)「마르크스·레닌주의의 기초」에는 다음과 같이 쓰여 있다.
『사회적 이론의 기준일 수 있는 것은 대중의 생산활동이나 실천적, 혁명적 활동뿐이다.』(*Fundamentals*, 135. 일역 전게서 (1) 178면)
10) Marx, *MECW* 5 : 6.「포이엘바하에 관한 테제」「포이엘바하論」岩波文庫 87면
11) Mao Tse-tung, *SWM* 1 : 296.「실천론」전게 10면
12) Lenin, *Materialism and Empirio-criticism*, 129~130. 일역 전게서 (1) 189면
13) Konstantinov, *The Fundamentals of Marxist-Leninist Philosophy*, 123~146.「마르크스=레닌주의 철학의 기초」(상) 145~174면
14) Kuusinen, *Fundamentals*, 119. 일역 전게서 (1) 157면
15) Lenin, *Materialism and Empirio-criticism*, 121. 일역 전게서 (1) 177면

16) *Ibid.*, 122. 일역 동상 (1) 179면
17) Mao Tse-tung, *SWM* 1 : 308. 「실천론」 전게 28면
18) Engels, *MECW* 3 : 102. 「공상에서 과학으로」 岩波文庫 107면
19) Engels, *Anti-Dühring*, 136~137. 「反듀링論」 岩波文庫 (상) 191~192면
20) *Ibid.*, 336. 일역 동상 (하) 223면
21) Andrge Goudot-Perrot, *Cybernétique et Biologie*, 奧田潤·奧田陸子 역 「생물의 사이버네틱스」 白水社 1970년 105면
22) 수초 간의 단기의 기억은 전기적인 반복회로에 의거하는 것이라고 되어 있다. 이에 대해서 수시간으로부터 수년 간에 걸치는 장기의 기억은 접합부(시냅스)에 변화가 생긴 특수한 사슬을 이루는 뉴런의 그룹을 담체(擔體)로 하고 있다고 생각되고 있는데(신경회로설), 기억핵산(記憶核酸)이라든가 기억 단백질과 같은 물질이 뉴런 안에 오래 잔존함으로써 가능하게 된다는 설도 있다.(분자설)

그러면 장기의 기억의 자리는 대뇌의 어디에 있는 것일까. The Diagram Group, *The Brain : A User's Manual* (New York : Berkeley Books, 1983, p.275)에 의하면 『장기 사상기억(事象記憶)은 해마(海馬)와 전두엽의 피질에 저장된다. 측두엽의 피질은 추상기억에 있어서 불가결이다. 시상(視床)도 장기기억에 있어서 중요한 역할을 다하고 있다.』고 되어 있다. (塚田裕三·白井尙之 역 「더 브레인」 鎌倉書房 102면)
23) A. Goudot-Perrot, 「생물의 사이버네틱스」 전게 89면
24) M.S. Gazzaniga, J.E. LeDoux, *The Integrated Mind* (New York : Plenum Press, 1978), p.132. 柏原惠龍 외 역 「2개의 뇌와 하나의 마음」 미네르바書房 115면
25) *Ibid.*, 134. 일역 동상 118면
26) 예를 들면 「마르크스·레닌주의의 기초」는 감성적 인식으로부터 논리적 인식(추상적 사고)으로의 비약을 「변증법적」이라고 하여 결말짓고 있다.

『감성적 경험에 있어서 얻어지는 감각·지각·표상은 인식의 단서, 그 출발점을 이룬다. 그렇지만 인식은 거기에 멈추지 않고 더욱 나아가 추

상적 사고의 단계로 높아진다. 마르크스주의의 인식론은 이들 2개의 단계(감성적 단계와 추상적 사고의 단계)에 질적 차이를 인정하지만, 그러나 그것들을 분리시키지 않고 그것들의 변증법적 상호연관을 포착한다.』 (*Fundamentals*, 122~123. 일역 (I) 161~162면)

제6장

1) 마르크스는 파리로 옮겨와서부터 경제학의 연구를 시작했는데, 그 무렵에 그는 프루동과 아는 사이가 되었다. 처음에 마르크스는 프루동을 높이 평가하여 「성가족」(1844.9~11)에서는 프루동의 「재산이란 무엇인가」(1840)에 대한 에드가 바우어(E.Bauer)의 공격에 대해서 프루동을 변호하였던 것이다.

그러나 「철학의 빈곤」의 「독일어 제1판 서문」에서 엥겔스가 말하고 있는 바와 같이(古木佑一郎 역 國民文庫 23면) 마르크스와 프루동은 파리에서 철야까지 하면서 서로 논쟁했는데, 그들은 차차로 간격이 벌어져서 드디어 마르크스는 프루동의 「빈곤의 철학」에 대해서 「철학의 빈곤」을 써서 그에게 철저한 비판을 가하였던 것이다. 마르크스의 프루동 비판의 요점은 다음과 같다.

첫째는 프루동이 주장하는 노동의 가치에의 비판이다. 마르크스에 의하면 프루동은 노동시간에 의해서 생산물의 가치가 결정된다는 노동가치설을 주장하면서 노동의 가치를 같은 척도—그 생산에 요한 노동시간—로써 측정하지 않고 그것을 임금과 같은 것으로 삼아 버렸으며, 그 결과 임금은 상품의 생산비(원가)에 상당하는 것이며 노동자는 생산물의 어떤 일정한 배분을 받으면 된다고 주장하게끔 되었다는 것이다.

둘째는 프루동이 노동의 질적인 차이를 무시하고 양만을 문제로 한 점이다. 이에 대해서 마르크스는 노동량에 의해서 생산물의 가치를 결정하고자 할 때 노동의 질이 같다는 것을 전제로 하지 않으면 안 된다고 생각하였다. 그리고 본문 중에서 말한 바와 같이 마르크스는 생산물의 가치를 결정하는 척도로서의 노동이란 평등화된 노동(추상적 인간노동)이 아니면 안 된다고 생각하였다. 즉 복잡노동을 단순노동으로 환원함으로써 노동의 질의 문제는 존재하지 않게 되며, 따라서 양만으로 모든 것이 결정되게 될 때 비로소 노동이 가치의 척도가 된다고 생각한 것이다.

2) Marx, *Capital* 1 : 60. 「자본론」國民文庫 (1) 115면
3) *Ibid.*, 일역 동상 (1) 115면
4) *Ibid.*, 44. 일역 동상 (1) 87면
5) *Ibid.*, 46. 일역 동상 (1) 91면
6) *Ibid.*, 38. 일역 동상 (1) 76면
7) *Ibid.*, 일역 동상 (1) 76면
8) *Ibid.*, 일역 동상 (1) 77면
9) *Ibid.*, 일역 동상 (1) 78면
10) *Ibid.*, 40. 일역 동상 (1) 79면
11) *Ibid.*, 39. 일역 동상 (1) 78면
12) *Ibid.*, 일역 동상 (1) 78~79면
13) *Ibid.*, 44. 일역 동상 (1) 87면
14) *Ibid.*, 일역 동상 (1) 88면
15) *Ibid.*, 105. 일역 동상 (1) 191면
16) Marx, *MECW* 2 : 47. 橫山正彦 역 「임금·가격·이윤」國民文庫 36면
17) *Ibid.*, 54. 일역 동상 49면
18) Marx, *Capital* 1 : 75, 1 : 356. 일역 전게서 (1) 140면 (2) 221면
19) 마르크스는 유통비용은 일반적으로 말하면 가치를 낳지 않는 것이며 생산상의 공비(空費)라고 말한다. 「일반적인 법칙은 다만 상품의 형태전화만으로부터 생기는 유통비는 모두 상품에 가치를 부가하지 않는 것이다. 유통비는 다만 가치를 실현하기 위한, 또는 가치를 하나의 형태로부터 다른 형태로 옮기기 위한 비용밖에 안 된다. 이 비용에 투입되는 자본(이것에 의해서 지휘되는 노동도 포함해서)은 자본주의적 생산의 공비에 속한다.」(*Capital*, Vol. 2 (Moscow : Progress Publishers, 1967), p.152. 「자본론」國民文庫 (4) 245면)

그런데 유통비 중에서 운수비는 사용가치의 실현에 있어서 필요한 것이므로 운수업은 유통과정에까지 연장된 「추가생산과정」(*Ibid.*, 153. 일

역 전게서 (4) 246면)이라고 하면서 가치를 형성하는 것으로 간주할 수 있다고도 한다.

이와 같이 마르크스는 유통과정(그 속에 당연히 운수노동이 포함됨)은 일반적으로는 가치를 부가하지 않는다고 말하면서 운수노동은 가치를 형성하는 경우가 있다고도 말하고 있어서 개념을 모호하게 하고 있는 것이다. 그것은 그가 주장하고 싶은 것은 사실은 생산노동만이 가치를 형성한다는 것이지만 현실로는 반드시 그렇게는 안 되어 있기 때문에 운수노동을 추가생산과정에 포함시키는 등 얼버무리고 있는 것이다.

어쨌든 마르크스에 의하면 운수노동은 가치형성에서 본다면 추가적, 보조적인 것에 지나지 않는 것이어서, 그는 그것을 가치형성을 위한 본질적인 노동이라고는 간주하고 있지 않은 것이다. 따라서 마르크스의 관점에 서서 보더라도 석유나 천연가스는 운수노동을 가하지 않아도 이미 상품으로서의 자격을 가진 것이라고 보지 않을 수 없는 것이다.

20) Marx, *Capital* 2 : 125. 일역 전게서 (4) 203면
21) 마르크스는 다음과 같이 말하고 있다.

『어떠한 사정 하에서도 상품재고의 유지나 보관에 도움이 되는 자본과 노동력은 직접적 생산과정으로부터는 배제되어 있는 것이다. 한편 이것에 충용되는 자본은 자본의 성분으로서의 노동력도 포함하여서 사회적 생산물 중에서 보전되지 않으면 안 된다. 그러므로 이와 같은 자본의 투하는 노동의 생산력의 체감과 마찬가지로 작용하는 것이며, 따라서 일정한 유용효과를 얻기 위해서 보다 큰 양의 자본과 노동이 필요하게 되는 것이다. 그것은 바로 공비(空費, Unkosten)이다.』(*Ibid.*, 141~142. 일역 동상 (4) 229면)

22) 아이디어·정보·지식은 그대로는 상품이 되지 않는다. 자본을 투하하여서 사회에 봉사하는 것으로 될 때 비로소 상품이 될 수 있는 것이다.
23) Marx, *Capital* 1 : 41. 일역 전게서 82면
24) 이것은 小泉信三에 의한 지적이다. (『공산주의 비판의 상식』 講談社 1976년 162면)
25) 小泉信三은 다음과 같이 설명하고 있다.

「오웬의 노동교환은행(Labour Exchange Bank)은 1832년 9월 3일

런던에 설립되었다. 그 줄거리를 말하면 생산자는 그 팔고 싶다고 생각하는 생산물을 은행에 가지고 온다. 반대로 소비자는 은행의 저장소로부터 그 원하는 것을 사 가지고 간다. 각각이 가격은 그 비용에 따라서 이것을 정하며 그것에 상당하는 증명권을 생산자에게 주면 생산자는 권면(券面)의 숫자에 상당한 만큼의 다른 물품을 은행으로부터 살 수 있다고 하는 셈이다.

예를 들면 구두공이 한 켤레의 구두를 만드는 데에 2실링의 원료와 10시간의 노동을 소비하였다고 하면, 10시간의 노동에 대해서 1시간권 10매와 2실링의 원료에 대해서(6펜스를 1시간으로 환산하여) 1시간권 4매, 계 14매가 주어진다고 하는 식으로 한다. 구두공은 그 수령한 시간권 14매로 자기가 원하는 것을 살 수 있다는 셈이 된다.

이 은행은 처음 4개월 동안은 성공하는 듯이 보였다. 매주 600파운드의 물품이 은행을 통해서 교환되었다는 것이다. 그런데 이윽고 곤란이 속발하였다. 그 곤란의 최대인 것은 은행에 생산물을 가지고 들어와서 앞에 말한 평가법에 의해서 시간권을 수령하여도 그것으로 사고 싶은 것이 은행에 없다는 것이었다. 사고 싶다고 생각하는 것은 품절이 되고 무용물 또는 유행에 뒤진 물품만이 은행에 남게 되었다는 것이다. 그리고 주목을 요하는 것은 가격은 소비자의 수요에 의해서 정해지지 않고 비용에 의해서 정해지는 것이므로, 생산자가 될수록 많은 시간권을 버는 것만을 생각하였다고 하는 사실이다. 예를 들면 일정한 천으로 두 벌의 바지를 만들기보다도 그것으로 네 벌의 조끼를 만드는 편이 득이라고 보고서 그런 일도 행하였다는 것이다. 특히 원료품의 공급이 부족해졌다.

은행은 궁해져서 가공노동에 대해서는 시간권을 교부하지만, 원료에 대해서는 이것을 우대하기 위해서 보통의 화폐로 지불을 한다고 하는 변칙수단을 취하게 되었다. 이렇게 되면 은행은 이미 이론적으로는 파산한 것과 마찬가지이다. 실제로 은행은 개업 후 1년 반 남짓한 1834년 5월에 폐쇄의 상태가 되었다.

이것은 작은 한 사건에 지나지 않으나 이론적으로는 극히 흥미 있는 한 예증을 이루는 것이다. 그것은 결국 은행이 제 생산물의 노동비용과 소비자의 필요로부터 온 존중도와의 불일치에 의해서 넘어진 것을 나타내는 것이다. 그것은 단지 한 소은행뿐만 아니라 이것을 한 사회 전체에 적용하여도 동일한 구상은 반드시 동일한 실패로 끝나리라는 것을 나타내는 것이다.』(「공산주의의 상식」158~159면)

26) Marx, *Capital* 1 : 44. 일역 전게서 (1) 88면
27) Engels, *Anti-Dühring* 236. 「反듀링論」岩波文庫 (하) 88~89면
28) 복잡노동의 단순노동으로의 환산에 의한 사회적 필요노동량의 결정이 「순환론법」이라고 하는 지적은 뵘 바베르크(Böhm Bawerk)가 「칼 마르크스와 그 체계의 종결」(1896)에서 행한 것이었다. 그는 다음과 같이 말하고 있다.

『좋다! 우리들은 잠시 이것을 승인해서, 다만 마르크스에 의하면 경험이 보이는 대로 부단히 행하여지고 있는 이와 같은 환원에 대해서 그 환원척도가 어떠한 방법으로, 또 어떠한 요인에 의해서 결정되는가를 좀 더 상세히 알아보자. 이 경우 우리들은 환원척도를 결정하는 것이 사실상의 교환관계 그 자체에 지나지 않는다고 하는 극히 자연스러운, 그러나 마르크스의 이론에 대해서는 매우 타협적인 사정에 넘어지고(실패하고) 만다. ……이와 같은 사정하에서 환원척도의 결정요인으로서 「가치」 및 「사회적 과정」을 가지고 나오는 것은 무엇을 의미하는 것일까? 다른 것을 일체 도외시한다면 그것은 마르크스의 의론(議論)이 완전한 순환론에 빠져 있다는 것을 의미할 뿐인 것이다.』(P.M. Sweezy, ed., *Karl Marx and the Close of His System* (New York : Augustus M. Kelley, 1949), P.83. 玉野井芳郞외 역 「논쟁·마르크스 경제학」 法政大學出版局 1969년 110면)

29) Institute of Economics of the Academy of Sciences of the U.S.S.R., *Politicheskaya Ekonomiya : Uchebnik* (Moscow, 1962). 소연방과학원 경제학연구소 「경제학교과서」 合同出版 (IV) 799면
30) 동상 (IV) 799~800면
31) 「경제학교과서」가 발행(1962년)되고 나서부터 오늘날까지 전자계산기를 써서 사회적 필요노동시간을 성공리에 측정했다고 하는 보고는 아직 없다.
32) Marx, *Capital* 3 : 159~160, 일역 전게서 (6) 267면

33) *Ibid.*, 161. 일역 동상 (6) 270면
34) 근대경제학연구회 편 「세계 15대 경제학」(富士書店)은 뵘 바베르크에 의한 비판을 다음과 같이 해설하고 있다.

『마르크스는 이렇게 말하고 있는 셈이다. 가치법칙은 개개에 들어맞지 않는다. 다만 전체를 통해서 평균으로서만 작용한다. 거기서는 분리는 상쇄되어서 가치와 가격은 일치하는 것이다. 이러한 논법이다. 그렇지만 뵘 바베르크는 이것은 평균이라는 개념을 남용한 것이라고 말한다. 어떤 상품이 40엔(円)에서 60엔으로 변동했을 때 그 평균은 50엔이라는 것은 옳다. 그러나 어떤 상품은 영원히 40엔이며 다른 상품은 영원히 60엔일 때 그 평균은 50엔이라고 하더라도 그때의 의미는 다르다. 마르크스는 앞의 경우에 적용하여야 할 평균의 논리를 후의 경우에 적용하고 있다. 우리들이 알고 싶은 것은 왜 어떤 상품은 영구히 40엔이며, 다른 상품은 60엔인가라는 것이어서 양자의 평균이 50엔이라는 것이 아니다. 이것이 바베르크의 반론이다.』(87면)

35) 마르크스는 「자본론」 제3권에서 『그런데 만약 제 상품이 그것들의 가치대로 팔린다고 하면 이미 말한 바와 같이 생산부면이 다르면 각각의 부면에 투하되어 있는 자본량의 유기적 구성의 차이에 따라서 여러 가지로 다른 이윤율이 성립한다. 그러나 자본은 이윤율이 낮은 부면으로부터 떠나서 보다 높은 이윤을 올리는 다른 부면으로 옮겨간다. 이와 같은 부단한 출입에 의해서, 한마디로 말해서 이윤율이 저쪽에서 내려갔다가 이쪽에서 올라갔다가 하는 데 따라서 자본이 여러 가지의 부면에 배분된다는 사실에 의해서 자본은 생산부면이 다르더라도 평균이윤이 같아지는, 따라서 가치가 생산가격으로 전화하는 그러한 수요공급관계를 만들어 내는 것이다.』 (*Capital* 3 : 195~196. 일역 전게서 (6) 324면)라고 하면서 상품은 실제로는 「가치」대로 교환되지 않고 수요공급관계에서 규정되는 「생산가격」에 의해서 교환되는 것을 인정하고 있다.

그러나 상품이 「가치」대로 매매되지 않는다고 하면 이것은 「자본론」 제1권에서 전개된 가치이론은 현실에서는 통용하지 않는다는 이야기가 된다. 뵘 바베르크는 이 점을 지적하여 『마르크스의 제3권은 제1권과 모순되고 있다. 평균이윤율과 생산가격의 이론은 가치이론과 조화하기

힘들다.』(P.M. Sweezy, ed., *Karl Marx and the Close of His System*, 30. 일역 전게서 56면)라고 비판하였다.

　이 문제에 관해서 사무엘슨(P.A. Samuelson)은 『그(마르크스)는 가치와 가격 사이의 차이를 나중의 권(卷)에서 해결한다고 약속하였는데, 그도 엥겔스도 이 약속을 충분히는 이루지 않았다. 이 논점에 관한 위크스티드나 뵘 바베르크의 기지가 넘치는 공평한 비판은 아직까지 성공한 반비판을 만나고 있지 않다.』(Economics and the History of Ideas, *American Economic Review*, March 1962. 福岡正夫 역「경제학과 현대」일본경제신문사 57면)고 말하고, 뵘 바베르크의 비판에 대한 유효한 반론은 오늘날에 이르기까지 이루어져 있지 않는 것을 증명하고 있는 것이다.

36) 소비자가 어떤 상품으로부터 받는 만족감, 즉 효용효과는 상품을 소비하는 수량이 증가함에 따라서 작아진다. 예를 들면 한 대만의 텔레비전을 가질 때 얻어지는 만족감과 비교하여서 두 대째의 텔레비전을 가질 때의 만족감(만족감의 증분)은 작아지며, 더욱 세 대째의 텔레비전을 가질 때의 만족감(만족감의 증분)은 그것보다도 더 작아지는 것이다. 이와 같이 소비되는 수량을 변수로 한 상품의 효용성은 한계주의 경제학이 말하는 한계효용―재(財)의 추가 일단위로부터 얻어지는 추가효용―을 의미한다.

37) 수익효과량이라고 할 때 그것은 이윤만을 문제로 한 만족량을 말하는 것이 아니고, 한 상품을 통해서 얼마만큼의 재화를 얻을 수 있는가 하는 것에 대한 만족량이라는 것에 주의하지 않으면 안 된다.

38) 이것은 통일사상에 있어서의 수수작용의 법칙을 응용해서 얻은 이론이다. 주체와 대상이 수수작용을 하면 거기에는 반드시 일정한 결과(효과)가 나타나게 되어 있다. 만족은 생산자와 상품, 소비자와 상품이 수수작용한 결과 생기는 심리적 효과이므로 만족을 「효과」라는 개념으로 표현할 수 있는 것이다.

39) 효과량(만족량)을 금액으로 표시하는 경우 일정한 기준이 없으면 안 된다. 생산자의 수익효과량의 경우 상품의 생산비가 기준으로 되어 있으며, 일반적으로 생산비를 상회하는 적당한 곳에서 만족량을 표시하려고 한

다. 그러나 품질의 상대적 저하라든가, 생산과잉 등으로 상품의 유용성이나 효용성이 내려간다든가, 다른 동종의 상품에 비해서 생산비가 너무 높아진다든가, 불경기로 수요가 급감하는 등의 경우에는 생산비 이하로 표시하는 경우도 있을 수 있다. 만족량이란 주관적인 심리적 효과량이기 때문이다. 한편 소비자의 효용효과량의 경우는 이미 결정되어 있는 다른 상품의 시장가격과 자기의 금전 사정을 기준으로 하여서 만족량을 금액으로 표시하는 것이다.

40) 통일사상에서는 매매의 현장에서 교환가치가 성립한다고 보고 있으므로 가격은 그 현장에서 생산자와 소비자의 상호작용에 의해서 결정된다고 본다. 이와 같은 가격을 「양측성 가격」이라고 한다. 이에 대해서 생산자측이 일방적으로 처음부터 정한 가격은―물론 그 가격결정에는 여러 가지 요인이 작용한다―편측성이므로 이것을 「편측성 가격」이라고 한다.

편측성 가격이란 생산자측이 제시하는 희망가격인데, 많은 경우 소비자의 요청에 따라 그것보다 어느 정도 할인한 금액으로 실제의 매매가 성립하고 있다. 따라서 일반적으로는 어떤 상품의 편측성 가격과 양측성 가격은 일치하지 않는데 소비자가 생산자가 제시하는 가격으로 산다면, 매매의 현장에서는 그것은 양측성 가격의 성격을 띠는 것은 말할 것도 없다.

통일사상에 있어서의 가격론은 수수법을 기반으로 하고 있으므로 그것은 양측성 가격, 즉 매매의 현장에서 결정되는 가격에 대한 이론이다.

더욱 이와 같이 생산자와 소비자의 수수작용에 의해서 결정되는 가격―양측성 가격―은 생산자로부터 본다면 「수익가격」(수익을 위한 가격)이며, 소비자로부터 본다면 「효용가격」(효용을 위한 가격)이라고 말할 수 있다.

41) 마르크스는 「자본론」의 「제2판 후기」에서 『고전파 경제학의 최후의 위대한 대표자 리카도는 드디어 의식적으로 계급이익의 대립, 말하자면 노임과 이윤과의 대립, 이윤과 지대와의 대립을 그의 연구의 도약점으로 삼고 있는 바, 그는 이 대립을 소박하게 사회적 자연법칙이라고 생각함으로써 그렇게 하고 있는 것이다.』(國民文庫 (1) 40면)라고 말하였다. 그는 이와 같이 리카도의 견해를 계승하면서 헤겔의 관념변증법을 유물론적으

로 뒤엎은 유물변증법을 가지고 「자본론」을 구축하였던 것이다. 마르크스는 「자본론」 속에서 예를 들면 다음과 같은 대립의 예를 들고 있다.

사용가치와 가치(교환가치)의 대립
……*Capital* 1 : 86, 114. 일역 전게서 (1) 160면. 203면

유용노동(구체적 노동)과 추상적 인간노동의 대립
……*Ibid.*, 1 : 114. 일역 동상 (1) 203면

화폐와 상품의 대립……*Ibid.*, 1 : 87, 138. 일역 동상 (1) 160면. 242면

생산자본과 유통자본의 대립
……*Ibid.*, 2 : 170~171. 일역 동상 (4) 272면

노동자와 자본가의 대립……*Ibid.*, 2 : 57. 일역 동상 (4) 100면

노동수단(기계)과 노동자의 대립
……*Ibid.*, 1 : 430~432. 일역 동상 (2) 346면

42) W.S. Jevons, *The Theory of Political Economy*, 5th ed. (New York : Augustus M. Kelley, 1957), p.95.

43) 마르크스는 잉여가치에 대해서 다음과 같이 설명하고 있다. 『이 과정의 완전한 형태는 $G-W-G'$이어서 여기서는 $G'=G+\Delta G$ 이다.(G는 화폐, W는 상품을 나타낸다.) 즉 G'는 최초에 전대(前貸)된 화폐액 플러스 어떤 증가분과 같다. 이 증가분, 또는 최초의 가치를 넘는 초과분을 나는 잉여가치(surplus value)라고 부른다. 그러므로 최초에 전대된 가치는 유통 속에서 다만 자기를 보존할 뿐만 아니라 그 속에서 자기의 가치량을 바꾸어 잉여가치를 부가하는 것이며, 다시 말하면 자기를 가치증식하는 것이다.』(*Capital* 1 : 150. 일역 전대서 (1) 263~264면)

44) 마르크스는 이윤은 잉여가치의 전화형태라고 다음과 같이 말한다. 『이와 같은 전대총자본(前貸總資本)의 소산으로 관념된 것으로서 잉여가치는 이윤이라는 전화형태를 받는다. 그런데 어떤 가치액이 자본인 것은 그것이 이윤을 내기 위하여 투입되기 때문이라는 이야기가 되며, 혹은 또 이윤이 나오는 것은 어떤 가치액이 자본으로서 충용되기 때문이라는 이야기가 된다. 이윤을 p라고 이름붙이면 정식(定式) $W=c+v+m=k+m$ 정식 $W=k+p$, 즉 상품가치=비용가치+이윤으로 전화한다.』(*Capital* 3 : 36. 일역 전게서 (6) 68면)

45) Marx, *Capital* 1 : 509. 일역 전게서 (3) 10면
46) *Ibid.*, 618. 일역 동상 (3) 199면
47) Marx, *MECW* 2 : 54.「임금·가격·이윤」전게서 49면
48) Marx, *Capital* 1 : 163. 일역 전게서 (1) 287면
49) Marx, *MECW* 2 : 54.「임금·가격·이윤」, 전게서 50면
50) *Ibid.*, 61. 일역 동상 62면
51) Engels, *Werke* 16 : 264. 宇佐美誠次郎외 역「자본론강요」國民文庫 45면
52) Marx, *Capital* 1 : 153. 일역 전게서 (1) 270면
53) *Ibid.*, 154. 일역 동상 (1) 270면
54) *Ibid.*, 169. 일역 동상 296면
55) 마르크스는 다음과 같이 말하고 있다.『요컨대 생산수단 즉 원료나 보조재료나 노동수단(기계, 건물, 토지 등)으로 전환되는 자본부분은 생산과정에서 그 가치량을 바꾸지 않는 것이다. 그러므로 나는 이것을 불변자본부분, 또는 더 간단하게는 불변자본이라고 부르기로 한다. 이에 반해서 노동력으로 전환된 자본부분은 생산과정에서 그 가치를 바꾼다. 그것은 그것 자신의 등가와 이것을 넘는 초과분, 즉 잉여가치를 재생산하며 이 잉여가치는 또 그 자신 변동할 수 있는 것이어서 보다 큰 것도 보다 작은 것도 있을 수 있다. 자본의 이 부분은 하나의 불변량으로부터 끊임없이 하나의 가변량으로 전화하여 간다. 그러므로 나는 이것을 가변자본부분 또는 아주 간단하게는 가변자본이라고 부르기로 한다.』(*Ibid.*, 209. 일역 동상 (1) 363 면)
56) *Ibid.*, 387. 일역 동상 (2) 270면
57) *Ibid.*, 일역 동상 (2) 271면
58) Engels, *Werke* 16 : 264.「자본론강요」전게 44면
59) Marx, *Capital* 1 : 371. 일역 전게서 (2) 245면
60) *Ibid.*, 395. 일역 동상 (2) 285면
61) *Ibid.*, 167. 일역 동상 (1) 293면
62) Marx, *MECW* 2 : 56.「임금·가격·이윤」전게서 53면
63) *Ibid.*, 일역 동상 53면

64) *Ibid.*, 57. 일역 동상 55면
65) Marx, *MECW* 1 : 158. 村田陽一 역 「임노동(賃勞動)과 자본」 國民文庫 42면
66) Marx, *Capital* 1 : 538. 일역 전게서 (3) 59면
67) Marx, *MECW* 3 : 23. 「고타 강령비판」 國民文庫 35면
68) Marx, *Capital* 1 : 543~558. 일역 전게서 (3) 67~95면
69) 「경제학교과서」(전게 (1) 171~176면)에 의하면 시간임금은 하루(1주 한 달)당의 임금을 그대로 하여 두면서 하루의 노동시간을 연장함으로써 자본가가 노동일의 연장에 의해서 노동자의 착취를 강화하고, 한편 생산고임금은 끊임없이 노동자를 노동강화로 쫓아냄으로써 노동자의 착취를 강화한다고 한다.
70) 마르크스는 다음과 같이 말하고 있다.

『그러므로 1노동일 중에 이 재생산(노동의 재생산)이 행하여지는 부분을 나는 필요노동시간이라고 부르며, 이 시간 중에 지출되는 노동을 필요노동이라고 부른다. ……노동과정의 제2의 기간, 즉 노동자가 필요노동의 한계를 넘어서 노고(勞苦)하는 기간은 그에게 있어서는 노동을, 즉 노동력의 지출을 필요로 함에 틀림없으나, 그러나 그를 위해서는 아무런 가치도 형성하지 않는다. 그것은 무(無)로부터의 창조의 전매력(全魅力)을 가지고 자본가에게 미소를 던지는 잉여가치를 형성한다. 노동일의 이 부분을 나는 잉여노동시간이라고 부르며, 또 이 시간에 지출되는 노동을 잉여노동(surplus labour)이라고 부른다.』(*Capital* 1 : 216~217. 일역 전게서 (1) 373~374면)
71) 『노동일의 연장에 의해서 생산되는 잉여가치를 나는 절대적 잉여가치라고 부른다. 이에 대해서 필요노동시간의 단축과 그것에 대응하는 노동일의 양성분의 크기의 비율로부터 생기는 잉여가치를 나는 상대적 잉여가치라고 부른다.』(*Capital* 1 : 315. 일역 전게서 (2) 156면
72) Marx, *Capital* 1 : 237. 일역 전게서 (2) 19면
73) *Ibid.*, 395. 일역 동상 (2) 284면
74) *Ibid.*, 319. 일역 동상 (2) 162면
75) *Ibid.*, 316~19. 일역 동상 (2) 158~162면

76) 『노동의 강도의 증대는 같은 시간 내의 노동지출의 증가를 의미한다. 그러므로 강도의 보다 큰 노동일은 같은 시간수의 강도의 보다 작은 노동일에 비해서 보다 많은 생산물로 구체화되는 것이다.』(Ibid., 524. 일역 동상 (3) 35면)
77) 일본공산당 공인교과서인 岡本博之 감수「과학적 사회주의」(신일본출판사) (상)는 이 방법은 실질상 절대적 잉여가치라고 간주할 수 있다고 다음과 같이 말하고 있다.
『노동강도를 높이는 것은 자본가가 착취를 강화하기 위한 중요한 방법입니다. ……이 경우 노동력의 가치는 같더라도 1노동일 중에서 만들어지는 가치는 늘어나고 있으므로 노동일 안에 차지하는 필요노동부분의 비중은 내려가며, 그 결과로서 잉여노동부분의 비중이 늘어납니다. 이 한에서는 노동강화에 의해서 증대하는 잉여가치는 형태상으로는 일종의 상대적 잉여가치입니다. 그러나 노동일이 동일하다고 하더라도 노동강화의 경우는 보다 많은 노동이 지출되고 있으므로 실질적으로는 노동시간이 연장된 것과 같으며, 따라서 노동강화에 의한 잉여가치는 실질상으로는 오히려 절대적 잉여가치와 비슷합니다.』(312면)
78) Marx, *Capital* 1 : 387. 일역 전게서 (2) 271면
79) Engels, *Werke* 16 : 264.「자본론강요」전게 44면
80) 기계가 불변자본이라는 것을 설명하기 위해서 마르크스는 공장에서 사용되고 있는 감가상각법의 사고방식을 이용한 것이다. 그것은 다음과 같은 마르크스와 엥겔스가 교환한 편지의 내용으로부터 명백하다.
『말이 난 김이지만, 예를 들면 자네들의 공장에서는 어느 정도의 기간으로 기계설비를 갱신하는가 가르쳐줄 수 없겠는가?』(「마르크스로부터 엥겔스에의 편지」1858년 3월 2일, *Briefwechsel Zwischen Marx und Engels* (Berlin : Dietz Verlag, 1949~1950), Vol. 2, p.366.「자본론서간」국민문장 (1) 238면)
『기계의 문제에 대해서는 확실한 것을 말하기는 곤란하지만, 어쨌든 바비지는 매우 잘못되어 있다. 가장 확실한 표식은 각 공장주가 해마다 자기의 기계에 대해서 손모분이나 수리비를 상각해가며 이리하여 그의 기계를 전액 상각하기까지의 퍼센테이지이다. 이 퍼센테이지는 보통은 7.5

퍼센트이며, 그렇게 하면 기계는 $13\frac{1}{3}$년으로 사용에 의한 해마다의 감가를 상각하여 따라서 손실 없이 완전히 갱신된다.(「엥겔스로부터 마르크스에의 편지」 1858년 3월 4일, *Ibid.*, 367. 일역 동상 (1) 238면)

81) Marx, *Capital* 1 : 371. 일역 전게서 (2) 245~246면
82) *Ibid.*, 420. 일역 동상 (2) 326면
83) *Ibid.*, 381. 일역 동상 (2) 261면
84) *Ibid.*, 403. 일역 동상 (2) 298면
85) *Ibid.*, 457. 일역 동상 (2) 387면
86) Engels, *Werke* 16 : 284. 「자본론강요」 전게 78면
87) Marx, *Capital* 1 : 445. 일역 전게서 (2) 369면
88) *Ibid.*, 574. 일역 전게서 (3) 120면
89) *Ibid.*, 594. 일역 전게서 (3) 155면
90) *Ibid.*, 171. 일역 전게서 (1) 300면
91) *Ibid.*, 일역 동상 (1) 300면
92) Marx, *MECW* 2 : 74~75.「임금·가격·이윤」전게 87면
93) P.A. Samuelson, *Economics*, 11th ed.(New York : McGraw-Hill Book Company, 1980), p.691. 都留重人 역 「경제학」 岩波書店 하권 787면
94) 마르크스에 의하면 자본가가 잉여가치를 증대시키는 방법은 노동일을 한껏 연장하든가(절대적 잉여가치) 그것이 안 되면 노동일은 일정한 채로 두고 생산성을 높여서 필요노동시간을 짧게 하는 것이었다.(상대적 잉여가치)

　그런데 마르크스는 『노동의 생산력이 증진되면 될수록 노동일은 단축될 수 있다.』(*Capital* 1 : 530. 일역 전게서 (3) 43면)고 하면서 하루의 노동시간이 단축될 수도 있다는 것을 논하고 있다. 그것은 마르크스 당시의 자본가들이 노동시간을 단축하지 않을 수 없었음에도 불구하고 그들은 성능이 좋은 새로운 기계를 도입함으로써 이윤을 증대시킬 수 있었던 것을 마르크스는 잘 알고 있었기 때문이다.

　당시의 자본가들이 노동시간을 단축하지 않을 수 없었던 것은, 첫째로 많은 양심적인 사회개혁운동가(예를 들면 공상적 사회주의자)가 노동자

에 대한 자본가의 비인도적인 대우를 비난하였기 때문이며, 둘째로 동맹파업, 기계파괴 등 노동자의 투쟁이 강화되었기 때문이며, 셋째로 정부가 노동법을 제정하여 노동시간의 단축 등의 노동조건의 개선을 도모하였기 때문이다.

그와 같이 하여서 노동시간이 단축되었음에도 불구하고 이윤이 증대할 수 있었던 것은 명백히 성능이 좋은 새로운 기계의 도입에 의한 것이었다. 그러나 마르크스는 『노동일이 단축되면 될수록 노동의 강도는 증대할 수 있다.』(Ibid., 1 : 530. 일역 전게서 (3) 43면)고 하면서 그래도 잉여가치설이 옳은 것처럼 가장하였던 것이다.

95) 마르크스가 말하는 노동자란 원래 직접적으로 생산활동에 종사하는 육체노동자를 의미하고 있었다. 그러나 현재로서는 공산주의는 수송, 상사(商事), 금융 등의 산업부문이나 교육, 의료 등의 서비스업부문 등에 있어서의 여러 가지의 고용자도 노동자라고 부르고 있다. 이것은 명백히 마르크스가 말하는 「노동자」의 개념과 다르다. 그것은 광범위한 근로자층을 혁명운동에 참가시키려고 하는 공산당의 전략의 나타남인 것으로 보아야 할 것이다.

96) 잉여가치, 즉 이윤 중에서 지주에게 지대로서, 화폐대부 자본가에게 이자로서 지불된 나머지가 자본가가 얻는 이윤이라고 마르크스는 다음과 같이 말하고 있다.

『잉여가치 말하자면 상품의 총가치 중 노동자의 잉여노동, 즉 불불노동(不拂勞動)이 체현되어 있는 부분을 나는 이윤이라고 이름 붙인다. 그러나 이 이윤의 전부가 사업주인 자본가의 호주머니로 들어가는 것은 아니다. 토지를 독점하고 있음으로써 지주는 그 토지가 농업이나 건물이나 철도 기타 어떠한 생산목적으로 쓰이더라도 위의 잉여가치의 일부를 지대라는 명목으로 손에 넣을 수 있다. ……노동수단의 소유자로서 그 수단의 전부 또는 일부를 사업주=자본가에게 대부하는 자, 요컨대 화폐대부 자본가는 위의 잉여가치 안의 다른 일부분을 이자라는 명목으로 자기의 몫이라고 하여서 청구할 수 있다. 그 결과 사업주=자본가 그 자신의 손에 남는 것은 산업이윤 또는 상업이윤이라고 이름 붙여지는 것뿐이다.』(MECW 2 : 61. 「임금·가격·이윤」 전게 63면)

97) 임금은 이윤으로부터 분배된다고 하는 통일사상의 견해는 지금까지의 전통적인 경제학에는 없었던 것이다. 그렇지만 제1차 세계대전 후 기업의 경영목적은 이윤의 추구뿐만 아니라 노동자의 임금의 추구도 포함한 것으로 해야 한다는 사고방식이 생겼다.

예를 들면 니클리시(H. Nicklisch)는 노동자에 대한 보수와 이윤을 포함한 것을 「성과」라고 부르며 이것을 경영목적으로 할 것을 주장하였다. 이것에 의하여 임금은 비용의 지불이 아니라 「성과」의 분배가 되었다.(大橋昭외 저 「경영참가의 사상」 有斐閣新書 70면)

또 부가가치가 기업의 경영목적이며 임금은 부가가치의 분배라고 주장하는 러커(A.W. Rucker)의 「생산가치」설, 레만(M.R. Lehman)의 「창조가치」설, 드러커(P.F. Drucker)의 「기여가치」설 등도 같은 사고방식이다.(宮俊一郞 저 「부가가치의 이야기」 일본실업출판사 48~56면)

이들의 사고방식은 기본적으로 통일사상의 견해와 일치하는 것으로 볼 수 있다. 그러나 전통적인 경제학에서는 기업가의 수익으로서의 기업이윤의 추구를 전제로 해서 이론이 구축되어 버렸으므로 통일사상에 있어서는 이윤의 개념 자체를 바꾸어서 임금은 이윤으로부터 분배된다고 한 것이다.

98) 마르크스주의 경제학, 근대경제학을 불문하고 종래의 경제학에서는 기업이란 기업가를 중심으로 한 영리조직체로 되어 있었다.

그런데 경영학에 있어서는, 특히 독일에 있어서 기업을 자본과 노동, 출자자 또는 경영자와 노동자의 공동의 것으로 보는 「경영공동체론」이라고 불리는 기업관이 생겼다. 이 사상을 체계화한 것이 상술한 니클리시였다. 또 기업을 노자(勞資)의 파트너적 결합체로 본 피셔(G. Fischer)의 「경영 파트너 샤프트론」도 같은 종류의 것이었다.(「경영참가의 사상」 전게 67~78면)

통일사상으로 본다면 기업은 경영자와 종업원으로 이루어지는 공동체인 동시에 하나의 가정이다. 따라서 기업을 노자의 공동체로 보는 점에 있어서는 이들의 새로운 기업관은 통일사상의 견해와 일치하고 있다. 그러나 거기에는 가정관이 결여되어 있는 것이다. 가정으로서의 기업이란 간단하게 말하면 심정을 중심으로 한, 가정윤리를 기반으로 한 윤리적 조직임을 말하는 것이다.
99) 사무엘슨은 『이윤에 대한 반감의 상당한 부분은 실은 요소 소유의 불평등으로부터 오는 화폐소득 분배의 불평등이 극단적이라는 데 대한 반감에 지나지 않는다.』(*Economics*, 585. 일역 전게서 하권 664면)라고 말하고 있다. 이것은 자본가가 기업의 수입 중에서 과당하게 취득하는 것이 착취라고 하는 통일사상의 견해와 일치하고 있다.
100) 기업에 있어서의 이윤이란 실제로는 어떤 일정한 기간에 전체의 수입(매상고)에서 전체의 생산비를 뺀 것이다. 따라서 상품이 매매되는 현장에 있어서 현실적 이윤이 형성된다고 할 경우의 「상품」은 하나의 상품인 것이 아니라 상품 전체를 의미하는 것이다.
101) 원리적으로 말하면 본연의 세계에서는 상품에는 다만 생산비만이 표시되는 것이어서 상품을 살 때 소비자(구매자)는 생산자에게 감사의 표시로서 생산비에 몇 할 정도의 보수액을 부가하여서 생산자에게 지불하도록 되어 있는 것으로 생각된다. 그런데 타락한 사회에서는 그러한 일은 거의 있을 수 없으므로 생산자가 미리 이윤의 형태로 생산비에 몇 할인가의 금액을 부가한 액수를 가격으로서 요구하는 것이다. 그러나 이것은 본연의 상품구매의 방법의 변형이라고 보아야 할 것이다. 따라서 이윤의 본질을 보수라고 보는 것은 잘못이 아니다.
102) P.A. Samuelson, *Economics*, 579~585. 일역 전게서 하권 657~664면
103) 마르크스는 다음과 같이 말하고 있다.

『이와 같이 가변자본이 점점 증가하여 간다는 것의 결과는 잉여가치율, 즉 자본에 의한 노동의 착취도가 바뀌지 않는 한, 반드시 일반적 이윤율의 점차적 저하라는 것이 되지 않을 수 없는 것이다.』(*Capital* 3 : 212. 일역 전게서 (6) 348면)
104) 필자는 마르크스의 「이윤율의 경향적 저하의 법칙」의 비판에 즈음하여 새 기계의 도입에 의해서 이윤율이 저하하지 않는 것을 $\frac{s_1}{v_1+d_1} < \frac{s_2}{v_2+d_2}$의 부등식을 가지고 설명하였는데, 이 설명은 윤원구 저 「마르크스주의의 비판적 극복」(신태양사 1961년) 중의 「이윤율 상승의 법칙」의 항목 중의 부등식 $\frac{m}{v+d} < \frac{m'}{v'+d'}$을 참고로 한 것임을 밝혀둔다.

105) P.A. Samuelson, *Economics*, 691. 일역 전게서 하권 787면
106) 마르크스는 다음과 같이 말하고 있다. 『자본주의적 생산의 일반적 경향은 임금의 평균수준을 높이는 것이 아니고 낮추는 것이다.』(*MECW* 2 : 74.「임금·가격·이윤」선게 88~89면)
107) Marx and Engels, *MECW* 6 : 495.「공산당선언」岩波書店 55면
108) Marx, *Capital* 1 : 644. 일역 전게서 (3) 239면
109) Marx and Engels, *MECW* 6 : 495~496.「공산당선언」岩波文庫 55면
110) P.A. Samuelson, *Economics*, 681. 일역 전게서 하권 775면
111) *Ibid*., 756. 일역 동상 하권 860면
112) 氣賀健三 편「비교경제체제론 의의」靑林書院新社 79면
113)「경제학교과서」전게 (1) 192면
114) Marx, *Capital* 1 : 625. 일역 전게서 (3) 210면
115) *Ibid*., 613. 일역 동상 (3) 189면
116) *Ibid*., 645. 일역 동상 (3) 241면
117) 廣西元信에 의하면 사회주의란 공동소유(Gemeineigentum, common property)를 기반으로 하는 것인데, 마르크스는 한 번도 사회주의 체계를 국유라든가 국유화로서 주장한 일은 없다고 한다. 마르크스가 말하는 공동소유란 직접적인 사회적 소유, 즉 민간인의 소유형태를 말하는 것이어서 그것은 국가소유와는 본질적으로 다르다. 그리고 마르크스가 말하는 공동소유를 국유로 하여서 오해하고 바꿔친 것이 레닌이라고 한다.(廣西元信「좌익을 설득하는 법」「20세기」1970년 6월호 게재).「공산당선언」에는『프롤레타리아 계급은 그 정치적 지배를 이용하여서 부르주아 계급으로부터 차차로 모든 자본을 빼앗아 모든 생산용구를 국가의 손에, 즉 지배계급으로서 조직된 프롤레타리아 계급의 손에 집중하여, 그리고 생산 제력의 양을 될수록 급속하게 증대시킬 것이다.』(*MECW* 6 : 504.「공산당선언」岩波文庫 68면)라고 국유로 한다는 말이 쓰여 있지마는 계속해서『그 방책은 경제적으로는 불충분하고 불안정(unhaltbar, untenable,「불안정」은 오역이고「영속하지 않는다.」라고 번역하여야 한다고 廣西는 말한다.)하게 보이나, 운동이 진행함에 따라서

자기 자신을 타고 넘어서 나아가 전 생산양식의 변혁의 수단으로서 불가피한 것이 된다.』(동상 68면)고 하는 것처럼, 마르크스의 생각은 「국유로 하는 것이 도대체 불합리한, 불임(不姙)한 것이어서 이 국유 운운한 것은 오래 보지(保持)하며 방어할 수 있는 것이 아니라는 의견」이라고 廣西는 말한다(『자본론의 오역』 靑友社 181~184면). 즉 국유는 사회주의 그 자체가 아니고 『주로 부르주아 법이념을 진감(震撼)시킨다는 목적을 위한 수단에 지나지 않는다.』(동상 184면)는 것이며, 1860년대가 되어서 마르크스를 비롯하여 유럽 사회주의자들은 국유화라는 수단을 포기하였다는 것이다.(동상 186면)

廣西의 이 해석은 주목할 만하다. 만약 마르크스의 진의가 그렇다면 마르크스가 「인간의 해방, 자유의 실현」을 실현하기 위하여 지향한 것은 국가(공산당)가 모든 것을 소유하는 소련을 비롯한 오늘날과 같은 공산주의 국가가 아니고, 오히려 기업이 공동의 소유가 되어 있는 민영의 주식회사의 쪽이 그 목표에 적합하다고 말할 수 있기 때문이다. 실제로 마르크스 자신이 주식회사란 「개인기업에 대립하는 사회기업」이며, 「사적 소유로서의 자본의 폐지」라고 말하고 있으며(*Capital* 3 : 436. 일역 전게서 (7) 221면) 따라서 주식회사로부터 공산주의의 방향으로는 스므스하게 진전할 것이라고 해석할 수도 있는 것이다(『자본론의 오역』 전게 224면).

이와 같은 입장에서 볼 때 폭력적인 생산수단의 국유화는 엄밀하게 말해서 마르크스의 사상이 아니고, 「마르크스·레닌주의」라고 말하지 않으면 안 될 것이다. 따라서 오늘날의 「마르크스·레닌주의」는 마르크스가 목표로 한 공산주의와는 본질적으로 다른 것이며, 그것은 당연히 마르크스의 원점이었던 「인간의 해방, 자유의 실현」의 방향으로부터 완전히 일탈한 것이었다고 하지 않을 수 없는 것이다.

그러나 비록 일시적인 수단으로서라도 마르크스는 프롤레타리아트는 부르주아지로부터 모든 생산수단을 폭력적으로 빼앗을 것을 강력하게 주장한 것이 또한 사실이다. 그것은 다음과 같은 마르크스의 말에서 명백하다.

『공산주의자는 자기의 견해나 의도를 감추는 것을 수치로 한다. 공산주의자는 그들의 목적은 기존의 전 사회조직을 폭력적으로 전복함으로써

만 달성할 수 있다는 것을 공공연하게 선언한다. 지배계급으로 하여금 공산주의 혁명 앞에 전율케 하라!』(*MECW* 6 : 519.「공산당선언」國民文庫 74면)

폭력혁명으로 얻은 성과(공산정권)는 필연적으로 폭력으로 지키지 않으면 안 된다. 따라서 마르크스가「사회적 소유」(공동소유)를 지향하고 있었다고 하더라도 현실적으로는 국가의 소유가 되지 않을 수 없게 되는 것이다. 마르크스가 말하는「사회적 소유」가 실제로 실현되기 위해서는 폭력 아닌 평화적 혁명이 아니면 안 되었던 것이다. 그러나 마르크스는 종래의 일체의 도덕적 가치관을 부정하고 새로운 전투적 가치관인 유물변증법을 가지고 폭력혁명을 강조하였던 것이다. 이것이 결국은 레닌으로 하여금 테러리즘을 전략전술로서 채택하게 하였으며,「사회적 소유」를 국가소유로 바꿔치게 한 결과가 되었다고 보아야 할 것이다. 따라서 오늘날의 공산주의사회에 있어서의 국가소유에 의한 통제경제의 책임은 여전히 마르크스에게 있는 것이다.

제7장

1)『자본주의사회와 공산주의사회의 사이에는 전자에서 후자로의 혁명적 전화의 시기가 있다. 이 시기에 조응하여서 또 정치상의 과도기가 있다.』(Marx, *MECW* 3 : 26.「고타 강령비판」國民文庫 40면)
  이와 같이 마르크스는 과도기를 자본주의와 공산주의 사이의 시기로 하고 있으나 그것을 레닌은 자본주의에서 사회주의(공산주의의 제1단계)로의 이행의 시기라고 규정하였다. 그는 다음과 같이 말하였다.『마르크스는 자본주의에서 사회주의로의 과도기로서 프롤레타리아트의 독재의 일시기(一時期)가 있다고 말하고 있습니다.』(*LCW* 29 : 388.「레닌전집」29권 392면)
2) 소연방과학원 경제학연구소「경제학교과서」合同出版 (Ⅲ) 494면
3) 동상 (Ⅲ) 515면
4) 동상 (Ⅲ) 494면

5) 동상 (Ⅲ) 572면
6) 동상 (Ⅲ) 570~571면
7) Lenin, *LCW* 32 : 459. 「레닌 전집」 32권 487면
8) 「경제학교과서」 전게 (Ⅲ) 541면
9) 동상 (Ⅲ) 542면
10) Marx, *MECW* 3 : 17. 「고타 강령비판」 전게 25면
11) *Ibid.*, 19. 일역 동상 27면
12) 「경제학교과서」 전게 (Ⅲ) 992~993면
13) Lenin, *LCW* 24 : 468. 「레닌전집」 24권 496면
14) Stalin, *Economic Problems of Socialism in the U.S.S.R.*, 78~79. 「소(蘇)동맹에 있어서의 사회주의의 경제적 제 문제」 國民文庫 91~92면
15) 「경제학교과서」 전게 (Ⅲ) 687면
　　또한 소련공산당 강령에 의하면 『사회주의의 목적은 사회적 생산의 게으르지 않는 발전과 완성에 의해서 인민의 증대하는 물질적 및 문화적인 제 욕망을 될 수 있는 대로 완전히 충만시키는 것이다.』(G.A. Kozlov, ed., *Political Economy : Socialism* (Moscow : Progress Publishers, 1977), p.82)
16) 「경제학교과서」 전게 (Ⅲ) 708~709면
17) 동상 (Ⅲ) 737면
18) G.A. Kozlov, ed., *Political Economy : Socialism*, 170.
19) 「경제학교과서」 전게 (Ⅲ) 738면
20) 小林榮三 감수 「과학적 사회주의」는 『지금은 인류의 3분의 1이 사회주의로 옮겨지고 있습니다. 그 경험은 물가의 안정, 실업의 해소, 사회보장의 충실, 남녀동등권 등 많은 면에서 자본주의에 대한 우위성을 보이고 있습니다.』라고 주장하고 있다.(신일본출판사 하권 308면)
21) Marx, *MECW* 3 : 19. 「고타 강령비판」 전게 28면
22) 『공산주의는 정신노동과 육체노동 사이의 본질적인 차이가 청산되는 것을 의미하고 있다.』「경제학교과서」 전게 (Ⅳ) 1022면
23) 『계급의 소멸과 함께 국가도 불가피적으로 소멸할 것이다.』(Engels, *MECW* 3 : 330. 「가족, 사유재산 및 국가의 기원」 國民文庫 226면)

24) 스탈린은 다음과 같이 말하였다.『이들 모든 예비적 조건이 갖추어서 실현되어서 비로소「각자로부터는 그 능력에 따라서, 각자에 대해서는 그 노동에 따라서」라는 사회주의의 정식(定式)으로부터「각자로부터는 그 능력에 따라서, 각자에게는 그 필요에 따라서」라는 공산주의의 정식으로 이행할 수 있을 것이다.』(Stalin, *Economic Problems of Socialism in the U.S.S.R.*, 71. 일역 전게서 83면)
25)「경제학교과서」전게 (IV) 995면
26) 동상 (IV) 1030면
27) M. Djilas, *The New Class*, 56. 전게서 73면
28) *Ibid.*, 103. 일역 동상 135면
29) 氣賀健三 편「비교경제체제론 강의」靑林書院新社 1972년 156~157면
30)『1928년 2월 중앙위원회가 농촌정세의 중대성에 대해서 당에 긴급 경고, 전면적인 농업집단화의 방향으로 움직이기 시작한다. 그동안 농산물 재고를 압수하고 강제 차용에 나서 농촌에 있어서의 직접 매매를 금지한다. ……1930년 1월 농업집단화를 지향하는 대공세의 전개. ……토지의 거의 전체가 집단농장 콜호즈와 국영농장 소프호즈의 소유가 되었다. 낡은 세대의 혁명적 지식인은 쳐부수고, 대두하려던 농업 부르주아지는 일소되었다.』(G. Martinet, *Les Cinq Communismes* (Paris : Editions du Seuil, 1971), p.53~54. 熊田享 역「다섯 개의 공산주의」岩波新書 (상) 80면)
31) *Ibid.*, 62. 일역 전게서 (상) 95면
32) Isaac Deutscher, *The Unfinished Revolution, 1917~1967* (New York : Oxford University Press, 1967), p.50. 山西英一 역「러시아 혁명 50년」岩波新書 77~78면
33) G. Martinet, *Les Cinq Communismes*, 62. 일역 전게서 (상) 94면
34) Stalin, *JSW* 11 : 167.「소동맹공산당(포)중앙위원회총회」「스탈린 전집」제11권 181면
35) 氣賀健三「공산주의의 경제」(상) 塙書房 (1967) 16~17면
36) 동상 14면, 16면, 17면
37)「경제학교과서」전게 (III) 544면

38) 동상 (Ⅲ) 557면
39) 동상 (Ⅲ) 557면
40) P.N. Fedoseyev, ed., *The Marxist-Leninist Teaching of Socialism and the World Today* (Moscow : Progress Publishers, 1978), p.166. 및 西村文夫·吉田靖彦 편「현대 소련의 경제와 산업」일본국제문제연구소 542면
41) 丹羽春喜「사회주의의 딜레마」일본경제신문사 14면
　　또한 스탈린의「소동맹에 있어서의 사회주의의 경제적 제 문제」에 대해서 소련의 기관지는 다음과 같은 논설을 실었다.(1952년 10월 31일) 『제5차 5개년계획(1951~1955)은 소동맹 국민경제의 새로운 강력한 전진을 결정하여 인민의 물질적 복지와 문화적 수준의 더 한층의 현저한 발달을 보장하는 것이다. 제5차 5개년계획의 수행은 사회주의로부터 공산주의로 전진하는 거대한 일보가 될 것이다.』(「소동맹에 있어서의 사회주의의 경제적 제 문제」전게 136면)
42)「현대 소련의 경제와 산업」전게 545면. 또한「공산주의에의 길」에 의하면 1961년의 소연방 공산당 제22회 대회에서도 흐루시초프는 같은 선언을 하였다. 『당과 인민의 활동의 주된 성과는 소연방에서의 사회주의의 완전하고 최후적 승리이다. 세계사적인 충격을 동반한 위대한 업적이 세워졌다. 인류는 사회주의의 성립과 발전에 관한 실천에 의해서 뒷받침된 과학을 부여받은 것이다.』(Communist Party of the Soviet Union, *The Road to Communism* [Moscow : Foreign Languages Publishing House, 1961], p.173) 『강령의 역사적인 기한은 20년이다. ……우리들은 엄밀한 과학적 계산에 기초하고 있다. 그것에 의하면 대체로 20년 이내에 우리들은 공산주의사회를 건설할 것이다.』(*Ibid.*, 194~195)
43)「7개년계획」통계숫자에 관한 흐루시초프 보고. 丹羽春喜「사회주의의 딜레마」전게 13면
　　흐루시초프는 또 제22회 당대회에서 다음과 같이 말하였다. 『제2차 10년간에, 즉 1980년까지는 우리나라는 공업생산이나 농업생산에 있어서도 1인당 생산고에 있어서 미합중국을 훨씬 능가할 것이다.』(CPSU,

The Road to Communism, 269)

44) 경제학교과서는 다음과 같이 말하고 있다.『자본주의의 전반적 위기의 시기에 고유한 새로운 현상, 즉 국가독점 자본주의의 성장, 시장문제의 격화, 기업의 만성적인 유휴상태와 만성적인 대량실업의 존재, 세계전쟁과 증대되어가는 경제군사화는 자본주의의 주기의 발전에 본질적인 변화를 야기한다.』(전게서 (II) 434면) 또 「마르크스·레닌주의의 기초」는 다음과 같이 말하고 있다.『제국주의 제 국가의 경제의 군사화는 국가독점 자본주의적 경향의 발전과 불가분으로 결부되어 있다.』(Kuusinen, *Fundamentals*, 330. 일역 전게서 (II) 110면)

45) 「경제학교과서」 전게 (III) 710면

46) Richard Moorsteen and Raymond P. Powell, *The Soviet Capital Stock 1928~1962* (Homewood, Illinois : Richard D. Irwin, Inc., 1966), p.292. 氣賀健三 편 「비교체경제제론 강의」 전게 270~271면

47) Alvin Toffler, *The Third Wave* (New York : Bantam Books, Inc., 1980), p.95~96. 德山二郎외 역 「제3의 물결」 일본방송출판협회 142~143면

48) 「경제학교과서」 전게 (III) 737면

49) 丹羽春喜 「사회주의의 딜레마」 71면

50) 「경제학교과서」 전게 (III) 772면

또한 고즈로프 편 「경제학·사회주의」에 의하면 『1975년에는 소련의 노동생산성은 미합중국의 54퍼센트에 달하였으나 농업에서는 공백은 여전히 크다.』(Kozlov, ed., *Political Economy : Socialism*, 462)고 되어 있다. 이것은 1961년 후에 있어서도 공업 및 농업의 노동생산성은 미합중국에 비하여 현저한 신장을 하지 않은 것을 명백히 표시하고 있다.

51) 「경제학교과서」 (IV) 996면

52) Stalin, *JSW* 8 : 137~143. 「소련 동맹의 경제정세와 당의 정책에 대하여」 「스탈린 전집」 제8권 159~164면

53) 「경제학교과서」 (IV) 784~785면

54) 『소련을 예로 들면 체화의 주된 것은 기성복, 메리야스 제품, 천, 구두, 식기, 가구, 재봉틀, 완구 등이며, 그중의 약 절반이 의류품이었다. 기성복

의 경우는 1959~1963년 사이에 재고가 3배로 불어 올랐다. 소매 상업망의 불량체화(식료품을 제외)의 액수는 1964년에는 200억 루블(공정 레이트로 일화 약 8조 엔)의 선에 가까워졌다고 말할 수 있다.

이것은 불황시의 미국의 수준을 상회하는 것이었으므로 자본주의였다면 두말할 나위도 없이「공황」이라고 불렀을 것이다. 그 한편에서는 신제품이나 품질이 좋은 것은 여전히 심한 물품 부족으로「행렬」은 조금도 해소되지 않았다. 이리하여서 한편으로는 체화가 또 한편으로는 행렬과 만족되지 않은 구매력이 있다고 하는 기묘한 현상이 생긴 것이다. ……위의 것은 10년 전의 이야기인데 사태는 지금도 본질적으로 다르지 않은 것 같다. 다른 점이 있다면 재봉틀과 같은 구형의 내구소비재뿐만 아니라 텔레비전이나 전기세탁기와 같은 신형 내구소비재에도 체화가 발생했을 것이다.」(佐藤經明「현대의 사회주의 경제」岩波新書 124~125면)

55) 丹羽春喜「사회주의의 딜레마」전게 92~93면
56) 寺谷弘壬「소련을 읽는 방법」그린아로우출판사 92~93면
57) 동상 95면
58) 오늘날 소련에서는 특권계급을 노멘클라투라(Nomenklatura)라고 부르고 있는데 이에 대해서 소련 연구가 寺谷弘壬은 다음과 같이 설명하고 있다.

『당의 최상층부에서 특권을 가지고 있는 사람들을 소련에서는 노멘클라투라라고 한다. 본래는 특권을 갖는 간부 포스트의 명부라는 의미인데, 더욱 확대 해석하여서 그 특권적 지위에 있는 사람들이 상의하달(上意下達)하는 시스템 전반을 노멘클라투라라고 이름 붙이고 있다. 이 노멘클라투라에 속하는 사람들은 소련 사회에서는 그 가족까지 포함해서 300만, 전 인구의 1.2퍼센트 정도에 해당한다고 한다.』(동상 53면)
59) Konstantin M. Simis, *U.S.S.R. : The Corrupt Society* (New York : Simon and Schuster, 1982), pp. 39~40. 木村明生 역「권력과 부패」PHP연구소 1982년 51면
60) 寺谷弘壬「소련을 읽는 방법」전게 42면
　　橫山宏章「마르크스의 오산」K.K. 베스트 셀러즈 167~170면
61) K. Simis, *U.S.S.R. : The Corrupt Society*, 45~46. 일역 전게서 57~59면

62) 소련에서는 자본이 동결되어 있어서 무이자이다. 그렇기 때문에 『자본건설의 지연이 얼마만큼의 손해를 가져오는가를 측정하는 적절한 척도가 결여되어 있다.』(氣賀健三「공산주의의 경제」상권 150면)는 것이다. 그 결과 자본효율이 서하한다. 이것은 자본시장이 형성되어 있지 않기 때문에 생기는 현상이다. 그리고 『자본효율이 낮은 것은 고정투자 특히 자본건설에 있어서 현저한 현상이다. 어떤 공장이 미완성인 채로 오랫동안 방치되어 있다. 완성까지에 계획보다 훨씬 오랜 세월을 요한다. 계획 이상의 경비를 들인다는 형태로, 자본건설에는 자본주의 제국에 있어서 상상하기 어려운 자본낭비의 사례가 많다는 것이 지적되고 있다.』(동상 150면)고 한다.

63) Abram Bergson, *Planning and Productivity under Soviet Socialism* (New York : Carnegie-Mellon University, 1968), p.47.
　　소련에 있어서 상품의 가격은 노동량에 의해서 결정되어 있으므로, 그 이유 때문에 불변한 것이 아니다. 인위적으로 공정된 가격이기 때문에, 그리고 그 개정에 요하는 기술이 곤란하기 때문에 장기간 불변인 것이다.

64) 丹羽春喜「사회주의의 딜레마」전게 24면
65) 동상 35면
66) 동상 37면
67) 동상 29면
68) 동상 38~39면
69) M. Djilas, *The New Class*, 104. 일역 전게서 136면
70) K. Simis, *U.S.S.R. : The Corrupt Society*, 134~135. 일역 전게서 165~167면
71) 「경제학교과서」전게 (Ⅲ) 655~656면
72) 동상 (Ⅲ) 656면
73) 동상 (Ⅲ) 656면
74) 동상 (Ⅳ) 782면
75) 동상 (Ⅳ) 782면
76) 동상 (Ⅳ) 784면
77) 동상 (Ⅳ) 808면. 여기서 필요노동이란 임금에 해당하는 노동을 말한

다. 그러므로 소련에서도 노동가치설에 따라서 임금은 그대로 노동력의 가격이 되어 있으며, 소련에 있어서의 임금관은 자본주의사회를 분석하여서 얻은 마르크스의 임금관과 동일하다는 것을 알 수 있다.

78) 동상 (IV) 813면
79) 동상 (IV) 814면
80) 동상 (III) 655면
81) 미국의 대표적인 소련 경제연구가 A. 버그슨(A. Bergson)도 소련 경제의 성장을 억압하고 있는 요인으로서 첫째로 노동가치설을 들고 있다. 그는 다음과 같이 말하고 있다.

『이들의 제 기관(상급기관)의 기능의 비효율의 원천으로서의 그들의 일의 손에 맞지 않는 성질은 또 하나의 요인—그것은 이론적인 검토에서 비평가들에 의해서도 분명하게 지적되어 있지 않다—에 의해서 만들어진 것이다. 나는 상급기관이 가끔 적용하려고 하는 기묘한 경제원리를 말하고 있는 것이다. 그것은 마르크스가 신봉한 노동가치에 따라서 세워진 제 원리를 의미하는 것이다.』(*Planning and Productivity under Soviet Socialism*, 46) 『그러나 가격의 희소가치로부터의 분리에는 다른 이유도 있다. 이리하여 소련의 공업가격 형성의 또 하나의 결함—고정자본의 이자 및 희소한 천연자원의 사용료의 계산이 되지 않는다는 것—의 원인이 되고 있는 것은 상급기관의 일의 양이라기보다는 마르크스의 노동가치설인 것이다.』(*Ibid.*, 47)

제8장

1) 「자본론」에 있어서 소외론은 극복되어 있다고 하는 견해에 대해서는 이미 제1장의 주1)에서 언급하였다. 이에 대하여 「자본론」은 소외론의 연장이라고 하는 견해로서 예를 들면 淸水正德은 다음과 같이 말하고 있다. 『인간소외론은 이 입장을 밑바닥에 숨긴 「자본론」이라는 근대적 인간 물화(物化)의 체계 안에 학적인 결실을 이루고, 소외론적 사상구조는 상품·화폐·자본의 물신성(物神性) 폭로라는 형태로 그 표현을 얻고 있는 것이

다.』(「인간소외론」紀伊國屋書店 73면)
2) Marx, *Capital* 1 : 153.「자본론」國民文庫(1) 270면
3) *Ibid.*, 195. 일역 동상 (1) 340면
4) *Ibid.*, 233. 일역 동상 (2) 12면 (岩波文庫 (2) 96면)
5) 『자본가로서는 그는 다만 인격화된 자본일 뿐이며, 그의 혼은 자본의 혼이다.』(*Ibid.*, 233. 일역 동상 (2) 12면)
6) 『자본가는 다만 인격화된 자본일 뿐이며, 생산과정에서는 다만 자본의 담당자로서 기능할 뿐이다.』(Marx, *Capital* 3 : 819. 일역 동상 (8) 337면)
7) Marx, *Capital* 1 : 767. 일역 전게서 (3) 443면
　　소련국방과학원 경제학연구소「경제학교과서」전게 (I) 125면
8) Marx, *Capital* 1 : 766. 일역 전게서 (3) 442면
　　「경제학교과서」전게 (I) 125면
9) Marx, *Capital* 1 : 713. 일역 전게서 (3) 357~358면
10) *Ibid.*, 762. 일역 동상 (3) 436면
11) *Ibid.*, 760. 일역 동상 (3) 433면
12) Marx, *MECW* 3 : 19.「고타 강령비판」國民文庫 28면
13) Marx, *Capital* 3 : 820. 일역 전게서 (8) 339면
14) Marx, *MECW* 3 : 274.「경제학·철학초고」岩波文庫 92면
15) Engels, *Anti-Dühring*, 349.「反듀링論」岩波文庫 (하) 240면
16) Marx, *MECW* 3 : 19.「고타 강령비판」전게 28면
17) 공산주의자는『사회주의에 있어서는 자본이라는 카테고리는 존재하지 않는다.』(Kozlov, ed. *Political Economy : Socialism*, 249)라고 주장하고「자본」에 대신하여「펀드」(fund)나「재(財)」(assets) 등의 용어를 사용하고 있다. 그러나 이것은 명칭의 변경에 불과하며 실질로는 자본과 하등 다를 바가 없다.
18) Marx, *Capital* 1 : 233. 일역 전게서 (2) 12면
19) *Ibid.*, 574. 일역 동상 (3) 120면
20) *Ibid.*, 762. 일역 동상 (3) 436면
21) Marx, *MECW* 3 : 187.「헤겔 법철학비판서설」「유대인 문제에 부쳐

서」「헤겔 법철학비판서설」岩波文庫 96면
22) Marx and Engels, *MECW* 6 : 494.「공산당선언」岩波文庫 53면
23) *Ibid*., 495. 일역 동상 55면
24) Nicholas Berdyaev, *The Russian Revolution* (Ann Arbor : The University of Michigan Press, 1961), p.67. 野口啓祐 역 「공산주의라는 이름의 종교」中央出版社 22면
25) *Ibid*., 69. 일역 동상 24면
26) M. Djilas, *The New Class*, 151~156. 일역 전게서 198~204면
27) 마르크스는 혁명에 있어서 폭력이 필요하다는 것을 주장하였으나, 그것을 더욱 발전시킨 사람이 레닌이다. 제7회 당대회(1918년)에서 그는 다음과 같이 선언하였다.『자본주의의 붕괴의 전 과정이나 사회주의사회의 탄생에는 폭력이 반드시 수반되리라는 것을 마르크스주의는 결코 잊지 않았다. 그리고 이 폭력은 세계사의 한 시기를 차지하고……이 시대―대규모의 붕괴와 대량의 군사적·폭력적 해결과 공황의 시대―는 시작되고 있다. 우리들은 이 시대를 분명히 보고 있다. 그러나 이 시대는 지금 막 시작한 참이다.』(*LCW* 27 : 130,「레닌 전집」전게 제27권 129면) 또 테러(공포수단으로서의 폭력)의 필요성을 선언한 것도 레닌이었다. 그는 다음과 같이 말하였다.『우리들은 결코 원칙상 테러를 거부하지 않았고 또 거부할 수가 없다. 테러는 전투의 일정한 순간, 군대의 일정한 상태 그리고 일정한 조건하에서는 전적으로 유용한 것이 될 수 있고, 또 필요한 것으로도 될 수 있는 군사행동의 하나이다.』(*LCW* 5 : 19.「레닌 전집」전게 제5권 5면)
28) 통일사상에서는 선악의 투쟁을 역사의 법칙으로서 다루고 있는데, 이것은 발전의 법칙이 아니고 역사발전의 일정한 단계에 있어서 역사의 방향을 전환시키는 법칙(전환의 법칙)이다. 그러나 법칙이라 하더라도 이것은 자연법칙과 같이 항상적으로 일어나는 법칙이 아니며, 그 투쟁은 섭리의 필요상 간헐적으로 일어나는 것뿐이다. 마르크스의 투쟁의 법칙이 문제가 되는 것은 항상적으로 작용하는 자연법칙과 같이 그것을 발전을 위한 법칙이라고 규정하였기 때문이다. 그러므로 발전을 위해서는 언제 어디서나 투쟁이 일어나도 좋은 것으로 되어 버린 것이다.

29) N. Berdyaev, *The Origin of Russian Communism* (Ann Arbor : The University of Michigan Press, 1960), P.183. 田中西二郎·新谷敬三郎 역 「러시아 공산주의의 역사와 의미」「베르쟈에프 저작집」제7권 白水社 246면

레닌에 의하면 거짓말을 하는 것도 속이는 것도 그것이 혁명을 위해서라면 좋은 것이 된다. 그는 다음과 같이 말했다. 『진실을 말하는 것은 부르주아지의 편견이다.』(*Novy Zhurnal*, 1961, Vol. 65, p.147) 『소(小)부르주아지의 정직성……선의에 대한 값싼 신뢰는……우리들의 혁명에 있어서 악의 근원이다.』(*Robochy*, 1917.9.14) 이 레닌의 말은 워크스(Albert L. Weeks)가 쓴 『레닌, 현세의 메시아냐? 타락한 독재자냐?』(*New York City Tribune*, 1985.4.23)에서 인용한 것이다.

30) M. Djilas, *The New Class*, 21~22. 일역 전게서 30면

폭력에 대하여 레닌은 다음과 같이 언명하였다. 『제 국민의 생활에서의 큰 문제는 오로지 힘(폭력)에 의해서 결정된다.』(*LCW* 9 : 132. 「레닌 전집」전게 제9권 128면)

31) 『자본주의사회와 공산주의사회의 사이에는 전자로부터 후자로의 혁명적인 전화의 시기가 있다. 이 시기에 조응해서 또 정치적인 한 과도기가 있다. 이 과도기의 국가는 프롤레타리아트의 혁명적 독재 이외의 아무것도 있을 수 없다.』(Marx, *MECW* 3 : 26. 「고타 강령비판」전게 53면)

32) Lenin, *LCW* 28 : 233. 「프롤레타리아 혁명과 배교자 카우쯔키」國民文庫 13면

33) Lenin, *LCW* 25 : 417. 「국가와 혁명」國民文庫 47면

34) Stalin, *JSW* 6 : 179. 「레닌주의의 기초」國民文庫 115면

35) Stalin, *JSW* 8 : 39. 「레닌주의의 제 문제」國民文庫 38면

36) 레닌은 다음과 같이 말하고 있다. 『당—그것은 프롤레타리아트가 직접으로 통치하는 전위이다. 그것은 지도자이다.』(*LCW* 32 : 98. 「레닌 전집」전게 제32권 96면) 『우리들은 프롤레타리아트의 독재를 실질적으로는 프롤레타리아트의 조직된, 자각한 소수자의 독재로 이해하고 있다고 그(동지 터너를 말함, 레닌은 그와 같은 의견이라고 함)는 말하였다.』(*LCW* 31 : 235. 「레닌 전집」전게 제31권 228면) 「그렇다. 일당의 독재

이다!』(*LCW* 29 : 535. 「레닌 전집」 전게 제29권 549면)

37) Lenin, *LCW* 31 : 353. 전게서 제31권 354~355면

38) Lenin, *LCW* 28 : 248. 전집간행위원회 역 「프롤레타리아 혁명과 배교자 카우쯔키」 國民文庫 35면

39) Stalin, *JSW* 6 : 118. 「레닌주의의 기초」 전게 56면

40) M. Djilas, *The New Class*, 80. 일역 전게서 105~106면

41) Lenin, *LCW* 27 : 267. 「레닌 전집」 전게 제27권 270면

42) *Ibid.*, 269. 일역 동상 272면

43) *Ibid.*, 270. 일역 동상 273면

44) M. Djilas, *The New Class*, 69. 일역 전게서 90면

45) N. Berdyaev, *The Origin of Russian Communism*, 128. 일역 전게서 177면

46) Michael S. Voslensky, *Nomenklatura* (Vienna : Verlag Fritz Molden, 1980), p.220. 佐久間穆·舶戶滿之 역 「노멘클라투라」 中央公論社 1981년 193면

47) N. Berdyaev, *The Origin of Russian Communism*, 128. 일역 전게서 177~178면

48) *Ibid.*, 183. 일역 동상 246면
실제로 마르크스가 파리시대에는 다음과 같이 말하였다. 공산주의의 목적은 『인간에 의한, 인간을 위한, 인간적 본질의 현실적인 획득』이다.(*MECW* 3 : 296. 「경제학·철학초고」 전게 130면) 『공산주의는 사유재산의 지양에 의해서 자기를 매개로 한 인간주의이다.』(*Ibid.*, 341. 일역 전게서 216면) 『공산주의는 적극적 인간주의이다.』(*Ibid.*, 342. 일역 동상 216면)

49) 인간은 성장과정에 있어서 아직 하나님의 심정(사랑)을 충분히 체휼하지 않는 상태에 있어서도 하나님 신앙에 의해서 불충분하지만 하나님의 사랑을 체험하는 것이며, 그 사랑을 중심으로 하여서 생심과 육심이 수수작용하면서 성장해서 드디어 인격을 완성하는 것이다. 그러나 이와 같은 수수작용이 타락 때문에 할 수 없게 되어 버린 것이다.

50) 베르자에프도 공산주의의 인간성을 부정하는 폭정은 결국 하나님을

부정한 데서 왔다고 언명하고 있다. 『공산주의의 모든 거짓은 하나님의 부정과 인간의 비인간화로부터 생기고 있다. 그것이 사회적 정의를 실현하고자 행하는 참혹한 압박도, 인간의 위엄을 인정할 수도 없는 폭정도, 목적을 실현하기 위해서는 어떠한 수단에 호소하여도 개의하지 않는 냉혹함도, 원한·증오·복수를 가지고 완전생활, 즉 사해동포의 이상을 실현하는 방법이라고 정하고 있는 사실도 모든 것은 공산주의가 하나님을 부정하며 인간을 비인간화한 데서 오고 있는 것이다.』(*The Russian Revolution*, 80. 일역 전게서 36면)
51) *Ibid.*, 55~56. 일역 동상 11면

결 론

1) Marx, *Capital* 1 : 763. 「자본론」 國民文庫 437~438면
2) Marx and Engels, *MECW* 6 : 481. 「공산당선언」 國民文庫 25면
3) Rabindranath Tagore, *The Spirit of Japan* (Tokyo : The Indo-Japanese Association, 1916), p.35. 高良토미 역 「타고르 저작집」 제8권 第三文明社 1981년 所收 487면

참고문헌

Annenkov. "Reminiscences of Lenin" (in Russian). *Novy Zhurnal*. Vol. 65. New York : New Review Inc., 1961.

粟田賢三 「유물론과 경험비판에의 해설」 레닌 佐野文夫 역 「유물론과 경험비판론」 岩波文庫 1953년.

Berdyaev, Nicholas. *The Origin of Russian Communism.* Ann Arbor : The University of Michigan Press, 1960. (野口啓祐 역 「공산주의라는 이름의 종교」 중앙출판사 1967년)

_____. *The Russian Revolution.* Ann Arbor : The University of Michigan Press, 1961. (田中西二郎·新谷敬三郎 역 「러시아 공산주의의 역사와 의미」 「베르쟈에프 저작집」 제7권 白水社 1960년 所收.)

Bergson, Abram. *Planning and Productivity under Soviet Socialism.* New York : Carnegie-Mellon University, 1968.

Böhm-Bawerk, Eugene von. *Karl Marx and the Close of His System.* In *"Karl Marx and the Close of His System by Eugene von Böhm-Bawerk" and "Böhm-Bawerk's Criticism of Marx" by Rudolf Hilferding*. Edited by Paul M. Sweezy. New York : Augustus M. Kelly, 1949. (玉野井芳郎외 역 「칼 마르크스와 그 체계의 종결」 「논쟁·마르크스경제학」 法政大學出版局 1969년 所收)

Communist Party of the Soviet Union(CPSU). *The Road to Communism : Documents of the 22nd Congress of the Communist Party of the Soviet Union—October 17~31, 1961.* Moscow : Foreign Language Publishing House, 1961.

Comforth, Maurice. *Historical Materialism.* 3rd ed. Vol. 2 of *Dialectical Materialism : An Introduction.* London : Lawrence & Wishart, 1976. (白井泰四郎·小松攝郎 역 「사적 유물론」 理論社 1976년)

_____. *Materialism and the Dialectical Method.* 5th ed. Vol. 1 of *Dialectical Materialism : An Introduction.* London : Lawrence & Wishart, 1976.(小松攝郎 역 「유물론과 변증법」 理論社 1975년)

_____. *Theory of knowledge.* 4th ed. Vol. 3 of *Dialectical Materialism : An Introduction.* London : Lawrence & Wishart, 1976. (藤野涉·小松攝郎 역 「인식론」 理論社 1976년)

Deutscher, Isaac. *The Unfinished Revolution : Russia 1917~1967.* New York : Oxford University Press, 1967. (山西英一 역 「러시아혁명 50년」 岩波新書 1967년)

The Diagram Group. *The Brain : A User's Manual.* New York : Berkeley Books, 1983. (塚田裕三·白井尙之 역 「더 브레인」 鎌倉書房 1983년)

Djilas, Milovan. *The New Class : An Analysis of the Communist System.* New York : Friedrich A. Praeger, 1957. (原子林二郎 역

「새로운 계급」時事通信社 1957년)

Edwards, Paul, Editor-in-Chief. *The Encyclopedia of Philosophy*. 8 vols. New York : Macmillan Publishing Co., Inc. & The Free Press, 1967.

Engels, Friedrich. *Herrn Eugen Dührings Umwälzung der Wissenschaft*. Berlin : Dietz Verlag, 1923. *Anti-Dühring*. Moscow : Progress Publishers, 1947. (粟田賢三 역 「反듀링論」 상·하 岩波文庫 1952년)

_____. *Dialektik der Natur*. Berlin : Dietz Verlag, 1952. *Dialectics of Nature*. Translated by Clemens Dutt. Moscow : Progress Publishers, 1954. (管原仰 역 「자연의 변증법」 1·2 國民文庫 1970년)

Fedoseyev, P.N., Editor-in-Chief. *The Marxist-Leninist Teaching of Socialism and the World Today*. Translated by David Skvirsky. Moscow : Progress Publishers, 1978.

Feuerbach, Ludwig. *Das Wesen Des Christentums(1841)*. *The Essence of Christianity*. Translated by G. Eliot. New York : Harper and Row, 1957. (船山信一 역 「기독교의 본질」 상·하 岩波文庫 1965년)

_____. *Die Vorläufigen Thesen zur Reform der Philosophie(1842)*. "Preliminary Theses on the Reform of Philosophy" In *The Fiery Brook : Selected Writings of Ludwig Feuerbach*. Translated with Introduction by Zawar Hanfi. Garden City, New Jersey : Doubleday & Company, Inc., 1972. (松村一人·和田樂 역 「철학개혁을 위한 잠정적 명제」 岩波文庫 1967년 所收)

_____. *Grundsätze der Philosophie der Zukunft(1843).* "Principles of the Philosophy of the Future." In *The Fiery Brook : Selected Writings of Ludwig Feuerbach.* (松村·和田 역 「장래의 철학의 근본명제」 岩波文庫 1967년)

Friedrich, Carl J. *The Philosophy of Hegel.* New York : Random House Inc., 1954.

Gazzaniga, M.S. & L.E. LeDoux, *The Integrated Mind.* New York : Plenum Press, 1978. (柏原惠龍외 역 「두 개의 뇌와 하나의 마음」 미네르바書房 1980년)

Gibbon, Edward. *Decline and Fall of the Roman Empire.* 4 Vols. London : J.M. Dent & Sons Ltd, Everyman's Library, 1910. (村上勇三 역 「로마 제국쇠망사」(五) 岩波文庫 1954년, 中野好夫 역 「로마 제국쇠망사」(II) 筑摩書房 1978년)

Goudot-Perrot, Andrée. *Cybernétique et Biologie.* (奧田潤·奧田陸子 역 「생물의 사이버네틱스」 白水社 1970년)

Hegel, G.W.F. *Grundlinien der Philosophie des Rechts(1821). Hegel's philosophy of Right.* Translated by T.M. Knox. New York : Oxford University Press, 1967. (藤野涉·赤澤正敏 역 「법철학」 世界의 名著 「헤겔」 中央公論社 1978년 所收)

_____. *Vorlesung über die Philosophie der Geschichte(1837). Hegel's Lectures on the History of Philosophy.* 3 Vols. Translated by E.S. Haldane and Francis H. Simson, M.A. Atlantic Highlands, New Jersey : The Humanities Press, 1974. *The Philosophy of History.* Translated by J. Sibree. New York : Dover Publications, Inc., 1956. (武市建人 역 「역사철학」

상·중·하 岩波文庫 1971년)

廣松涉「청년 마르크스론」平凡社 1971년.

廣西元信「좌익을 설득하는 법」「20세기」 1970년 6월호.

_____.「자본론의 오역」靑友社 1965년.

Hook, Sidney. *Marx and the Marxists.* Princeton, New Jersey : D. Van Nostrand Company, Inc., 1955.

HSA-UWC. *Divine Principle.* 2nd ed. New York : Holy Spirit Association for the Unification of World Christianity, 1973. (세계기독교통일신령협회「원리강론」성화사 1981년)

Institute of Economics of the Academy of Sciences of the U.S.S.R., *Politicheskaya Ekonomiya : Uchebnik*, 2 Vols, 4th revised and enlarged edition. Moscow, 1962. (教科書刊行會 역「경제학교과서」전4 분책 合同出版 1963년)

Ishchenko. *Dictionary of Materialist Dialectic.* (廣島定吉 역「유물변증법사전」ナウカ社 1943년)

Jaspers, Karl. *Vom Ursprung und Ziel der Geschichte(1949). The Origin and Goal of History.* Translated by Michael Bullock. London : Routledge & Kegan Paul Ltd., 1953. (重田英世 역「역사의 기원과 목표」理想社 1964년)

Jevons, W. Stanley. *The Theory of Political Economy.* 5th ed. New York : Augustus M. Kelley, 1957.

加藤寬「경제체제론」東洋經濟新報社 1971년.

氣賀健三「공산주의의 경제」상·하 墫書房 1967년.

氣賀健三 편「비교경제체제론 강의」靑林書院新社 1972년.

近代經濟學硏究會 편「세계15대경제학」富士書店 1982년.

小林榮三 감수 「과학적 사회주의」 하권 新日本出版社 1977년.

小泉信三 「공산주의 비판의 상식」 講談社 1972년.

Konstantinov, F.V., Editor-in-Chief. *The Fundamentals of Marxist-Leninist Philosophy* (in Russian), 1972. Translated by Robert Daglish. Moscow : Progress Publishers, 1982. (川上洸·大谷孝雄 역 「마르크스·레닌주의 철학의 기초」 상·중·하 靑木書店 1974~1975년)

Kosing, Alfred, ed. *Marxistische Philosophie : Lehrbuch.* Berlin : Dietz Verlag, 1967. (藤野涉 역 「마르크스주의 철학」 상·하 大月書店 1969~1970년)

Kozlov, G.A., Editor-in-Chief. *Political Economy : Socialism.* Translated by Yuri Shirokov. Moscow : Progress Publishers, 1977.

Kuusinen, O.W. *Fundamentals of Marxism-Leninism : Manual Second Impression.* Translated by Clemens Dutt. Moscow : Foreign Languages Publishing House, 1961. (마르크스·레닌주의기초간행회 역 「마르크스·레닌주의의 기초」 전4 분책 合同出版 1965년)

Lee, Sang Hun. *Explaining Unification Thought.* New York : Unification Thought Institute, 1981. (이상헌 「통일사상해설」 I, II 통일사상연구원 1983~1984년)

Lenin, V.I. *Collected Works.* 45 Vols. Moscow : Progress Publishers, 1960~1970. (마르크스·레닌주의연구소 역 「레닌전집」 전45권 大月書店 1953~1969년)

_____. *Materialism and Empirio-criticism.* Moscow : Progress

Publishers 1970. (寺澤恒信 역 「유물론과 경험비판론」 1, 2 大月書店·國民文庫 1975년)

Locke, John. *An Essay Concerning Human Understanding.* 2 Vols. New York : Dover Publications, Inc., 1959.

모택동 「모택동선집」 북경인민출판사 1964~1977년. *Selected Works of Mao Tse-tung.* 5 Vols. Beijing : Foreign Languages Press, 1975~1977. (「모택동선집」 東方書店 1972~1977년)

Martinet, Gilles. *Les Cinq Communismes.* Paris : Éditions du Seuil, 1971. (熊田亨 역 「다섯 개의 공산주의」 상·하 岩波新書 1972년)

Marx, Karl. *Das Kapital.* 3 Bde. Berlin : Dietz Verlag, 1948~1949. *Capital.* 3 Vols. Translated by Samuel Moore and Edward Aveling. Moscow : Progress Publishers. 1965, 1967, 1974. (岡崎次郎 역 「자본론」 전8권 大月書店·國民文庫 1972년, 向坂逸郎 역 「자본론」 전9권 岩波文庫 1969~1970년)

_____. *Zur Kritik der politischen Ökonomie.* Marx-Engels-Lenin-Institute Moskau, 1934. *A Contribution to the Critique of Political Economy.* Translated by S.W. Ryazanskaya. Moscow : Progress Publishers. 1970. (武田武夫외 역 「경제학비판」 岩波文庫 1956년)

Marx, Karl., and Friedrich Engels. *Briefwechsel zwischen Karl Marx und Friedrich Engels.* Berlin : Dietz Verlag, 1949~1950. (岡崎次郎 역 「자본론서간」 1·2·3 大月書店·國民文庫 1971년)

_____. *Collected Works.* 50 Vols. New York : International Publishers, 1975.

_____. *Selected Works, 3 Vols.* Moscow：Progress Publishers, 1969~1970.

_____. *Werke.* 42 Bde. Berlin：Dietz Verlag, 1956~1985. (大內兵衛·細川嘉六監 역 「마르크스·엥겔스 전집」 전41권 大月書店 1959~1973년)

Medvedev, Z.A. *The Rise and Fall of T.D. Lysenko.* New York：Columbia University Press, 1969. (金光不二夫 역 「루이셍코 학설의 흥망」 河出書房 1971년)

宮俊一郎 「부가가치의 이야기」 일본실업출판사 1982년.

Monod, Jacques. *Le Hasard et la Nécessité.* Paris：Éditions de Seuil, 1970 (渡邊格·村上光彦 역 「우연과 필연」 미스즈書房 1972년)

Moorsteen, Richard and Raymond P. Powell. *The Soviet Capital Stock, 1928~1962.* Homewood, Illinois：Richard D. Irwin, Inc., 1966.

森宏一 편저 「현대와 소외」 신일본출판사 1970년.

長野敏一 「마르크스의 심층연구」 國際圖書 1972년.

中野肇 「변증법」 中央公論社 1973년.

西村文夫·吉田靖彦 편 「현대 소련의 경제와 산업」 일본국제문제연구소 1976년.

丹羽春喜 「사회주의의 딜레마」 일본경제신문사 1970년.

大橋昭一 외 「경영참가의 사상」 有斐閣新書 1979년.

岡本博之 감수 「과학적 사회주의」 상권 신일본출판사 1977년.

Redlow, Götz, et al. *Einführung in den Dialektischen und Historischen Materialismus.* Berlin：Dietz Verlag, 1972. (秋間

實 역 「변증법적·사적 유물론」 상·하 1972년)

Samuelson, Paul A. *Economics*. 11th ed. New York : McGraw-Hill Book Co., 1980. (都留重人 역 「경제학」 상·하 岩波書店 1981년)

_____. "Economics and the History of Ideas". *American Economic Review*. March, 1962. (福岡正夫 역 「경제학과 현대」 일본경제신문사 1972년)

佐藤經明 「현대의 사회주의 경제」 岩波新書 1975년.

淸水正德 「인간소외론」 紀伊國屋書店 1982년.

城塚登 「젊은 마르크스의 사상」 勁草書房 1970년.

Simis, Konstantin M. *U.S.S.R. : The Corrupt Society*. New York : Simon & Schuster, 1982. (木村明生 역 「권력과 부패」 PHP硏究所 1982년)

Stalin. J.V. *Dialectical and Historical Materialism*. New York : International Publishers, 1975. (마르크스·레닌주의연구소 역 「변증법적 유물론과 사적 유물론」 大月書店·國民文庫 1968년)

_____. *Economic Problems of Socialism in the U.S.S.R.* Beijing : Foreign Languages Press, 1972. (全集刊行會 역 「蘇동맹에 있어서의 사회주의의 경제적 제 문제」 大月書店·國民文庫 1953년)

_____. *Marxism and Problems in Linguistics*. Beijing : Foreign Languages Press, 1976. (石堂淸倫 역 「마르크스주의와 언어학의 제 문제」 「변증법적 유물론과 사적 유물론 외」 大月書店·國民文庫 1954년 所收)

_____. *Works*. 13 Vols. Moscow : Foreign Languages Publishing House, 1953~1955. (스탈린全集刊行會 역 「스탈린 전집」 전13권 大月書店 1952~1953년)

Stumpf, S.E. *Philosophy : History and Problems.* New York：McGraw-Hill Book Company, 1977.

Tagore, Rabindranath. *The Spirit of Japan.* Tokyo：The Indo-Japanese Association, 1916. (高良토미 역「일본의 정신」「타고르 저작집」제8권 第3文明社 1981년 所收)

寺谷弘壬「소련의 속법(續法)」그린아로社 1982년.

Toffler, Alvin. *The Third Wave.* New York：Bantam Books, Inc, 1980. (德山二郎 외 역「제3의 물결」일본방송출판협회 1980년)

Vinogradskaja, P.S. *Zhenni Marks, Dokumental'naya Povest'.* Moscow：Izdatel'stvo <Mysl'>, 1969. (嶺高志 역「마르크스 부인의 생애」大月書店 1973년)

Voslensky, Michael S. *Nomenklatura.* Vienna：Verlag Fritz Molden, 1980. (佐久間穆·船戶滿之 역「노멘클라투라」中央公論社 1981년)

Watson, Lyall. *Lifetide.* London：Hodder and Stoughton, 1979. (木幡和之 외 역「生命潮流」工作社 1981년)

윤원구「마르크스주의의 비판적 극복」서울 신태양사 1961년.

저자 **이상헌**(李相軒 1914.9.5~1997.3.22)

□ 약력
- 국제승공연합 이사장
- 통일사상연구원 원장
- 세계일보 사장
- 선문대학교 석좌교수

□ 주요 저서
- 새 공산주의 비판
- 통일사상 요강
- 김일성 주체사상 비판
- 공산주의의 종언(일어판)
- Communism : A New Critique and Counterproposal
- Unification Thought
- Explaining Unification Thought
- The End of Communism

공산주의의 종언

초판1쇄 발행일　　1986년 5월 15일
초판2쇄 발행일　　1987년 12월 25일
2판1쇄 발행일　　2017년 6월 1일

저　자　　　이상헌

발행처　　　(주)성화출판사
신고번호　　제302-1961-000002호
신고된 곳　　서울시 용산구 청파로63길 3(청파동1가)
업무부　　　701-0110
FAX　　　　701-1991

가　격　　　15,000원

ISBN 978-89-7132-631-2　03100